JAGUAR TAŞLARI

2. KİTAP

DÜNYANIN SONU

J&P VOELKEL

BEYAZ BALİNA

1. baskı - Beyaz Balina Yayınları, 2012
Yeni baskı - Beyaz Balina Yayınları, 2018

JAGUAR TAŞLARI - 2
DÜNYANIN SONU
J&P VOELKEL

Özgün adı: The Jaguar Stones – 2
The End of the World Club
ISBN: 978-975-999-631-4

YAYINEVİ SERTİFİKA NO: 13695
MATBAA SERTİFİKA NO: 19039

Yayın yönetmeni: Bülent Oktay
Editör: Aslı Onat
Düzelti: Ayşegül Şah Bozdoğan
Son okuma: Dilara Anıl Özgen
Çeviren: Çağdaş Özkan
Kapak tasarımı: Becky Terhune
Kapak görseli: © Cliff Nielsen, 2011
Grafik uygulama: Ayşe Çalışkan

Baskı ve cilt: EKOSAN MATBAACILIK
Maltepe Mah. Hastaneyolu Sok. No: 1 (Taral Tarım Binası)
Zeytinburnu - İstanbul

Beyaz Balina Yayın Sanat Dağıtım Paz. San. ve Tic. Ltd. Şirketi
Maltepe Mah. Davutpaşa Cad. MB İş Merkezi No: 14 K: 1 D: 1
Zeytinburnu / İstanbul
Tel: 0212 544 41 41 - 544 66 68 - 544 66 69
Faks: 0212 544 66 70
info@beyazbalina.com.tr

JAGUAR TAŞLARI

2. KİTAP

DÜNYANIN SONU

J&P VOELKEL

Çeviren: Çağdaş Özkan

BEYAZ BALİNA

Yazarın notu:

Jaguar Taşları'nın öyküsü, içindeki tüm karakterler gibi hayal ürünüdür.
Kitapta gerçekten yaşamış olan tek kişi, antik Maya kitaplarını ve sanat eserlerini yaktırmış olan İspanyol rahip Friar Diego de Landa'dır.
San Şavier de günümüzdeki Belize'den esinlenilerek yaratılmış, aslında var olmayan bir şehirdir.

Harry, Charly ve Loulou'ya

k yakhume'ex

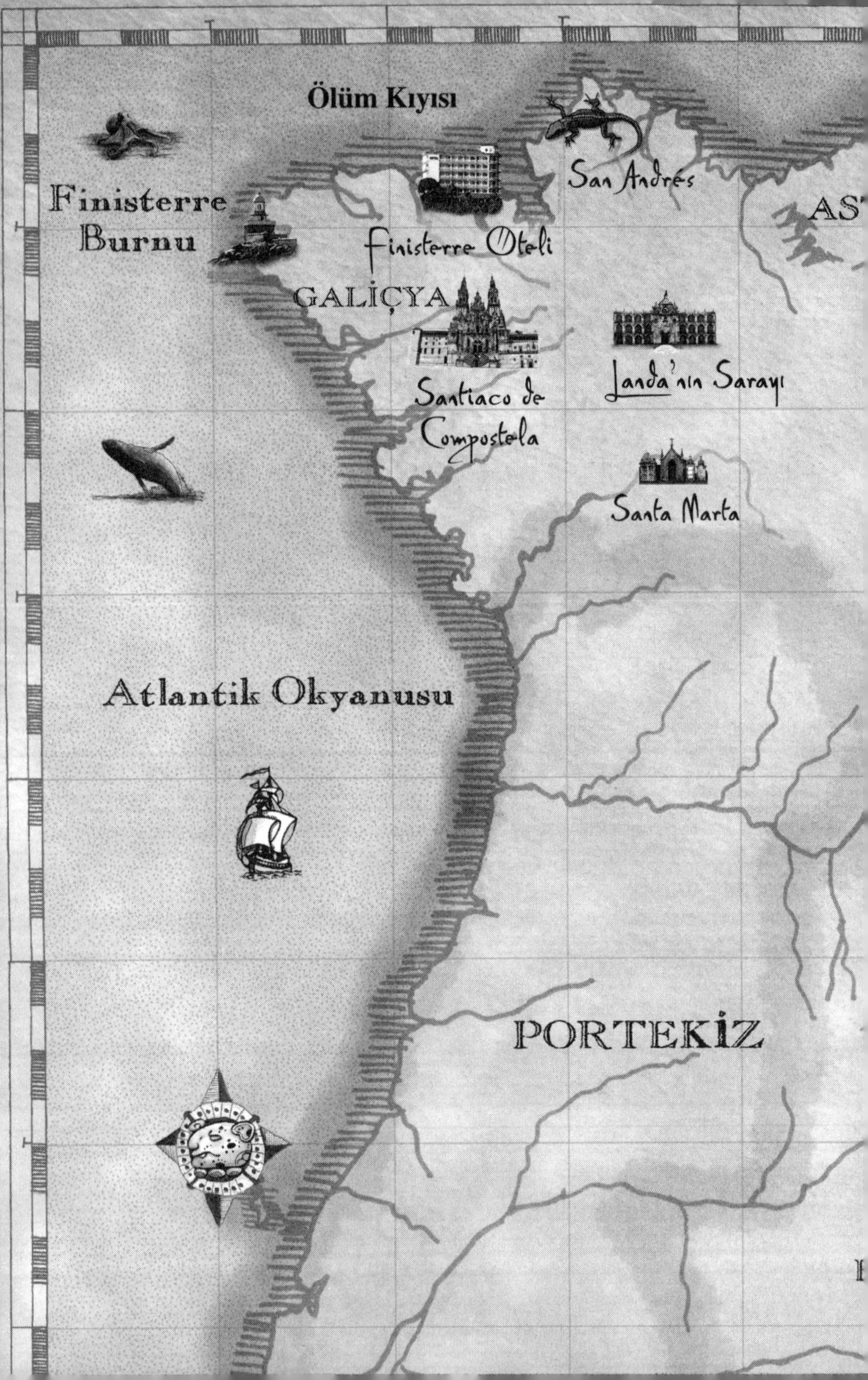
Ölüm Kıyısı
San Andrés
AS
Finisterre Burnu
Finisterre Oteli
GALİÇYA
Santiaco de Compostela
Landa'nın Sarayı
Santa Marta
Atlantik Okyanusu
PORTEKİZ

iscay Körfezi
AS
CANTABRIA
KASTİLYA & LEON
Madrid
oredo
Kuzeybatı
İSPANYA
EMADURA

İÇİNDEKİLER

KİŞİLER

(Kitapta yer alma sıralarına göre)

Boston'da

MAX (Massimo Francis Sylvanus) MURPHY: On dört yaşında ve ailesinin tek çocuğu. Bilgisayar oyunu tutkunu olan ve bateri çalan Max, pizzadan da iyi anlar.
FRANK ve CARLA MURPHY: Max'in her ikisi de ünlü birer arkeolog olan anne ve babası.
ZIA: Murphyler'in gizemli hizmetçisi.

San Şavier'de

LOLA (Ix Sak Lol-iş sok lol): Max'in yaşıtı olan Mayalı bir kız.
TED AMCA: Max'in amcası, muz ihracatçısı ve eski kaçakçı.
KRAL 6-KÖPEK (Ahaw Wak Ok - *ahav vak ok*): Kadim Maya kralı.
LEYDİ KOKO (Ix Kan Kakaw - *iş kan kavkav*): Kral 6-Köpek'in annesi.
ÇULO ve SERİ: Ruhları Kral 6-Köpek ve Leydi Koko'ya ev sahipliği yapmakta olan ikiz maymunlar.
RAUL: Ted Amca'nın uşağı.

İspanya'da

NASTY (Anastasia) SMITH-JONES: Müzik blogcusu.
SANTINO GARCIA: Hukuk öğrencisi.
DOÑA CARMELA: Hancı kadın.
PUNAK MO ya da Komutan MO: Maya savaşçısı, muhafız komutanı.
INEZ LA LOCA: Maya prensesi, bir istilacının karısı.
MEMUR GONZALES: Polvoredolu polis memuru.
AH PUKUH: Mayaların şiddet ve zamansız ölüm tanrısı.
BELALI YARASALAR: Punk grubu. Ty Phoid (vokal), Vince Vermin (solo gitar), Trigger Mortis (basgitar) ve Odd-Eye Ebola'dan (davul) oluşmaktadır.
ANTONIO DE LANDA: Bir İspanyol asilzadesi.
K'AWIIL: Yıldırım, kraliyet ve soy tanrısı.
KEŞİŞ DIEGO DE LANDA: Tüm Maya kitaplarını yaktırmış olan keşiş.
TZELEK: Kral 6-Köpek'in kötü kalpli üvey kardeşi.

Xibalba'da (Şibalba'da)

LORD KUY: Ölümün Efendileri'nin habercisi.
ÖLÜMÜN EFENDİLERİ: Ölüler diyarının on iki lordu, Ah Pukuh'un yardakçıları (Tek Ölüm, Yedi Ölüm, Kan Toplayıcı, Kanat, Sırt Askısı, Kemik Asa, Kafatası Asa, Yara Kabuğu Soyucu, Keder İblisi, İrin İblisi, Sarılık İblisi ve Pislik İblisi).
HERMANJILIO (*Hermanhilio*) BOL: Maya arkeoloğu, üniversite hocası.
ŞANSLI JIM ya da Jaime Ben: Ted Amca'nın sağkolu ve koruması.

Bu, bir şehir çocuğunun,
ormanda yetişmiş bir
kızın ve bildiğimiz dünyanın
olası sonunun devam
hikâyesidir…

ÖLÜMÜN ON İKİ EFENDİSİ'NİN CANLARI SIKILIYORDU. Hatta sıkıntıdan patlıyorlardı desek yeridir. Üç *bak'tun*'dan (yani bizim takvimimize göre bin yılı aşkın bir süreden) bu yana, Orta Dünya – antik Maya dilinde ölümlülerin dünyasına verilen isim- üzerindeki güçleri azalmaktaydı.

Neyi yanlış yapmışlardı ki?

Kıtlık, kuraklık, acı, sıkıntı ve her çeşit berbat hastalık aracılığıyla, insanoğluna eziyet etmeye azimle devam ediyorlardı. Fakat artık takdir görmüyorlardı. Bir zamanlar Orta Dünya'da yaşayan herkesin yüreğine korku salarlardı. Ama Orta Dünya vatandaşlarına çektirdikleri tüm eziyetlere rağmen, artık onlara inanan kimse kalmamış gibi görünüyordu.

Bu durum, en hafif ifadeyle, şevklerini kırıyordu.

Kendilerini unutulmuş ve takdir edilmemiş hisseden Ölümün Efendileri, zamanlarını Maya ölüler diyarı Xibalba'nın oyun salonlarında çarçur ediyor ve eski, parlak günlerin özlemiyle yaşıyorlardı.

"Bir şeyler yapsana," diye yalvardılar şiddet ve zaman-

sız ölüm tanrısı, önderleri Xibalba hükümdarı Ah Pukuh'a. "Ölümlüler bizden artık hiç korkmuyor."

"Ben ne yapabilirim ki?" dedi kendine has geğirmelerinden birini koyveren Ah Pukuh. "Yerimize yeni tanrılar geçti, yani Para ve Dev Şirketler."

"Kendini yeniden göstermenin zamanıdır," diye ısrar etti burunlarını tutan Ölümün Efendileri. "Orta Dünya'ya patronun kim olduğunu göster."

Ah Pukuh, duyduklarını şöyle bir düşündü.

Kötülük dolu bir ifadenin hâkim olduğu şişkin, çiçek bozuğu yüzüne bir tebessüm yerleşti.

"Tabii, neden olmasın ki?" dedi. "*Bak'tun* değiştiğinde elime geçen şansı kullanacağım. O ahmak ölümlüler Maya takviminin –ve beraberinde kendi acınası hayatlarının– sona ermek üzere olmasından dolayı zaten dehşet içindeler. Bu korkularından faydalanacak ve Orta Dünya'yı dize getireceğim. İhtiyacım olan tek şey, doğal tahrip yeteneklerim ve beş Jaguar taşı."

Giriş

RÜYA

Max Murphy, tabutun içine uzanmış nefes almaya çalışıyordu.

Diri diri gömülmüştü.

Tahta kutu, sanki Max için özel olarak üretilmişçesine, tam onun büyüklüğündeydi. İçerisi reçine, saman ve taze talaş kokuyor, bunlara hafif bir tezek kokusu eşlik ediyordu.

Ani bir mide bulantısı, Max'in beyninde bir panik dalgasının yükselmesine neden oldu.

Yanağına bir şeylerin sürtündüğünü hissetti.

Onları eliyle silkelemek istedi ancak kımıldayamadığını fark etti.

Boynundan aşağısı bir mumya gibi bezlere sarılıydı ve her iki yanında vücuduna yapışık duran kollarını oynatamıyordu.

Tıpkı bir geminin yalpalaması gibi, öteye beriye sallandığını hissetti.

İçinde bulunduğu durumu kavrayınca, dehşete düştü.

Kefene sarılı bir halde, bir tabutun içinde taşınıyordu.

Bunun tek bir anlamı olabilirdi.

Kendi cenazesine gidiyordu.

"Çıkarın beni!" diye çığlık attı, ancak tabut, sesinin dışarı çıkmasını engelliyordu.

Ellerini sargılardan kurtarmaya çabaladı. Bir an sonra, gücünü toplayarak sıktığı yumruklarını tabutun kapağına doğru savurdu.

Kapak, şaşırtıcı bir biçimde kolayca açılıverdi.

İlk anda görebildiği tek şey, gri gökyüzü ve tepesinde dolanmakta olan yırtıcı bir kuştan –bir akbaba olabilir miydi?– ibaretti. Kulakları ıslıklar, çığlıklar, boğuk kahkahalar ve maytap sesleriyle doldu.

Sargılarını biraz daha çekiştirdi ve tabutun kenarından dışarıya göz atmayı başardı.

Birden parlak, yeşil bir iblisle göz göze geldi.

Etrafı, iğrenç hortlaklarla çevriliydi. Hortlaklar, tombul dillerini şaklatıyor, cırtlak boyalarla süslenmiş yüzleriyle öne doğru hamle yapıyorlardı.

Dans eden bir iskeletin takip ettiği Azrail ise havada süzülüyordu.

Ortalık, yanık kokuyordu. Dumanlı hava, tırnakları birer birer sökülmekte olan bir kedinin sesini andıran gayda melodileriyle doldu.

Bir tür cehennem miydi burası?

Max, doğrularak ölüleri bile uykusundan uyandırabilecek bir çığlık koyuverdi.

Birden bir ışık yandı.

"Yine mi! San Şavier'den döndüğümüzden bu yana her gece aynı şey oluyor," dedi annesi. Uykulu bir sesle homurdanarak, ayaklarını sürüye sürüye Max'in odasına girmişti. Geceliğinin üstüne bir sabahlık geçirmişti. "Yalnızca bir rüya gördün, yine o rüyalardan biri işte..."

"Bir tabutun içindeydim..." diye başlayacak oldu Max.

"Şşşş..." diyen annesi, parmağını Max'in dudaklarına koydu. Kan çanağına dönmüş kıpkırmızı gözleriyle, çocuğun rüyasındaki hortlaklardan birini andırıyordu. "Vakit geceyarısını geçiyor, hadi uyu bakalım."

"Ama o kadar gerçek görünüyordu ki, anne. İskeletler, sonra iblisler..."

"Sen bugün yine kadim Mayalar hakkında bir şeyler mi okudun?" diye araya girdi annesi.

Max, başını evet anlamında salladı.

"Bu kâbusları o yüzden gördüğüne eminim. O kitaplarda insan kurban etme ve kan dökme hakkında, gereğinden fazla bilgi veriliyor. Yarın onları gizli bir yere kaldıracağım. Belki de bu sayede kendimize düzgün bir uyku çekebiliriz."

"Hayır!" diye itiraz etti yatağında doğrulan Max. "Mayalar hakkında öğrenebileceğim her şeyi öğrenmem gerekiyor. Yapmam gereken bir şey var..."

Annesi, ona karşı çıkmak üzere ağzını açsa da bundan hemen vazgeçti. "Seni anlıyorum," dedi kelimelerini dikkatle seçerek. "Mayalar hakkında araştırma yapma kararı aldın ve ben de seni destekleyeceğim. Yarın sana mısır hakkında bilgi veren bir kitap bulacağım. Mayaların başlıca gıda maddelerinden biri de mısırdı."

Max, iç geçirdi. Annesi, kısa bir süre önce (on dört yıldır ilk defa) çocuk eğitimi hakkında bir kitapçık edinmişti. Ondan beridir, takındığı anlayışlı tavırla Max'in canını sıkıyordu.

"Keşke beni anladığını söylemeyi kesip gerçekten dinlesen, anne. Mısır hakkında bilgiye ihtiyacım yok benim. Ölümün Efendileri ve onların önderleri Ah Pukuh hakkında bilgi edinmek istiyorum."

Annesi, bayılacakmış numarası yapan bir kadın gibi, elinin tersini alnına koydu. (Muhtemelen İtalyan olduğu için, bu tür oyunlarda daima çok başarılı olmuştu.) "Ergenlik çağında olduğun için bir tür kimlik arayışında olmanı anlıyorum, ama şu Ölümün Efendileri saçmalığı artık bir son bulmalı," dedi. Sesi titriyordu. "Hepimizin yaz tatilini mahvediyorsun..."

"Anlamadım?" dedi duyduklarına inanamayan Max. "Yaz tatilinizi ben mahvediyorum, öyle mi? Bu belaya babam ve senin yüzünden bulaştık."

"Artık on dört yaşındasın. Her konuda babanı ve beni suçlamaya devam edemezsin. Duyan da kötü birer anne baba olduğumuzu düşünecek."

Öylesiniz zaten, diye geçirdi Max içinden.

Şu işe bakın ki, bütün arkadaşları, ünlü arkeologlar Frank ve Carla Murphy'nin tek çocuğu olduğu için Max'i çok şanslı buluyorlardı. Ama arkadaşları, anne babasının okul konserlerinde, veli toplantılarında ya da spor karşılaşmalarında Max'in yanında bulunamayacak kadar meşgul oldukları için ona aldıkları pahalı hediyeleri görüyorlardı yalnızca: Bilgisayar oyunları, dizüstü bilgisayar, elektronik davul... (San Şavier'de yaşanan son olaylardan sonra, "Maya ölüler diyarına bir kapı açarak kötülüğün güçlerini serbest bıraktıkları ve az kalsın oğullarının ölümüne yol açtıkları için çok üzgün olduklarını" ortaya koyan bir hediye almaları da an meselesiydi.)

Max, annesiyle babasının antik Mayalara oğullarından daha

çok değer verdikleri gerçeğine uzun zaman önce alışmıştı. Fakat ebeveynleri, son günlerde artık kötü anne babalığın sınırlarını zorlamaya başlamışlardı.

Max, onların birkaç hafta önce işten eve erken gelip, bombaları birbiri ardına patlattıkları o öğleden sonrayı hâlâ hatırlayabiliyordu.

İtalya'ya yapacakları aile seyahatini iptal etmişlerdi. *Bom!* Max'in babasının gençliğinde yaşadığı minik Orta Amerika ülkesi San Şavier'deki bir kazıya katılmak üzere hemen ayrılıyorlardı. *Bom!*

Max'in tüm yaz tatili mahvolmuştu. *Bom!*

Hepsi bu kadardı. Bunları söyleyip yola çıkmışlardı.

Ancak sorumsuz davranışları, bu kadarla kalmamıştı.

Babası, Maya krallarına özel güçler verdikleri iddia edilen beş kutsal heykelden, yani Jaguar Taşları'ndan birini eline geçirmişti. Annesiyle birlikte taşın gücünü sınamak için San Şavier'e gitmişlerdi.

Tam da tahmin edileceği üzere –yetişkinler felaket filmlerinden hiç mi ders almıyorlardı canım?– işler çığrından çıkmış ve kısa sürede her türlü kadim kötülük, dünyanın başına dert olmuştu.

Ardından da anne babası, aniden ortadan kaybolmuştu.

İnanılmaz cesur ve zeki oğulları onları takip edip Maya ölüler diyarı Xibalba'da bulmamış olsaydı, Frank ve Carla Murphy hakkında duyulan son şey bu olacaktı, diye düşündü Max. Ki bu da Max'in kendisini, Ölümün Efendileri denen bir grup çılgının arasında bulmasının nedeniydi.

San Şavier'e yapmış olduğu seyahat, kısaca bu şekilde özetlenebilirdi.

Yol boyunca sayısız suikast denemesinden, bir kan davasından, zehirli bir güveçten, yılanlardan, akreplerden, bir yaşayan ölüler ordusundan, kötülüğün güçleriyle karşı karşıya geldiği anlardan ve en az bir insan kurban etme denemesinden kurtularak hayatta kalmayı başarmıştı.

Ah, ayrıca Max'in tatlı Lola'ya rastlayıncaya dek, tehlikeli balta girmemiş ormanda yolunu tek başına bulmuş olduğunu da unutmayalım. (Kız, Max'in onu güzel bulduğunu bilmiyordu elbette. En azından Max öyle umut ediyordu.) Lola, modern bir Maya kızıydı. Mayaların yüzlerce yıl önce ölmüş olduklarını zanneden Max için şaşırtıcı bir durumdu bu. Her neyse, Maya bilgesi Çan Kan, Max ile Lola'nın –tıpkı Maya efsanelerindeki Kahraman İkizler gibi– iyi bir takım oluşturduklarını söylemişti. Max, Lola'nın gözetimi altında balta girmemiş orman yaşamının esaslarını kavramaya başlamıştı.

Ortadan kayboldukları gece Max'in anne babası ile birlikte olan tuhaf yerel arkeolog Hermanjilio, kadim Maya kralı Kral 6-Köpek'i günümüze çağırmaya karar verinceye kadar, her şey yolunda gidiyordu. Lola'nın korktuğu başına gelmiş, kral ve annesinin ruhları, kızın sıcakkanlı maymunlarının bedenlerini ele geçirmişti. İşin berbat yanı ise, kötü yürekli rahip Tzelek'in de Hermanjilio'nun vücudunda hayat bulmuş olmasıydı.

Max, hatıraların aklına gelmesiyle şöyle bir titredi.

"Üşüdün mü?" diye sordu annesi. "Sana biraz sıcak salam çorbası getirmemi ister misin?"

Salam çorbası mı? Salamdan kim çorba yapar ki?

Max tiksintiyle başını iki yana salladı.

Carla Murphy, San Şavier'den döndüklerinden beri annelik görevlerine odaklanmak için çalışma saatlerini azaltmıştı. Yeni edindiği ebeveyn kitapçığı *Ergenleri Anlamak*'ı okumadığı zamanların büyük bir kısmını, çiçekli önlüğüyle mutfakta geçiriyor ve yeni yemek tarifleri üzerinde çalışıyordu. İtalyan genlerinde gizli bir aşçılık yeteneği bulunduğuna inanıyor ve yemek kitaplarına danışma ihtiyacı duymuyordu. Bunun sonucu olarak da, lazanyası şaka dükkânlarından alınmış lastik kusmuğa benziyor, makarnası haşlanmış kulak kirini andırıyor, pizzası ise akla peynirle kaplı bir frizbiyi getiriyordu.

Max, önceden yaptıkları gibi dışarıdan yemek ısmarlayacakları günü iple çekiyordu.

"Çorba istemiyor musun?" diyen soran annesi, dudaklarını büzdü. "Öyleyse kahvaltıda sana özel bir şeyler hazırlarım. Venedik ciğeri ve soğana ne dersin? *Nonno*'nun en sevdiği yemektir."

Nonno, İtalyancada "büyükbaba" anlamına geliyordu. Max'in İtalyan büyükbabası, her şeyi –ineğin midesinin bir bölümünü oluşturan işkembesini bile– yiyen bir tipti.

Max şöyle bir ürperdi. "Tost yeterli olur, anne."

Kadının omuzları bir an hayal kırıklığıyla düşse de aklına başka bir fikir geldi. "Buldum," dedi canlanarak. "Yarın birlikte vakit geçireceğiz. Belki senin bebeklik fotoğraflarını gözden geçirip yeni bir albüm hazırlarız..."

"Albüm hazırlamak mı?" Max'in sesinden dehşete düştüğü anlaşılıyordu. "Bu fikri şu ebeveyn kitabından mı edindin? Kitabın adı *Ergenleri Yanlış Anlamak* olmalıymış."

Annesi burun kıvırarak, "O kitap uzmanlar tarafından yazıldı bir kere," dedi.

"Eğer birlikte vakit geçirmemizi istiyorsan, neden yanıma oturup bana Ölümün Efendileri hakkında tüm bildiklerini anlatmıyorsun? Babamla Xibalba'dan salıverilmeniz karşılığında onlara bir iyilik borçlandım ve er ya da geç borçlarını almaya geleceklerdir. Benden ne isteyeceklerine dair hiçbir fikrim yok, ama oyun konsolumu birkaç günlüğüne ödünç almayı istemeyecekler herhalde. Bu işte bir bit yeniği var anne; önemli şeyler olup bitiyor ve ne kadar zamanımın kaldığını bilmiyorum. Mayalar hakkında elimden geldiğince fazla bilgi edinmeme yardım edecek misin?"

Carla Murphy, dimdik durdu. "Hastalıklı hayallerini gerçekleştirmene olanak tanımayacağım, Massimo."

Massimo, Max'in doğum belgesinde yer alan ilk ismiydi. Adının tamamı Massimo Francis Sylvanus Murphy olarak geçiyordu:

Massimo, nonno'sunun adıydı...

Francis babasının adıydı...

İnsanı gerçekten de utandıran şu *Sylvanus* ise yaşlı bir arkeoloğun adıydı.

Max'in şansına herkes, ona daima kısaca Max diye hitap etmişti; annesinin ona sinirlendiği anlar hariç. Tıpkı şimdi olduğu gibi.

"Ya şu saçma sapan konuşmaları kesersin," dedi Carla, "ya da bir ruh doktoruna görünürsün. Sıkıntılı bir yaşta olduğunun farkındayım, Massimo, ama bu tavırların hiç de normal değil."

"Sana neyin normal olmadığını göstereyim," diye cevap verdi Max. "Bir baksana bana! Vücudum hâlâ Siyah Piramit'in tepesinde Tzelek adlı kötü yürekli bir Maya rahibi ile yaptığım dövüşten kalma kesik ve çürüklerle kaplı..."

Konuşurken, hırpalanmış kollarıyla ellerini öne doğru uzattı. Carla, oğlunun yaralarını inceleyerek "Yaraların sebebi ormanda kullandığın şu pala," dedi. "O tür silahların ölümcül etkileri olabiliyor." Max'in San Şavier'den bir hatıra olarak duvarına asmış olduğu keskin çelikten yapılma silahı, suçlarcasına işaret etti. "Bunu yanında Boston'a getirirken aklından ne geçiyordu, bilmiyorum."

"Ya boynumdaki izlere ne demeli? Tzelek'in tırnaklarını geçirdiği yerler hâlâ belli." Max, öleceğini düşündüğü an duyduğu hisleri hatırladı. Ataları arasında birçok Maya savaşçısı bulunan Şanslı Jim tarafından son anda kurtarılmıştı.

Carla, minik kabuklardan oluşan çizgiyi inceledikten sonra, elini boş ver dercesine salladı.

"Sinek ısırığı," dedi. "San Şavier'deki sinekler rakipsizdir."

"Ne kadar nankörsün!" diye feryadı bastı Max. "Öz oğlun seni kurtarırken az kalsın ölüyordu ve iki cesur adam, senin yüzünden Xibalba'da sıkışıp kaldı!"

"Saçmalama! Massimo, hayal dünyasında yaşıyorsun!"

"Neredeler öyleyse? Lola, Siyah Piramit'teki o günden beri Hermanjilio'yu kimsenin görmediğini söylüyor. Şanslı da kayıpmış; ailesi meraktan deliye dönmüş."

"Eh, onlar için üzüldüm ama her neredelerse, sana o yerin Xibalba olmadığını söyleyebilirim. Orası yalnızca efsanelerde geçen bir yer. Gerçek değil ki!"

"Bunu nasıl söyleyebilirsin, anne? Senin Xibalba'dan çıktığına şahit oldum. Berbat görünüyordun... bir evsizi andırıyordun. Saçların keçeye dönmüştü!"

Saçının bozulmasına asla izin vermeyen annesinin eli, içgüdüsel olarak siyah, kısa ve parlak saçlarına gitti. "Ormanda o kadar yağmur ve nem varken insan bakımlı olamıyor," dedi savunmaya geçerek.

"Ya babamın dişindeki yeşim taşı ne olacak? Onu da hayal etmiyorum ya!"

"Babanın antik Maya dişçiliğine ilgi duymasından..."

"Babamla Xibalba'da birer esirdiniz! Bu söylediklerimin gerçek olduğunu sen de biliyo..."

"Massimo! Kes şunu!"

"Ama anne, başım büyük belada. *Hepimizin* başı belada..."

Başını çaresizlikle iki yana sallayan annesi, ayağa kalkarak sabahlığına sıkıca sarındı. "Daha fazla dayanamıyorum artık," dedi kapıya yönelirken.

"Bu yalnızca *seni* ilgilendiren bir mesele değil, anne. *Hepimizi* ilgilendiriyor."

Annesi, kederli bir ifadeyle başını salladı. "Kitabımda kardeşi olmayan çocukların sıklıkla kendilerini evrenin merkezi sandıkları yazıyor."

"Hayır, demek istediğim şey, gerçekten de dünyanın sonunun geldiği..."

"Daha kaç kere *özür* dilemeliyim, Massimo? Sen doğar doğmaz işe döndüğüm için üzgünüm. Doğum günü pastalarını bizzat pişirmediğim için üzgünüm. Birlikte keman dersi almadığımız için üzgünüm, ama..."

"Keman dersi mi? Sen neden söz ediyorsun? Hayır, anne, anlamıyorsun..."

Annesi, susması için parmağını havaya kaldırdı. "Anlıyorum. Bana kendimi suçlu hissettirmeye çalışıyorsun. Ama işe yaramayacak. Seni arkada bırakıp o kazıya gittiğim için üzgün olduğumu söyledim ve bu mesele orada kapandı. Daha iyi bir anne olabilmek için elimden geleni yapıyorum. Belki de senin daha iyi bir oğul olmayı deneme zamanın gelmiştir artık."

Max deliye dönmüştü. "Daha iyi bir oğul mu? Ben seni Xibalba'dan kurtardım! Dışarı şartlı tahliyeyle çıktığını da sakın unutma. Ölümün Efendileri ile yaptığım anlaşmayı berbat etmem halinde seni derhal geri alacaklar ve bu kez oradan kurtulamayacaksın."

Annesi şöyle bir irkilerek "San Şavier'den uzak durduğumuz sürece güvendeyiz," diye fısıldadı.

Max'in kulakları dikildi. "Ne dedin sen?"

"Ben... şey... niente... hiç... Kendi kendime konuşuyordum."

"San Şavier'den uzak durmamız halinde bize bir şey yapamayacaklarını söyledin, değil mi? Yanlışın var, anne. Bunu hissedemiyor musun? Buraya, Boston'a geliyorlar..."

"Hayır, hayır, beni yanlış duydun. Ben San Şavier'de hepimizin tuhaf rüyalar gördüğünü ama artık güvende olduğumuzu söyledim."

"Güvende değiliz, anne. Kimse değil. Olacaklara hazırlanmamız gerek."

"Şu an uyumamız gerek," dedi annesi sertçe.

Max, pes etmişçesine iç geçirdi. "Bekle anne, bir şey daha var."

"Neymiş?" Annesinin sesi, son derece bıkkın çıkıyordu.

"Maya dilinde bir kelime, ne olduğunu hatırlamaya çalışıyorum... baktım gibi bir şeydi."

Annesi omuz silkti. "Ne anlama geliyor?"

"Bir zaman birimi, asır gibi ama dört yüz yılı kapsıyor."

"*Bak'tun*'dan söz ediyorsun; 144.000 günden oluşur."

"Evet, o! Yakında yeni bir *bak'tun* başlıyor ve..."

"Massimo, unut bunları! Bahsettiğin şey, Uzun Sayım Takvimi. Artık Mayalar bile takip etmiyor onu."

"Ama yeni *bak'tun*'da şiddet ve zamansız ölüm tanrısı Ah Pukuh hüküm sürecek. Ah Pukuh, Ölümün Efendileri ile işbirliği yaptı ve hep birlikte yeni bir yıkım ve karmaşa çağını başlatacaklar..."

Annesi, başı ağrıyormuşçasına şakaklarını ovuşturuyordu. "Bunları nereden öğrendin? Oynamaya bayıldığın şu bilgisayar oyunlarından mı?"

"Hayır, anne. Bunlar gerçek. Benim için geliyorlar..."

"Yeter! Boston'dayız ve güvendeyiz; şimdi uyu artık." Işığı kapatarak karanlıkta birkaç saniye boyunca Max'i süzdü. "*Buonanotte, bambino**," diye fısıldayarak odayı terk etti.

Rahat yatağına uzanan Max, annesinin haklı olabileceğini düşünmeye başladı. Boston, San Şavier'den çok uzaktaydı. Belki de burada gerçekten güvendeydi.

İki haftadan bu yana, kendine ilk kez hafifçe gevşeme izni verdi.

Antik Mayaları aklından çıkararak gözlerini kapadı ve battaniyesini üstüne çekti.

Ancak battaniyeyi tamamen çekemiyordu bir türlü.

Üstünde bir ağırlık vardı.

Yatağın ayakucunda birisi oturuyordu.

"Anne? Sen misin? Daha gitmedin mi?"

Max, başucundaki lambayı yaktı.

Karşısında bir yılan vardı.

Kocaman bir yılan.

---

* İt. İyi geceler, oğlum. (Ed. N.)

Max, mızrak kafalıyı –yani Orta Amerika'nın en tehlikeli yılan türünü– hemen tanıdı. Lola, bu hayvana üç adım yılanı adı takıldığını anlatmıştı. Çünkü seni ısırdığında, ölmeden önce ancak üç adım atabiliyordun.

Yılan, vücudunu kaydırarak Max'e doğru sürünmeye başladı.

Gözleri Max'in üstündeydi.

Max'in gözleri de yılana dikilmişti.

Hayvan, ona bir saniye içinde saldıracaktı.

Max, tüyler ürpertici bir çığlık kopardı ve battaniyesini davetsiz misafirinin üstüne fırlatarak yataktan sıçradı. Öfkeli sürüngen battaniyeden kurtulamadan duvardaki palayı kaptı. Aklını yitirmiş bir ninjayı andıran homurtular ve çığlıklar eşliğinde palasını körlemesine savurmaya başladı. İşi bittiğinde çarşaf, yastık ve somya, paramparça olmuştu.

Palanın görevini yerine getirdiğine emin olunca, sakinleşti. O anda annesiyle babasının şaşkınlıktan donakalmış bir halde, kapıdan onu izlediklerini fark etti.

Max, yatağın kalıntılarını işaret ederek "Orada," dedi. "Öldürdüm onu."

Babası, Max'in elinden aldığı palayı kendisinden uzakta tutarak, hafifçe yığını eşeledi.

Kolunu Max'in omuzlarına saran annesi "Titriyorsun, *bambino*," dedi. "Fare mi gördün?"

Max, gözlerini kapadı ve ona saldırmaya hazırlanan ölümcül yılan, bir kez daha gözünün önüne geldi. "Göreceksiniz," diye fısıldadı.

"Bir sıçan değildi ya?" diye sordu annesi dehşet içinde. "Onu bulabildin mi, Frank?"

"Sanırım buldum," dedi Max'in babası. Ucunu bir nesneye sapladığı palayı havaya kaldırdı. "Bu muydu?"

Max, gözlerini açtı.

Palanın ucunda, parçalanmış bir oyuncak ayı duruyordu.

"Hayır!" diye ateş püskürdü Max. "Bu o değil. Bir yılan vardı; kocaman bir yılan."

Babasının yüzündeki ifadeden, Max'e inanmadığı belli oluyordu. "Yılan mı? Boston'da, ha? Bence sen yine rüya görmüşsün, Max," dedi bıkkınlıkla.

"Ama baba, yılan bir mızrak kafalıydı. Yatağın altına bak, her yere bak! Kaçmış olmalı."

Annesiyle babası, bakıştılar.

"Bu gece kanepede yatsan iyi olacak," dedi annesi kederli bir sesle.

Birinci Bölüm

İSTİLA BAŞLIYOR

"Baba," dedi Max, "Boston'un her yerine kurak bir hava hâkimken evimizin üstünde her gün yağmur yağıyor olmasını garip bulmuyor musun?"

Max, dışarısını ıslak bir karaltıya dönüştüren sağanak yağmuru mutfak pencerelerinden izliyordu. Yağışın şiddeti, ona birkaç dakika içinde insanın iç çamaşırına kadar işleyebilen San Şavier yağmurunu hatırlattı.

Babası mutfak masasının karşı tarafına oturmuş, gazetesini okuyordu. Ön sayfaya *KAYITLARA GEÇEN EN KURAK YAZ* başlığı atılmıştı.

"Bana garip gelen," dedi babası başını gazetesinden kaldırmadan, "on dört yaşındaki oğlumun dün gece bir palayla çocukluğundan kalma oyuncak ayısına saldırmış olması."

"Sana kaç kez söyledim," dedi Max, "yatağımda bir yılan vardı. Bir mızrak kafalı."

Max, babasının yüzünü göremiyordu. Fakat adamın gazeteyi sıkıca kavrayışından, önceki gece yaşananlar nedeniyle onu affetmemiş olduğunu tahmin edebiliyordu.

Max, annesiyle babasının, yatağını ona ilgi göstermeleri için parçaladığını düşündüklerine inanamıyordu.

"Orada bir yılan gördüm, baba," diye ısrar etti. Bir yandan da fıstık ezmesi sürdüğü kızarmış ekmeklerin aralarına muz dilimleri ve taze yaban mersinleri tıkıştırıyordu. "Hâlâ buralarda olmalı. Sence evi aramalı mıyız?"

Babası iç geçirdi ve gazetesini bir kenara koydu. "Annen ve ben senin için çok endişeleniyoruz."

"Ben de öyle," diye onayladı Max.

"Eh, bu da bir başlangıçtır. En azından yardıma ihtiyacın olduğunu kabul ediyorsun."

Max, başını heyecanla salladı. "Alabileceğim her türlü yardıma ihtiyacım var. Ölümün Efendileri'nin peşimden gelmeleri an meselesi ve..."

"Kastettiğim bu değildi..." diye başladı babası, ancak sözü, kulakları sağır eden bir çığlıkla kesildi. Neler olup bittiğini anlamak için ayağa fırladı. Max de babasının peşinden koridora doğru koşmaya başlamıştı. Carla Murphy'yi merdivenlerin ortasında durmuş, dehşet içinde aşağıyı işaret ederken buldular.

Max, önce annesinin yılanı bulmuş olduğunu sandı.

Fakat ardından, kadının gözlerini diktiği şeyi fark etti. Bir grup iri böcek, ön kapının altından sallana sallana içeri giriyordu.

"Katil böcekler!" diye tısladı Frank Murphy ve vakit kaybetmeden davetsiz misafirlerin üstünde tepinmeye başladı. Sert kabuklar, ayaklarının altında çıtırdıyordu. "Bunlar ölümcüldür; tedavisi olmayan bir hastalık taşırlar. Çabuk, Max, ezebildiğin kadarını ez ve bir koşu gidip salata sosunu getir!"

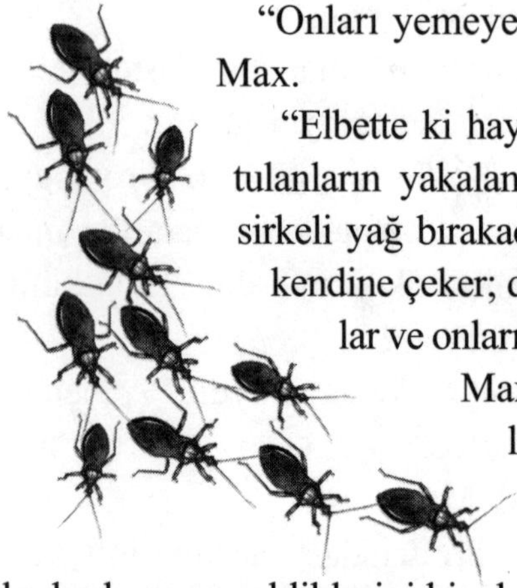

"Onları yemeyeceksin, değil mi?" diye sordu Max.

"Elbette ki hayır!" diye parladı babası. "Kurtulanların yakalanması için her yana kâse kâse sirkeli yağ bırakacağım. Sirke kokusu, böcekleri kendine çeker; dolayısıyla kâselere tırmanacaklar ve onların içindeki yağda boğulacaklar."

Max'in annesi, başını şaşkınlıkla iki yana sallıyordu. "San Şavier'de katil böceklere rastlamıştım," dedi, "ama bu kadar kuzeye geldiklerini hiç duymamıştım."

"Al sana küresel ısınma," dedi Max'in böcek ölülerini ayağıyla bir araya toplayan babası.

"Havanın sıcak olduğu kesin," diye onayladı Max'in aşağı inen annesi. "Ağustos ayında Etna Dağı'ndan bile sıcak." O sırada duvarın alçak tarafındaki bir şey dikkatini çekti. "Frank! Şuna bir baksana! Yeni duvar kâğıdı mantar bağlamış... Etrafa yayıldığını neredeyse gözlerimle görebiliyorum!"

"Sakin ol, Carla," dedi Max'in babası. Yağmur yağınca bu tür eski evlerde sık sık küf oluşur. Zia'ya söyle de duvarı çamaşır suyuyla temizlesin."

"Zia meşgul," dedi Carla iğneleyici bir sesle, "oğlunun odasını temizliyor."

"O senin de oğlun. Neden her kızdığında Max'ten oğlun diye söz ediyorsun?"

Carla Murphy, dudaklarını büzdü. "Bu kişisel bir kızgınlık değil," dedi aceleyle. Max'in onu dinlediğine emindi. "Davranışlarına sinirleniyorum."

"Arada ne fark olduğunu bilemiyorum, Carla," dedi Frank. "Bana kalırsa cezalandırılması gerekiyor."

"Hayır, Frank," dedi annesi. "Onu suçlamaktan kaçınmalıyız."

"Senin şu kitap, oğlumuz yatağını bir palayla parçalarsa ne yapmamızı tavsiye ediyor peki?"

"Bu sabah oğlumu yeni bir yatak satın almaya götüreceğim."

"Parasını harçlığından kesmeliyiz," diye mırıldandı Frank. Saatine bir göz attı. "Bugün üniversiteyi varlığınla şereflendirecek misin, Carla? Meslektaşlarımız son San Şavier ziyaretimiz hakkında bilgi edinmek istiyor."

"Onlara Xibalba'da geçirdiğiniz zamandan söz edecek misiniz?" diye sordu Max.

"Ixchel Tapınağı'nın kuzey duvarındaki şaşaalı duvar süsleri hakkında görüşeceğiz," diye cevap verdi babası. "Sen varıncaya dek durumu idare etmeye çalışırım, Carla."

Max, babası işe gittikten sonra annesinin masayı toplamasına yardım etti.

"Şu yeni yatak hakkında..." diye başladı.

"Harçlığından falan kesmeyeceğiz, *bambino*."

"Yatak yerine bir hamak alabilir miyiz?"

"Hamak mı? Odana hamak mı koyacağız?"

"Kendimi daha güvende hissederim. Yılan hamağa çıkamaz."

Annesi, parmağını Max'e doğru salladı. "Seni uyarıyorum, oyun oynamayı bırak. Yatağında yılan falan yoktu." Sustu. Ağzından çıkan kelimeleri, aklında tarttığı anlaşılıyordu. "Hamakta uyumanın hoşuna gitmesini anlıyorum," diye devam etti, "ama bana kalırsa bu konuda kesin çizgilerimiz olmalı."

"Ne demek istiyorsun?"

"Medeni bir insan gibi yatakta yatacaksın demek istiyorum. Artık ormanda değilsin."

Mobilyacıda geçen her an, işkenceden farksızdı. Max, dünyanın kaderi söz konusuyken yeni şiltesinin kıvrım sayısına odaklanmakta zorlanıyordu.

"Yılan kıvrımı olmasın da ne olursa olsun," diye mırıldandı.

"Kıvrımlar sıkıntı yaratıyorsa," dedi şaşkına dönen satıcı, "sünger şilte denemek ister misiniz?"

Max omuz silkti. "Fark etmez. En ucuz yatağı alıp buradan gidelim artık, anne. Eve gitmem gerekiyor. Yapmam gereken işler var."

"Sünger şilteyi alıyoruz," dedi Carla görevliye, "hemen teslim edilir, değil mi?" Kredi kartını uzatırken Max'e gülümsedi. "Belki de rahat bir şilte, kâbuslarının sona ermesini sağlar."

Max, dudaklarını büzdü. "Gidebilir miyiz artık?"

"Beraber biraz zaman geçiririz diye düşünmüştüm, *bambino*. Sana yeni birkaç kıyafet bakarız diyordum, hangisinden istersen."

"Daha fazla kıyafete ihtiyacım yok," diyen Max, etraflarını saran müşterileri küçük görürcesine süzdü. "San Şavier'de öğrendiğim şeylerden biri de tüketiciliğin zararlı bir kısır döngü olduğuydu," diye ekledi. Üstünlük taslayan bir edayla konuşmuştu.

Annesinin gözleri parladı. "Sana bunu kim öğretti? Lola mı?"

"Hayır. Eusebio adında bir biber yetiştiricisi. Teknesiyle bizi Utsal'dan Itzamna'ya götürmüştü."

"*Biz* derken, senle Lola'dan mı bahsediyorsun?"

Max'in yüzü kızardı. "Burada işimiz bitti mi?"

Annesi, yamalı bir yorganı inceliyormuş gibi yaparken, "Lola tatlı bir kıza benziyor," dedi.

Max bir şey söylemedi.

"İkimizi aklımda hep böyle canlandırmıştım," diye devam etti annesi. "Yakın arkadaşlar gibi sohbet edip, birbirimize sırlarımızı açarken. Umarım, benimle her zaman her konuda konuşabileceğinin farkındasındır."

"Her konuda mı?" diye sordu Max.

Annesi, başını cesaret verici bir biçimde salladı. Bir süredir o anın gelmesini bekliyordu. Ebeveynlik kitapçığında önerilen tüm adımları atmış, dakikası dakikasına uymayan oğlunun güvenini kazanmıştı. Şimdi oğlu, ona San Şavier'de edinmiş olduğu yeni kız arkadaşından söz etmek üzereydi artık. Ebeveynlik hayatının zirvesine varmıştı. Bir annenin ulaşabileceği en üst noktaya gelmek üzereydi. Oğlu, ona güvenip sırlarını açacaktı.

"O zaman..." diye söze başladı Max.

"Evet?" dedi annesi hevesle.

"San Şavier'de olan bitenler hakkında konuşabilir miyiz? Babamla Beyaz Jaguar'ı harekete geçirdiğiniz zaman ne oldu? Kampınıza saldırılıp Xibalba'da kapana kısıldığınızda ne yaptınız? Maya ölüler diyarında bulunmak nasıl bir şeydi, anne? Ölümün Efendileri ile karşılaştınız mı?"

Annesinin yüzündeki tebessüm soldu. "Anlıyorum," dedi. "Lola hakkında konuşmak istemiyorsun. Benden özel hayatına saygı duymamı istiyorsun." Uzanıp oğlunun elini tuttu. "Ama şunu bilmeni isterim ki, *bambino*, yetişkinlerin girdiği türden bir ilişkiye hazır olduğunda, ben burada olacağım."

"Anne!" Max o kadar sert bir sesle bağırmıştı ki, tamamı kadın olan çok sayıda müşteri dönerek ne oluyor, diye onlara baktı. "Ölümün Efendileri geliyor. Bana yardım etmelisin!"

Annesi, meraklı izleyicilere zoraki bir şekilde gülümsedi. Ardından uzanıp Max'in saçlarını karıştırarak, "Ah, şu bilgisayar oyunların yok mu!" dedi. Bunun üzerine müşteriler, başlarını sallayarak anlayışlı ifadelerle arkalarını döndüler. Onların da birer erkek çocuk annesi oldukları anlaşılıyordu. "Pekâlâ *bambino*, pizza yemeye ne dersin? Hem bana Lola'yla yaptığınız şu tekne gezintisinden de söz edersin."

"Kusura bakma, anne. Eve dönmem gerekiyor."

Max'in annesi, dehşet içinde oğlunun yüzünü inceledi. "Pizza istemiyor musun? Bu kadar acele etmenin sebebi ne?"

Max, hızla bir durum değerlendirmesi yaptı. Annesine, konuşmaktan pek de hoşlanmayan hizmetçileri Zia'yı sorguya çekmek için eve gitmek istediğini söyleyemezdi. San Şavier'e gitmesi talimatını veren, anne babasının onu bekledikleri imasında bulunan ve uçak biletini Max'e veren kişi Zia olmuştu. Ama tüm bunları neden yaptığını kesinlikle açıklamamıştı ve Max, San Şavier'den döndüğünden beri, çocuktan köşe bucak kaçıyordu.

"Zia'nın odamı temizlemek zorunda kalması hoş değil," dedi Max. "Dönüp ona yardım etmek istiyorum."

Annesi, Max'i kuşkulu gözlerle süzerek "Değişmişsin," dedi. "Bu arada, Zia'dan tüm o Maya kitaplarını atmasını istedim."

"Ne? Neden?"

"Kâbus görmene neden oluyorlar da ondan, *bambino*."

Annesinin dikkatli bakışlarının farkında olan Max, aldırmıyormuş gibi görünmeye çalıştı. Fakat eve koşturmasının başka bir nedeni vardı. "Her neyse," dedi elinden geldiğince kaygısız bir ifadeyle. "Gitmem gerek!"

Annesi, Max'e bir öpücük gönderdi. "İyi eğlenceler!"

İyi eğlenceler. Cehennem zebanileri peşinden geliyordu ve annesi ona iyi eğlenceler diliyordu!

Aklından Zia'ya soracağı soruları geçirerek, hızlı adımlarla eve doğru yürümeye başladı.

Zia, nihayet onunla yüzleşmek zorunda kalacaktı.

Bu arada etraflarındaki Bostonlular, günlük hayatlarına devam ediyorlardı. Cep telefonlarıyla konuşup ince bardaklarda kahvelerini içiyorlardı. Bu rahat hayatlarının, şiddet ve zamansız ölüm tanrısı Ah Pukuh ve yandaşları Ölümün On iki Efendisi tarafından darma dağın edilmek üzere olduğundan habersizdiler.

Bir oyuncak dükkânından elinde plastik bir uzay yaratığı tutan küçük bir çocuk fırladı. Uzaylının hatları, Ah Pukuh'u andırıyordu. Max, bir an irkildi.

Belki de anne babası haklıydı. Belki de aklını oynatıyordu.

Mükemmel bir yaz günü yaşanıyordu. Gökyüzünde tek bir bulut bile yoktu. Ancak eve yaklaşırken, havanın durumu da hızla değişti.

Gök gürledi, şimşekler çaktı ve kısa bir süre içinde bardaktan boşanırcasına yağmur yağmaya başladı.

Max, başını öne eğip kıyafetinin yakasını kaldırdı. Ön kapıya doğru koştururken, evlerinin dış cephesinin balta girmemiş orman sürüngenleriyle kaplı olduğunu fark etmedi bile. İçeri adımını attığı anda, şaşkınlıkla etrafına bakınmaya başladı.

Duvarlar, parlak yeşil renkte küf ve likenlerle* kaplıydı. Gür sarmaşıklar merdivenler boyunca yukarılara tırmanıyor, tavandan sarkan yosun yığınının içinde kelebekler uçuşuyordu. Ortalık haşere vızıltılarıyla kaplıydı.

Evlerinin, bir yağmur ormanına dönüşmekte olduğu kesindi. Bakalım anne babası, bu olanlara da onun hayal gücünün bir ürünü olduğunu söyleyecekler miydi?

Merdivenleri koşar adım çıkmaya başladı. Ortadaki sahanlığa sereserpe uzanmış kertenkeleye basmamaya dikkat etti. Odasının kapısı kapalıydı ve içeriden gelen elektrik süpürgesi sesini duyabiliyordu.

Evet! Zia'yı köşeye sıkıştırmıştı işte. Artık sorularına cevap vermek zorunda kalacaktı.

Kapıyı açarak "Zia!" diye seslendi. "Sana bir şey sor..."

Cümlesini bitiremeden donakaldı. Odası, asla bu kadar derli toplu olmamıştı. Yeni yatağı eve getirtilmiş, şişkin yastıkları ve eski Red Sox yorganıyla düzenlenmişti. Etrafına parıltılar saçan palası, duvarda asılı duruyordu. Etrafta, önceki gece yaşananlara dair hiçbir iz yoktu. Hatta Zia, bilgisayar oyunlarını ve CD'lerini de alfabetik sıraya göre düzenlemişti. Hayatında ilk kez, yatağının altında keçeye dönmüş bir çorap ya da yere atılmış bir sakız amabalajı yoktu.

En önemlisi de, Maya kitaplarından oluşan yığının dikkat çekecek şekilde masasına konmuş olmasıydı. Max'in şansına, pek iyi İngilizce bilmeyen hizmetçileri, kitapları yok etme talimatını kavrayamamışa benziyordu.

Zia, elektrikli süpürgeyi kapatarak döndü ve Max'e bir göz attı.

---

*Mantar ve yosunun birleşmesiyle oluşan organizma. (Ed. N.)

Sırf bu bile, Zia için sıradışı bir hareketti. Kadın, evin içinde genellikle başını öne eğip kapkara gözlükler takarak dolanırdı. Her zaman burnunu çeker ve gözyaşlarını –bir tür toz alerjisi nedeniyle, demişti Carla– silmekle meşgul olurdu.

Birdenbire olağandışı bir şey daha oldu: Zia, Max'e gülümsedi.

Max, daha önce kadını gülümserken hiç ama hiç görmemişti. Zia, uzun siyah saç örgüsünü savurarak kollarını açtı ve tertemiz odayı işaret etti.

"Harika görünüyor!" dedi Max. "Teşekkür ederim!"

Zia'nın yüzü aydınlandı.

Belki de kadının bu neşeli ruh halinden faydalanabilirdi.

"Zia," dedi Max, "bana şu San Şavier biletini verdiğin zamanı hatırlıyor musun? Birilerinin oraya gitmemi istediğini söylemiştin. Kimdi onlar? Sana uçak biletini almanı kim söyledi? Parasını kim verdi?"

Gülümsemeye devam eden Zia, elektrik süpürgesini fişten çekerek odanın dışına taşımaya başladı.

Max'in ağzından çıkan tek kelimeyi bile duymamıştı sanki. Kadının İngilizcesi pek iyi değildi ama Max'in dediklerinin en azından bir kısmını anlamış olmalıydı. Hiçbir tepki vermemesi bir tuhaftı.

Max, kim bilir kaçıncı kez Zia'nın zekâsında bir gerilik olup olmadığını merak etti.

Eh, Zia ona yardım etmese bile yapması gereken işler vardı. Odasının dışında sinsice ilerlemekte olan yağmur ormanı, ona Ölümün Efendileri'nin yolda olduklarını söylüyordu. Max'in onları kendi taktikleriyle yenebilmesi için, dünyaları hakkında olabildiğince bilgi edinmesi gerekiyordu.

Dizüstü bilgisayarında, en sevdiği grup olan Belalı Yarasalar'ın yeni albümünden bir şarkı seçen Max, odasında yılan olup olmadığını kontrol etti. Ardından, en kalın Maya kitabını seçerek yeni yatağına uzandı.

Rahat bir yataktı.

Sünger şiltede mi karar kılmışlardı? Hatırlayamıyordu. Yatağın tatlı kıvrımlarına gömülerek bir süre sonra uyuyakaldı.

Bütün öğleden sonra boyunca uyudu.

Gözlerini açtığında, odası karanlığa boğulmuştu.

Ona seslenen bir ses –hayır iki ses– duydu.

Carla ve Frank Murphy, eve gelmişti.

Yataktan sıçrayıp Mayalarla ilgili tüm kitapları dolabına sakladı. Yüzünde masum bir ifadeyle yatağa uzanmıştı ki anne ve babası odasına girdiler.

Yüzlerindeki ifadeler, Max'e televizyondaki evleri baştan yaratma programlarına katılan kişileri hatırlattı. Annesiyle babası, odadaki tüm detayları gözlerindeki bağlar çıkarılmış yarışmacılar gibi, abartılı şaşkınlık ifadeleriyle karşılıyorlardı.

"Umarım odanı bu şekilde düzenli tutarsın," dedi annesi. Max, onun çiçekli önlüğünü takmış olduğunu fark etti. Önlüğü, eve girer girmez üzerine geçirmiş olmalıydı.

"Geceyarıları palalarla terör estirmek yok artık," diye ekledi babası.

Karı koca kıkırdadılar.

Max'in şaşkın bakışları, ikisi arasında gidip geliyordu.

"Hepsi bu mu?" dedi. "Bu işi şakaya vuracak ve herşey normale dönmüş gibi mi davranacaksınız yani?"

Annesi mutlulukla başını salladı.

"Ben de tüm bunların olmasını istemezdim anne, ama olan biteni görmezden gelemeyiz ki."

"Neyi görmezden gelemeyiz?" diye cevap verdi annesi.

"Hadi ama!" diye patladı Max. "Merdivenleri çıkarken tüm o sarmaşık ve kelebekleri görmediğinizi söylemeyin bana! Evimiz, bir yağmur ormanına dönüşüyor!"

Annesinin yüzündeki tebessüm kaybolmuştu.

"Abartma, Max," dedi babası.

O sırada bir tukan* uçarak içeriye daldı ve odada yiyecek aramaya başladı. Bir şey bulamayınca, öfkeyle gakladı ve tekrar dışarıya uçtu.

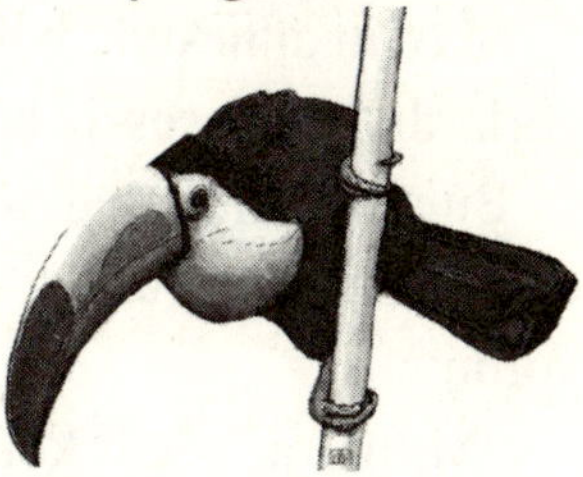

Annesi, hıçkırıklarını bastırdı.

"Hadi ama Carla," dedi babası. "Evimiz alçak basınçlı bir çukurda yer alıyor. Yarın gider bir nem giderici satın alırım."

Max, "Beklediğim cevap bu değil..." diye araya girecek oldu, ancak babası henüz sözünü bitirmemişti.

"Elektronik eşya mağazasına gitmişken," diye devam etti, "neden şu dev ekran televizyonlardan da bir tane almıyorum? Bütün yaz yağmur yağacaksa eğer, Max bana bilgisayarda oyun oynamasını öğretebilir. Şu istediğin oyunun adı neydi, *3 Boyutlu Cehennem Tazıları*, öyle değil mi?"

Max, şöyle bir irkildi. Ah Pukuh'un Siyah Piramit'teki partisine davetsiz gidip, ev sahibi gerçek cehennem tazılarını üzerine saldığından beri, o oyuna olan ilgisini kaybetmişti.

"Yağmur, yalnızca *bizim* evimizin tepesine yağıyor," dedi. "İkinizin gerçekleri neden göremediğinizi anlayamıyorum. Xibalba'da yaşadıklarınız eminim çok korkunçtu ama hiçbir

* Güney Amerika'nın tropikal ormanlarında yaşayan büyük gagalı bir kuş türü. (Ed. N.)

şey olmamış gibi davranamazsınız. Sizi oradan çıkarabilmek için Ölümün Efendileri ile bir anlaşma yaptım. Bunu sizin için yaptım! Şimdi de yardımınıza ihtiyacım var. Evimiz bir yağmur ormanına dönüşüyor, çünkü karşılık olarak istedikleri şey her ne ise onu almaya geliyorlar. Ölümün Efendileri kötü yürekli, vicdansız ve güvenilmez varlıklar. Lola, onların istediklerini er ya da geç aldıklarını söyledi. Bana yardım etmelisiniz!"

Max'in annesiyle babası, durumdan rahatsız olmuşa benziyorlardı, ancak sessiz kalmayı tercih ettiler.

Bu arada alt kattan tencere, tava sesleri geliyor, burunlarına kaynatılmış bir bulaşık bezininkini andıran ağır bir koku geliyordu.

"Mımmm," dedi kokunun dikkatleri dağıtmasına memnun olan babası, "burnuma hoş kokular geliyor. Bu gece bize hangi nefis yemekleri pişiriyorsun, Carla?"

Carla, yeniden mutlu ev kadını kişiliğine bürünerek gülümsedi. "Zia, bana özel bir yemek pişirmeyi öğretiyor. Aşağı inmeliyim –*ciao**, çocuklar!

Annesi gittikten sonra, Max'in babası yatağa oturdu.

"Annenin üstüne fazla gitme, Max," dedi. "Bu duruma çok üzülüyor. Kendini San Şavier'de topluca hayal gördüğümüze ikna etti. Yalnızca olanları geride bırakmak istiyor. Senin Ölümün Efendileri hakkında konuşmandan nefret ediyor."

"Ama onlara borçlandım. Keşke böyle olmasaydı, ama durum bu. Ve eğer borcumu ödemezsem, seninle annemi Xibalba'ya geri götürecekler. Bana inanıyor musun?"

"Diyelim ki inanıyorum, ne olacak?"

---

* İtalyanca. Hoşça kalın. (Ed. N.)

Birden pencereye vurulmasıyla ikisi de yerlerinden sıçradılar.

Başlarını çevirdiklerinde, içeri girmek istiyormuşçasına gagasıyla camı tıklatan yeşil bir papağan gördüler. Arkadaki ıslak bahçede ise bir incir sarmaşığı, elma ağacını sımsıkı sararak boğmakla meşguldü.

"Çan Kan, cehennem birliklerinin peşimden geldiklerini söyledi," dedi Max. "Benimle Lola'nın..."

"Lola ile benim," diye düzeltti babası.

"... Lola ile benim, Ölümün Efendileri'ni alt edebilmek için Kahraman İkizler gibi el ele vermemiz gerektiğini, zira dünyanın kaderinin ellerimizde olduğunu söyledi."

"Bunun kulağa biraz abartılı geldiğini kabul etmelisin," dedi babası.

"Ama internette Maya takvimi ve dünyanın sonuna dair sayısız hikâye dolaşıyor. Araştır, baba, göreceksin. Bu konuda milyarlarca sayfa olmalı. Hiçbir şey olmayacağını söyleyemezsin bana."

Max'in babası, başını iki yana salladı. "Sana kaç kez internette okuduğun her şeye inanmamanı söyledim? Tamamı medyanın uydurduğu aldatmacalar. Ben buna *Dünyanın Sonu Kulübü* diyorum. İnsanların korkularını paraya çevirmeye çalışanlar var. Bir yandan dünyanın sonu kaçınılmaz derken öbür taraftan kocaman arabalarını benzinle dolduruyor ve vücut ağırlıklarının üç katı kadar abur cubur tüketiyorlar."

"Ama evimizin içinde bir yağmur ormanı var..."

"Aramızda kalsın evlat, evde tuhaf bir şeyler döndüğüne katılıyorum. Ama başka her ne oluyorsa olsun, Mayalar dünyanın sonuna dair bir kehanette falan bulunmadılar. Çıkmaz sokaklar, onların tarzı değildir. Onlar, zamanın sürekli değişeceğine inanırlardı."

Max bunun üzerine bir inilti koyuverdi. "Ben de öyle bir şeyin –lanetli bir zaman diliminin– içinde kapana kısıldım zaten."

"Buna ergenlik deniyor."

"Hiç komik değilsin, baba. Diğer ergenlerin peşlerinde Antik Mayalardan kalma Ölümün Efendileri yok."

"Senin de yok. San Şavier'de her ne olduysa, artık bitti. Kadim bir efsaneden fırlamış hayali karakterlerin Massachusetts'te ortaya çıkacaklarını söylemek, Maya takviminin dünyanın sonuna dair kehanette bulunduğu iddiası kadar saçma."

"Ama ya bu yağmurlar? Sarmaşıklar? Böcekler?"

"Tüm bunların mantıklı birer açıklaması olmalı. Gelip bir göz atmaları için tanıdıklarımı arayacağım." Max'in omzuna şöyle bir vurdu. "Hadi artık aşağı inelim de annen neler pişirmiş bir bakalım."

Sorusunun cevabı tamaleydi.

Hem de yüzlerce tamale.

Mutfaktaki tüm tezgâhlar, buzdolabının tüm rafları tamalelerle doluydu.

Max, eskiden mısır kabuklarında buğulanan bu minik, yağlı mısır böreklerinden nefret ederdi, ancak San Şavier'de (ki tamale San Şavier'in milli yemeği sayılırdı) yaşadıktan sonra o kadar da seçici olmamayı öğrenmişti.

"Neden bu kadar çok pişirdiniz?" diye temkinli bir ifadeyle sordu babası. "Misafir mi geliyor?"

Carla bir kahkaha attı. "Sanırım Zia birilerini bekliyor."

Max'in ve babasının bakışları, arka kapıdaki bir diğer karınca yuvasını kazırken kendi kendine mırıldanmakta olan Zia'ya çevrildi.

Bu şartlar altında bir hizmetçinin çılgına dönmesi beklenirdi, ama Zia daha önce hiç bu kadar mutlu olmamış gibi görünüyordu.

Kesinlikle delirmiş, diye aklından geçirdi Max.

İkinci Bölüm

HAYALİ TELEVİZYON

"Sesini açsana, baba!"

Frank Murphy, uzaktan kumandanın tuşlarına sevinçle bastı. "Mükemmel, değil mi?" diyerek şaşkınlığını belli etti. "Görüntü canlı gibi. Satıcı bu özellik için ne demişti?"

"Orbital pikselli," dedi hemen önündeki dev ekrana bakmakta olan Max.

"Kıyakmış," dedi babası.

Max, babasına kuşkuyla baktı.

Kıyak mı? Kızıl sakallı, şortlu, arkeolog babası ne zamandır böyle konuşuyordu? Büyük olasılıkla çok fazla televizyon izliyordu.

Yeni plazma televizyonları, o öğleden sonra evlerine getirilmişti. Saatlerdir televizyon karşısında oturuyor, büyülenmiş bir halde ne bulurlarsa izliyorlardı.

Televizyon, Max'in beynini uyuşturup düşünmesini engelliyordu. Dürüst olmak gerekirse, çocuğun rahatlamasını sağlıyordu. Ölümün Efendileri hakkında yeterince endişelenmişti.

Artık tek bilmek istediği şey, Las Vegas'ta düzenlenen yemek pişirme yarışmasını kimin kazanacağıydı.

Annesi, televizyonu akşam yemeği sırasında kapatmak istemiş ama ona da kulak asmamışlardı. Babası, yemeği televizyonun karşısında yemelerinde ısrar etmişti. Üstüne üstlük, sosisli sandviç ve patlamış mısırı karısının ev yapımı makarnasına tercih ederek, kadıncağızı ağlatmıştı.

Max, kanepeye ketçap döküldüğünü ve döşemenin patlamış mısır taneleriyle dolduğunu fark ettiğinde suçluluk hissetti.

Carla, başını oturma odasının kapısından içeri uzattı.

"İyi geceler," dedi buz gibi bir sesle.

Cevap yoktu.

Parmak ucunda odaya girip kumandayı kocasının elinden kaptı ve televizyonu kapattı.

"İyi geceler dedim," diye tekrarladı. "Saat geç oluyor."

"Bir bölüm daha izleyelim, ne olur," dedi Max. Ellerini yalvarırcasına birleştirmiş, yüzüne en tatlı tebessümünü yerleştirmişti.

Carla iç geçirdi. "En azından televizyon izlerken Mayalar hakkında bir şeyler okumuyorsun. Bir bölüm daha, *bambino* ve sonra doğru yatağa. Ayrıca korku filmi de izlemeyeceksiniz."

"Sağ ol, anne."

Frank Murphy, umutla karısına baktı.

"Sana yok," dedi kocasını kanepeden kaldırıp kapıya doğru ittiren Carla. "Sen yarın işe gideceksin."

"İyi geceler," diye arkalarından seslendi Max.

Kumandayı ararken, yağmurun yeniden başladığını fark etti ve pencereye yaklaştı. Bahçenin karanlığında bir baykuş öttü ve bir yerlerde gök gürledi.

Max, bir an için garip bir şekilde izlenmekte olduğu hissine kapıldı ve tüyleri ürperdi. Arkasını dönmesi halinde, Ölümün Efendileri ile burun buruna mı gelecekti yoksa?

O an, orada, odasında olabilirler miydi?

Günlerdir uykularını kaçıran an, gelip çatmış mıydı?

Derin bir nefes aldı ve korkudan titreyerek usulca arkasına döndü.

Oda boştu.

Karşısında yalnızca annesinin Maya heykelcik koleksiyonu duruyordu. Heykeller sanki yeni televizyonu izleyebilmek için, üstünde durdukları rafların ön ve orta kısımlarına doğru ilerlemişlerdi.

Max göz ucuyla bir hareketlenme, beyaz bir bulanıklık fark etti.

Bir kez daha arkasına döndü.

Bir dizi yaprak kesici karınca, yaprak yerine bir patlamış mısır tanesini taşıyordu. Max, ganimetlerini yeni nemlendiricinin vızıldadığı evin koridoruna taşıyan hayvanları izledi. Kapının altından sarmaşık filizleri dolanıyor, Max'in eli büyüklüğündeki alacalı kelebekler lambanın etrafında dans ediyordu. Görünüşe bakılırsa, makine, evi gitgide kaplayan yağmur ormanına karşı verdiği savaşı henüz kazanamamıştı.

Max, kumandayı bularak televizyonu yeniden açtı.

Bir haber bültenine denk gelmişti.

"Çikolata severler için iyi haber," diyordu spiker, "Orta Amerikalı üreticiler, rekor düzeyde kakao çekirdeği hasat edildiğini bildirdiler..."

Max, kanalları zaplamaya başladı.

Sinema: "Ve şimdi insan kurban edilişini konu alan gişe şampiyonu film *Tüm Kalbimle*'nin tanıtımını izliyoruz..."

Yemek: "Basit bir çorba yapmak için iguananızı ince ince doğrayın, bala yatırın ve kızarıncaya dek…"

Spor: "Bu geceki *pitz* müsabakası için canlı yayına bağlanmaktasınız. Oyun hakkında bilgisi bulunmayan izleyicilerimiz için, Meksika ve Orta Amerika'da oynanan bir top oyunu olan pitz, tarihteki ilk takım oyunu…"

Doğa: "Maya ormanının efendisi Jaguar, geceleri avlanan yalnız bir hayvandır..."

Alışveriş: "… ve işte her yaştan insana hitap eden mükemmel bir hediye –sapodilla ağacından yapılma gerçek yağmur ormanı reçinesi içeren bir Kendi Sakızınızı Kendiniz Üretin seti..."

Makyaj: "Yüzündeki yeni dövmeler ne kadar hoş oldu, değil mi Jessica?"

Çizgi film: Patlak gözlü, şişman kötü adam, kızıl saçlı bir çocukla esmer bir kız keskin dişlerinden salyalar akan tazıların önüne atılırken "Mahahahaha," diye güldü...

Max, çabucak bir sonraki kanala geçti.

Karşısına bir söyleşi programı çıktı.

Garip bir söyleşi programıydı.

Stüdyodaki seyirciler, ellerindeki bongo* ve uzun tahta borazanlarla müzik yapmakta olan, kimisi iskelet, kimisi de yarı hayvan yarı insanı andıran tuhaf yaratık kostümleri giymiş orkestrayı alkışlıyorlardı.

Neşeli bir spiker, heyecanla konuşmaya başladı: "Ve şimdi, beklemekte olduğunuz kişi aramızda..."

Birden ekran karardı, ışıklar söndü ve odada sıcak, nemli bir rüzgâr dolanmaya başladı.

---

* Afrika ve Güney Amerika kökenli bir vurmalı çalgı. (Ed. N.)

Pullu bir kuyruğu bulunan keskin pençeli bir yaratık, Max'in çıplak ayağına sürünüyordu.

Max, bacaklarını altına kıvırdı.

Yolunda gitmeyen bir şey vardı sanki.

Kumandaya sertçe bastı ama televizyon kapanmıştı.

Sakin ol, yalnızca elektrik gitmiş olmalı, dedi kendi kendine.

Fakat koridordaki nemlendiricinin fırtına öncesi bir araya gelmiş bir böcek sürüsünü andıran tiz vızıltısı, ona elektriğin kesilmediğini söylüyordu.

Max, neler olduğunun farkındaydı.

Odada yalnız olmadığını biliyordu.

O an istediği son şey, o odada olmaktı.

Televizyonun içinden, biri tahtayı tırmalıyormuş gibi acı bir ses geldi. Bir saniye sonra da bir yıldırım düşüp ekranı ikiye ayırdı. Öylesine büyük bir gürültü çıktı ki Max, hoparlörlerin patladığını sandı.

Kaçıp gitmeyi düşündü ama kanepeyle kapı arasındaki mesafe, bir anda ucu bucağı görünmeyen bir yağmur ormanına dönüşmüştü sanki.

Televizyondan çıkarak döşemeye yayılan sarı ve soğuk bir sis dalgası, etrafı berbat bir kokuyla doldurdu.

Sisin içinden kanatlı, devasa bir şekil çıkıyordu. Kıvrımlı acımasız pençeleri, avını yakalamak üzere olan yırtıcı bir hayvanınkiler gibi Max'e uzandı.

Max, kanepeye doğru gerileyerek, eline geçirdiği yastığı kalkan gibi kullandı. Gözlerini sıkıca yummuştu.

Bir daha da açmayacağına dair yeminler ediyordu içinden.

Kulağına önce bir hışırtı, ardından da tuhaf bir ses geldi. Bir kıl yumağını tükürmeye çalışan bir kedinin hırıltısını andırıyordu bu ses. Max'in midesi kalkmıştı.

Kıvrımlı acımasız pençeleri, avını yakalamak üzere olan yırtıcı bir hayvanınkiler gibi Max'e doğru uzandı.

Tek gözünü açtı.

Karanlığın içinde, hiç kırpılmayan iki sarı küre vardı karşısında.

"Lord Muan?" diye fısıldadı.

Lord Muan, Ölümün Efendileri'nin habercisiydi. Kafası bir baykuşu, vücudu ise yaşlı bir adamı andırıyordu.

Max, Siyah Piramit'te anne babasının salıverilmesi için anlaşmayı –her ne karşılığında olduğunu bilmeden– Lord Muan ile yapmıştı. Ondan ne istenirse istensin kabul edecek, isteneni nasıl yapacağını daha sonra düşünecekti.

Şimdi de o an gelip çatmıştı.

Ölümün Efendileri, ödülü almak üzere habercilerini göndermişlerdi.

Atmakta olan kalbini bile isteseler, Max vermek zorundaydı.

"Muan yok," dedi bir ses. "İletişim sorumlusu artık benim. Yeni *bak'tun*'a hazırlanmak için dış görünüşümüzde değişiklikler yapıyoruz. Muan, sürekli ötüp duruyordu; artık modası geçti. Hedef gruplarla yaptığımız görüşmelerde, günümüz Xibalba habercilerinin lafı fazla uzatmayan, hizmet odaklı ve verimli çalışan kişilerden seçilmesi gerektiğini öğrendik."

Max, gölgelerin içinden çıkan bu yeni habercinin Lord Muan'a kıyasla çok daha genç olduğunu fark etti. Baykuş kafası o kadar yuvarlak değildi ve daha yırtıcı bir görünüme sahipti. Muan'ın pelerini gümüş rengiyken yeni habercininki parlak kahverengiydi. Sırtında kısa ve tüylü bir ceket vardı. İnsanlarınkileri andıran kol ve bacakları, kaslıydı. Giydiği çizmeler üst üste dikilmiş sıçan derilerinden yapılmıştı ve bağcık olarak uzun fare kuyrukları kullanılmıştı.

"Adım Lord Kuy. İşimize bakalım mı?"

Max, başıyla onayladı.

"Massimo Francis Sylvanus Murphy," diye ilan etti Lord Kuy. "Huzurunuza kötü kalpli majesteleri Tek Ölüm, Yedi Ölüm, Kan Toplayıcı, Kanat, Sırt Askısı, Kemik Asa, Kafatası Asa, Yara Kabuğu Soyucu, Keder İblisi, İrin İblisi, Sarılık İblisi ve Pislik İblisi tarafından gönderildim. Kendileri, ödeme zamanının geldiğini bildirmemi istediler."

Yarı baykuş yarı insan haberci, az önce bir sıçanı midesine indirmiş olmalıydı. Nefesi öyle berbat kokuyordu ki Max az kalsın kusacaktı. "Benden ne istiyorlar?" diye fısıldadı.

"Önce durumu bir özetleyelim; siz onlardan ne istiyorsunuz?"

"Anne ve babamın Xibalba'dan temelli salıverilmesini istiyorum... Hermanjilio ve Şanslı Jim'in de... ve benim de. Yeniden özgür olmak istiyorum."

"Beş hayat," diye tekrar etti Lord Kuy. Max'i tepeden tırnağa inceledi. "Peki ya siz Ölümün Efendileri'ne karşılık olarak ne vereceksiniz?"

Max, gözlerini oda boyunca gezdirerek arandı. "Düz ekran televizyonları var mıdır acaba?"

Lord Kuy, kahkaha atarcasına öttü. "Televizyona ihtiyaçları yok. Annelerinin kucağında yavaş yavaş ölen insan bebeklerini izlemek, onları yeterince eğlendiriyor. Şu son kolera salgını büyük ses getirdi!"

Max, endişeyle yutkundu. "Öyleyse benden ne istiyorlar?"

Baykuş adam, ne diyeceğini unutmuşa benziyordu.

Sarı gözleri, kanepenin altındaki bir şeye sabitlenmişti.

Tüylü kafası, birden öne atıldı. Yeniden yukarı kalktığında, gagasında tombul bir yer sincabı tutuyordu. Hayvanın vücudunu bir hamlede yutuverdi. Ancak minik, pembe ve tüysüz kuyruk, baykuşun midesine inmeden önce birkaç saniye öylece havada kaldı.

Max, tiksindiğini belli etmemeye çalıştı.

Birkaç dakika içinde sincabın kaderini paylaşma ihtimali vardı.

"Çok affedersiniz," dedi Lord Kuy. "Öğle yemeğinden beri çalışıyorum da. Nerede kalmıştık?"

"Bana Ölümün Efendileri'nin benden ne istediklerini söyleyecektiniz."

"Aa, evet. Hakikat Taşı'nı istiyorlar."

"Ne taşını?" dedi Max.

Haberci baykuş, başını şaşkınlıkla çevirdi. "Yanlış mı bilgilendirildim acaba? Bana kutsal Jaguar Taşları'mızı bildiğiniz söylenmişti."

"Benden bir Jaguar Taşı mı istiyorlar? Ama Lord Muan, Siyah Piramit'te hepsini toplamıştı... Xibalba'ya dönerken hepsini yanında götürmüştü!"

"Yanlış."

"Ama ben onu gördüm..."

"Hayır. Sizin gördükleriniz Ah Pukuh'un Siyah Jaguarı, Chahk'ın Kırmızı Jaguarı, İtzamna'nın Yeşil Jaguarı ve Ixchel'in Beyaz Jaguarı. Ancak dışarıda Ölümün Efendileri'nin koleksiyonuna katılmamış bir taş daha var..."

"Sarı Jaguar!"

"Aynen öyle. Onlara K'awiil'in Sarı Jaguarı'nı, yani Hakikat Taşı'nı getirmeniz halinde, bu işten alnınızın akıyla çıkacaksınız."

"Fakat Hermanjilio, o taşın yüzyıllardır kayıp olduğunu söylemişti..."

"Ah, şu Lord Hermanjilio. Yoksa arkadaş mıydınız?"

"Neden geçmiş zaman kullanıyorsunuz?" diye sordu Max endişeyle.

Baykuşun kısılan gözleri, minicik yarıklara dönüşmüştü. "Xibalba'daki hayat, ona pek yaramadı diyelim."

"Bu da ne demek oluyor?"

"Jaguar Taşı'nı Xibalba'ya teslim edince öğrenirsiniz. Sorunuz var mı?"

"Sarı Jaguar'ı nasıl bulacağım? Herhangi bir yerde olabilir."

"Efendilerim size yardım edecekler. Size, bu konuda bir ipucu verilecek."

"Ölümün Efendileri taşın nerede olduğunu biliyorlar mı?"

"Biliyorlar."

"Öyleyse neden gidip onların adına taşı *siz* almıyorsunuz?"

"Hakikat Taşı öyle durduk yere alınamaz. Taşa sahip olan kişi, onu özgür iradesiyle vermelidir. Görevi kabul ediyor musunuz?"

"Ama taşı bana verecek olan kim?"

"Kabul ediyor musunuz? Evet mi, hayır mı?"

"En azından nerede olduğunu söyleseniz?"

"Evet mi, hayır mı?"

Max derin bir nefes aldı. "Evet."

"Güzel." Lord Kuy, pelerininin içinden bir parşömen çıkardı. "Şurayı ve şurayı kanınızla imzalarsanız..."

"Kanımla mı? Ama... *ayyy*! O da neydi öyle?"

"Sadece bir iğne. Başparmağınızı şuraya bastırırsanız evrak işlerinden kurtulmuş olacağız. Evet, öyle... ve bir daha –harika! Artık ipucunuzu verebilirim." Lord Kuy küçük, katlanabilen bir defter çıkardı. "Efendilerim, size Xibalba'daki hayatın da keyifli olabildiğini göstermek amacıyla bir bilmece hazırladılar."

Max hafifçe inledi. “Bilmece olmasın. Bilmecelerden hiç hoşlanmam.”

“Biz Xibalba’da bilmecelere bayılırız.” Lord Kuy kırgın bir ses tonuyla konuşuyordu. “Ama eğer istemiyorsanız...”

“Hayır, hayır, istiyorum,” dedi Max. “Her türlü yardıma açığım.”

Lord Kuy, defteri uzattı.

Max, baykuş adamla arasında olabildiğince mesafe bırakmaya çalışarak defteri kaptı ve hızla katlarını açtı. Parşömen kâğıdından sayfalarını inceledi.

“Ne diyor burada? Okuyamıyorum ki. Sadece eski hiyeroglif yazıları var!”

“Ne bekliyordunuz ki? Mayalar, hiyeroglif yazılarıyla ünlüdürler. Kadim dünyadaki en gelişmiş yazı düzeni bizdekiydi.”

“Neyse boş ver, annemle babamın bu yazıları tercüme edebileceklerinden eminim.”

“Şey,” dedi Lord Kuy, “size kurallardan söz etmeyi unuttum.”

“Kurallar mı?”

“Anne babanızdan yardım istemeniz yasak.”

“Ama neden?”

“Çünkü onlar, burunlarını başkalarının işlerine sokan kişiler. Gömülü kalması gereken yadigârlarımızı açığa çıkarıyorlar.”

“Bu onların mesleği. Annem de babam da arkeolog.”

Lord Kuy, omuz silkti. “Kuralları ben koymadım. Ama size, onları çiğnememenizi tavsiye ederim. Yoksa...”

O sırada kapı aniden açıldı ve Lord Kuy, birden gölgelere karıştı. Max’in babası, üzerinde pijamalarıyla içeri girdi.

“Max?” dedi. “Neden yatmadın sen?”

“Bazı Maya hiyerogliflerini okumaya çalışıyorum. Bana yardım eder misin?”

"Hem de zevkle!" Babası ellerini keyifle ovuştururken, yüzünde bir döküntü oluşmaya başlamıştı bile.

"İyi misin baba?"

"Ben... şey... iyiyim," dedi elini yüzündeki kaşıntıların üzerinde gezdiren babası. "Bir tür alerji olmalı. Bana ne gösterecektin?"

Max, babasına defteri uzattı. Ancak adamın yüzündeki döküntüler, içlerindeki sarı irinlerin birer nabız gibi attığı dev, kırmızı yumrulara dönüşmüştü.

"Baba?"

Ancak deftere büyülenmiş gibi bakan babası, yüzünde başgösteren kanlı savaştan habersizdi. "Bunu nereden buldun, Max? Enfes bir eser. Daha önce hiç böyle bir şey görmedim..."

O sırada deftere yüzünden bir damla kan düştü.

"Affedersin," dedi babası. "Burnum kanıyor. Heyecandan olmalı." Odada kendine bir mendil ararken elleriyle burnunu kapattı, ancak parmaklarının arasından kan fışkırıyordu.

"Baba?" dedi Max yine.

Babası, kanamayı durdurmak için başını geriye attı. "Özür dilerim," diye mırıldanarak odadan çıktı. "Birazdan dönerim."

Ancak pek de kısa bir süre sonra dönemeyeceği anlaşılıyordu.

"Sana yardım edeyim," diyen Max, ayaklanıp babasını takip etmeye yeltendi. Ancak gölgelerin içinden çıkan Lord Kuy, çocuğun yolunu kesti.

"Bırak gitsin."

"Ona ne yaptın?" diye öfkeyle sordu Max.

"Bu bir uyarıydı. Annenle babanı bu işten uzak tut."

"Öyleyse bilmeceyi nasıl okuyacağım?"

"Bir saniye." Lord Kuy, pençeli elini sessiz ol anlamında kaldırdı. Diğer eliyle ise tüylü kulağını kapamıştı. O haliyle, kontrol merkezinden verilen talimatları kulaklığı aracılığıyla dinleyen bir haber spikerini andırıyordu. Xibalba'daki efendileriyle iletişim kurduğu anlaşılıyordu, zira ellerini yeniden indirdikten sonra, "Ölümün Efendileri, maymun kılığındaki şu laf ebesinden yardım alabileceğinizi söylüyorlar," diye açıklama yaptı.

"Kral 6-Köpek'ten mi?"

"Evet. Efendilerimin daha çok eğlenmeleri için, onun dırdırcı annesini de yanınıza alabilirsiniz..."

"Leydi Koko'yu mu?"

"Ve şu çok hoşlandığınız ama size asla yüz vermeyecek olan kızı da."

Max "Lola mı? Onun bana yüz vermeyeceğini nereden bili..." diyecek oldu ama hemen sustu. İçten içe, o da kızın ona asla bakmayacağının farkındaydı. Aşk hayatını (ya da olmayan aşk hayatını) Ölümün Efendileri ile tartışmayacaktı.

İyi haber, Lola ile maymunları yakında yeniden görecek olmasıydı.

Kötü haber ise, hep birlikte ayvayı yemişlerdi.

"Başka sorunuz yoksa taşı ne zaman teslim etmeniz gerektiğini belirleyelim ve bu işi bitirelim," dedi Lord Kuy. "Bugün 13-Lord. Sarı Jaguar'ı Xibalba'ya getirmek için 6-Ölüm'e dek vaktiniz bulunuyor."

"6-Ölüm mü? O ne güne denk geliyor?"

"Size okulda hiçbir şey öğretmiyorlar mı?"

"Hayır... Yani evet, ama Maya takvimini öğrenmiyoruz."

Lord Kuy, bir baykuş, gözlerini ne kadar devirebilirse o

kadar devirdi. Küçük bir çocukla konuşuyormuşçasına "13-Lord, 1-Timsah, 2-Rüzgâr, 3-Karanlık, 4-Mısır, 5-Yılan Isırığı, 6-Ölüm," diye ezberden okudu.

"Ne?" diye itiraz etti Max. "Yedi günüm mü var? Hepsi bu kadar mı? Peki ya Sarı Jaguar'ı bulamazsam?"

"Anlaşmamızın şartları uyarınca Hermanjilio ile Şanslı Jim, bağlı oldukları zincirlerde çürüyecek. Anne ve babanız Xibalba'ya geri götürülecek ve siz de sokak ortasında kan kusarak hayata veda edeceksiniz."

"Ama bu haksızlık. Bana başından tüm şartları söylemedin ki. Yedi gün yeterli bir süre değil. Hiç şansım yok."

"Mızmız biri olduğunuzu duymuştum," dedi Lord Kuy. "Dolayısıyla şiddet ve zamansız ölüm tanrısı Lord Ah Pukuh, görevinize odaklanabilmeniz için size eski dostlarından bazılarını gönderdi."

Habercinin alçak bir ıslık çalmasıyla yeni televizyonun ardından bir cehennem tazısı çıktı. İnce ve kaslı vücudunu, sıkıca saran kapkara, kadife gibi derisiyle Danua türü bir köpek kadar iriydi. Hayvanın belinden kuyruğuna kadar uzanan kıvrım, sırtı ve başı bir dizi çıkıntılı kıkırdakla doluydu. Max'e doğru kötü kötü hırlayınca ağzından damlayan asitli salyalar, mavi şömine halısının üzerinde delikler açılmasına neden oldu.

Max'in babası, kapıdan başını uzatmak için tam da o anı seçmişti. Burnuna kanla kaplı pamuk yığınları sokuşturmuş, yüzünün her yanına krem sürmüştü.

"Şimdi, şu yazılara bir bakalım..." diye konuşmaya başladı.

Ancak adam daha ne olduğunu bile anlayamadan cehennem tazısı onun üzerine atladı ve dişlerini koluna geçirdi. Frank, acıyla çığlık atarak kanepeye devrildi.

"Dur!" diye çığlık attı Max. "Geri çağır şunu!"

Lord Kuy, ondan isteneni yaptı ve hayvan, gözlerini Max'in babasından bir saniye bile ayırmadan geriledi.

"Harika!" dedi Lord Kuy. "Sanırım her şeyi hallettik. İyi geceler Massimo Francis Sylvanus Murphy. Sizinle iş yapmak benim için zevkti. 6-Ölüm'de görüşürüz!"

Max'in yüzüne, bir baykuş önünden uçarak geçmişçesine, hafif bir esinti vurdu. Bir anda ışıklar yandı ve televizyon çalışmaya başladı. Sohbet programı bitmişti ve orkestra elemanları izleyicilere el sallıyorlardı. Müzik ve kamera hareketlerinin hızlanmasıyla birlikte bir süre sonra görüntü ve seslerin yerini bulanık bir kargaşa aldı. İçinden pis kokulu dumanlar yükselmeye başlayan televizyon, alevlere boğularak patladı ve erimiş plastikten oluşan bir havuza dönüştü.

O sırada kanepeden hafif bir inilti yükseldi.

"Baba!"

"Ben iyiyim, Max. Yalnızca koluma hafif bir kramp girdi. Televizyon izlerken uyuyakalmış olmalıyım."

"Kramp falan değil, baba. Bir cehennem tazısı tarafından ısırıldın. Koluna bir baksana."

Babasının pijamasının köpek tarafından parçalanmış kolunu çekti.

Babası hafifçe irkilerek "Pijamalarımın bu kadar eskidiğini fark etmemiştim," dedi. "Herhalde sen doğmadan bile önce almıştım onları!"

"Ama olanları görmedin mi? Xibalba'dan gelen bir haberciyle bir cehennem tazısı yanımızdaydılar."

Frank Murphy, acı çekerek de olsa gülümsedi.

"Şu televizyonu almak için bu kadar beklediğimize inanamıyorum," dedi. "Görüntü gerçeğe ne kadar yakın, değil mi?"

Üçüncü Bölüm

BİLMECE

"Kral 6-Köpek bilmeceyi çözdü mü?" diye sordu Max. "Hiyeroglifleri saatler önce e-posta ile göndermiştim."

"Evet, gönderdiğinden beri her on dakikada bir arıyorsun zaten," dedi Lola gülerek.

"Hayatta yalnızca altı günün kalınca, zaman bir anda değer kazanıyor. Yazıları okuması neden bu kadar uzun sürdü?"

"Bilmiyorum. Kendisini ofise kilitleyip rahatsız edilmek istemediğini söyledi. İyi de Lord Kuy sana hiç ipucu vermedi mi?"

"Sadece Sarı Jaguar'ın yerinden öylece alınamayacağını, onu taşıyan kişinin kendi iradesiyle bana verebileceğini söyledi."

"Gerçekten mi? Amma da heyecanlıymış!"

"Ben bundan o kadar emin değilim."

"Hadi ama yahu! Kahraman İkizler'e bir görev daha çıktı! Düşünsene, sen ve ben birlikte uzun zamandır ortalıkta görünmeyen Sarı Jaguar'ın peşine düşeceğiz! Taş, San Şavier'in yakınlarında bir yerlerde olmalı, değil mi Hoop?"

Lola, Max'e *Hoop* ismini takmıştı. Hoop, Maya dilinde "kısa kibrit çöpü" anlamına gelen *chan hiri'ich hoop* ifadesinin kısaltmasıydı. Çünkü Lola, kızıl saçlı, beyaz tenli ve zayıf Max'i ilk gördüğünde bir kibrit çöpüne benzetmişti.

"Evet. Büyük olasılıkla zombi jaguarlar tarafından korunmakta olan, tüyler ürpertici bir tapınağın içinde gizlidir."

"Zombi jaguarlar mı? Ben yokum o zaman," diye dalga geçti Lola Max'le.

"Bana borçlusun, Maymun Kız." Max de Lola'ya bu ismi takmıştı, çünkü Lola'yı ilk gördüğünde kız, maymunların arasındaydı. "Siyah Piramit'te senin hayatını kurtardım."

"Kendi kendime de kurtulabilirdim," diye burun kıvırdı Lola. "Yardımına ihtiyacım yoktu."

"Anlamadım? Her yanın maviye boyalıydı ve kurban edilmek üzere sunağa bağlanmıştın."

"Yeraltı nehrinde hayatını kurtarmış olmasam, sen oraya varamadan ölmüş olacaktın."

"Ne? Bu ne yüzsüzlük..."

Max'in itirazları, aniden kulak tırmalayıcı bir ulumayla kesildi.

Çocuk, ahizeyi kulağından uzaklaştırarak "Bu da neydi böyle?" diye sordu.

Lola, hafifçe kıkırdadı. "Bay Murphy. Ted Amcan."

"Yaralı mı yoksa?"

"Şarkı söylüyor."

"Şarkı mı?" Max babasının kırışık, melankolik suratlı ağabeyini gözünün önüne getirdi. "Ted Amca'yı şarkı söylerken hayal edemiyorum. Her zaman kederli bir havası vardır."

"Artık yok. Sürekli şarkı söylüyor ve bana resim yapmayı

öğretiyor. Bu evde yaşamaktan nefret edeceğimi sanmıştım, ama artık küçük bir aile gibi olduk, Hoop."

Aile. Max, bu kelimenin Lola için çok şey ifade ettiğini biliyordu.

Lola, anne babasını hiç tanımamıştı. Hermanjilio, onu bebekken balta girmemiş ormanda bulmuş ve doğrudan Maya bilgesi Çan Kan'ın yanına getirmişti. Lola, İtzamna'ya gidip Hermanjilio ile kazılara katılacak yaşa gelinceye dek, Çan Kan'ın evlatlık torunu olarak onun ailesiyle yaşamıştı.

Lola, Max'in San Şavier'i terk etmesinin ardından Ted Amca'nın sahildeki, Uşak Raul tarafından bir saat gibi tıkır tıkır idare edilmekte olan eski ve geniş evinde yaşamaya başlamıştı. Ruhları Lola'nın evcil maymunları Çulo ile Seri'nin vücutlarını ele geçirmiş olan kadim Maya kralı Kral 6-Köpek ve annesi Leydi Koko da yanlarındaydı.

Lola bu samimi ortamdan söz ederken, Max içten içe onları kıskandı.

"Yüce Ekselansları afiyetteler mi acaba?" diye sordu.

"Leydi Koko, Raul'e mutfakta yardım edip evi idare ediyormuş numarası yaparak çok iyi vakit geçiriyor. Bazen benimle Jaimeler'e geliyor. Ben Jaime'nin küçük kardeşleriyle oynarken, o da Jaime'nin annesiyle televizyondaki pembe dizileri izliyor. Jaime'yi çok özlüyorlar..."

Max'in sesi, birden sertleşti. "Bu Jaime de kimin nesi?"

"Sen onu Şanslı Jim olarak tanıyorsun. Hayatını kurtaran adam, hatırlasana? Gerçek adı Jaime Ben. Şanslı Jim adını, ona amcan vermiş." Lola iç geçirdi. "Artık o kadar da şanslı değil, ha?"

Şanslı Jim, Ted Amca'nın muz deposunun idaresini eline almış ve kaçakçılık günlerinde adamın korumalığını üstlenmişti. Maya kökenli olmasına rağmen, Hermanjilio'nun bedeninde gizlenen kötü kalpli rahip Tzelek'e tüm gücüyle saldırıp Xibalba'ya inene dek, soyunu daima reddetmişti. Şanslı ve Hermanjilio, birileri onları oradan kurtarmanın bir yolunu buluncaya kadar, ölüler diyarında sıkışıp kalmışlardı.

"Ya Kral 6-Köpek?" diye sordu Max.

"Her zamanki gibi bunalımda. Bir maymunun vücuduna hapsolmaktan nefret ediyor. Bütün gün oturup denizi izliyor ya da amcanla tarih, felsefe ve edebiyat üzerine derin sohbetler ediyor. Bir dakika... ofis kapısının açıldığını duyuyorum. Kral 6-Köpek, dışarı çıkıyor. Sesini hoparlöre alayım."

"İyi sabahlar, genç lord."

Kral 6-Köpek'in hazin ve tok sesini duyan Max, gülümsedi.

"İyi sabahlar, Majesteleri. Bilmeceyi çözdünüz mü?"

"Ölümün Efendileri, size karmaşık bir bilmece hazırlamışlar. Annemin manyok* kekleri kadar ağır bir metin."

"Seni duymadım sanma," dedi Leydi Koko. Ardından da tatlı bir sesle ekledi, "İyi sabahlar, genç lord."

"İyi sabahlar, Leydi Koko," diye cevap verdi Max. Hayal kırıklığıyla "Keklerinizin lezzetinden şüphem yok, ancak ne tür bir bilmece on sayfa sürebilir ki?" diye sordu.

"Korkmayınız, genç lord; metnin en az dokuz buçuk sayfası gözardı edilebilir. Yaradılış tarihi, Ölümün Efendileri'nin zafer dolu kahramanlık hikâyeleri, astronomik belirtiler ve benzeri şeylerden oluşuyor. Maya belgeleri, genellikle böyle uzun tutulur. Son sayfaya şöyle bir göz gezdirmeniz halinde ise ipucundan söz eden yazıları görebilirsiniz."

*Amerika'nın tropikal bölgelerinde yetişen ve kökünde bol miktarda nişasta bulunan bir bitki. (Ed. N.)

Max, defteri açtı.

Birden "Aaaaa!" diye bir çığlık attı. "Yok oluyor! Her yanı lekelenip küflenmiş. Neyse ki sizin için fotoğraflarını çekmiştim."

"Fotoğraflar da yok oluyor," dedi Lola. "Onları daha bu sabah basmama rağmen, yüz yıl boyunca ormanda gömülü kalmış gibi görünüyorlar. Ayrıca amcanın bilgisayarından da tamamen silindiler."

"Ölümün Efendileri, bu tür eşek şakalarına bayılırlar," diye fikrini belirtti Kral.

6-Köpek. "İpucunun burnunun dibinden kaybolması, onları son derece neşelendirecektir."

"Öyleyse hızlı hareket etsek iyi olur," dedi Max. "Neler buldunuz, Kral 6-Köpek?"

"Her el yazısının birden fazla anlamı olduğunu ve anlamın içerikte yattığını göz önüne alarak, basit bir tercümeye varabildiğime inanıyorum. Ancak çevirim, ne metnin şiirselliğini koruyabiliyor ne de kelime oyunlarındaki karmaşıklığı yansıtıyor."

"Hayatta sadece altı günüm kaldı. Elinizde ne varsa alayım lütfen."

"Hazır mısınız?"

"Hazırım!" diye cevap verdi eline kâğıt kalem alan Max.

Kral 6-Köpek, boğazını temizledi.

K'awiil'in Sarı Taşı
K'awiil'in sarı şafağında gizli
Sarı çiçeğin bol olduğu yerde
Çürüyen sarı kemiklerin dibinde
Dedelerinin sarı kemiklerinde

"Bilmece olmasın. Bilmecelerden nefret ederim."

Hayal kırıklığıyla "Hepsi bu mu?" diye sordu Max.

"Size bunun basit bir tercüme olduğunu söylemiştim."

"İyi de ne anlama geliyor?"

"Birçok anlama gelebilir, genç lord. Ama..." Kral 6-Köpek tereddüt etti. "Bana kalırsa bu noktada sarı renk, önemli bir unsur."

"O kadarını anladım."

"Peki, önemini de kavradınız mı?"

"Sarı Jaguar'dan söz ediyor, öyle değil mi?"

Dipsiz bir kuyu kadar derin bir sessizlik yaşandı.

"Mesele şu ki, Hoop," dedi Lola sonunda, "Mayalar için sarı, ölümün rengidir."

"Kimin ölümü?" diye sordu Max.

Bir sessizlik daha oldu. Yere iğne düşse, sesi duyulacaktı.

"Haa," dedi Max boğuk bir sesle. "Benim ölümüm, değil mi?"

Kral 6-Köpek, aceleyle konuyu değiştirdi. "Ölümün Efendileri'nin böyle edebi yeteneklerinin bulunduğunu bilmezdim. Bu bilmece, farklı şekillerde yorumlanabilir."

"Ama en bariz anlamı yabana atmayalım," dedi Lola. "Tüm bu 'sarı'lı ifadeler, K'awiil'in Sarı Piramit'ine atıfta bulunuyor. İspanyollar, piramidi yerle bir ettiler ama taş, hâlâ enkaz alanında bir yerlerde saklı olabilir. Belki de sarı çiçeklerin dibinde çürümekte olan birtakım sarı kemiklerin altındadır."

"Merak ettim de, genç lord," diye sordu Kral 6-Köpek, "atalarınızın çürümekte olan sarı kemikleri acaba nerelerdedir?"

"*Sarı* ve *çürümek* kelimelerini bırakıp, şunlara sadece *kemik* diyebilir miyiz?" diye sordu Max.

"Çürümüş iskelet kalıntılarını gözünüzün önüne getirmekte zorlanıyor musunuz yoksa?" dedi Kral 6-Köpek.

"Ölümlülerin kolay sarsıldıklarını unutma," diye hatırlattı Leydi Koko oğluna.

"Size bu tür zorluklara alışmanızı tavsiye ederim, genç lord," dedi Kral 6-Köpek. "Karşınızda Ölümün Efendileri bulunuyor. Leş gibi kokularıyla çürümüş ve hastalıklı uzuvlarını peşlerinden sürükleyerek hareket ederler."

"Bilmeceye dönsek artık!" diye çıkıştı Lola. "Kral 6-Köpek atalarını sormuştu, Hoop."

Max, bir süre düşündü. "Farklı farklı yerlerden geliyorlar. Babamın ailesi İrlandalı, anneminki ise İtalyan... Bir dakika! Buldum galiba! Babamın anne ve babası, yani Patrick ve Isabella'nın mezarları San Şavier'de!"

"Doğru! Raul bana soyağacınızdan söz etti." Lola'nın heyecanlandığı, sesinden anlaşılıyordu. "Puerto Muerto'da, amcanın evinden hiç de uzakta olmayan bir aile kabrinde yattıklarını söylemişti."

"Puerto Muerto, doğu kıyısında kalıyor," diye aklındakileri kelimelere döktü Kral 6-Köpek, "ve güneş, doğudan yükselir..."

"Puerto Muerto'nun sarı olmasının nedeni de *muerto* kelimesinin ölüm anlamına gelmesi ve ölümün renginin de sarı olması!" diye söze girdi Lola. "Bilmeceyi çözdük! Sarı Jaguar, Puerto Muerto'da! Güneşin, Max'in büyükanne ve büyükbabasının çürümekte olan sarı kemiklerinin üzerinden doğduğu yeraltı mezarında!"

Max'in bakışlarından, durumu onaylamadığı anlaşılıyordu.

"Ama doğunun rengi sarı değil kırmızıdır," diye uyardı Kral 6-Köpek.

"Hem bir de çiçekler var," diye ekledi Max.

Bunu der demez, Lola'nın gözlerini devirdiğinden emindi.

"Ayrıntılar, ayrıntılar," dedi kız. "Mesele şu ki, Hoop, Sarı Jaguar San Şavier'de bulunuyor. Dolayısıyla bir an önce buraya gelmen gerek!"

"Bundan emin değilim..." dedi Max.

"Benim de bazı şüphelerim var," diyerek onunla hemfikir olduğunu belirtti Kral 6-Köpek. "Bugün 1-Timsah, yani problemlerimizi yaratıcı fikirler aracılığıyla çözeceğimiz bir gün. İçimden bir ses, bana doğru cevabın bir miktar kurnazlık gerektirdiğini söylüyor."

"Her konuyu, ayin takvimine göre ele almak zorunda mısın?" diye lafı yapıştırdı Leydi Koko.

Gösterişli bir ifadeyle "Ölümlüler, takvime aldırış etmeyerek kendilerini riske atıyorlar," dedi Kral 6-Köpek. "Her günün bir anlamı vardır."

"6-Ölüm'ün anlamı nedir?" dedi Max. "Gerçekten de ölüm anlamına gelmiyor, öyle değil mi?"

"Başka ne anlama gelecekti ki?" diye yanıt verdi Kral 6-Köpek. "Xibalba'yı ziyaret etmek için güzel bir gün."

"Aynı zamanda dönüşümlerin, yeni başlangıçların da günüdür," diye ekledi Leydi Koko çabucak.

Max, duyduklarını şöyle bir düşündü. "Benim canlıdan ölüye doğru dönüşümüm olmasın o sakın? Yani ölü bir kişi olarak yeni bir başlangıç yapıyormuşum gibi?"

Sıkıntılı bir sessizlik daha yaşandı.

"Neşelen canım," dedi Leydi Koko. "Bazen insan, kaderini kendi başına çizer."

"Hayatını eski bir takvime bağlayarak yaşayamazsın ki," diye aynı fikirde olduğunu belirtti Lola.

"Öyle ya da böyle," dedi Max, "önümüzdeki altı gün içinde Sarı Jaguar'ı bulamamam halinde hayata veda edeceğim, değil mi?"

"Öyleyse vakit kaybetmeyi bırak!" diye uyardı onu Lola. "San Şavier'e giden ilk uçağa atla, ben seni havaalanında karşılarım. Eski günlerdeki gibi olacak, Hoop!"

Max, bir iç geçirdi.

Ne yapmalıydı? Bir bilgisayar oyunu oyuncusu olarak içgüdüleri, Kral 6-Köpek'in dediklerini onaylıyordu; daha yaratıcı fikirlere ihtiyaçları vardı. Ama Lola da iyi bir tespitte bulunmuştu. Sarı Jaguar, Sarı Piramit'in eski mekânında değil de ya nerede olacaktı?

"Sen kazandın," dedi kıza. "Uçuş bilgilerimi, e-postayla gönderirim."

"Harika! Annenle babana da benden selam söyle, Hoop!"

Max, telefonu kapatırken Lola'nın heyecanlı heyecanlı bir şeyler söylediğini ve Kral 6-Köpek'in kızı ikna etmeye çalıştığını duyabiliyordu.

Bu işte ters giden bir şeyler vardı.

Mutfağa indi ve kararmış bir tostun üzerini kazımakta olan annesiyle karşılaştı.

"Lola selam söylüyor," dedi.

"Unut bunu, Massimo. San Şavier'e dönmüyorsun."

"Ama anne..."

"Hayır dedim."

"İtiraf et, anne. Ölümün Efendileri'nin peşimde olduklarını sen de biliyorsun. Ayrıca San Şavier'den uzak durduğumuz sürece, bunu görmezden gelebileceğimizi düşünüyorsun. Oraya dönmemi bu yüzden istemiyorsun, öyle değil mi?"

"Hiç de değil," diye itiraz etti annesi ama bakışlarını yerden kaldırmıyordu. "Sadece yaz mevsimi geçip gidiyor ve Boston'da ailece güzel vakit geçirmeye ihtiyacımız var, diye düşünmüştüm. Sen de söylesene, Frank..."

İkisi de Max'in babasına baktılar. Frank, kahvaltı masasına oturmuş, her zamanki gibi gazetesini okuyordu. Yüzü yara bantlarıyla kaplıydı, burnundan kurumuş kan parçacıkları sarkıyordu ve koluna da kan sızdırmakta olan bir bandaj yapıştırmıştı. Ateşi varmış gibi görünmesine rağmen, her zaman giydiği bol cepli safari ceketinin içine bir de kalın, balıkçı yaka kazak giymişti.

"Annenin sözünü dinle," dedi başını kaldırmadan.

Max'in annesi, koyu İtalyan kahvesiyle dolu bir fincanı masaya bıraktı. "Kahveni iç, Frank. Doktor randevuna geç kalmamalısın."

"İnanılmaz, değil mi?" diye akıl yürüttü babası. "Dün gece yatağa girdiğimde hiçbir şeyim yoktu..."

"Olanları hatırlamıyor musun, baba?" diye sordu Max. "Şu baykuş adam, Lord Kuy yüzünün bu hale gelmesine neden oldu, ardından da cehennem tazısı dişlerini koluna geçirdi."

"Bence teşhisi doktora bırakmak daha doğru olur, öyle değil mi?" dedi boynunu kaşıyan babası.

Birden Max, "O şişlik de neyin nesi?" diye sordu kuşkuyla.

"Bir şey değil," diye cevap verdi babası. Konuşurken, kazağının boğazını iyice yukarı çekmişti.

Max, babasına yakından bir göz attı. "Kazağının altından fark ediliyor. Boynunda hareket eden bir şişlik var."

Max'in annesi, hemen yanlarına koşturarak kazağın boğazını aşağı indirdi. "Bir kurtçuk bu!" diye çığlığı bastı. "Benden saklıyordun!"

"Dur bakalım Carla. Derimin altında büyümekte olan zararsız, küçük bir asalaktan söz ediyoruz yalnızca. Orta Amerika'da herkesin başına gelen bir durum bu. Yaygara koparmaya gerek yok."

"Sakın kımıldama," dedi Carla. "Cımbız getireceğim."

Max'in hızla ayaklanarak evden ayrılmaya hazırlanan babası, "Buna gerek yok," dedi. "Birkaç hafta içinde kendiliğinden dışarı çıkacaktır. Görüşürüz!"

Carla, dış kapının gürültüyle kapanmasının ardından kollarını çaresizce havaya kaldırdı. Ardından, "Başımıza neler geliyor böyle!" diyerek ağlamaya başladı.

"Sana söylemeye çalıştım, anne. Dün gece Lord Kuy buradaydı; kendisi Ölümün Efendileri'nin yeni habercisi..."

"Kes şunu!" dedi gözyaşlarına boğulmuş olan kadın. "Yeter! Çılgın kâbuslarından gına geldi artık!"

"Kâbus falan değildi ve bunu sana kanıtlayabilirim," diyen Max, annesini elinden tuttuğu gibi oturma odasına doğru sürüklemeye başladı. "Televizyonun eridiği ve cehennem tazısının halıyı yaktığı yeri sana göstereceğim..."

Odanın kapısını açarak zafer kazanmış bir edayla içeriyi işaret etti.

"İşte!"

Carla, televizyonun bulunduğu köşeyi dikkatle taradı. Ardından da bakışlarını şömine halısına çevirdi. Nihayet dönüp Max'e bir göz attı.

"Sanırım sen de bir doktora görünsen iyi olacak."

Odanın köşesinde, yepyeni bir televizyon duruyordu. Halının üzerinde ise en ufak bir asit yanığı bile yoktu.

"Hey!" Max, kanepenin üzerinde kahverengimsi bir leke

bulmuştu. "Şuna bir baksana, anne! Babamın kanı bu; cehennem tazısı ısırdığında akmış olmalı."

Carla, lekeyi tırnağıyla hafifçe kazıdı. "Ketçap bu," dedi kayıtsızca, "dün gece televizyonun önünde yediğiniz sosislilerden dökülmüş."

O sırada, gözüne bir şey çarptı ve kanepenin arkasına doğru eğildi.

"Merhaba," dedi. "Burada olduğunu fark etmemiştim."

Zia'ydı bu.

Üstü başı çok çalışmışçasına darmadağın olmuştu. Kadıncağız, oldukça yorgun görünüyordu.

Max'in gözüne, kanepenin arkasında durmakta olan temizlik malzemeleri çarptı. Zia'yı dikkatle incelediğinde, kadının önlük cebinden yeni bir televizyonun kullanım kılavuzunu andıran bir kitapçığın taştığını fark etti. Zia, çocuğun bakışlarını fark edince kitapçığı derhal göz önünden kaldırdı.

"Zia!" diye bir çığlık attı Max. "Halıyı sen mi onardın? Televizyonu sen mi yeniledin?"

"Massimo!" diye oğlunu azarlamaya başladı annesi. "Zia'yı rahat bırak."

Zia, saç örgüsünü geriye atıp temizlik malzemelerini bir kovanın içine doldurdu ve koyu renkli tombul çöp torbasını yerden alarak odadan çıkmaya hazırlandı.

"Dur!" diye arkasından bağırdı çöp torbasını yakalayan Max. "Şu çöplere bir bakalım! Eminim erimiş televizyon parçaları ile baykuş tüyleri bulacağız ve..."

"Çok özür dilerim, Zia," dedi annesi ve oğlunun parmaklarını birer birer çözerek çöp torbasından uzaklaştırdı.

"Bu kez çok ileri gittin," dedi kendisini kanepeye bırakarak. "Zavallı Zia, başına gelenler yetmiyormuş gibi bir de senin tavırlarınla uğraşıyor."

"Ne demek istiyorsun?" diye sordu Max. "Başına ne gelmiş ki?"

"Kadının hiç de kolay bir hayatı yok, *bambino*."

"Ama bu evde mutlu olan tek kişi o. Bir şeyler çeviriyor, anne. Zia'ya hiç güvenmiyorum."

"Massimo! Zia, bizimle yaşamaya başladığında sen daha bebektin. Bu saçma oyuna bir son vermelisin artık."

"Bu bir oyun değil ve sen de bunu biliyorsun, anne. Boston'da, bizim ev dışında hiçbir yere yağmur yağmıyor. Evin bütün odaları, böcekler tarafından istila edilmiş durumda. Koridorumuzda balta girmemiş bir orman oluştu, arka bahçemizde ise yabani bir incir sarmaşığı ortaya çıktı. Tüm bunlar benim hayal gücümden kaynaklanıyormuş numarası yapmaya devam edemezsin. Ölümün Efendileri, çok ciddi bir mesele."

Annesi, başını ellerinin arasına aldı.

Bir kedi yavrusu kadar tüylü ve büyük bir örümcek, halı boyunca minik bir kertenkeleyi kovalıyordu. Max, örümceğe bir yastık fırlatınca, kertenkele kaçarak hayatını kurtardı.

Annesi başını kaldırdığında, gözyaşlarıyla ıslanmış yüzünde korku dolu bir ifadc vardı.

Güçlükle duyulan bir sesle "Neden bize böyle işkence ediyorlar?" diye sordu.

Max, annesinin yanına oturdu. "Nedenini *biliyorsun*. Ölümün Efendileri'ne bir iyilik borcum var ve bu borcu ödememi istiyorlar. Dün gece Lord Kuy, bana anlaşmanın payıma düşen kısmını tamamlamam için altı gün verdi. Altı günlük ömrüm kaldı. İstedikleri şeyi bulamazsam, haftaya bu saatlerde hepimizin sonu gelmiş olacak."

"Altı gün mü?" Annesi, oğlunu korku dolu bakışlarla süzdü. Ardından da bir karara varmışçasına, usulca başını salladı. "İstekleri nedir?" diye fısıldadı.

"Sana söyleyemem."

"Nedenmiş o?"

"Ölümün Efendileri seni de cezalandırırlar da ondan, tıpkı babama yaptıkları gibi."

Max'in annesi, uzanıp oğlunun ellerini tuttu. "Xibalba'da korkunç şeyler yaşadık. Unutmak, kendimi hiçbirinin gerçekleşmediğine ikna etmek istedim. Ama bu kadarı yeter. Gerçeklerden kaçmaya devam edemem. Hayatımı, Ölümün Efendileri'nden korkarak geçirmeyeceğim. Senden ne istediklerini söyle."

"Sarı Jaguar'ı Xibalba'ya götürmem gerekiyor."

"K'awiil'in Sarı Jaguarı mı? Hakikat Taşı yani? Ama onun nerede olduğu bilinmiyor ki."

"Ölümün Efendileri biliyorlar. Yardım almam için saçma bir bilmece hazırlamışlar. Lola, taşın San Şavier'de olduğuna inanıyor, ama Kral 6-Köpek bundan o kadar emin değil."

"Bana bilmeceyi göster."

"Ölümün Efendileri bunun intikamını senden alırlar, anne."

"Göster dedim."

Max, defteri çıkardı. Defterin rengi öylesine atmıştı ki, yazılar zorlukla okunuyordu. Fakat çocuk, dünyanın önde gelen Maya hiyeroglifi otoritelerinden biri olan annesinin doğru bir tahminde bulunacağına güveniyordu. Annesi doğrudan son sayfayı açtı. "K'awiil'in sarı şafağında gizli," diye mırıldandı, "sarı çiçeğin bol olduğu yer… çürüyen sarı kemiklerin dibinde." Yüzünü kaplayan zafer dolu tebessümü pembe kızgın bir döküntü takip etti. "Buldum! Cevabı biliyorum!"

"Anne, yüzün..."

"Dinle beni, *bambino*! Sarı Jaguar'ın, tüm Maya kitaplarının yakılmasından sorumlu olan İspanyol keşişi Diego de Landa tarafından çalındığından hep kuşkulanmıştım. Adamın kafayı Jaguar Taşları'na takmış olduğunu günlüğünden biliyoruz. Taşları ele geçirebilmek için köy sakinlerini çoluk çocuk demeden işkenceden geçirdi..."

Bu sırada Max, annesini yakından izliyordu. Cildindeki döküntü yayılarak koyulaşmış ve annesinin yüzünde kırmızı şişlikler belirmeye başlamıştı. Öyle ki, bir erik reçeli fıçısına düşmüş gibi görünüyordu.

"Büyükannen Isabella Pizarro'nun soyu, Amerika kıtasını istila eden ilk Avrupalılara dayanmaktadır," diyordu annesi. "Doğan güneş eşliğinde, yelkenlileriyle doğudan gelmişlerdi. Bu sarı şehrin neresi olduğunu bilmiyorum ama Parma'daki tüm jambonların üstüne bahse girerim ki bu bir... *aaaaaahhhh*!"

Saçını gözlerinin önünden çekmesiyle birlikte, büyük bir saç tomarı elinde kaldı. Saçının ne kadarını kaybettiğini anlamak için başını yoklarken, birkaç saç tutamı daha düştü. Bir anda, başının yarısı kelleşmişti.

Carla, kucağındaki saç yığınlarına dehşet içinde bir göz attıktan sonra, yerinden fırlayarak üst kata doğru koşmaya başladı. Max, banyodaki aynada korkunç görüntüsünü inceleyen annesinin attığı çığlıkları duyabiliyordu.

Oysa annesi, tam da Max'e bir şeyler açıklamak üzereydi.

Max, *ilk raundu Ölümün Efendileri kazandı*, diye düşündü acı acı.

Bu garip olayları e-postayla Lola'ya bildirecekti ki burnuna mutfaktan nefis kokular gelmeye başladı.

Kızarmış tavuk.

Ev yapımı et sosu.

Çikolatalı pasta.

Bu günlerde yediği yemeklerden herhangi biri, son yemeği olabilirdi. Bunu düşünerek, mutfağa bir göz atmaya karar verdi.

Zia, mırıltılar eşliğinde pastanın üstüne şekerli bir karışım döküyordu. Max bir kez daha kadının bugünlerde neden böylesine mutlu olduğunu merak etti. Evleri parçalanıyor, Murphyler tuhaf davranışlar sergiliyordu ama Zia, hayatında ilk kez gülümsüyordu. Ya aklını kaybetmişti ya da Max'in kuşkulandığı üzere, onların bilmediği bir şeyler biliyordu...

San Şavier'e yaptığı seyahatin öncesini düşündü. Zia'yı, falcılığı andıran tüyler ürpertici bir ayinin ortasında basmıştı. Kadının odasının, büyücü şamanların inlerini andırırcasına, ağzına dek kavanoz ve iksirle dolu olduğunu hatırladı... Tıpkı Lola'nın memleketi olan Utsal köyündeki Maya bilgesi Çan Kan'ın kulübesi gibi. Uçak biletini ona veren kişi de Zia olmuştu.

Kadını konuşturmanın bir yolunu bulması gerekiyordu.

"Merhaba Zia," dedi bitkin bir sesle. "Çöp torbasına yapıştığım için senden özür dilerim." Hizmetçi kadın omuz silkti –bu, onun söylenenleri anlamadığını mı yoksa onlara aldırış etmediğini mi gösteriyordu acaba?– ve Max'e masaya oturmasını işaret etti. Bir kişilik sofra hazırlamıştı.

Max, kocaman bir tabakta servis edilen iştah açıcı kızarmış tavuk parçalarını ağzına tıkıştırmaya başlayarak, "Çok lezzetliymiş," dedi.

Zia, pastayla ilgilenmeyi keserek Max'e döndü ve gülümsedi.

Kadının bu hareketinden cesaret alan Max, sözlerine devam etti. "Zia, İngilizceyi iyi anlamadığının farkındayım ama sana bir şey sormam gerekiyor." Kadın başıyla onayladı. "San Şavier'e gitmem için bana verdiğin uçak biletini nereden aldın? Sana o bileti satın almanı kim söyledi? Parasını kim verdi?"

Kadın, başını öne ve arkaya doğru sallamaya devam etti.

Max'in söylediklerinin tek kelimesini bile anlamadığı ortadaydı.

Max'in aklına, ısrar etmekten başka bir çare gelmiyordu. "Mesele şu ki Zia, bir bilete daha ihtiyacım var. San Şavier'e dönmem gerekiyor."

Zia, pasta bıçağını bir kenara koydu.

Ellerini önlüğüne sildi.

Max'e onu takip etmesini işaret etti.

Max, tedirgin bir şekilde yerinden kalkarak kadını izledi.

Zia, onu garajın üstündeki odasına götürdü. İçerisi karanlıktı ve tütsü kokuyordu. Kadın bir mum yakmasına rağmen, Max, etrafını güçlükle seçebiliyordu.

"Kurallara uyman gerek," dedi Zia.

Max, kadının akıcı İngilizcesini duyunca o kadar şaşırdı ki ağzını bile açamadı. Yalnızca başını sallayabildi.

Zia devam etti. "Çabuk olmalısın. Üç saat. Yanına sıvı alma."

"Sana bunları Ölümün Efendileri mi söylediler?" diye fısıldadı Max.

Zia, ona karşısında aklını yitirmiş bir insan varmış gibi baktı.

"Ulaşım Güvenliği İdaresi," dedi bir kâğıt parçasını çocuğun eline tutuştururken.

Bir e-bilet makbuzuydu bu. Amerikan Hava Yolları'ndan alınmıştı.

"Teşekkürler, teşekkürler, teşekkürler!" diye çığlık atarak, heyecanla havaya bir yumruk savurdu Max. "Bekle beni San Şavier!"

"Hayır," dedi Zia. Kâğıdı işaret ediyordu.

Kâğıdın üstünde, kalın harflerle bir şeyler yazılıydı.

MAD*. Kâğıtta **MAD** yazıyordu.

Max'in tüm hevesi kaçmıştı. İlk düşüncelerinde haklıydı; Zia bir akıl hastasıydı ve bilet de bunu kanıtlıyordu.

Soğukkanlılığını korumaya çalıştı.

"Anlıyorum," dedi. "Çok komik. Sen delisin. Ben de deliyim. Ha-ha-ha."

Makbuzu buruşturdu ve çöp tenekesine fırlattı.

"'Deli' değil," dedi Zia kâğıdı çöpten alarak. "*Madrid* havaalanının kodu o."

"Madrid mi? İspanya'daki Madrid mi? Ama ben San Şavier'e gidiyorum!" dedi Max. Kelimeleri karşısında sağır biri varmış gibi, yavaş ve yüksek sesle telaffuz etmişti.

Zia, canlı renklerdeki dokuma kumaşlarla örtülü sepet ve kutuların yığılı durduğu bir masaya yöneldi. Elini bir sihirbaz gibi şöyle bir savurarak en büyük kutunun üstündeki kumaşı çekince, ortaya bir bilgisayar çıktı. Klavyede birkaç kelimeyi tuşladıktan sonra, sabırla bir resmin ekrana yüklenmesini beklemeye başladı.

Max'in bakışları, ekrana kitlenmişti.

* İng. Deli, çılgın. (Ç. N.)

Bir an için; dünya, ekrandan üstüne doğru geliyormuş gibi hareketlendi. Bunun üzerine Max, bilgisayarın bir tür ileri teknoloji ürünü büyücü küresi olup olmadığını merak etti.

Ekrandaki gezegende mavi okyanuslar ve yeşillikler, sarıyla işaretlenmiş sınırlar ortaya çıkmaya başlayınca Max, bunun Google Earth programı olduğunu fark etti. Görüntü kıtalar, ülkeler, bölgeler derken bir tepenin zirvesine kurulu, mazgallı siperleri bulunan bir şatoya odaklandı. Tepenin ve şatonun aşağısında başka yapılar da mevcuttu, ancak hiçbiri net görülmüyordu. Düşük çözünürlüklü görüntü bulanıktı, ama bir şey apaçık ortadaydı; kasabanın üzerine, sarı renkli bir pus çökmüştü.

Max, görüntüyü yakınlaştırınca, burada sarı çiçeklerin bulunduğundan emin oldu.

Beş saniye içinde kopyaladığı koordinatları arattırmış ve oymalarda sözü edilen 'sarı şehrin', İspanya'nın batısındaki Extremadura özerk bölgesinde bulunan Polvoredo olduğunu bulmuştu.

Alelacele giriştiği bir başka arama, Max'e Polvoredo'nun, şehirde doğup büyüyen Orta Amerika istilacılarıyla ve çiçekleriyle ünlü olduğunu söylüyordu. Yerel toprak, sarının en güzel tonlarından birine sahipti ve topraktaki garip bir özellik nedeniyle burada her türlü çiçek yetişiyordu. Nüfusu 341, sloganı ise *La Verdad Sobre Todo* ("Hakikat Her Şeyden Önce Gelir") olan kasabanın sıradan bir meydan, Roma tarzı bir kilise ve ziyarete kapalı bir şato dışında turistik bir özelliği bulunmuyordu.

"Sarı Jaguar, Hakikat Taşı'nın ta kendisi! Aradığımız yer burası!" diye bağırdı. "San Şavier'in doğusunda bulunuyor ve sarı çiçekleriyle ünlü. Büyükanne Isabella'nın ailesi de oralarda bir yerlerde gömülü olmalı. Annemin bana söylemeye çalıştığı şey de buydu! Sarı Jaguar, İspanya'da!" Max, Zia'nın odasında elini kolunu sallayarak zafer dansları yapıyordu. "Zia, ne kadar akıllısın! İspanyollar, Sarı Jaguar'ı çalarak yanlarında İspanya'ya götürmüşler!"

Çocuk, uçuş bilgilerini inceledi. "Bu gece yola çıkıyorum! Lola'yı arayıp havaalanına gitmem gerek!" dedi. İçinden Zia'yı kucaklamak geldiyse de bunun uygun kaçmayacağını düşünerek, kadının ellerini yakaladı ve sertçe sıktı. "Annemle babama nereye gittiğimi söyler misin?"

Kadın, başıyla onayladı ve önlük cebinden kalın bir avro tomarı çıkardı. "Senin için," dedi kısaca.

Max, "Bunu nereden..." diye soracak oldu ama Zia, kolundaki saati işaret ediyordu. "Acele et," dedi. "Seni bekliyorlar."

Dördüncü Bölüm

MADRİD'E HOŞ GELDİNİZ

Max, uçağın penceresinden aşağıdaki İspanya topraklarını izliyordu. Yeşilin kahverengiye karıştığı düzlükler ve dağlar gördü. Çok sayıda yol bulunmasına karşın evlerin sayısı azdı.

Küçükken tamamlamış olduğu dünya haritası yapbozunu hatırladı. Avrupa'daki her bir minik ülkenin üzerinde Disney Dünyası'ndaki farklı bölgeler gibi birer resim bulunuyordu: İtalya'yı hasır şapkalı bir gondolcu, Britanya'yı başında kafası büyüklüğünde siyah, tüylü bir şapka bulunan kırmızı ceketli bir asker, İrlanda'yı yeşil bir cüce, İspanya'yı ise kırmızı puantiyeli bir elbise giymiş, esmer bir kadın dansçı simgeliyordu.

Yapbozda, İtalya için doğru bir sembol seçilmişti. Max, bunu annesinin Venedik'te yaşayan ailesine yaptığı ziyaretlerden biliyordu. Şehrin dört bir yanı, hasır şapkalı gondolcularla doluydu. İspanya sokaklarının da aynı şekilde yerinde duramayan dansçılarla dolu olup olmadığını merak etti.

Fakat önce havaalanından geçmesi gerekiyordu ve gelen yolcu salonunun pek de eğlenceli bir yer olduğu söylenemezdi. Cam kabinlerin içindeki görevlilerin oluşturduğu alışıldık korkutucu barikat ve ellerinde belgeleriyle, ağır ağır ilerleyen kuyruklara giren bezgin yolcular çarptı gözüne.

Bir süre sonra pasaport kontrolü sırası, Max'e geldi.

Somurtkan görevli, çocuğun pasaportunu tiksintiyle inceledikten sonra not defterine bir şeyler karaladı.

"Ziyaret sebebiniz?"

Max, Ölümün Efendileri ve Sarı Jaguar'ı bulma görevinden söz etmemeye karar vererek kısaca "Tatil," diye yanıt verdi.

"İspanya'da bulunacağınız adres?" diye gürledi hâlâ defterine bir şeyler yazmakla meşgul olan görevli.

"Polvoredo adında bir kasaba. Extremadura'da."

Görevli, birden ilgiyle Max'e baktı. "Orada pek turist bulamayacaksın, dostum," dedi ve kendi kendine gülerek, damgaladığı pasaportu sahibine geri verdi. "Kan sosisini denemeyi unutma. Ama içinde neler olduğunu sakın sorma."

Pasaport kontrolünden geçtikten sonra, tökezleyerek bagaj salonuna doğru ilerleyen Max'i muazzam bir gürültü patırtı karşıladı. Tezahüratların ve öfkeli çığlıkların ortasında, bir döner bagaj bandı bulunuyordu.

Karışıklığın nedenini anlamak için kalabalığa bakınca, birinin valizlerle birlikte bagaj bandının tepesine çıkmış olduğunu fark etti. Siyah deri kıyafetler içindeki uzun boylu, zayıf adamın uzun siyah saçları, gitar çalar gibi yaparken ileri geri sallanıyordu. Gitaristin yüzü pudralıydı ve gözleri de siyah kalemle belirginleştirilmişti.

Max, bu yüzü tanıyordu.

En sevdiği grup olan Belalı Yarasalar'ın gitaristi Vince Vermin'di bu!

Bir dakika –Max sevincinden bayılacak gibi olmuştu– derme çatma sahnedeki Vince'e, grubun diğer üyeleri de katılmışlardı şimdi: Solist Ty Phoid, basçı Trigger Mortis ve davulcu Odd-Eye Ebola. İtişip kakışıyor ve siyah bavulları fırlatıp atarak şakalaşıyorlardı.

Max, bu kadar şanslı olduğuna inanamıyordu. Hayranı olduğu Belalı Yarasalar grubunun üyelerine Madrid'de rastlama ihtimali yüzde kaç olabilirdi ki?

Kalbi heyecandan küt küt atarak, kalabalığın ön saflarına doğru ilerlemeye başladı.

Birden "Dikkat etsene sersem," dedi yanından öfkeli bir ses.

Max başını çevirdiğinde, onun yaşlarında bir kızla yüz yüze geldi. Siyah saçları punkçılarınkilere benzeyen kızın iri, mavi gözleri vardı. "Çekilsene, göremiyorum," dedi kız. Max önüne geçtiği kızın, cep telefonuyla fotoğraf çekmekte olduğunu fark etti.

"Özür dilerim," dedi kenara çekilerek. "Gerçekten de onlar mı? Burada ne işleri varmış?"

"Ne bileyim. Şu an Japonya'da turnede olmaları gerekiyordu." Kız, Vince Vermin'i yakından çekebilmek için Max'i hafifçe iteledi. "Tek bildiğim, blogum için özel bir yazı hazırlayacağım..."

"Bir müzik blogcusu musun sen? Ne güzel."

"Ya sen? Yarasalar'ın hayranı mısın?"

"Evet."

Kızın kocaman, mavi gözlerine bakakalan Max'in zihninde adeta ziller çalıyordu. Bir dakika, gerçekten de bir yerlerden zil sesleri geliyordu. Bagaj bandından alarm yükseliyor, kırmızı ışıklar yanıp sönüyordu. Belalı Yarasalar üyeleri kalabalığın üstüne atladı. Yolcular onları takip ediyor, koruma görevlileri ise çığlıklar atarak peşlerinden koşturuyordu.

Max'in yanındaki kız deliler gibi cep telefonuna vuruyordu. "Hadi ama çeksene," diye yalvardı. "Evdekiler buna inanamayacaklar!"

"Nerede oturuyorsun?" diye sordu Max (oldukça tatlı bir dille konuştuğunu düşünüyordu).

"Boston'da," diye mırıldandı kız. Düşünce gücüyle çalıştırabilecekmiş gibi, azimle telefonuna bakıyordu.

"Ciddi misin? Ben de öyle!" dedi Max. "Seni uçakta görmedim."

Kız utanmışa benziyordu. "Biz birinci sınıfta yolculuk ettik de."

Max, sesinin kayıtsız çıkmasına uğraşıyordu. "Biz derken?"

"Annem ve babamla tatildeyiz," diye iç geçirdi kız. "Müzeler, sanat galerileri ve..." –parmaklarıyla sayıyordu– "kültürel etkinliklerden oluşan iki sıkıcı hafta. Umarım Belalı Yarasalar'ın nereye gittiğini öğrenebilirim."

"Belki yolda karşılaşırız."

Kız, Max'in gözlerine bakarak "Tabii," dedi.

O sırada pembe tayyörlü, inci küpeli, iriyarı bir kadın alelacele yanlarına geldi. "Sonunda seni buldum, tatlım! Her yerde seni aradım. Lütfen yanımdan ayrılma, etrafta tuhaf insanlar dolaşıyor."

Son sözlerini Max'e bakarak söylemişti.

"O tuhaf biri falan değil, anne. Bizim gibi Bostonlu."

"Nereli olduğu hiç umurumda değil, onunla konuşmayacaksın."

"Ama anne, bu seyahatte yeni arkadaşlıklar kurmamı umduğunu söylemiştin..."

"Kültürlü Avrupalılarla, prenslerle, kontlarla, arşidüklerle arkadaş olmanı bekliyorum." Max'e küçümseyerek baktı. "Soylu insanlarla."

Kız, kaşlarını çatıp annesine baktı ve Max'e elini uzattı. "Tanıştığımıza memnun oldum. Benim adım Nasty; Nasty Smith-Jones."

"Senin adın," dedi annesi, "Anastasia. Hadi bakalım, baban bizi bekliyor."

Max, Nasty'nin elini sıkmak için öne doğru uzandı. Fakat annesi kızı çekip almadan önce, ancak parmak uçları birbirine değebildi.

"Adım Max!" diye seslendi arkasından, ama kızın onu duyup duymadığından emin değildi.

Annesinin mengene gibi kollarından kurtulamayan Nasty, dönüp Max'e gülümsedi ve rock müziğinin sembolü olan parmak işaretini yaptı. Bir yandan da dilini Ty Phoid'e özgü o hareketle iki yana sallamaya çalışıyordu.

Max, anne kızın dikkatle ütülenmiş bir safari takımı giymekte olan, orta yaşlı bir adamla buluşmalarını ve hep birlikte bagaj salonundan çıkmalarını gülümseyerek izledi. Annesi, Nasty'nin bir elini kelepçe gibi kavramış; babası da kızın diğer elini korumacı bir edayla tutmuştu. Max, Nasty'nin bu durumda Belalı Yarasalar'ın izini sürmeye pek vakit bulamayacağını düşündü.

Yine de Boston'a döndüğünde, kızı kesinlikle arayacaktı.

Eğer Boston'a dönebilirse tabii.

Lola'nın uçağının inmesine daha bir saat vardı. Max, kendisine bir İspanya haritası almaya karar verdi. Belki bir şeyler de atıştırırdı.

Birkaç dakika sonra elinde yeni haritası, bir fincan sütlü kahve, bir dilim peynirli pizza, çikolatalı bir çörek ve kazara almış olduğu bir elmayla kendine bir masa buldu. Bu masa, yurtdışından gelen uçakların indikleri terminali gözleyebileceği bir yerdeydi.

Kibar bir jet sosyete mensubu gibi görünmeye çalışarak oturdu ve sütlü kahvesini yudumlamaya başladı. Yemeğini de elinden geldiğince yavaş yedi.

Nihayet, kendine havaalanı saatine bir göz atma izni verdi. Saat neredeyse üç olmuştu. Lola'nın uçağı, birazdan havaalanına inecekti.

Heyecandan midesi ağrıyarak (ağrının nedeni, pizzayla çöreği art arda yemiş bulunması da olabilirdi) parmaklarını temizledi ve haritayı masaya yaydı.

İspanya-Portekiz sınırında geniş bir eyalet olan Extremadura, Madrid'in güneybatısında kalıyordu. Max, haritada Polvoredo'yu bulmaya çalışırken, saate bakmayı unutmuştu. Bir tepenin üstüne yan yana dikilmiş binalardan oluşan, maviyle işaretlenmiş ince bir nehir kıvrımının dibindeki kasaba, uzun bir arayışın ardından haritada kendisini gösterdi. Max, kasabanın yakınlarında gözüne çarpan demiryolunu parmağıyla takip ederek Madrid'e kadar geldi. Bu, mükemmeldi! Bir yerlerde trenlerin Avrupa'da daha hızlı gittiklerini –ve tren yolculuğunun romantik bir olay sayıldığını– okumuştu.

Peki ama Lola nerede kalmıştı?

Uçuş ekranlarından, kızı getirecek olan uçağın alana uzun

zaman önce inmiş olduğunu okudu. Lola, uçağı kaçırmış olabilir miydi acaba?

Birden, varış salonundan bir kahkaha tufanı yükseldi.

Max, başını kaldırdı.

Gördükleri karşısında az kalsın şaşkınlıktan küçük dilini yutacaktı.

Ruhları, Lola'nın sevimli evcil maymunları Çulo ile Seri'nin bedenlerini ele geçiren kadim Maya soyluları Kral 6-Köpek ile Leydi Koko, otomatik kapılardan geçiyorlardı.

Max'i asıl şaşırtan ise maymunların insan kıyafetleri giymiş olmalarıydı. Her zamanki gibi kederli bir ifade takınmış olan Kral 6-Köpek, siyah minik takım elbisesinin üstüne attığı pullu matador ceketi ve belindeki kırmızı, gösterişli kuşağıyla soylu görüntüsünü korumaya çalışıyordu. Annesi, neşeli ve hayat dolu Leydi Koko ise kurdele ve fırfırlarla süslü kırmızı beyaz benekli çingene elbisesiyle kalabalığın tüm dikkatini üstüne çekiyordu. Tüylü vücudu bir yana bırakılırsa, tıpkı Max'in dünya haritası yapbozundaki İspanyol dansçıya benziyordu.

"Leydi Koko! Buradayım!" diye bağırdı Max.

Bir an sonra, kadının gözleri kalabalığın içinde Max'i buldu. Ix Kan Kakaw'ın (Leydi Koko'nun "Kakao Tanelerinin Akıllıca Ticareti Yoluyla Birikmiş Sermayenin Kusursuz Kıymetli Hazinesinin Hanımefendisi" gibi bir anlama gelen gerçek Maya ismi buydu) gözleri şaşı bakıyordu. Kadim Mayalar şaşı bakmayı bir güzellik simgesi olarak kabul ettiklerinden, böyle bakması için özellikle eğitilmişti. Dolayısıyla artık şaşı bir maymuna dönüşmüştü ve bu durum, aslında görme gücünü azaltıyordu. Fakat Max'i fark eder etmez mutlulukla çığlık atarak o tarafa doğru koştu ve kendisini çocuğun kollarına attı.

Kral 6-Köpek ya da kadim Maya günlerinde kullarının kullandığı ismiyle Ahaw Wak Ok ise bakışlarını yukarı kaldırmadan, annesinin ardından geliyordu. Yüzü asıktı.

Kapılardan geçme sırası Lola'daydı şimdi. Üstünde her zamanki gibi siyah bir tişört ve keten bir pantolon vardı. Kot ceketini beline bağlamıştı ve Max'in hatırladığından da güzel görünüyordu. Uzun, bakır rengi saçlarını kulaklarının arkasına atarak, tatlı tatlı bakan kahverengi gözleriyle kalabalıkta Max'i aramaya başlamıştı.

Max, Lola'yı gördüğü an ona çılgınlar gibi el sallamaya ve olduğu yerde hoplayıp zıplamaya karar vermişti. Ama kızın güzelliği karşısında kaskatı kesilerek resmi bir karşılamaya girişti. Ölümün Efendileri bile Lola'nın onun için fazla güzel olduğunu düşünüyorlardı.

"Merhaba Lola, seni görmek ne güzel."

"Hoop!" diye bir çığlık koparararak Max'e sımsıkı sarıldı Lola. İkisinin arasında kalan Leydi Koko itiraz niyetine feryadı basınca, Max, gülerek maymunu yere indirdi.

"*Bienvenido a Madrid!**" dedi, duvardaki levhayı okuyarak.

Lola, Max'e üzgün üzgün bakarak "İyi ki beni dinlememişsin," dedi, "yoksa şimdi San Şavier'de olacaktık."

"Sizin hâlâ orada olduğunuzu düşünmeye başlamıştım," dedi Max. "Neden bu kadar geciktiniz? Uçağı kaçırdınız sandım."

"Hayvanlarla seyahat edince, bir sürü form doldurman gerekiyor," dedi Lola kederle. "Neyse ki bana yardımcı olacak birilerini buldum, yoksa hâlâ formları dolduruyor olurdum."

* İsp. Madrid'e hoş geldiniz. (Ed. N.)

"Seyahatiniz nasıl geçti?"

"İyi denemez," diye itiraf etti Lola. "Kral 6-Köpek, San Şavier'den ayrıldığımızdan bu yana somurtuyor."

Max başını çevirince, maymun kralın kollarını kavuşturup dudaklarını büzerek küskün bir tavırla sütunlardan birine yaslandığını gördü. Yanından geçen yolcuların meraklı bakışlarına aldırmaksızın, tavana bakıyordu.

"Derdi nedir?"

"Kıyafetleri. Evcil bir maymun gibi giydirilmekten nefret ediyor."

"Haksız da sayılmaz."

"Biraz insana benzerlerse, uçakta yanımda oturmalarına izin verilir diye düşünmüştüm, ama öyle olmadı," dedi Lola. "Kafese konup kargo bölmesinde yolculuk etmeye mecbur kaldılar. Kral 6-Köpek, ikisini de aşağılanma kabul etti. Tabii bir de onlardan yalnız kalıncaya kadar konuşmamalarını istemek zorunda kaldım."

"Adamın görmeye alışkın olduğu muamele bu değil tabii," dedi Max. Kral 6-Köpek'e el sallayarak seslendi: "Harika görünüyorsunuz, Majesteleri!"

Bakışlarla insan öldürülebilseydi, Max Murphy'nin hikâyesi oracıkta sona ermiş olacaktı. Kral 6-Köpek, çocuğu, bir zamanlar yüce Mayaların en korkunç savaşçısı ünvanını kazanmış kudretli bir kralın küçümseyen bakışlarıyla ters ters süzdü.

Lola, içini çekti. "En azından Leydi Koko'nun neşesi yerinde."

Topuklarını tıkırdatıp pençelerini bel hizasında döndüren Leydi Koko, çember halinde el çırpmakta olan bir dizi çocuğun ortasında Flamenko dansı yapmayı deniyordu. Buyurgan bir Maya kraliçesinden başka her şeye benziyordu.

"Yola çıkmalıyız," dedi Max. "Trene binebiliriz..."

Fakat Lola onu dinlemiyordu. Otomatik kapılardan çıkmakta olan, takım elbiseli genç bir adama el sallamakla meşguldü.

"Santino! Buradayız!" diye seslendi. Yüzünden aşk sarhoşu olduğu anlaşılan yakışıklı genç adam, itaatkâr adımlarla yanlarına geldi.

"Max Murphy, Santino Garcia ile tanış," dedi Lola. "Uçakta yan yanaydık. Santino bir hukuk öğrencisi ve evrak işlerinde bana yardımcı oldu. O olmasa ne yapardım, bilmiyorum." Genç İspanyola içtenlikle gülümsedi. "Onunla tanıştığım için çok şanslıydım."

"O şans bendenize aittir," dedi Santino. Alev alev yanan gözlerini Lola'ya dikmişti.

Max, Santino Garcia'yı tiksintiyle incelemeye başladı.

Parlak siyah saçlarından parlak siyah ayakkabılarına varıncaya dek fazlasıyla yakışıklı, fazlasıyla temiz, pak ve fazlasıyla kibar bir görüntü çiziyordu. Hukuk okuduğuna göre akıllı biri olmalıydı. Biçimli takım elbisesi, maddi durumunun da fena olmadığını gösteriyordu. Yakışıklıydı, akıllıydı ve zengindi. Max, kendisini daha önce hiç bu kadar çirkin, pejmürde ve umutsuz hissetmemişti.

Santino, el sıkışmak için hareketlendi ancak Max, ellerini ceplerinden çıkarmadı.

"Señorita Lola, bana sizden çok söz etti," dedi Santino, bir film yıldızınınkini andıran pürüzsüz ve gür sesiyle. "Ama bana kızıl saçlı olduğunuzu söylememişti. Biz İspanyollar, eskiden e–kızılların, *los pelirrojos* yani, iblislerle işbirliği yaptığına inanırdık."

Max, "Saçım kahverengi benim," diye yanıt verdi soğuk bir sesle.

"Affedersiniz, sanırım benim e–gözlüğe ihtiyacım var," dedi Lola'ya göz kırpan Santino.

"Gözlüğe ihtiyacın var," diye düzeltti Max.

"Öyle mi düşünüyorsunuz?" diye sordu Santino. "E–göz hekimliği mi okuyorsunuz?"

"Hayır," dedi sinirlenen Max. "Sana o kelimelerin başında e– diye bir ek olmadığını söylüyorum. Yalnızca *gözlük* ve *göz* hekimliği demen gerekiyor."

"E–gözlük, e–göz hekimliği."

"Seninle biraz konuşabilir miyiz, Hoop?" diye tatlılıkla araya girdi Lola. "Bize bir saniye izin ver lütfen, Santino."

İspanyol, abartılı bir hareketle yerlere kadar eğildi. Lola, Max'i bir kenara çekti.

Çocuğun onları duyamayacakları bir yere geldiklerinde, "Senin derdin ne?" diye tısladı. "Ne kadar kabasın. Çocuğun telaffuz konusunda ufak bir sorunu var işte, aman ne önemli."

"Esas sorunu beyninde," dedi Max. "Bu kadar çok saç spreyi kullanırsa olacağı budur."

Lola'nın gözleri kısıldı. "Bilgin olsun diye söylüyorum; Santino, Polvoredo'yu iyi biliyor ve bizi arabasıyla oraya götürmeyi teklif etti. En azından ona karşı biraz nazik olabilirsin."

"*Ne?*" diye gürledi Max.

Lola, eliyle Max'e sesini alçaltmasını işaret etti.

Max "Aklından ne geçiyordu?" diye sordu boğuk bir sesle. "Uçakta tanıştığın birine güvenemezsin ki. Hele ki bu herife hiç. Gözleri fıldır fıldır dönüyor."

"Bence hoş gözleri var," dedi Lola.

"Ona ne anlattın?"

"Gerçeği."

Max, Lola'ya "Sana inanamıyorum," der gibi baktı. "Bu işi elimize yüzümüze bulaştırmamız halinde, beni beş gün sonra acılı bir ölümün beklediğini biliyorsun, değil mi?" dedi.

"Bitti mi?" diye sordu Lola. "Ona tek söylediğim şey, eski dostlar olarak tatil yapmak amacıyla bir araya geldiğimiz ve tatilimiz sırasında da senin soyağacını araştıracağımız. Bu, bir bakıma doğru sayılır, değil mi?"

"Maymunların varlığını nasıl açıkladın peki?"

"Benden ayrı kalamayan sadık, evcil hayvanlarım olduklarını söyledim. Santino da bana onların yerinde olsa kendisinin de benzer şeyler hissedeceğini söyledi." Lola pişmiş kelle gibi sırıttı. "Hayallerindeki kız olduğumu söylüyor."

"Ne aşağılık bir herifmiş. Aşağılık bir e–herif. Hadi gidip kendisine *adiós* diyelim ve yola koyulalım. Buradan bir trene…"

"Saçmalama, Hoop. Vakit geç oluyor ve Santino bizi bırakırsa oraya daha çabuk varırız. Hadi, şimdi ona karşı biraz nazik ol…"

Onlar konuşurken, Santino, Lola'ya çiçek –kocaman bir kırmızı gül buketi– satın almıştı.

"Teşekkürler. Çok güzel görünüyorlar," dedi Lola.

"Sizin kadar güzel değiller," diye cevap verdi Santino.

Max, havaalanı otoparkına giden yol boyunca suratını astı.

Bagaj arabasının peşi sıra yürürlerken, Santino'nun kolunu kaçamak bir hareketle Lola'nın omzuna attığını fark etti. İçinden arabayı İspanyolun üstüne sürmek geliyordu, ama Lola'nın bu hareketini onaylamayacağının farkındaydı. Kızın, uçakta

edinmiş olduğu yeni arkadaşından hoşlanmaya başladığı anlaşılıyordu. Ama bu hoşlanmanın derecesi neydi acaba?

Bavulların tepesinde oturmakta olan maymunlara doğru “Lola’nın tipi bile değil ki,” diye mırıldandı. Leydi Koko, pençesiyle Max’in elini okşadı. “Sen onu yakışıklı bulmuyorsun, öyle değil mi?” diye sordu Max. Ancak fırfırlı eteğini düzeltmekle meşgul olan maymun, onu duymamış gibi hareket ediyordu.

Park yerine ulaşıp çantaları Santino’nun parlak siyah arabasının bagajına yerleştirirlerken, Max’in kıskançlığı doruk noktasına varmıştı. Kendisini Santino hakkındaki nefret dolu düşüncelerine öylesine kaptırmıştı ki, arkasından yükselen insan ve tekerlek seslerini duymuyordu bile.

“Mac! Mac!” diye bağırıyordu bir ses.

Lola, Max’in omzuna vurarak “Sanırım birisi sana sesleniyor,” dedi.

Max başını çevirince, sıkışık otoparktan bir türlü çıkamayan kiralık bir arabanın penceresinden sarkmış Nasty Smith-Jones’u fark etti. Kız, ona el sallayıp dilini çıkarıyor ve parmaklarıyla yine aynı rock müzik işaretlerini yapıyordu.

“Mac! Mac!” diye bir kez daha seslendi Nasty.

Max, kıza içtenlikle el salladı.

“Bu da kim?” diye sordu Lola.

“Boston’dan yakın bir arkadaşım,” dedi Max kendini beğenmiş bir tavırla.

“O kadar da yakın olamazsınız. Adının Mac olduğunu sanıyor.”

“Bana o şekilde hitap ediyor.”

Lola, dudaklarını büzdü. “İspanya’da ne işi varmış?”

"Tatildeler. Bir ara buluşmayı planlıyoruz."

"Buna vaktiniz olmayacak," dedi Lola kesin bir tavırla.

"Belli olmaz," dedi Max.

Lola, ön koltuğa geçerek kapıyı sertçe çarptı.

Nasty'ye son bir kez el sallayan Max de maymunlarla birlikte arka koltuğa atladı ve kısa bir süre sonra otoyol boyunca hızla ilerlemeye başladılar.

Max'in Ipod'unun şarjı, uçak İrlanda'nın üzerinden geçerken bitmişti. Çocuk, artık manzarayla yetinmek zorundaydı.

Madrid'in banliyöleri geride kaldıkça, apartmanlar ve alışveriş merkezleri, yerlerini uzun, sarı çimlere bırakıyordu. Ara sıra düzlüklerin içinden, üstlerinde simsiyah ve devasa birer boğa siluetinin bulunduğu kaya tepecikleri çıkıyordu karşılarına. Bu tepecikler, masmavi gökyüzüne karşı tüm haşmetleriyle yükseliyorlardı.

Lola, arka koltuğa döndü. "Şu boğayı görüyor musun? Santino bunun İspanya çapında reklamı yapılan bir içecek markasının reklam panolarından biri olduğunu söylüyor," dedi. "Panolar halk tarafından o kadar sevilmiş ki yerlerinden hiç indirilmemişler."

"Aman ne büyüleyici," dedi Max iğneleyici bir dille.

Max'in içinden, çoktan uykuya dalmış olan maymunlara katılmak geliyordu. Başını cama yasladığı sırada gözüne, bir diğer tepeciğin üstünde beliren devasa bir siluet çarptı. Kuşkusuz ki bu da Santino'nun büyüleyici reklam panolarından biriydi. İlk başta pek ilgilenmese de panoya yaklaştıklarında oradaki şeklin bir boğa değil, gerçeğinin on katı büyüklüğünde bir cehennem tazısı olduğunu fark etti.

"Bakın! Bakın!" diye haykırdı aceleyle.

Ancak İspanyolca sohbet etmeye dalmış olan Lola ile Santino, ona aldırmadılar bile.

Sonunda Max onları dönüp bakmaya razı ettiğinde, araba çoktan tepeyi aşmış ve cehennem tazısı görüş alanlarından çıkmıştı.

Saat farkından dolayı sersemlemiş olmalıyım, dedi Max kendi kendine ve gözlerini kapattı.

Uyandığında, yanında kimsecikler yoktu.

Arabanın içi de fırın gibi ısınmıştı.

Ve birileri deliler gibi cama vuruyordu.

Beşinci Bölüm

ORTALIK ISINIYOR

Lola, avuç içleriyle arabanın camlarına vuruyor ve bağırarak bir şeyler söylüyordu.

"Lola?"

Max, gözlerini ovuşturdu.

"Neredeyiz biz?"

Kızın onu duyamadığını fark ederek pencereyi indirmeye çalıştı.

Ancak pencerenin inmesini sağlayan elektrikli mekanizma, bir türlü çalışmıyordu.

Kapıyı açmayı denedi.

O da açılmıyordu.

Artık Max'in yüzünden ter akmaya başlamıştı ve korkuyordu.

Onu korkutan, Lola'nın yüzündeki dehşet dolu ifadeydi. Kızın saçları dağılmıştı ve yüzünde yol yol olmuş gözyaşı izleri vardı. Hâlâ bağırmaya devam ediyordu. Belki de Max'i bir tehlikeye karşı uyarmaya çalışıyor, oradan çıkması gerektiğini söylüyordu.

Fakat Max, arabadan bir türlü çıkamıyordu.

Kapının kilidiyle oynamaya başladı. Mandalı bir yukarı bir aşağı kaydırmasına rağmen kapı sıkışmıştı.

"Lola! Lola! Neler oluyor? Santino mu? Ne yaptı sana?"

Lola, son bir kırma denemesinde bulunurcasına cama sert bir yumruk attıktan sonra, arkasını dönerek kaçmaya başladı. Uzaklaşmasıyla birlikte Max, Lola'nın üstünde sarı, dantel işlemeli uzun bir gece elbisesi bulunduğunu fark etti.

Max, mandalı yeniden çekerek bir tekme savurduğu kapıyı açtı.

"Lola?"

Lola gitmişti.

Max, tökezleyerek kızgın güneşin altında ayağa kalktı ve etrafına bakındı.

Araba, çorak bir arazinin ortasındaki bir ağacın altına park edilmişti. Görünürde otoyol yoktu. Bir tarafta kavrulmuş sarı bir düzlük, kızgın sıcağın altında parıldıyordu. Diğer taraf ise sivri kayalıklarla kaplıydı. Güneş pırıl pırıl parlıyordu ve havada sapsarı tozlar uçuşuyordu.

Max, bir kez daha avazı çıktığı kadar "Lola!" diye bağırdı.

"İşte buradasın!" dedi arkasından bir ses. Santino'ydu bu.

Max'in gözü, bir çelik parıltısıyla kamaştı. Hemen ardından da bedeni, keskin bir acıyla kaplandı.

Yere düşerken, sırtından sıcak kan damlaları süzülüyordu.

"Hoop?" Lola, hemen arkasında Santino ile koşarak Max'in yanına geldi. Şimdi üzerinde yine günlük kıyafetleri vardı. "Neden bağırıyorsun? İyi misin?"

"Santino," diye inledi Max, "beni hançerledi."

"Ben sizi e–hançerlemedim," dedi Santino dargın bir sesle.

"Bir bakalım," dedi Lola ve dizüstü çöküp Max'in tişörtünü kaldırdı. Kızgın bir tavırla iç geçirdi. "Dikenli bir çalıya takılmışsın. Sıkı dur, Hoop, çalıyı çıkaracağım."

Max, aslında hiçbir şey hissetmiyordu. Olan biteni zihninde yeniden canlandırmakla meşguldü. Aklını mı oynatıyordu yoksa?

"Parmağınla şuraya bastır," diye talimat verdi Lola. "Kanamayı durdurmak için civanperçemi getireceğim."

Gür otların oluşturduğu bir çalı öbeğine doğru giderek, bir demet beyaz çiçek kopardı. Ardından da düz bir kayanın üzerine yerleştirdiği çiçekleri daha küçük bir taşla ezmeye başladı.

Max, Lola'nın üstünü nasıl bu kadar çabuk değiştirebildiğini merak ediyordu. Gece elbisesini nereye saklamıştı acaba? Ayrıca Santino'nun elinde hançer ne arıyordu?

"Siz ikiniz, hastasınız," dedi Max.

Lola, Max'e bakarak gülümsedi. "*Soğukkanlıyız* demek mi istiyorsun?"

"Hayır," dedi Max. "*Kafadan çatlaksınız.*"

"Ne?" diyen Lola elindeki taşı öfkeyle yere çarptı. "Biz yalnızca manzaranın tadını çıkarmak için arabadan dışarı çıktık. Yanından ayrıldığımızda uyuyordun. Sonra birden çığlıklar atmaya başladın ve biz de gürültünün nedenini anlamak için yanına geldik."

"Tabii ya," dedi Max iğneleyici bir sesle, "o uzun, sarı elbisenin içindeki sen değildin, beni hançerleyen de erkek arkadaşın değildi herhalde, ha?"

"Bir şeyi açıklığa e–kavuşturalım," diye itiraz etti Santino. "Ben sizi e–hançerlemedim. Benim e–hançerim falan yok."

"Ve ben de hayatımda hiç uzun, sarı bir elbise giymedim," diye ekledi Lola.

Max, ikisinin de Santino'nun Lola'nın erkek arkadaşı olmasına itiraz etmediklerini fark etti.

"Belki de sizi e–güneş çarptı," dedi Santino.

"Bunun faydası dokunur," dedi Lola. Konuşurken, çantasından berbat bir merhem çıkarıyordu. Max'in yarasını ovarken pek de nazik olduğu söylenemezdi, ancak Max sızlanmayı kendine yediremiyordu.

"Maymunlar nerede?" diye sordu etrafına bakınarak. "Belki de olan bitene şahit olmuşlardır."

Lola, belli belirsiz bir işaret yaptı. "Ağaçların tepesinde yaprak yemekle meşguller."

Santino'nun yüzüne kurnaz bir tebessüm yerleşti. "Bir şey görmüş olsalar bile e–bize anlatamazlar ya."

Lola da gülmeye başladı. "Maymunlar konuşsa ne acayip olurdu," dedi.

Max, kızın kahkahasını taklit etti.

"Hiç komik değilsin," dedi Lola. "Bu kadar zalim olma."

"Biraz önce hançerlendim de."

"*Hayır efendim*, hançerlenmedin. Hadi gel, sana kendini daha iyi hissetmeni sağlayacak bir şey göstereceğim. Şu kayalıkların hemen arkasında."

"Seni son takip edişimde hançerlenmiştim."

"Hayır, dikenli bir çalıya takıldın diyorum. Ayrıca beni takip falan da etmiyordun."

"Ama o kadar gerçekti ki…"

"Güneşin insan üzerinde bu tür etkileri olur. Serap diye bir şeyden söz edildiğini duydun, değil mi?"

"Evet, sanırım."

Bacakları titreyen Max, Lola'nın peşinden kayaların tepesine çıktı.

"İşte geldik!" dedi Lola.

Max, manzarayı izlemeye başladı.

Vadinin diğer tarafındaki tepede bulunan, Ortaçağ'dan kalma şatonun dibinde, küçük bir kasaba uzanıyordu. Capcanlı sarı çiçeklerin oluşturduğu bir örtü şato duvarlarına tırmanıyor, kulelerin etrafını sarıyor, sokak ve avluların girişlerini tıkıyor, balkon ve pencere önlerinden fışkırıp çatıları kaplıyordu. Aşağıda kalan kurumuş nehir yatağı ve etrafındaki kuru düzlükler sayesinde manzara, iyice sıradışı bir hale bürünüyordu.

Max, şaşkınlıkla "Mükemmelmiş," diye kekeledi.

"Sarı şehir," diye fısıldadı Lola. Max'e bir su şişesi uzatarak "İç şunu," dedi. "Susuz kaldın. Demin beni çok korkuttun."

"Esas sen beni korkuttun."

Şişedeki su, güneşin altında kalmaktan ısınmıştı ve metalik bir tadı vardı. Ancak Max'in içi yanmıştı; suyu son damlasına kadar içip bitirdi.

"Buralar hep kupkurudur," diye işaret etti Santino, "Polvoredo'da çiçek yetişir ama yalnızca sarı çiçekler. Kırmızı, beyaz, mor, hangi renk çiçek ekersen ek, hepsi sarıya dönüşür. Büyülü gibi, değil mi?"

"İnternette bu konuda bir şeyler okumuştum," diye cevap verdi Max. "Yerel toprak yapısındaki bir gariplikten ötürü böyle oluyormuş."

"Büyüye inanmıyor musunuz?"

"Hayır," diye kestirip attı Max. San Şavier'de şahit olduğu tuhaf olayları yeni tanıştığı bu İspanyola anlatmayacaktı.

"Sarı şehir," diye fısıldadı Lola.

"Şatoda yaşayan kimse var mı?" diye sordu Lola.

"Evet," diye cevap verdi Santino, "büyüye inanıyorsanız tabii."

Max, gözlerini devirdi. Şu Santino ne sinir bozucu bir tipti.

"Hikâyesini anlatır mısın bana?" diye sordu Lola. Kayalara oturup eliyle yanını işaret etti. Santino, bir süs köpeği gibi hemen Lola'nın yanına ilişti.

"Affedersiniz," dedi Max zorla aralarına sıkışıp ikiliyi ayırarak. "Yanında yiyecek bir şeyi olan var mı? Açlıktan ölüyorum da."

"Sen her zaman açlıktan öldüğünü iddia edersin," dedi Lola.

Santino, ceplerini yoklayarak minik bir fıstık poşeti çıkardı. "Uçaktan kalma. İsterseniz buyurun."

"Şimdi bırak da Santino hikâyesini anlatsın," dedi Lola.

"Umarım kısa sürer," dedi fıstık poşetini yırtan Max. "Akşam yemeği vakti gelmiş olmalı."

"E–bizler İspanya'da akşam yemeğini çok geç yeriz," diye Max'i bilgilendirdi Santino.

"Harika," dedi Max somurtarak. Gri bir balıkçılın nehir yatağının üzerinde daireler çizerek artık orada olmayan kurbağaları aramasını izliyordu. Hayvan da onun gibi acıkmıştı belli ki. Kayaya yaslanarak gözlerini kapattı. "Anlat bakalım," dedi isteksizce.

"Pekâlâ," diye anlatmaya başladı Santino, "şatoda yaşayan kadının adı Inez La Loca – ismi 'Çılgın Inez' anlamına geliyor. Kadının beş yüz yaşında olduğu söyleniyor."

"Haa," dedi Lola, "bir hayalet hikâyesi yani."

"Hayır," diye yumuşak bir sesle cevap verdi Santino. "e–bir aşk hikâyesi."

Max, bir öğürtü sesi çıkardı. "Affedersiniz," diye bir şeyler geveledi. "Fıstıklardan biri boğazıma takıldı da."

"Aldırma sen ona," dedi Santino'ya dönen Lola. "Devam et lütfen."

"Hikâye Ortaçağ'da, İspanyol kâşiflerin devrinde başlıyor..."

"Ya da benim deyişimle, istilacıların," diye mırıldandı Lola.

Santino'nun yüzüne kırgın bir ifade yerleşti.

"Özür dilerim," dedi Lola. "Fakat o insanlardan söz edilmesi, küplere binmeme yol açıyor. İsimleri kulağa öylesine cesur ve asil geliyor ki... Fakat aslında bir grup hırsız ve paralı askerden oluşuyorlardı. Ellerine geçirdikleri her şeyi yok ettiler. Bizi yok eden şey de savaş yetenekleri değil, beraberlerinde getirdikleri bakteriler oldu."

Santino içini çekti. "Yaptıklarıyla ben de gurur duymuyorum, *señorita*, ama hepsi kötü insanlar değildi. Bazı e... İspanyollar Mayaları savundular."

"Bazı Mayalar da kendi insanlarına ihanet ettiler," diye itiraf etti Lola. "Ama ne derler bilirsin; tarihi kazananlar yazar. Hayatım boyunca, olayları Mayaların bakış açısından anlatan tek bir tarih kitabı bile görmedim."

Santino başıyla onayladı. "Bu doğru. Tarih kitapları İspanyolları parlak zırhları içinde gösterir, hâlbuki birçoğunun kendine bir çift ayakkabı alacak parası bile yoktu. Buradan, İspanya'nın en fakir bölgesi olan Extremadura'dan yola çıktılar. Kendilerine birer servet edinmek üzere Yeni Dünya'ya yelken açan binlerce köylü..."

"Bizim zenginliklerimizi çalmak için, demek istedin sanırım," diye düzeltti Lola.

Santino omuz silkti. "Öyle ya da böyle, birçoğu vahşi ormanlarda can verdi. Kurtulanların büyük bir kısmı da eve döndüklerinde, eskisinden de fakir haldeydi. Ama benim e–hikâyem, buradan paçavralar içinde ayrıldıktan sonra İspanya'nın en e–zengin adamlarından biri olarak geri dönen genç bir çocukla ilgili. Çocuğun adı Rodrigo de Pizarro'ydu."

Max, birden oturduğu yerde doğruldu.

Büyükannesi Isabella'nın soyadı da Pizarro'ydu.

Santino, Max'in ilgisini fark etmişti. "İsim tanıdık mı geldi?"

"Neden gelsin ki?" dedi Max. Genç hukuk öğrencisine hâlâ güvenmiyor ve ona hiçbir şey anlatmayı düşünmüyordu.

Santino, "Rodrigo, tanınmış İspanyol fatihlerinden..." diye anlatmaya devam ediyordu ki Lola'ya bir göz atıp hızla sözlerini düzeltti. "Peru'yu *istila eden* tanınmış İspanyollardan Francisco Pizarro ile aynı aileden geliyordu. Ama söylentilere göre Rodrigo, iyi yürekli bir insandı. Yüreğinin bir kaplan kadar cesur, saçının ise bir tilki kadar kızıl olduğu anlatılır. Max'in yüzünü dikkatle inceledi. "Biliyor musunuz, daha önce bir resmini görmüştüm, Rodrigo de Pizarro size adeta ikiz e–kardeşiniz kadar benziyor."

Max, sert kayanın üzerinde huzursuzca kımıldandı.

"Neyse," diye devam etti Santino, "Pizarro'nun ailesi, Yeni Dünya'ya yelken açmadan önce e–domuz çobanlığıyla uğraşıyormuş. Fakat Rodrigo eve beraberinde hazinelerle dolu elli sandık ve parmağında da yeşim taşından bir yüzükle döndüğünde, daha yirmi yaşında bile değilmiş. Kendisi ve zarif bir Maya prensesi olan e–karısı için bu şatoyu yaptırmış."

Lola, "Eminim kasabalılar şatoya yerli bir kadının yerleşmesine bayılmışlardır," dedi ifadesiz bir sesle.

"İlk başta büyük bir e–skandal kopmuş. Bazıları kızıl saçları nedeniyle Rodrigo'nun bir iblisle işbirliği yaptığını iddia etmiş. Bazıları da Maya prensesinin bir cadı olduğunu ve adamı e–büyülediğini ileri sürmüş. Karısıyla ilgili dedikoduları bitiren şey ise Rodrigo'nun kasaba için bulduğu slogan olmuş: *La Verdad Sobre Todo*, 'Her Şeyden Önce Hakikat.' Yalan söylemeyi tüm kasabada yasaklamış."

"Karısını gerçekten de sevmiş olmalı," dedi Lola meraklı bir sesle.

"Kadının en sevdiği renk sarıymış. Rodrigo da karısına her gün sarı çiçekler getiriyormuş."

"Ne romantik. Ömürlerinin sonuna kadar mutlu yaşamışlardır herhalde?"

Santino başını iki yana salladı. "Rodrigo, ilk evlilik yıldönümlerinin arifesinde sırtından e–bıçaklanmış."

Max'in omzundaki yara zonkluyordu. Sarı elbiseli kızı ve havada ışıldayan çeliği anımsadı. "Kim yapmış?" diye sordu. "Rodrigo'yu kim bıçaklamış?"

"Onun gibi koyun çobanlığından istilacılığa geçiş yapan Landa adında biri."

Lola, başını aniden yukarı kaldırdı. "Keşiş Diego de Landa mı? Bizimkilerin kitaplarını yakıp kül eden şu çılgın mı?"

"Hayır, katil, onun kuzeni Kont Lorenzo de Landa imiş. O da sizin deyiminizle bir çılgınmış. Bu hastalıklı ruh hali, aileden geliyor olmalı. Hâlihazırda kontluk görevini sürdüren Antonio'nun da mirasa konabilmek amacıyla öz kardeşini öldürdüğü söylenir."

"Antonio de Landa mı? O, bu yakınlarda mı yaşıyor?" Lola, San Şavier'de onu kaçırıp kurban etmek için Siyah Piramit'e sürükleyen pelerinli ruh hastasıyla tekrar karşılaşmaktan korkmuştu.

"Antonio, İspanya'nın e–kuzeybatısındaki ıssız bir bölge olan Galiçya'da yaşıyor," diye cevap verdi Santino.

"Orası buradan ne kadar uzakta?" diye sordu Lola ısrarla.

"Arabayla mı? Yaklaşık yedi saat."

Lola, işkencecisinin çok da yakınında olmadığına sevinerek rahatlamıştı. "Maya prensesine ne olmuş peki?"

"Kocasının katili Lorenzo de Landa, kasabalılara prensesle nişanlandıklarını ilan etmiş. Asıl niyeti, hazineleri ele geçirmekmiş tabii. Kadına her gün kırmızı güller getiriyormuş. Kadın ise gülleri her gün reddediyor ve Rodrigo'ya olan aşkı sayesinde her birini sarıya çeviriyormuş. Aradan yıllar geçmiş; Lorenzo yaşlanarak ölmüş. O zamandan bu yana, Landalar, nesiller boyu Rodrigo'nun zenginliği üzerinde hak iddia edegelmişler; ancak hiçbiri hazineye dokunamamış. Çünkü hazineler, e–hâlâ Rodrigo'nun güzeller güzeli Maya prensesi tarafından korunuyormuş."

"Kadının adı da Inez'miş," diye tahminde bulundu Lola.

"E–burada ona takılan isim buymuş," diyen Santino, cep telefonunu çıkarıp saate bir göz attı. "Gitmeliyiz," dedi. "Geç oluyor."

Vadi boyunca çan sesleri yankılanmaya başladı. Gökyüzünde alçalan güneş, arazileri altın renkli parıltılarla yalıyor, ışıkları şatodaki bir pencereden sarı bir gece elbisesinin fırfırları gibi yansıyordu. Max, Sarı Jaguar'ın şatoda olduğundan emindi.

"Aradığımızı bulduk," diye fısıldadı Lola'nın kulağına.

Lola, bir an için ürperdi. "Şimdilik ihtiyacımız olan şey, kalacak bir yer. Santino, buralarda hiç otel var mı?"

"Tam aradığınız gibi bir yer biliyorum," diye yanıt verdi telefonunu tuşlamaya başlayan Santino.

"Ben maymunları çağırayım," dedi Lola.

Ellerini ağzının kenarında bir boru gibi birleştirdi ve gezegendeki en gürültücü kara hayvanı olan Orta Amerika maymununa has sesler çıkarmaya başladı. Santino Garcia, rüyalarındaki kızın öfkeli bir dinozor gibi kükremesi karşısında şaşkına dönse de bunu belli etmeyecek kadar kibar bir insandı.

Altıncı Bölüm

DEHŞET OTELİ

"Kendimi sanki buraya daha önce gelmiş gibi hissediyorum," dedi Max. Santino'nun arabasıyla Polvoredo'nun dar, parke taşlarıyla döşeli sokaklarını geride bırakıyorlardı.

"Ben de öyle," diye onayladı Lola. "Birbirlerini ayakta tutuyormuş gibi duran şu dip dibe evler... balkonlar... kepenkler... ufalanmakta olan taş duvarlar... yoldaki delikler bile... Hepsi öylesine tanıdık ki." Sessizlik içinde bir süre daha ilerledikten sonra Lola, birden "Buldum!" diye bağırdı. "Puerto Muerto'ya benziyor burası!"

Haklıydı da. İspanya'nın göbeğindeki bu ücra köy, Max'in Ted Amca ile tanıştığı, dünyanın öbür ucundaki minik kasabanın bir kopyası gibiydi.

"Ürkütücü bir durum," dedi Max.

Santino, dönüp arkaya bir göz attı. "Hiç de e–ürkütücü değil. Puerto Muerto, bir sömürge kasabası. Extremaduralı sömürgeciler tarafından inşa edildi. Bildiklerinden, gördüklerinden farklı bir şey inşa etmelerini mi bekliyordunuz?" Arabayı eski püskü bir kapının önüne çekti. "Kasabanın en iyi oteli Casa Carmela'ya hoş geldiniz!"

Max otelin kırık fayanslı, boyası dökülmüş girişini inceleyerek "Pek kaliteli bir yer değil sanırım," dedi.

"Aynı zamanda kasabanın tek otelidir," diye itiraf etti Santino gülümseyerek. "Polvoredo'ya pek fazla turist uğramaz da."

"Hadi canım, ciddi misin?" diyerek şaşırmış numarası yaptı Max.

Lola, Max'e bir uyarı bakışı atarak kaygıyla Santino'ya döndü. "Otelde hayvanlara izin var mı?"

Santino, başıyla onayladı. "Önceden arayarak sizin için araya bir, iki adam soktum. Otelin işletmecisi Doña Carmela, erkek kardeşimin karısının yengesinin amcasının ikinci dereceden kuzenidir. Bizi bekliyor."

"Her şey için teşekkürler, Santino."

"Benim için bir zevkti, *señorita*," dedi Santino. "İspanya'da bulunduğunuz süre içerisinde evimde konuğum olup ailemle tanışma onurunu bana bahşeder miydiniz acaba?"

Lola'yı bir telaş almıştı. "Şey... çok naziksin ama biz... şey... yapmamız gereken çok iş var. Zamanımız olur mu, bilemiyorum..."

"Ben sizi beklerim, *señorita*," dedi Santino, "işiniz ne kadar sürerse sürsün."

Tuhaf bir sessizlik oldu. Max'in aklından, Santino'nun arabada yalnız olsalar, uzanıp Lola'yı öpmeyi deneyeceği geçti.

"Hayır," dedi Max. "kesinlikle vaktimiz olmayacak."

Arkalarına kırmızı bir spor araba yanaşmıştı. Dar sokaktan geçemeyen arabanın sürücüsü, gazı köklemeye ve öfkeyle korna çalmaya başladı.

Santino iç geçirdi. "Artık gitmeliyim. Annemle buluşacağım."

Max, tek kaşını kaldırdı.

Soğuk bir sesle, "Bugün doğum günü de," diye açıkladı Santino.

"Haa," dedi Max ve arabadan indi.

Santino, koşturarak Lola'nın kapısını açtı ve "Çiçeklerinizi unutmayın," dedi.

Lola, arabadan aldığı güllere hayranlıkla bakarak "Renkleri sarıya dönüşmüş!" dedi heyecanla.

"Size söylemiştim! Polvoredo'nun havası büyülüdür. Burada söylenen her şeyin e–hakikat olduğunu sakın unutmayın. Alışkın olmayanlara biraz e–tuhaf görünebilir. Carmela, ben yarın ya da öbür gün yeniden gelinceye dek size göz kulak olacak. O zaman, sizi akşam yemeğine çıkarmama izin verirsiniz umarım?"

Lola, göz ucuyla Max'e baktı. "Şey, çok naziksin ama bilemiyorum..."

"Ya öğle yemeği?"

"Yapacak öyle çok işimiz var ki..."

"Öyleyse dondurma yemeye ne dersiniz? İspanya'nın en iyi dondurmacısı, buraya oldukça yakın."

Lola, yelkenleri suya indiriverdi. "Peki, neden olmasın?" dedi gülerek.

Kırmızı arabanın sürücüsü, öfkeyle kornaya bastı tekrar.

"Dakikaları sayacağım," dedi Santino ve eğilerek selam verdi. "Hasta luego, *señorita.**"

Ardından, peşindeki kırmızı arabayla beraber ortalığı tozu dumana katarak uzaklaştı.

* İsp. Görüşmek üzere, küçükhanım. (Ed. N.)

Kral 6-Köpek, öksürük nöbetine tutulduğu yerde iki büklüm olmuştu. "Hay senin işten yanmalı motoruna!"

"*İçten* yanmalı motor," diye düzeltti Max.

Leydi Koko, oğlunun sırtını okşadıktan sonra heyecanla hoplayıp zıplamaya başladı. "İlk kez bir otele geliyorum!" dedi. "Haydi, içeri girelim. Yastıkların üzerine çikolata bırakıyorlarmış diye duydum!"

"Şşşt!" diye fısıldadı Lola. "Henüz konuşmasanız iyi olur, Majesteleri. Sesiniz duyulabilir. Lütfen odalarımıza girinceye kadar bekleyin." Casa Carmela'ya kuşkuyla bakarak harap haldeki ön kapıyı ittirdi. "Haydi bakalım."

Kapı, doğrudan otelin restoranına açılıyordu. Köhne salon karanlık ve boştu, ancak arkalarda bir yerden tencere tıngırtıları geliyordu.

"*Hola!*[*]" diye seslendi Lola. *Buenos tardes!*[**]

Max, bir an için mutfak kapısındaki minik, yuvarlak pencerelerden bakan birilerini gördüğünü sandı, ancak tekrar baktığında kimseyi göremedi.

"*Hola!*" diye bir kez daha seslendi Lola. Tabak çanak gürültüleri bir anda kesildi.

Lola, çiçek buketini önünde tutarak mutfağa doğru yürümeye başladı.

"*Por favor...*[***]" diyerek başını kapıdan içeri soktu ve çiçekleri Max'in göremediği birilerine uzatır uzatmaz, sözleri öfkeli bir İspanyolca sağanağıyla kesildi. Çiçekler elinden alındı ve kapı da yüzüne kapatıldı.

Lola, buz gibi bir suratla Max'in yanına döndü.

---

* İsp. Merhaba. (Ed. N.)

** İsp. Tünaydın. (Ed. N.)

*** İsp. Lütfen. (Ed. N.)

"İspanya'nın en kaba kadını Doña Carmela ile tanıştım," dedi.

"Sana ne söyledi öyle?"

"Yabancılardan hoşlanmadığını söyledi."

"O zaman neden bir otel işletiyormuş?"

"Kim bilir? Hayvanlardan da hiç hoşlanmadığını, ancak kalmamıza izin vermesi halinde Santino'nun kendisine iyi para ödemeyi vaat ettiğini ve Santino'nun çok parası olduğunu söyledi. Ardından Santino'nun bende ne bulduğunu anlamadığını ve aslında güzel bir İspanyol kızıyla evlenmesi gerektiğini ekledi."

"Vay canına," dedi Max. "Santino, kasabalılar yalan söylemez, derken şaka yapmıyormuş. Sen de kadına zaten onunla evlenmek istemediğini söyledin mi?"

"Bu onu hiç ilgilendirmez."

"Ama onunla evlenmek *istemiyorsun*, öyle değil mi?"

"Kimseyle evlenmek istediğim falan yok! Senin neyin var?"

"Yalnızca karnım aç, hepsi bu. Kadın yemek hakkında bir şey söyledi mi?"

"Akşam yemeği servisi iki saat sonraymış ama artıklardan bir şeyler uyduracakmış. Turist olduğumuz ve seçme şansımız bulunmadığı için de bizi fena kazıklayacakmış."

"Gerçekleri söyleyince, işler kötüye gidiyor olmalı," diye akıl yürüttü Max. "Mekân zaten bir çöplükten farksız..."

"Şşşt," dedi Lola, "işte geliyor."

Mutfağın kapısı ardına dek açıldı ve siyahlara bürünmüş yaşlı, kambur bir kadın dışarı çıktı. Yanık ve kırış kırış yüzünde, sanki birileri az önce takma dişlerini çalmış gibi öfkeli bir ifade vardı.

Leydi Koko, korkuyla inleyerek Lola'nın arkasına saklandı. Kral 6-Köpek ise, en yakınındaki masanın üstüne sıçradı ve bıçağın tekini kaparak bu cadalozla mücadele etmeye hazırlandı.

"Hayır, hayır, hayır!" diye tiz bir çığlık attı, ayağını yere vurup parmağını hayvana doğrultan Carmela. Kendisine birkaç numara büyük gelen bağcıklı erkek ayakkabıları giymişti. O nedenle, öfkeden kudurmuş olmasa, bu hareketine komik bile denebilirdi.

Lola, Kral 6-Köpek'i "İn şu masadan aşağı!" diyerek uyardı. Maymun, çatı kirişlerinden birine sıçradı ve kuyruğuyla kirişe tutunup havada asılı kaldı. Yumruklarını ona doğru savuran Carmela'ya karşı bıçağı hazırda tutmaya devam ediyordu.

"Söyle şuna rahat dursun," diye fısıldadı Max. "Yoksa kadının sigortası atacak."

Carmela, sesin geldiği yöne doğru dönerek Max'e bir göz attı ve çıldırmış gibi mırıldanarak geriye doğru tökezledi.

"Şimdi ne oldu buna?" diye sordu Max.

"Şapkanı başına tak, Hoop! Çabuk!"

"Ne? Neden?"

"Saçın görünüyor. Santino'nun, ona senin bir *pelirrojo* olduğundan söz etmediğini söyledi. Kadın, sana bakmaya bile korktuğunu söylüyor. Oteline kötü şans getireceğine inanıyor."

"Sen neden söz ediyorsun yahu?"

"Santino, kızıl saçlıların iblislerle işbirliği yaptığına inanıldığını anlatmıştı, unuttun mu?"

"Ama biz yirmi birinci yüzyılda yaşıyoruz," dedi Max. "Zaten benim saçım kah–...kah–...kah–..."

Lola ve Carmela şaşkın şaşkın ona bakıyorlardı.

"Bir sorun mu var, Hoop?" diye sordu Lola.

"Hayır, sadece saçımın kah... kah... kah..."

Ancak ne kadar uğraşırsa uğraşsın, aradığı kelime bir türlü ağzından çıkmıyordu.

"*Kahverengi* olduğunu mu söylemeye çalışıyorsun?" diye sordu Lola.

Max, başını yaşlı kadına doğru salladı. "Saçım. Söyle ona."

"Polvoredo'da yalan söylemek yasaktır, unuttun mu?"

"Ne? Yani bu kasabada saç rengini belirleyen manevi bir güç mü var diyorsun? İkinci bir görüş talep ediyorum..."

"Sen sadece şapkanı tak ve tartışmayı kes."

Max, sırt çantasından Red Sox şapkasını çıkararak başına geçirdi.

Lola da bu sırada soğukkanlı ama etkileyici bir dille Carmela'ya bir şeyler anlatıyordu.

Yaşlı kadın hızla ayağa kalktı ve Max'i görmezden gelmeye devam ederek en yakındaki masaya oturmalarını işaret etti. Ardından da paytak adımlarla mutfağa giderek içeridekilere yüksek sesle talimatlar yağdırmaya başladı.

"Ne söyledin?" diye sordu Max. "Neden fikrini değiştirdi?"

"Ona gerçekten de bir iblis adına çalıştığını, ama bizi doğru düzgün ağırlaması, kazıklamaması ve önümüze lezzetli bir yemek koyması halinde kendisine bir sıkıntı çıkarmayacağını söyledim."

"Ben yalan söyleyemiyorum ama sen söyleyebiliyorsun, nasıl oluyor bu?"

"Yalan söylemedim ki. Ah Pukuh ve Ölümün Efendileri adına bir görev üstlendin, öyle değil mi? Ah Pukuh da iblisin ta kendisi."

Max bir şey söylemedi. Bu analiz karşısında sarsılmıştı.

"Neşelen, Hoop, hâlâ iyilerin tarafındayız," diyen Lola bakışlarını salon boyunca gezdirdi. "Gerçekten Polvoredo'da olduğumuza inanabiliyor musun? Santino'ya rastladığımız için çok şanslıyız. O olmasaydı, şu anda hâlâ bir tren bekliyor olurduk."

"Ondan hoşlanmıyorum. Bakışları güven vermiyor. Ayrıca gereğinden fazla saç jölesi kullanıyor."

"Havaalanı otoparkındaki şu aşırı makyajlı kız gibi, değil mi?" diye cevabı yapıştırdı Lola. "Gözleri o kadar karaydı ki tıpkı bir rakuna benziyordu."

Onlar öfkeyle bakışırken salona giren ve Max'ten mümkün olduğunca uzak durmaya çalışan Carmela da tabak ve bardakları sert hareketlerle masaya yerleştiriyordu.

Lola, Kral 6-Köpek'e seslendi. "Yemek zamanı."

Hayvan, kayıtsız bir tavır takındı ancak seğiren burnu, açlığını ele veriyordu. Birden aşağı atladı ve tam da küçük bir çocuk elinde dolu bir tepsiyle mutfaktan çıkarken, bir sandalyenin arkasına tünedi. Çocuk iriyarı, kara maymuna şöyle bir göz attı. Eğer Lola, uzanıp onu öne doğru çekmeseydi, tepsiyi oracıkta düşürecekti.

Çocuk, bakışlarını masadan ayırmadan sosis, salam, kabaca doğranmış jambon parçaları, ekmek, zeytin ve omlet ile mantar ya da haşlama olabilecek, sosa bandırılmış kahverengi ve lifli bir şeyle dolu olan tabakları masaya bıraktı. Yemeğin sonuna dek kimsenin dokunmayacağı tek şey, bu tuhaf karışım olacaktı. Hiç vakit kaybetmeden işe girişen ve beğenmedikleri yemekleri tükürerek geri çıkaran maymunlar, sonunda masadaki hiçbir şeyin kendi damak tatlarına hitap etmediğini fark ettiler.

Fakat masayı birkaç saniye içinde savaş alanına çevirmişlerdi.

"Majesteleri, lütfen!" diye çıkıştı Lola. "Kendinize biraz hâkim olursanız, sizin için meyve getirmelerini isterim."

O sırada, masayı temizlemesine yardım ettiği çocuğun ellerinin titrediğini fark etti.

"*Tienes miedo?*" diye sordu. "Korkuyor musun?"

Çocuk, Lola'ya bir şeyler fısıldayarak mutfağa kaçtı. Max, çocuğun arkasından bakarak "Daha önce hiç canlı Orta Amerika maymunu görmemiş herhalde," dedi.

"Maymunlardan korkmuyor," dedi Lola. "Korktuğu kişi sensin."

"Ne?"

"Carmela, ona senin bir *fantasma* olduğunu söylemiş."

Max'in yüzü aydınlandı. "Benim fantastik biri olduğumu mu düşünüyor?"

"Hayır, senin bir hayalet olduğuna inanıyor."

Max'in yüzü yeniden asıldı. "Nedenmiş o?"

"Carmela, bana bizim oralardaki yaşlı kadınları hatırlatıyor. Batıl inançlara kendilerini öylesine kaptırırlar ki. Onlara kalsa, başımıza gelen her şeyi bir kehanetin parçası olarak yorumlayacaklar. Boş ver gitsin."

O sırada aşçı yamağı, beraberinde maymunlar için bir kâse üzüm ve bir tabak minik yeşilbiberle geri döndü.

Lola, bir kez daha çocukla İspanyolca konuşmayı denedi. "Carmela'nın torunuymuş," diye tercüme etti. "Kadının pişirdiği yemeklerin birçoğunun berbat olduğunu düşünüyor ama özel yemekleri olan *pimientos fritos*'u denememizi öneriyor."

Lola, biberlerden birini alarak tadına baktı.

Hemen ardından, "Çok lezzetliler!" diye bir çığlık attı. Çocuk, gülümseyerek büyükannesine haber vermek üzere mutfağa koşturdu.

Maymunlar da Lola'nın uzattığı tabaktan birer pençe dolusu biber alarak keyifle yemeye başladılar.

"Hey, biraz bana da bırakın!" dedi çatalıyla biberlerden birini yakalayan Max.

Çatalı ağzına doğru kaldırırken, mutfak kapısından onu izlemekte olan Carmela'yı fark etti. Biberden minik bir ısırık almasıyla acı dolu bir çığlık atması bir oldu. Yanmakta olan bir maytabı ağzına sokmuş gibiydi. Kafasının içinde patlamalar oluyor, yüzü alev alev yanıyordu sanki. Dili zonkluyor, dişetleri yanıyordu.

Alelacele, üç bardak suyu kafasına dikti. Lola'ya "Beni acı olduklarına dair uyarabilirdin," diye patladı tükürükler saçarak.

"Ama acı değiller ki," diye itiraz etti Lola. Kalan son biberi de ağzına attı ve evire çevire çiğnedi. "Hem de hiç."

"Çok komik," diye inledi boğazını tutan Max. "Su! Daha fazla su içmem gerek! Su getirin, *por favor!*"

Toprak testiyi getiren kişi, bu kez Carmela oldu. Kulak tırmalayıcı bir sesle "*Dile que todo el agua en el mundo no puede apagar el fuego del infierno*," diye mırıldandı.

"Bilmeni istiyor ki," dedi Lola, "dünyadaki bütün suyu da içsen cehennemin ateşini söndüremezmişsin."

"Çok etkileyici," dedi Max. "Eminim beni zehirlemeye kalkışmıştır. Biberleri sor ona."

"*Nos gustan mucho los pimientos, señora,**" diye tatlı tatlı konuşmaya başladı Lola.

Carmela, kısa bir süre sonra dişsiz ağzını hızlı hızlı oynatarak Lola ile gevezeliğe başlamıştı. Çok sayıda el kol hareketi yapıyor ve arada sırada Max'i işaret ederek istavroz çıkarıyor-

* İsp. Biberlerinizi çok beğendik, hanımefendi. (Ed. N.)

du. Konuşulanlardan bir kelime bile anlamayan Max ise kadının çenesindeki, yüz ifadesi değiştikçe hareket eden kıllı et benini izleyerek eğlenmeyi tercih ediyordu.

"Eee?" diye sordu, yaşlı kadın mutfağa dönünce.

"Biberlere *pimientos de Padrón* dendiğini söyledi. Büyük bir kısmının tadı normal olurmuş, ama arada bir-iki tanesi o kadar acı çıkarmış ki yiyenin dünyası şaşarmış."

"Fark ettim. Neden beni işaret edip duruyordu?"

"Acı biberin sana denk geleceğini bildiğini söyledi. Senin lanetlenmiş olduğuna inanıyor. Eğer Santino ikinci dereceden kuzeninin amcasının yengesinin eniştesi olmasaymış, bu çatı altında uyumana izin vermeyecekmiş."

"Pek de konuksever biri olduğunu söyleyemem," dedi Max. "Ama kalmamıza izin verecek, değil mi?"

Lola başıyla onayladı. "En azından bu gecelik. Haydi, Carmela fikrini değiştirmeden gidip odalarımızı bulalım."

Leydi Koko, önden fırlayıp gitti. Kral 6-Köpek de asık bir suratla Carmela'nın gruba yol gösteren torununun ardından dar merdivenleri tırmanmaya başladı.

Merdivende eski püskü bir halı seriliydi. Korkuluk olarak yalnızca yağlı bir ip gerilmişti. Çürümüş ahşap basamaklar, üstlerine basıldıkça ürkütücü bir biçimde gıcırdıyordu. "Ne biçim bir yer burası? Sanki Dehşet Oteli'ndeyiz," diye homurdandı Max.

Carmela'nın torunu, ikinci kattaki yan yana odaları işaret ederek anahtarları Lola'ya verdi. Lola, çocuğun aşağı inmesini bekledikten sonra, en yakındaki odanın kapısını açtı.

"Herkes içeri," dedi. "Konuşmamız gerek."

"Sabaha kadar bekleyemez mi?" diye esneyerek mırıldandı Max.

"Hayır," dedi Lola, "bekleyemez. Lütfen içeri girip oturun."

Max ile maymunlar daracık yatağa yan yana otururlarken, önlerinde durmakta olan Lola da kollarını kavuşturup nutuk çekecekmiş gibi ciddi bir ifade takınmıştı.

"Çikolata yok," diye iç geçirdi yastığı inceleyen Leydi Koko.

"Herhalde hamamböcekleri onları yemiştir," dedi arkasına yaslanan Max.

"İndir ayaklarını yatağımdan!" diye patladı Lola.

Max, oturduğu yerde doğruldu. Bu ses tonunu, İtzamna'da, Lola'nın arkadaşı ve akıl hocası Hermanjilio ile dalga geçtiği zamanlardan hatırlıyordu. Lola, o sırada Max'e çok kızgındı ve şimdi de öyle olmalıydı.

İşin aslı, Lola, üçüne de kızmıştı.

Yeni askerlerini inceleyen bir başçavuşun bakışlarıyla, yatakta oturan arkadaşlarını süzüyordu.

"Hepiniz aklınızı başınıza toplayın," dedi. "Ben sizin anneniz değilim. Siz birer çocuk gibi davranırken arkanızı toplamak benim görevim değil. Bu şekilde davranmaya devam ederseniz, ilk San Şavier uçağına biner giderim."

"Sen bir kralla nasıl böyle konuşursun?" diye sordu Kral 6-Köpek mağrur bir ifadeyle.

"Saygısızlık etmek istemem, Majesteleri," dedi Lola, "ama siz bir kral gibi hareket ederseniz, ben de size bir kral gibi davranırım. Bir uçak yolculuğu yaparak okyanusu geçen ilk Maya kralısınız. Ancak hava yolculuğunun keyfini çıkaracağınıza, şımarık bir çocuk gibi somurtuyorsunuz. Hem şu restorandaki kirişlerden sallanmak da neyin nesiydi öyle? Kraliyet sarayınızda da böyle mi davranıyordunuz?"

Kral 6-Köpek, neyse ki utanmış gibi görünecek kadar nezakete sahipti.

"Leydi Lola haklı, oğlum," dedi Kral 6-Köpek'in kafasına bir tane geçiren Leydi Koko. "Davranışlarınla bizi utandırdın. Senin yüzünden otelden atılabilirdik."

"Size gelince, Leydi Koko," dedi Lola katı bir sesle, "korkunç bir yemek yeme adabınız var. Bir Maya kraliçesinin, yemeklere sizin gibi saldırıp ardından da hepsini etrafa tüküreceğini rüyamda görsem inanmazdım."

Leydi Koko, başını utançla önüne eğdi.

"Ne kadar acımasızsın." dedi Max. "Sana neler oldu böyle?"

Bunları söylediğine pişman olacaktı.

Lola, öfkeden parlayan gözlerini Max'e dikti. "Bana neler olduğunu sana söyleyeyim, Max Murphy. Şuraya geldiğimizden beri tek yaptığın şey, şikâyet etmek. Santino'yu, yemekleri, oteli, hiçbir şeyi beğenmiyorsun... Burada bulunmamızın nedeni sen değilsin. Hermanjilio ile Şanslı Jim'i kurtarmak için geldik biz..."

Sesi çatlayınca arkasına döndü.

Max, afallamış bir halde kızın arkasından bakakaldı.

Ekip çalışması buraya kadarmış demek.

Lola, kim olduğunu sanıyordu ki?

Tam ona ters bir cevap verecekti ki, Leydi Koko kulağına fısıldamaya başladı: "Meselenin görgü kuralları olduğunu sanmıyorum, genç lord. Sanırım Lola korkuyor."

Max duyarlı ve şefkatli bir ses tonu kullanmaya özen göstererek, "Esas mesele nedir?" diye sordu. "Sıkıntının ne olduğunu anlat bana."

Lola, hiç beklemediği bu anlayışlı tavır karşısında şaşırmış görünüyordu. "Sadece... şey... fazla düşünmekten başıma ağrılar girdi. Neyin doğru, neyin yanlış olduğunu bilemiyorum artık."

"Santino'yla flört etmek konusunda mı?" diye sordu Max kıskançlıkla.

"Hayır! Görevimiz hakkında. Yerine getirip getirmemek konusunda kararsızım."

"Ne?"

"Şey yani, Hermanjilio ile Şanslı Jim'i ve annenle babanı kurtarmayı elbette ki istiyorum. Ama Sarı Jaguar'ın Ölümün Efendileri'nin eline geçmesine karşıyım."

"Ama anlaşmamız bu şekilde."

"Biliyorum. Ama Ah Pukuh, önümüzdeki *bak'tun* boyunca işbaşında olacak ve bu zaten yeterince kötü. Jaguar Taşları'nın beşini de ellerine geçirmeleri halinde, Ölümün Efendileri'nden her şey beklenebilir. Şimdiye dek hayalini kurmuş oldukları tüm kötülükleri yapabilecek güce sahip olacaklar. Oyuncak dükkânına girmiş çocuklara benzeyecekler. Üstümüze daha önce görülmemiş şiddette depremler, tsunamiler, salgın hastalıklar, savaşlar... Kısacası her türlü doğal afeti gönderecekler."

"Yani Dünyanın Sonu Geldi Kulübü haklı olabilir diyorsun," diye mırıldandı Max.

"Kim?"

"Babam, Maya takvimi sona erdiği için ortalığı birbirine katan insanlara o ismi taktı. Komik olan şu ki, dünyanın sonu gerçekten de gelebilir; ama onların sandıkları nedenlerle değil."

"Bu aslında hiç de komik bir şey değil," dedi Lola.

Kral 6-Köpek "Bana sanki," dedi, "Leydi Lola savaş öncesinde kararlılığını yitiriyormuş gibi geliyor."

"Sadece doğru olanı yapmak istiyorum," diye cevap verdi Lola.

"Öyleyse plana sadık kal," diye gürledi Kral 6-Köpek. "Sarı Jaguar'ı bulacak, Xibalba'ya teslim edecek ve tutsakları kurtaracağız."

"Gezegenin sonunun gelmesine hizmet ediyor olsak bile mi?" diye bastırdı Lola ısrarla.

"Tehlikede olan gezegen değil," diye işaret etti Kral 6-Köpek. "Yalnızca üstünde yaşayanlar."

"Bu bir teselli sayılmaz," dedi Max.

"Yani sen de mi cesaretini yitiriyorsun, genç lord?" Kral 6-Köpek sinirlenmeye başlıyordu. "Sana iyiyle kötünün savaşından daima iyinin galip çıkacağını söylememiş miydim? Yıldızlarda yazılı bir gerçektir bu."

"Tzelek'in, babanın canına kıyacağı da yazılı mıydı yıldızlarda?" diye sordu Leydi Koko.

"İyilik, *er ya da geç* kazanır," diye sözlerini düzeltti Kral 6-Köpek. "Babamın öcünü alacağım gün yaklaşıyor, anne. Tzelek ile kozlarımızı paylaşacağız, sana söz veriyorum. Fakat her şey birbirine bağlı ve savaş, yarın Sarı Jaguar'ın peşinden gitmemizle başlayacak."

"Yani sence, aslında dünyanın kurtarılmasına hizmet ediyor olabilir miyiz?" diye sordu Lola.

"Bundan eminim. Bakalım bu görev bizi nerelere sürükleyecek?"

"Şu an," dedi esneyen Max, "beni yatağa sürüklüyor."

Diğerlerinden de onay mırıltıları yükseldi.

"İyi geceler, millet," dedi Lola. "Bu kadar sinirlendiğim için özür dilerim."

"Zor bir gün geçirdik," dedi Leydi Koko anlayışlı bir sesle. "Sabah, hepimiz kendimizi daha iyi hissedeceğiz."

Yandaki oda, Lola'nınkinden de küçük ve karanlıktı ama yeterince temiz görünüyordu.

"Ben yatağı alırım, sen de koltukta yatarsın," dedi Kral 6-Köpek'e dönen Max.

Ancak Kral 6-Köpek, yatağa uzanmış ve anında horlamaya başlamıştı bile.

"Daha neler canım!" diye şikâyet etti Max. "Numara yapıyor olmalısın."

Fakat yanıt gelmedi.

Max, birer yastık ve battaniye alarak koltuğa yöneldi. Sıkıntılı, terli ve huzursuz geçen bir beş dakikanın ardından, battaniyeyi fırlatarak ayağa kalktı ve camı açtı. Yakınlardaki bir çatıya çıkmış, perişan haldeki kızıl bir kediden tehditkâr bir tıslama yükseldi.

Max pencereden dışarı sarkarak, gecenin temiz havasını içine çekti. Dışarıdaki hava, odaya göre biraz daha serindi ve beraberinde hafif bir Çingene müziği ile sarı güllerin kokusunu getiriyordu.

Aşağıdaki minik meydanda birkaç çocuk teneke bir kutu ile futbol oynuyor, etraflarındaki kızlar ise onları izlemiyormuş numarası yapıyordu. Bir sokak lambasının altında ise iki küçük çocuk boğa güreşlerini canlandırıyor, bir tanesi hayali pelerinini savururken diğeri de olmayan boynuzlarıyla arkadaşına saldırıyordu.

Meydanın öteki ucunda bulunan neon bir lambanın aydınlattığı kafenin garsonu, dışarı çıkmış, masalarla sandalyeleri düzeltiyordu.

İnsanlar, gruplar halinde yan sokaklardan çıkarak kafeye doğru ilerliyorlardı. Kırmızı gömlekli bir kadın, garsonun ilgisini çekebilmek için elini salladı. Siyah, uzun atkuyruğu ve başındaki kocaman güneş gözlükleriyle Max'e, gece-gündüz kapkara gözlükler ve kıyafetlerle dolanan hizmetçileri Zia'nın daha genç ve modern halini hatırlattı.

Zia ve Boston'daki anne babası aklına gelince, Max'in yüreği burkuldu. Onları bir daha görüp göremeyeceğini merak etti.

"Aklından neler geçiyor?"

Başını çevirince, diğer pencereden dışarı sarkmış olan Lola ile yüz yüze geldi.

"Boston'ı düşünüyordum," dedi.

"Bir gün Boston'a gelmek isterdim," dedi Lola. "Senin şu ünlü Red Sox takımının bir maçına giderdik."

"Bu çöplükten sağ çıkabilirsek," dedi Max.

"Şikâyet etmeyi keseceğini söylemiştin," diye hatırlattı Lola.

"Yarından itibaren," dedi Max.

Artık kafedeki tüm masa ve sandalyeler dolmuştu. Adamın biri klasik gitarını tıngırdatıyordu. Müşteriler de ayaklarıyla tempo tutuyor ve gerekli anlarda el çırpıp seslerini yükselterek müziğe katılıyorlardı. Max ve Lola, ay ışığında dans etmekte olan karaltıyı güçlükle de olsa seçebiliyorlardı. Az önceki kırmızı gömlekli kadındı bu.

"İspanyol kasabalarının güneş battıktan sonra canlandığını okumuştum," dedi Lola. "Buranın insanları gece yaşamayı daha çok seviyor; tıpkı jaguarlar gibi."

"Geceleri ava çıkmasınlar da," dedi Max.

Arka sokakların birinde bir köpek havlamaya başladı.

"Kapını mutlaka kilitli tut, Hoop!" diye esneyerek dalga geçti Lola. "Neyse, hadi iyi geceler. Yarın bizi yoğun bir gün bekliyor."

Yarın yoğun bir gün.

Lola, görevlerinden sıradan bir şeymiş gibi söz ediyordu. Sanki Ölümün Efendileri'ne borçlarını ödemek için hayatlarını tehlikeye atmak yerine manzara izlemeye ya da alışverişe çıkacaklardı.

Max, odanın kapısını kilitledi ve uyumak üzere koltuğuna yerleşti.

Birden panjurları kapatmayı unuttuğunu fark edip tekrar ayaklandı.

Pencerenin önünde hafifçe eğilince başına sıcak, yapış yapış bir şey damladı.

Parmaklarıyla yoklayınca, bunun kan olduğunu fark etti.

Başını kaldırıp çatıya bir göz attı. Orada, korkunç pençelerinin arasında kızıl bir kedi tutmakta olan bir cehennem tazısı vardı...

Yedinci Bölüm

KÖTÜLÜĞÜN KOKUSU

Güneşin cılız ışıkları panjurların arasından içeriye sızarken, her tarafı tutulmuş olan Max, gerinmeye başladı. Bütün gece koltuğa büzülüp kalmış ve cehennem tazısının sesini duymak için kulak kesilmişti. Hayvan odaya dalar diye ödü kopmuştu ve geceyi gözünü bile kırpmadan geçirmiş gibi hissediyordu.

Hepsi hayal gücünün bir ürünü olabilir miydi?

Yoksa cehennem tazısı, hâlâ orada onu mu bekliyordu?

Lola'ya verdiği sözü hatırladı. Bundan böyle sızlanmak ya da şikâyet etmek yoktu. Sarı Jaguar'ı bulmak için dört günü vardı. O andan itibaren gücünü toplayıp cesurca hareket etmesi ve tüm dikkatini görevine vermesi gerekiyordu.

Ama ilk olarak odasının dışında bir cehennem tazısı bulunup bulunmadığını öğrenmeliydi.

Horlamaya devam eden Kral 6-Köpek'i uyandırmamak için yumuşak adımlarla hareket ederek usulca pencereyi açtı. Kalbi güm güm atarak mandalını çevirdiği panjurları birkaç santim araladı.

Hiç ses gelmiyordu.

Yem olarak kullanabileceği bir şeyler arandı ve gözleri, kapıya dayalı duran süpürgeye takıldı. Çoraplarından birini, süpürgenin ucuna takarak pencereden dışarı uzattı. Cehennem tazısının pençesini çoraba doğru savurup savurmayacağını merak ediyordu.

Hâlâ ses yoktu.

Max, biraz cesaretlenerek panjurları açtı ve süpürgeyi ne olur ne olmaz diye elinde tutarak, dışarıya bir göz attı.

"Ne yapıyorsun, Hoop?" diye sordu Lola. Kızarmış gözleriyle yan pencereden dışarıyı süzüyordu.

"Çoraplarımı havalandırıyorum, hepsi bu," dedi Max kayıtsızca. Yalan söylüyor da sayılmazdı aslında.

"Öyle olsun," dedi Lola.

Max, çabucak pencerenin üst kısmındaki çatıya baktı. Cehennem tazısı ortalarda görünmüyordu. "Buralarda olağandışı bir şeye rastlamadın, değil mi?" diye sordu.

"Süpürgenin ucuna çorap takmış bir çocuk dışında mı?"

"Cevabını hayır olarak kabul ediyorum," dedi Max.

Cehennem tazısı ortalarda yoktu.

"Şuna baksana!" dedi Lola. Gökyüzünü işaret ediyordu.

Max, elini gözlerine siper ederek yukarıya baktı. Gördüğü, kızgın İspanya güneşinden ibaretti.

"Hoop! Saat neredeyse öğlen olmalı! Uyuyakalmışız!"

"Ne? Bu çok saçma? Sence Carmela yemeklerimize ilaç mı kattı?"

"Bana kalırsa sebep saat farkı ama haydi, acele etmemiz gerek! Leydi Koko'yu uyandıracağım, sen de Kral 6-Köpek'i kaldır da aşağıda buluşalım!"

"Peki!" Max, pencereden dışarıya uzanabildiği kadar uzandı ve meydana son bir kez baktı. Çıt çıkmıyordu. Öğle güneşinin altında bütün binaların panjurları sıkıca kapalıydı. Aynı manzara geceleyin korkutucu, gündüz ise etkileyici bir görüntü sunabiliyordu. Max'in gördüğü her sokak köpeğini, cehennem tazısıyla karıştırmaması gerekiyordu.

O sırada *güm!* diye bir ses duyuldu. Çatıdan kayan bir nesne, Max'in başına arkadan çarpıp sekerek, sokağa düştü.

Max, "Neler olu..." demeye kalmadan, aşağıya baktı ve onu gördü.

Korkudan donakalmış gözleri ve kanla kaplı kızıl kürküyle, ölü bir kedi, ona bakıyordu.

Max pencereyi öyle sert kapattı ki pervaz zangır zangır titredi.

Kral 6-Köpek yatakta doğruldu.

"Savaş başladı mı?" diye sordu hayali bir kılıcı savurarak.

Az önceki olaydan konuşamayacak kadar etkilenmiş olan Max, başını sallamakla yetindi.

Kral 6-Köpek, havayı şöyle bir kokladı. "Bu berbat koku da ne?"

"Affedersiniz," dedi önceki gün giydiği çorapları bir köşeye iteleyen Max.

"Hayır, kokan onlar değil." Kral 6-Köpek'in inanılmaz derecede hassas olan burun delikleri, hızla hareket ediyordu.

"Sokakta ölü bir kedi yatıyor, o olabilir mi?"

"Ne senin kokuşmuş ayak giysinden ne de ölü bir kediden söz ediyorum. Ben, kötülüğün kokusunu alıyorum. Bu sözlerimi bir kenara yaz, Ah Pukuh bu civarlarda."

"Ama kedi... sanırım bir cehennem tazısı tarafından öldürüldü."

"Harika! Giyinip mücadeleye katılalım öyleyse!"

Aşağıya indiklerinde, Carmela dışarı çıkmak üzereydi. Lola'ya doğru hırlayarak bayat ekmek, soğumuş börek ve kaya kadar sert, sarı keklerle bir maşrapa soğumuş çikolata ve çürümeye yüz tutmuş koca bir muz salkımıyla dolu masayı işaret etti. Ardından yüzünü Max'ten koruyarak istavroz çıkardı ve tekerlekli, hasır bir alışveriş arabasını peşi sıra sürükleyerek dışarı çıktı.

Lola, parmak ucunda mutfağa giderek, içeriye bir göz attı.

"Kimse yok," dedi masaya dönerken. "Majesteleri rahatça konuşabilirler!"

"Bu harika, değil mi?" dedi Leydi Koko. Önceki gün giymiş olduğu dansçı kıyafeti yine üzerindeydi. Bir hanımefendiye yakışacak hareketlerle kat yerlerini dikkatle açtığı mendilini kucağına yerleştirmişti. "İspanya'daki ilk kahvaltımız."

"Kusura bakmayın, Leydi Koko," dedi Lola, "ama kahvaltı edecek zamanımız yok."

"Öyle mi?" Eski Maya kraliçesi, hayal kırıklığına uğramışa benziyordu.

"*Öyle!*" diye gürledi Kral 6-Köpek. "Yaşlı kadınlar gibi oturup kek yemek yerine dışarıda düşmanla dövüşüyor olmalıyız."

"Bu yaşlı kadın," dedi pastalardan birine uzanan Leydi Koko, "orduların tok karınla daha başarılı olacaklarına inanıyor."

Lola, tartışmaya fırsat vermeden, "Şey, rotamızı planlarken birer fincan çikolata içebiliriz herhalde," dedi çabucak.

"Ne harikaymış!" dedi fincanını kavrayan Leydi Koko. "Bizim zamanımızda buna *chokol ha* yani 'sıcak su' derdik.

Herkesin kendi tarifi vardı, ama ben *kakaw* fasülyesi ve acı biber kullanırdım; Kral 6-Köpek'in en sevdiği içecekti."

"Umarım bugünkü halini de seversiniz," dedi Lola kuşkuyla. "Koyun sütü ve şekerle yapılıyor."

"Bulaşık suyuna benziyor," diye alay etti Kral 6-Köpek.

Lola iç geçirdi. "Anlaşılan bugün de bitmek bilmeyecek."

"Al," dedi oğluna bir muz uzatan Leydi Koko. "Bir şeyler yersen, kendini daha iyi hissedersin."

"Kendimi iyi hissetmem mümkün mü ki?" diye gürledi Kral 6-Köpek. "Maymun gövdesine sıkışıp kalmış bir Maya kralıyım. Bir zamanlar hediye olarak şahsıma nadir bulunan baharatlar, yeşim taşları ve kuetzal* tüyleri verilirken, sen, bana benden bile yaşlı bir muz uzatıyorsun, ha?"

Leydi Koko, yumruğunu masaya vurdu. "Bu kadarı yeter! Sana hatırlatmak isterim ki, kendini beğenmiş sevgili Majesteleri, burada bu kürk yığınının içinde oturuyor olmasaydın, hâlâ sonsuzluk çemberlerinin içinde süzülüyor olacaktın. Bin yıldır ölüsün ve yakaladığın bu şansa o kıllı ellerinle sarılman gerekiyor. Yüreğinden geçenlerin, dış görünüşünden bin kat daha önemli olduğunu sana defalarca söyledim. Ben burada, tarihin bu şanlı anında geçirdiğim her anın tadını, sonuna kadar çıkarmaya kararlıyım."

Sözlerini bitirir bitirmez elindeki muzu soyarak *hart!* diye ısırdı.

Kral 6-Köpek annesine bakakalmıştı. "Anneciğim," dedi, "bana kalırsa kendi zamanında harika bir komutan olurdun."

"Benim zamanım *şimdi*," diye ilan etti Leydi Koko. "*Ko'ox!*"

* Uzun ve göz alıcı renkli tüyleri olan, Orta Amerika'ya özgü bir kuş. (Ed.N.)

Kral 6-Köpek de gülümsedi ve "*Ko'ox!*" diye tekrarladı.

"Bu da ne demek?" diye sordu Max.

"Yukatek dilinde 'Hadi gidelim!' anlamına geliyor" dedi Lola, Max'in yüzünü inceliyordu. "Bu sabah çok sessizsin, Hoop. Bir şey de yemedin. Sen böyle yapmazdın. İyi misin?"

"Dün gece bir cehennem tazısı gördüm. Bir kediyi öldürdü... kızıl bir kediyi... bir *pelirrojo*'yu. Sanırım bu, bana bir uyarıydı. Galiba dışarıda bir yerlerde beni bekliyor. Sürü halinde dolaşıyor da olabilirler."

"Ya da," dedi Lola, "sokak köpekleri arasında bir dövüş yaşanmış da olabilir. Başımıza gelen her şeye bir anlam vermene gerek yok, Hoop."

Max, kıza hafifçe gülümsedi.

"Hadi şunu doldur da gidelim!" diyen Lola, su testisini Max'e doğru itti. "*Ko'ox!*"

Max, testiden doldurduğu su şişesini kahvaltıdan arta kalan yiyeceklerle birlikte sırt çantasına tıkıştırdı. Çantanın dibine gömülen sarı kekler, adeta birer taş parçasını andırıyordu. Max, "Çok ağırmış," diye homurdandı sokağa çıkan arkadaşlarının peşinden giderken.

"İşe şatodan başlamamız gerektiği konusunda hemfikir miyiz?" diye sordu Lola.

"Kesinlikle," dedi Kral 6-Köpek.

"Bana uyar," dedi Leydi Koko.

Max, derin bir nefes aldı. İşte o an gelip çatmıştı; Sarı Jaguar'ı aramaya çıkıyordu. "Pekâlâ, millet," dedi korkusunu açığa vuran tuhaf, tiz bir sesle, "tatildeymişiz ve etrafı turluyormuşuz gibi davranın."

Lola, "İyi hatırlattın," diyerek sırt çantasına uzandı ve ufak beden bir çiçekli gömlek çıkardı. "Bunu size getirdim, Kral 6-Köpek, bir turist gibi görünmeniz için." Gömleğin üzeri parlak renklerde papağanlar, palmiye ağaçları ve tropik meyvelerle kaplıydı.

"Çok güzelmiş," diye mırıldandı Leydi Koko. "Üzerinde ormanın tüm renkleri var."

Kral 6-Köpek, ilgisiz görünmeye çalışsa da gömleği denerken, heyecanı gözlerinden okunuyordu.

"Mükemmel!" dedi Max. "Bir şapkayla fotoğraf makinesi de aldın mı, tamamdır."

"Şapkaya ihtiyacı olan sensin, Hoop," dedi Lola. "Saçlarını başka yaşlı hanımefendileri de üzmeden gizlesen iyi olur."

Max, sırt çantasına bir göz attı. "Burada yok, odada unutmuş olmalıyım. Siz yola devam edin. Ben şapkamı alır, size yetişirim."

Lola, sokağın devamını işaret etti. "Plaza Mayor'a, yani kasabanın ana meydanına doğru gidiyoruz. Acele et Hoop, boş yere oyalanmayalım..."

Max, otele döndü ve hızla merdivenleri çıkıp odasına girdiğinde, onun pasaportunu incelemekte olan Carmela ile karşılaştı.

"*Qué...qué...?*[*]" diye öfkeyle konuşmaya başladı. Ancak yaşlı kadını sorguya çekebilecek kadar İspanyolca bilmiyordu. Carmela ise tuvalet masasının tozunu alıyormuş numarası yaparak pasaportu dikkatle yerine koydu ve yatağa geçti. Max'le göz göze gelmemeye dikkat ediyordu. Ne yapacağını bilemeyen Max, pasaportu ile Red Sox şapkasını alarak arkadaşlarına yetişmek üzere aşağı indi.

Dışarı çıktığında, sokakta kimsecikler yoktu.

Ana meydana doğru yürümeye başladı.

Yürürken, bir ses duydu ve arkasına dönüp baktı.

---

*İsp. "Ne... ne...?" (Ed. N.)

Hiçbir şey göremedi.

Yürümeye devam etti.

Biri onu takip ediyordu.

Yeniden arkasına dönmesiyle gölgelerin içinden fırlayan bir cehennem tazısının üstüne atlaması bir oldu. Hayvan, Max'e sivri dişlerini göstererek hırlıyordu.

Max, yiyecek ve suyla dolu ağır çantasını omzundan çıkarıp yaratığa doğru savurdu. Hayvan biraz geri çekilince, Max, birer gülle kadar yoğun olan minik keklerden birkaçını cebine attı ve tabanları yağladı. İri köpek de peşinden koşturuyordu. Max, arkasını dönerek şekerli bombalardan bir tanesini havaya fırlattı. Cehennem tazısı, burnundan sekerek açık ağzına düşen keki bir lokmada midesine indiriverdi. Max, hayatında hiç bu kadar hızlı koşmamıştı, ama ağzından salyalar akıtarak hırlayan cehennem tazısı, peşini bırakmıyordu. Hayvanın onu mu yoksa kekleri mi istediğini bilemeyen Max, arkasını bile dönmeden elindeki tatlıları geriye doğru fırlatmaya başladı.

Artık ileride bekleyen Lola ile maymunları görebiliyordu.

"Kaçın!" diye bağırdı. "Kaçın!"

Orada öylece durmuş, ona el sallıyor ve yanlarına gelmesini işaret ediyorlardı. Etrafta iri tazıyı çekebileceği bir yan sokak ya da geçit de görünmüyordu. O halde, kendini feda edecek kadar cesur olsa bile yapabileceği bir şey yoktu. İçlerinden birinin tehlikeyi fark etmesini bekleyerek, arkadaşlarına doğru koşmaya devam etti.

"Cehennem tazısı!" diye bir çığlık attı. "Kaçın!"

Ancak Lola ve maymunlar, hâlâ yerlerinden kımıldamıyorlardı.

"Heeeeey!" diye tezahürat yaptı Lola. "Bu kadar hızlı koşabildiğini bilmiyordum!"

"Arkamda bir..." O anda Max, köpeğin sesini artık duyamadığını fark etti. Dönüp hızla arkasına bir göz attı. Hayvan gitmişti.

Arkadaşlarına, "Bir cehennem tazısı tarafından kovalanıyordum," dedi nefes nefese.

"Hiç komik değilsin," dedi Lola. "Şu an hepimiz biraz gerginiz."

"Bana inanmıyor musun?" dedi Max, öfkeden deliye dönmüştü.

"Seni bütün yol boyunca izledik. Peşinde küçük bir köpek bile yoktu."

"Köpek demedim zaten," diye ısrar etti Max. "Cehennem tazısı dedim. Sanırım dün gece odamın dışındaki kediyi öldüren de oydu."

Lola, başını iki yana salladı. "Peşinde kimse yoktu. Kendini biraz kontrol et, Hoop."

"Bana inanmalısın..."

Kral 6-Köpek, Max'in omzuna sıçrayarak "Ben sana inanıyorum," diye mırıldandı. "Kötülüğün yaydığı berbat koku, giderek güçleniyor."

Max havayı koklayarak "O koku benim burnuma da geliyor," dedi.

Plaza Mayor'a, sokağın sonunda bulunan kemerli bir geçitten giriliyordu. Onlar yaklaştıkça, mide bulandırıcı koku da giderek artıyordu.

"Durun!" diye fısıldadı Kral 6-Köpek. "Eğer kıllı bir maymunsam, ben de bu kokuyu tanıyorum. Yalnızca Xibalba'nın lordu Ah Pukuh'un ortalığa saldığı pislikler böyle kokar. Bu sözlerimi bir kenara yazın: Kötülük bu meydana yerleşmiş, bizi bekliyor."

İşte başlıyoruz, diye aklından geçirdi Max meydana girerken.

Ne bekliyordu ki?

Gün ortasında turuncuya kesmiş bir gökyüzü... devrilmiş kamyonlar ve yanıp kül olmuş binalar... ya da uzay gemileri ve kertenkeleyi andıran canavarlar... hatta geveze gulyabaniler ve dumanı tütmekte olan kocaman ateşler... Özetle bilgisayar oyunlarındaki tüm o alışılageldik 'dünyanın-sonu-geldi' senaryolarından çeşitli alıntılar.

Yoksa Mayalara daha çok yakışan bir şeyler mi beklemeliydi? Alevler püskürten, çiçek bozuğu yüzlü bir ölüm tanrısı, arka plandan gelen tedirgin edici tam tam sesleri, tuhaf hayvan krallar, mızraklara saplanmış insan kafaları ve tahta tabaklarda servis edilen canlı kalpler mi?

Evet, kulağa mantıklı geliyordu.

Ama hiç de öyle değildi.

Özellikle de önlerindeki manzara göz önüne alındığında.

Max, biraz kanlı bir sahne beklemişti, ama böyle bir şeyi...

Bu bir...

Aklına gelen ilk düşünce, manzaranın bir tabloyu andırdığıydı.

Alan, peri masallarında mızraklı atlıların dövüştüğü arenaları andırıyordu.

Meydanın ucunda eski bir kilise, kilisenin kaygı verici bir biçimde bel vermiş çan kulesinin üstünde de bir leylek yuvası göze çarpıyordu. Meydanın diğer ucunda ise her an dövüşecekmiş gibi duran zırhlı bir şövalyeye ev sahipliği yapan, yıkık dökük ön cephesinde bir hanedan arması görülen bir tür saray yükseliyordu. Sarayın balkonuna bir flama asılmıştı.

Kiliseyle sarayın arasında ve tüm meydan boyunca sıralanan kemerli bölmelerin altında, pazarcıların malları sergileniyordu. Meydanın içine canlı renklere boyanmış düzinelerce savaş çadırı kurulmuştu. Ortalık, Ortaçağ kıyafetlerine bürünmüş neşeli kadın, erkek ve çocuklarla doluydu. Ortaçağ'a özgü bir müzik aleti olan lavtadan çıkan melodiler, her yana yayılıyordu. Havadaki leş gibi kokuyu, sanki yalnızca Max ile arkadaşları alıyordu.

"Zamanda yolculuk yapmış gibiyiz," diye mırıldandı Max.

Çocuk, Ortaçağ'da insanların yıkanmamaları ve çöplerini evlerden dışarı atmaları nedeniyle sokakların berbat koktuğunu daha önce duymuştu. Ancak nefes almanın bu kadar zorlaşacağını hiç düşünmemişti. Harcadığı çabadan ötürü yüzü, terden yapış yapış olmuştu.

O sırada kırmızı kadife elbise giymiş bir kız yolunu kesti ve "*Queso?**" diye sordu.

Peri masallarından fırlamış bir prenses gibi giyinmişti kız, ancak yuvarlak, kırmızı yüzü lekelerle kaplıydı ve elleri de bir erkeğinkiler kadar büyüktü.

Max, gerilemeye başladı.

Bir an sonra çevresi, etrafa keskin kokular yayan peynir tabaklarını burnunun dibine kadar sokan köylü çocuklar ve hizmetçi kızlarla dolmuştu. Kokular, Max'e diş hekiminin muayenehanesini hatırlatıyordu. Bu kokan kloroform muydu yoksa? Başı dönüyordu...

Lola, Max'in koluna yapışarak "Bu kokuya neyin sebep ol-

* İsp. Peynir? (Ed. N.)

duğunu biliyorum ben!" dedi.

Max, korkuyla arkadaşına baktı. Ne tür bir kadim ayin gerçekleştiriliyordu burada böyle? Ölümün Efendileri'nin işini kolaylaştıracaklarını hiç düşünmemişti, ama bu berbat koku zihninde, aklına hayaline gelmeyecek işkenceleri çağrıştırıyordu.

Endişeyle yutkundu. "Neymiş?"

Lola "Bir peynir festivali!" diyerek kıkırdadı. "Kral 6-Köpek'in aldığı koku, Ah Pukuh'unki değildi. Yalnızca sergilenmekte olan bedava peynir kalıplarından yükselen kokuydu!"

"Bedava peynir mi?" dedi birden konuya ilgi duymaya başlayan Max.

"Yürümeye devam et," diye buyurdu Lola. "Yerine getirmemiz gereken bir görevimiz var; dünyanın kaderi ve tüm o diğer meseleler, hatırladın mı?"

Önündeki canlı manzarayı inceleyen Max, ilk izlenimlerinin ne kadar yanlış olduğunu fark etti. Dikkatle bakınca, sarayın üzerindeki flamada TURİZM DANIŞMA BÜROSU yazdığını ve zırhlı şövalyenin de turistlerle fotoğraf çektirdiğini görebiliyordu. O ve Kral 6-Köpek dışında kimsenin başında şapka olmadığı için ziyaretçilerin büyük bir kısmı İspanyol olmalıydı. En azından Amerikalı değillerdi. Bu da halkın arasına karışmalarının önemini artırıyordu.

"Bir turist, bedava yiyeceğe asla hayır demez," dedi Max. "Farklı davranıp dikkatleri üstümüze çekmek istemeyiz."

Bir salkım yeşil ve taze üzümü gözüne kestiren Leydi Koko da onaylarcasına başını salladı.

"Pekâlâ," dedi Lola, "ama sadece Kral 6-Köpek ile ben turizm bürosuna gidip neler bulabileceğimize bakıncaya dek."

Max ve Leydi Koko, en az kokulu peyniri (Leydi Koko için bolca üzüm de almışlardı) arayıp bulduktan sonra, meydandaki insanları izlemeye başladılar.

Birden meydanın diğer ucundan kahkahalar yükseldi. Kırmızılara bürünmüş bir kadın, bir masa dolusu zevk düşkününe başından geçen bir olayı anlatıyordu. Max, her ne kadar söylediklerini duyamasa da, kadının hikâyesini anlatırken siyah, uzun atkuyruğunu savurup durması karşısında donakalmıştı.

Kadın, ona bir şekilde evini hatırlatıyordu.

Bir sandalye çekerek masada eğlenenlere katılabilmeyi isterdi.

Kadının kaygısız dostlarından herhangi biriyle yer değiştirebilmeyi isterdi.

Tarih denen şey, bu insanlar için ışıltılı kostümler, hediyelik eşya satın alma bahanesi, yiyip içme fırsatı, kısacası hiçbir şeyi düşünmeden gerçek hayattan bir kaçış anlamına geliyordu.

Bin sene önce gerçekleşen olayların, dünyayı hâlâ dize getirebileceğini bilmiyorlar mıydı? Hiçbir şeyin hiçbir zaman tamamen sona ermemesine aldırmıyorlar mıydı? Hırs, öfke ve intikam arzusunun insanın eti çürüdükten sonra bile kalbinde var olmaya devam ettiğini anlamıyorlar mıydı?

O sırada Lola ile Kral 6-Köpek'in meydana dönmekte olduklarını fark etti.

"Hadi gidelim," dedi Leydi Koko'ya dönerek. "Dünyayı kurtarmamızın zamanı geldi."

Sekizinci Bölüm

EL CASTILLO*

"Turizm bürosu fos çıktı," dedi Lola. "Şatoya nasıl girebileceğimizi bile söylemediler."

"Harita istedin mi?"

"Sana söylüyorum, Hoop, tek istedikleri şey benden kurtulmaktı. Polvoredo'nun İspanya'nın en sıkıcı kasabası olduğunu, burada turistlere yönelik hiçbir şey bulunmadığını ve bizim yerimizde olsalar, kesinlikle başka bir şehre gideceklerini söylediler."

"Burası, gerçeklerin söylendiği tek turizm bürosu olmalı," dedi Max. "Yerel ticarete hiçbir faydaları dokunmuyordur. Ya tüm bu peynirler neyin nesi?"

"Yiyecek festivalleri olmasa, yerel halkın sıkıntıdan patlayacağını iddia ediyorlar. Yarın kıymalı börek, haftasonu ise kan sosisi günüymüş."

"Kıymalı börek festivali kulağa hoş geliyor."

"Max Murphy! Dünyayı kurtarmaktan söz ederken nasıl kıymalı böreği düşünebiliyorsun?"

* İsp. Şato. (Ed. N.)

"Ama yarın burada olursak..."

"Hayır."

"Ya pizzaya ne dersin?"

"Unut dedim."

Kıvrımlı ve dolambaçlı taş sokaklardan geçerek yollarını bulmaya çalışıyorlardı. Şato en tepede bulunduğundan, sürekli yukarıya doğru tırmanmayı planlıyorlardı, ancak bu, o kadar da basit değildi. Beklenmedik çıkmaz sokaklar yollarını kesiyor, yukarı doğru kavis yapıyormuş gibi gözüken yollar, bir şekilde onları peynirlerle dolu meydana indiriyordu.

"Labirente hapsolmuş deney faresi gibi hissediyorum kendimi," dedi Max. Gözlerim *El castile* levhasını arıyor."

"*El castillo*," diye düzeltti Lola. Etrafına bakındı. "Keşke etrafta yol soracak birileri olsaydı." Sokaklar bomboştu, ancak pencerelerde perdeler kıpırdıyor ve onlar yaklaşırken binaların giriş kapıları sertçe kapatılıyordu. "Yerel halk pek de yardımsever sayılmaz. Umarım Majesteleri'nin durumu iyidir," dedi. Birden keşfe çıkmaları için önden gönderdiği maymunlar için endişelenmişti.

"Belki de kasabalılar onları kesip kıymalı börek yapmıştır?" diye şaka yaptı Max.

Lola, arkadaşına acı dolu bir bakış attıktan sonra, Max onu durduramadan hemen yakındaki lamba direğine tırmanmaya başladı. Ellerini ağzının etrafında kavuşturarak dar sokaklar boyunca yankılanan yüksek bir sesle ulumaya başladı.

"İn aşağı!" diye bağırdı Max. "Dikkat çekmeyeceğimizi sanıyordum!"

Lola, isteksizce aşağı indi. "Gerçek bir maymun uluması, balta girmemiş ormanda beş kilometreden duyulur," dedi.

"Umarım yeterince gürültü çıkarmışımdır, etraftaki binalar sesimi engelleyecek."

"Güven bana," dedi Max. "Yeterince gürültü çıkardın."

Birkaç endişeli saniyenin ardından çatıların tepesinden bir kükreme sesi geldi. Max, Kral 6-Köpek ile Leydi Koko'nun hoplaya sıçraya yanlarına indiklerini fark etti.

"Girişi bulduk!" diye seslendi Leydi Koko.

"Şato, göründüğünden hem daha yakın hem de daha uzak," diye doğruladı Kral 6-Köpek. "Görünen o ki, Hakikat Şehri bir göz yanılsamasının üzerine kuruluymuş."

"Efsunlu bir mekân," diye hayranlıkla onayladı Leydi Koko. "Büyülü eller sabah sisi gibi her yanını kaplıyor."

"İyi büyü mü, kötü büyü mü?" diye sordu Max.

Kral 6-Köpek, bir süre düşündü. "Mayalara göre her şeyin içinde hem iyilik hem de kötülük bulunur."

Max'in yüzüne kuşku dolu bir ifade yerleşti. "Tzelek'in bile mi?"

Kral 6-Köpek, soruyu duymazdan geldi. "Burada durup çene mi çalacağız, yoksa şatoya mı gidelim?"

Lola, öne doğru uzun bir adım atıp "Şatoya gidiyoruz!" diyerek kararını ilan etti. "*Ko'ox!*"

Max de isteksizce arkadaşını takip etti.

Lola'yla aramızdaki fark, diye geçirdi içinden, attığımız her adım onu sevgili Hermanjiliosunu kurtarmaya yaklaştırıyor, oysa aynı adımlar, beni Ölümün Efendileri ile tüyler ürpertici bir hesaplaşmaya doğru götürüyor. Sarı Jaguar'la aralarındaki mesafe azalırken, cesaretinin güneş altındaki bir buz parçacığı gibi erimeye başladığını fark etti.

Öyle ya da böyle, şatoya yaklaşıyorlardı.

Maymunların önderliğinde ilerledikleri sırada, kasabayı saran çıkmaz sokak ve geçitlerin büyük bir kısmının birer yanılsamadan ibaret olduğunu fark ettiler. Bir süre yokuş aşağı yol aldıktan sonra, bir tepeye vardılar. Peynir kokusu, burada yerini şato duvarlarının üstünden yığınlar halinde taşmakta olan binlerce sarı gülün yoğun kokusuna bırakıyordu.

"İşte geldik!" dedi Leydi Koko.

"Bana kalırsa, duvarlara bu bitkilere gizlenerek tırmanmalıyız," diye öneride bulundu Kral 6-Köpek.

Max, başını yukarı kaldırdı. Duvarın yüksekliği, en az altı, yedi metre vardı.

"Bir kapı arasak olmaz mıydı?" diye sordu.

Duvarları takip ederek bir giriş kapısı buldular. Greyfurt büyüklüğündeki çivilerle desteklenmekte olan meşe kapı, içinden bir at arabası geçebilecek kadar genişti. İç kısmına daha küçük bir kapı yerleştirilmiş, göz hizasına ise dikdörtgen bir aralık oyulmuştu. Kapının tepesindeki taş kısımda bir arma ve şehrin sloganı (LA VERDAD SOBRE TODO / HAKİKAT HER ŞEYDEN ÖNCE GELİR) görülüyordu.

"Armanın üzerinde jaguarlar mı var?" diye sordu Max.

"Evet! Evet!" diye heyecanla çığlık attı Lola. Aralıktan içeri bakarak, şaşkınlıkla ıslık çaldı. "İçerisi tam bir balta girmemiş orman: Ceiba, kakao, maun, sapodila, bakkam, gumbo limbo ağaçları var..."

Dudaklarını yalayan Leydi Koko, "Birkaç taze, lezzetli yaprak için neler vermezdim," dedi.

"Görevdeyiz anne, piknikte değil," diye hatırlattı Kral 6-Köpek kadına.

"Ama savaştan sonra, sıra ziyafete de gelecek," diye göz kırparak karşılık verdi annesi.

Lola önce küçük kapıyı, ardından da ana kapıyı açmayı denedi.

"Kilitli," dedi. "Her ikisi de."

Geri çekildi.

Aralığın hemen altında, jaguar kafası şeklinde demir kapı tokmağı bulunuyordu. Tokmağın altındaki geniş, resmi görünümlü levhaya kırmızı renkli, tıknaz harflerle bir şeyler yazılmıştı.

"Şurada ne diyor?" diye sordu Max.

"Özel mülktür. Temelli kapalıdır. Giriş yok. Tehlike. Uzak durun. Turistlerin girmesi yasaktır. İzinsiz girenler hakkında kovuşturma açılacaktır. Sakın kapıyı vurmayın," diye çevirdi Lola.

"Yok artık daha neler!" dedi ellerini teslim olurmuş gibi yukarı kaldıran Max. "Vurursak ne olurmuş?"

"Göreceğiz," dedi Lola.

"Dur!" diye atıldı Max ama geç kalmıştı.

Lola, tokmağı kaldırarak ahşap kapıya çarpacak şekilde elinden bıraktı. Kopan şiddetli gümbürtü, sokak boyunca şato duvarlarından yankılanıp da tepeden aşağı süzülerek tüm vadiyi etkisi altına alınca hepsi birden korkuyla yerlerinden sıçradılar.

"Hay bin suçiçeği!" diye bir çığlık attı Kral 6-Köpek. "Bu patırtı Xibalba'dan bile duyulmuştur!"

"Durdurun şunu," diye sızlandı pençeleriyle kulaklarını kapayan Leydi Koko.

Birden küçük bir motosiklet, ani bir fren yaparak önlerinde durdu. İriyarı bir polis memuru, ondan beklenmeyecek bir zarafetle aşağı atlayarak omuzlarındaki tozu silkeledi.

"*Buenos días,**" dedi.

Max ile Lola, mırıltıyla selama karşılık verdiler.

"Bendeniz Memur Gonzales. Ya siz? Turist misiniz?"

Başlarını evet anlamında salladılar.

Polis memuru, onları tepeden tırnağa şöyle bir süzdü. "Kapıya hanginiz vurdunuz acaba?"

"Ben vurdum," diye itiraf etti Lola. Kelimeler ağzından çıkarken, hafiften şaşırmış gibi duruyordu. Max, ilahi hakikat gücünün işbaşında olduğunu tahmin etti.

"Bunu neden yaptınız?"

Beyninin ardı ardına hazırladığı yalanlar, Lola'nın ağzından çıkmıyordu bir türlü. Kızın yüzü, kendi içinde verdiği mücadele nedeniyle büzüşüp duruyordu. Beyni ile ağzı, en sonunda ortak bir karara vardı. "Şatonun içini görmeyi umut ediyordum." Lola, tatlı ve masum bir kız gibi görünmeye çalışıyordu.

Ancak polis memuru, yerinden bile kımıldamadı. "Buna izniniz yok."

Lola, büyük bir hayal kırıklığına uğramışa benziyordu.

"Boş ver, biz de sana başka bir şato buluruz," dedi Max onu teselli edercesine. "Haydi, peynir festivaline dönelim."

Arkalarını dönerek yürümeye başladılar.

"Durun bakalım," dedi Memur Gonzales arkalarından.

Max'in midesine bir ağrı saplandı.

"Başka ne vardı acaba, Memur Bey?" diye nazikçe sordu Lola.

Adam tiksintiyle maymunları işaret etti. "Hayvanlar size mi ait?"

---

* İsp. İyi günler. (Ed. N.)

"Evet," dedi Lola. Leydi Koko'nun sıçrayabilmesi için kollarını açtı.

Memur Gonzales, dudaklarını büzerek gömlek cebinden minik bir not defteri çıkardı.

"Nerede kalıyorsunuz?" diye sordu.

"Casa Carmela," diye cevap verdi Lola.

"Anne ve babanız da yanınızda mı?"

"Hayır."

Max'e dönerek "Ya sizinkiler?" diye sordu adam.

"Hayır."

Polis memuru not defterine aceleyle bir şeyler karalarken, durumu onaylamadığını belirten bir şeyler mırıldanıyordu. Birkaç sayfayı doldurduktan sonra defterini cebine koyarak beklentiyle avcunu açtı. "Pasaportlarınız!"

"Ama..." diye söze başladı Max.

Memurun parmakları silahına kaydı. "Bana karşı mı geliyorsunuz?"

Max, somurtarak pasaportunu uzattı.

"Benimki otelde kaldı," dedi Lola.

"Pasaportunuzu her an yanınızda taşımalısınız," dedi Max'in belgelerini cebine tıkıştıran Memur Gonzales. "Kanun böyle."

"Bilmiyordum, özür dilerim," dedi Lola ve büyüleyici tebessümlerinden birini daha takındı. "Hemen gidip alabilirim..."

Adam saatini kontrol etti. "Pasaportu ve hayvanların belgelerini getirmeniz için size bir saat süre veriyorum. Belgelerinizi, çarşının hemen dışındaki polis karakoluna getireceksiniz. Gelin, size yerini göstereyim..."

Meydana dönmekten başka çareleri kalmamıştı. Memur

Gonzales, grubu sürüsünü gütmekte olan bir çoban gibi motoruyla takip ediyordu.

"Bu ne canım, polis devleti mi burası?" diye homurdandı Max.

"Adam yalnızca görevini yapıyor," dedi Lola.

"Zorbanın teki."

"Adama iyi davran, Hoop. Yoksa bütün planlarımız alt üst olacak."

Meydana varınca, Memur Gonzales polis karakolunu işaret etti. "Bir saatiniz var," dedi sertçe ve gaza basarak yanlarından ayrıldı.

Max homurdanmaya başladı. "Amma zaman kaybettik. Şu herifin keyfi yerine geldiğinde gün sona ermiş olacak ve biz daha hiçbir şey yapamadık."

"Çok üzgünüm, Hoop," dedi Lola. "Çabuk hareket edeceğime söz veriyorum. Sen burada bekleyip peynirlerin tadına bak, ben de bir koşu Casa Carmela'ya gideyim. Karakolda işim uzarsa, beni beklemeden yola koyulun."

Max ile maymunlar, meydanın kenarındaki sandalyelere çöktüler.

"Bir dakika," dedi Max birkaç dakika sonra. "Lola, pasaportunu aldıktan sonra buraya mı gelecek, yoksa doğrudan karakola mı gidecek acaba?"

Maymunlar, kayıtsızca omuz silktiler.

"Umarım çabuk döner. Sarı Jaguar'ı Maya efsanelerindeki Kahraman İkizler gibi birlikte bulmamız gerekiyor. Utsallı Çan Kan'ı tanıyor musunuz?"

Konuşmaları yasaklanan maymunlar, Max'i boş bakışlarla süzüyorlardı.

"Lola'yla iyi bir ikili oluşturduğumuzu söylemişti."

Max, orada öylece oturmuş, duvara konuşur gibi maymunlara içini dökerken, kendisini psikolojik tedavideymiş gibi hissediyordu. Konuşurken, garip bir şekilde rahatlıyordu. Aslına bakılırsa, annesi Max'in tam da bu şekilde ona açılmasını ummuştu. Ama neden Orta Amerika maymunlarıyla konuşmak, ona annesiyle konuşmaktan daha kolay geliyordu? Al sana, ergenliğin asla kavrayamayacağı gizemli ruh hallerinden biri daha.

En sevdiği bilgisayar oyunu, beğendiği müzik tarzı, adının alfabenin tam ortasındaki harfle başlamasının haksızlık olduğu ve neden kalın hamurlu pizzayı tercih ettiği hakkında bir süre konuştuktan sonra, şöyle bir etrafına bakındı.

Lola, hâlâ ortalarda yoktu.

Maymunlar, sandalyelerinde hafiften kestiriyorlardı.

Peynir tüccarlarından bazıları çadırlarını kaldırmaya başlamışlardı.

Lord Kuy'un ona vermiş olduğu sürenin yarısı dolmuş, hayatta yalnızca üç buçuk günü kalmıştı. Buna rağmen uçaktan indiği ana kıyasla Sarı Jaguar'ı bulma yolunda en ufak bir ilerleme kaydedememişti.

Sandalyesini Kral 6-Köpek'e yaklaştırarak "Uyansana!" diye fısıldadı sertçe.

Kral 6-Köpek "Ne?" diye irkilerek uyandı ve konuşmama yemini ettiğini hatırlar hatırlamaz yeniden sessizliğe gömüldü.

"Sorun değil," diye fısıldadı Max, "burada bizi kimse görmez. Alçak sesle sohbet edebiliriz sanırım."

"Leydi Lola nerede?" diye sordu Kral 6-Köpek.

"Polis karakolunda olmalı. Birazdan yanımıza gelecektir."

"Bütün gün burada oturamayız, genç lord."

Max, Kral 6-Köpek'in haklı olduğunun farkındaydı. Ama şatoya, yanında Lola olmadan dönme fikrinden de hoşlanmıyordu. Zaman kazanabilmek için maymunu oyalamaya karar verdi. "Ayin takviminize göre hangi gündeyiz acaba?"

"Tzolk'in takvimi mi? 3-Ak'bal. 3-Karanlık."

"Şatoya saldırmak için uygun bir gün mü yani?"

Kral 6-Köpek, hafifçe kıkırdadı. "Aslına bakılırsa, genç lord, Ak'bal'ın kişinin aşkını ilan etmesi ve evlilik kararı alması açısından iyi bir gün olduğu söylenir."

Max'in yüzü asıldı. "Lola, yolda Santino'ya rastlamamıştır, değil mi? Belki de Santino, onu dondurma yemeye götürmüştür..."

"İspanya'nın en lezzetli dondurması!" diye fısıldadı yeni uyanan Leydi Koko. Pençelerini mutlu mesut önünde kavuşturunca, Max'in aklına çiçek buketi taşıyan gelinler geldi.

"Hadi gidelim," dedi birden kararını veren Max.

Kral 6-Köpek, harekete geçmeye hazır bir şekilde ayağa fırladı.

"Ama ya Leydi Lola ne olacak?" diye sordu Leydi Koko.

Max, omuz silkti. "Plandan haberi var."

"Ama ya geri döner de bizi bulamazsa?" diye ısrar etti Leydi Koko. "Gidip onu bulmamı ve şatoya getirmemi ister misiniz?"

"Olur," dedi Max. "Ama sakın Santino'yu yanınıza almayın."

"Senin tırnağın bile olamaz o," dedi Max'e göz kırpan Leydi Koko.

Böylece Max ile Kral 6-Köpek, yeniden tepeyi tırmanmaya başladılar.

Max, Leydi Koko ile Lola peşlerinden geliyor mu diye bakmamaya çalışıyordu. Kral 6-Köpek'e dönerek "Sence içeriye nasıl girebiliriz?" diye sordu.

"Duvarlara tırmanabilirim, genç lord, ama şu çelimsiz bacaklarınla peşimden gelebileceğinden şüpheliyim."

"Göründüğümden daha güçlüyümdür," dedi Max alınarak. "Sarmaşıklara tırmanabilirim."

Ancak tepelerinde bir kule gibi yükselen duvarlara vardıklarında, bitkilerin gövdeleri boyunca uzanan keskin ve iri dikenlerini fark etti.

"Faydası yok," diye itiraf etti Max, "tırmanıncaya kadar her yanım paramparça olur."

"Endişelenme sakın," dedi Kral 6-Köpek. "Duvarın etrafından dolaşırız. Belki de gözümüze bir başka giriş çarpar."

"Yani dışarıdan dolanıp içeri girmenin bir yolunu mu arayacağız?"

"Aynen öyle."

"Bunun anlamı yok," diye şikâyet etti Max. Henüz köşeyi yeni dönmüşlerdi. "Hem tüm bu güller kendimi hasta gibi hissetmeme yol açıyor. Ortalık, parfüm fabrikasında bir patlama yaşanmış gibi kokuyor."

"Baksana," dedi Kral 6-Köpek. Meşeden yapılmış, devasa ana kapıya varmışlardı. "Bana mı öyle geliyor, yoksa kapıda bir değişiklik mi var?"

Max, kapıyı inceledi. "Levha yok olmuş! 'Kapıya vurmayın' yazılı levha vardı ya hani?" Temkinli adımlarla kapıya yaklaşarak elini jaguar başlı tokmağa koydu. "Sence çalarsam birileri cevap verir mi? Yoksa Gonzales Efendi yine yanımızda biter ve beni tutuklar mı?"

"Sorulması gereken soru da bu zaten," dedi Kral 6-Köpek.

Sorunun cevabını asla öğrenemeyeceklerdi.

Çünkü Max orada durmuş aralıktan içerideki yağmur ormanını izlerken, devasa kapı gıcırdayarak ağır ağır açılıverdi.

Devasa kapı gıcırdayarak ağır ağır açılıverdi.

Dokuzuncu Bölüm

HAKİKAT YILANI

"Ne tuhaf," diye fısıldadı Max. "İçeri girmeli miyim?"

"Dünyanın öbür ucundan kalkıp geldin ve beni de yüzyıllar sonra geri çağırdın. Tanrılar, şu an seni bizzat izliyorlar. İnsanlığın kaderi, bugün burada olacaklara bağlı. Evet, genç lord, bana kalırsa içeri girmelisin."

"Bu kadar iğneleyici olmana gerek yok," dedi Max.

Son bir kez dönüp Lola'ya bakındıktan sonra, kapıdan içeri girerek tropik yağmur ormanına adımını attı.

Ağaç tepelerinin oluşturduğu kubbe, gökyüzünü kapatıyordu. Zümrüt yaprakların arasında kıpkırmızı papağanlar uçuşuyor, tukanlar rengârenk gagalarıyla vahşi otları kemiriyordu. Minik sinekkuşları meyve özü ararken oradan oraya uçuyor, mavi bir kelebek, küçük bir güneş ışığı huzmesinde kanatlarını ısıtıyordu. Çay fincanı büyüklüğündeki sarı çiçekler ise ağaç gövdelerine tırmanmış ve ağaç dallarından sarı orkideler fışkırmıştı. Nemli havada, böcek vızıltıları ve kurbağa vıraklamaları çınlıyordu.

"Hâlâ İspanya'da mıyız?" diye sordu Max şaşkınlıkla. "Sanki San Şavier'de gibiyim."

"Ormanımdayız," diye mırıldandı Kral 6-Köpek. "İzninle genç lord, sanırım ben ağaç tepelerinden gideceğim."

"Hasta falan değilsin ya?"

"Tam tersine, genç lord. Ağaçtan ağaca atlayarak ilerleyeceğim. Orta Amerika maymunlarında pek sık görülen bir davranış olmasa da, bu harika mekânda içimden atlayıp zıplamak geliyor."

Max bir kahkaha atarak "Git öyleyse!" dedi. "Ben de şu eski yolu takip edeceğim. Şatoda buluşuruz."

Kocaman kara maymunun, yakınlardaki bir ağacın gövdesine tırmanarak yaprakların arasında kaybolmasını izledi. Ateş karıncalarıyla uyuyan yılanlara rastlamamak için her adımını çekinerek atmak yerine, ağaçtan ağaca atlayabilmeyi isterdi. Bunu düşünerek, şatoya doğru ilerlemeye başladı.

Kral 6-Köpek gideli daha birkaç dakika olmasına rağmen, ağaç dalları gürültüyle hışırdadı ve geri dönen maymun, kaba bir hareketle Max'in ayaklarının dibine atladı.

"Neler oluyor?" diye sordu Max. "Titriyorsun sen..."

"Öfkeden titriyorum, genç lord," dedi Kral 6-Köpek. "Ağaçların tepesinde ne gördüğüme inanmayacaksın. Kan Tapınağı... K'awiil'in piramidi... Sarı Jaguar'ın yuvası... Burada..."

"Burada mı?"

"Hem de şatonun tam ortasında."

"Kopyalanmış olmalı," dedi Max.

"Hayır, piramidin ta kendisi," diye ısrar etti Kral 6-Köpek. "Bundan kesinlikle eminim."

"Ama bu mümkün değil ki!"

"K'awiil, piramitlerin en küçüğüydü. Yalnızca tapınağa açılan tören merdivenlerinden ibaretti. İspanyol istilacıların tapınağı parçalarına ayırıp kalyonlarına yüklediklerine bahse girerim."

Titreme sırası Max'teydi artık. Hemen yanlarındaki ağaca yaslanmak üzereyken Kral 6-Köpek tarafından durduruldu. "Bu bir trompet ağacı, genç lord. Gövdesinde ateş karıncaları yaşar." Max'i yakınlardaki bir ceiba ağacına götürdü ve ağacın devasa köklerinin arasındaki yaprakları temizledi. "Şuraya oturun, genç lord."

Max, bitkin bir halde yere çöktü. "Bu ne anlama geliyor?"

"Alçak herifin teki, Maya krallığına ait taşları çalmaya cesaret etti demek oluyor. Jaguar Kralları'nın düğünleri ve taç giyme törenleri bu tapınakta gerçekleştirilirdi..."

Max, dalıp gitmiş kahverengi gözlerinden Kral 6-Köpek'in binlerce kilometre öteye ve binlerce yıl öncesine yolculuk ettiğini görebiliyordu. "Bu, bizim açımızdan ne anlama geliyor?" diye sordu sabırsızca. "İyi haber mi, yoksa kötü haber mi? Görevimizi kolaylaştırır mı, zorlaştırır mı?"

Kral 6-Köpek, birkaç saniye düşündü. "Siyah Jaguar'ın, Siyah Piramit'teki sunak taşına nasıl girdiğini hatırlıyor musun? Burada, K'awiil'de de benzer bir taht bulunuyordu. Sarı Jaguar ile taht birbirlerine temas ettikleri anda, ortada Xibalba'ya açılan bir kapı beliriyordu..."

Max, bu bilgiyi zihninde şöyle bir tarttı. "Yani Sarı Jaguar ile tahtın hâlâ içeride olmaları halinde, taşı doğrudan Xibalba'ya götürebiliriz mi demek istiyorsun?"

Kral 6-Köpek başıyla onayladı. "Onu Ölümün Efendileri'ne bu gece bizzat verebilirsiniz!"

Max yutkundu. "Önce Lola'yı bulmam gerek."

"Buna zaman yok, genç lord. Buradan ayrılmamız halinde, kapı bir daha açılmayabilir…"

"Ama Lola da benimle Xibalba'ya gelmek istiyordu… Biz bir ekibiz… tıpkı Kahraman İkizler gibi…"

"*Ben* sizin yanınızda olacağım."

Max'in midesi, bir çamaşır makinesinin kazanı gibi dönüyordu. "Ama Çan Kan dedi ki…"

"Tereddüt edecek zamanımız yok, genç lord. Haydi, şatoya girmeliyiz." Kral 6-Köpek, bunları söyledikten sonra, ceiba ağacına tırmanmaya başladı. "Bir yarık gördüm, oradan içeriye girebiliriz."

"Tepede mi? Şaka yapıyor olmalısın."

"Evet, orada."

Max, ağacın gövdesini çevreleyen kalın sarmaşıklara tutundu ve yoğun bir çaba harcayarak Kral 6-Köpek'in onu beklemekte olduğu geniş çıkıntıya doğru atıldı.

"Dur…" diye hırıldadı. "Biraz… nefes… alayım."

"İşte," dedi şato duvarının ortasındaki kırık bir camı işaret eden Kral 6-Köpek. "Şuradan içeri girebiliriz. Beni takip edin."

"Yapamam," dedi Max. Yükseklik korkusu nedeniyle ağacın gövdesine yapışıp kalmıştı. "Yerden çok yüksekteyiz. Dallar ağırlığımı kaldırmayacaktır..."

Kral 6-Köpek, "Siz buna yüksek mi diyorsunuz?" diye dalga geçti onunla. "Bir de devasa bir piramidin tepesinde duran bir Maya kralı olduğunuzu düşünün. Aşağıda karınca gibi görünen kullarınıza bakarken, kocaman süslü başlığınızın sizi aşağıya çektiğini…"

Max, söylenenleri hayal edince ürpererek titredi. Sözü geçen piramitlerin ne kadar dik olduklarını ilk elden tecrübe etmişti.

"Ama ben bir Maya kralı değilim, öyle değil mi?" dedi. "Ayrıca bir maymun da değilim!"

"Güvenin bana," dedi Kral 6-Köpek. "Düşmenize izin vermeyeceğim."

Sonuçta Max'i devam etmeye ikna eden, atletikliğiyle Lola'yı etkileme fikri oldu. Aşağıya bakmadan santim santim ilerleyerek, sonunda kırık camın bulunduğu noktaya ulaştı.

"Tebrikler, genç lord."

"İçeriye hızlıca bir göz attıktan sonra, dönüp diğerlerini bulacağız, öyle değil mi?"

"Kırık cama dikkat edin," diye cevap verdi Kral 6-Köpek ve pencereden içeri girip gözden kayboldu.

Max, isteksiz adımlarla maymunu takip etti.

Kendisini, bir zamanlar gösterişli olduğu anlaşılan, ancak artık zemini ölü yapraklarla kaplı bir odada buldu. İçerisi, çürümeye yüz tutmuş antika eşyalarla doluydu ve her taraf kurumuş, beyaz kuş pisliğiyle kaplıydı. Kadife bir yastığın astarından fırlayan bir fare, hızla gözden kayboldu.

Kapı aralığından, "Dışarıdayım!" diye seslendi Kral 6-Köpek.

Max, halk ozanlarının toplanıp müzik yaptıkları mekânları andıran, açık bir salona varmıştı. Korkuluktan sarktı ve aşağıdaki tüm katlar boyunca benzer geçitlerin uzandığını fark etti. Belli ki şato bir avlunun etrafına inşa edilmiş, ancak orta kısma bakan tüm pencereler tuğla ya da alçıyla kapatılmıştı.

"Sarı Piramit, şu duvarın ötesinde olmalı," dedi Max. "Haydi gidip diğerlerini bulalım. Daha sonra yanımıza el feneri alıp geri geliriz."

Kral 6-Köpek'e doğru döndü, fakat o, çoktan yola koyulmuştu bile.

"Acele edin, genç lord!" diye bağırdı ve sesi, sarmal merdivenin koca taş sahanlığı boyunca yankılandı.

"Geri dön!" diye bağırdı Max, ama maymunu takip etmesi gerektiğinin farkındaydı.

Merdivenlerin dibindeki uzun salon, büyük otellerin koridorları gibi dar ve ruhsuz görünüyordu. Bununla birlikte, yiyecek otomatları, çamaşır arabaları ve soyut sanat eserleri, yerlerini paslanmakta olan zırhlar, güveler tarafından yenmiş duvar halıları, yaldızlı çerçeveler içindeki yağlıboya tablolar ve parçalanmış, kadim savaş sancaklarına bırakmıştı. Dış duvar boyunca çeşitli aralıklarla birtakım kapılar sıralanıyordu, ancak avlu tarafında hiç kapı yoktu.

Ortamdaki ışık, hızla azalıyordu. Hemen yukarıdan gelen bir hışırtı, Max'in irkilmesine neden oldu. Başını kaldırınca, kirişlerin arasındaki yuvalarında uyanmakta olan bir yarasa sürüsü bulunduğunu fark etti.

Kral 6-Köpek onaylarcasına başını salladı. "Yarasalar bugünün, Ak'bal'ın yaratıklarıdır. Bu iyiye işaret, genç lord."

"Sen söylüyorsan inanırım," dedi Max. Gözlerini kısıp havada uçuşmakta olan hayvanları tiksintiyle izlerken, saçına bir şeylerin damladığını hissetti. "Yaaa!" diye bir çığlık attı. "Saçıma yarasa pisliği geldi!"

"Sanırım ona *guano* deniyor," dedi Kral 6-Köpek.

"Artık gidebilir miyiz?" diye sordu Max. "Göreceğimizi gördük. Lola ve Leydi Koko'yu bulmamız ve buraya onlarla birlikte gelmemiz gerekiyor."

Cevap vermek için ona doğru dönen Kral 6-Köpek'in kahverengi maymun gözleri, pırıl pırıl parlıyordu. "Hayır, genç lord, vakit geldi. Bunu sen de hissetmiyor musun?"

Max, hislerini şöyle bir gözden geçirdi. Hissettikleri, korkudan ve derin bir endişeden ibaretti.

Aniden bir tıkırtı duyuldu. Max, olduğu yerde donakaldı.

"Neydi bu?" diye fısıldadı Kral 6-Köpek'e doğru.

Ses yoktu.

Yeniden yürümeye başladılar. Max, ne kadar dikkat etse de ayak sesleri taş koridorda yankılanıyordu.

Koridor, önlerinde alabildiğine uzanıyordu.

Bu kez daha yüksek bir ses duyuldu.

Kımıldamadan bekleyerek etrafı dinlemeye başladılar.

Onlara doğru ilerlemekte olan ahenkli ayak sesleri duyuluyordu. Uzaklardaki bir ordu harekete geçmişti sanki. Max başını çevirdi, ancak arkalarında kimsecikler yoktu.

Sesler birden kesildi ve ortalık bir kez daha sessizliğe büründü.

Şimdi ne olacaktı?

İzleniyorlar mıydı?

Birileri onları mı bekliyordu?

Yoksa düşmanları onlara saldırmaya mı hazırlanıyorlardı?

Kral 6-Köpek, "Buradan, genç lord," diye seslendi koridorun öte yanından. "Kapıyı buldum!"

Max, maymuna doğru koşturdu. Kral 6-Köpek, duvarın içine yerleştirilmiş uzun, kara bir levhanın önünde duruyordu.

"Burayı hatırlıyorum," dedi Kral 6-Köpek. "K'awiil'deki Kan Tapınağı'nda bulunan Hakikat Kapısı'nın önündeyiz."

Max, taşa oyulmuş sureti loş ışıkta seçebiliyordu. Yaratığın kötü kötü bakan, bir sürüngeninkilere benzeyen gözleri vardı.

Ayrıca uzun, gösterişli bir alnın süslediği, kemirgenlere has minik hortumu göze çarpıyordu. Etrafı alevli taşlarla bezeliydi.

"Bu da kim?" diye sordu Max.

"Kraliyet ve soy tanrısı K'awiil."

"Ayağına ne olmuş öyle?"

"O ayak değil, bir yılan kafası."

"İğrenç."

Oymayı inceleyen Max, bu tuhaf yaratığın bacaklarından birinin normal insan bacağı olduğunu, diğerinin yerinde ise, baş kısmı ayak tarafında olacak şekilde bir yılan gövdesi bulunduğunu fark etti.

"Nasıl yürüyor peki?"

"Bir kasırga gibi kendi etrafında dönüyor."

Bu sırada ayak sesleri yeniden duyulmaya başlamıştı. Üstelik bu kez gümbür gümbür geliyorlardı!

Max, koridorun ucundaki bir köşeyi dönen meşale denizi karşısında dehşete düştü. Meşalelerin ışığında, sıra sıra çelik miğferler parıldıyordu.

"Geliyorlar; saklanmalıyız," diye fısıldadı ve Kral 6-Köpek'i salonun öteki ucundaki açık bir kapının girişine doğru çekti. Gölgelerin arasında kımıldamadan beklemeye başladılar. Ayak sesleri onlara giderek yaklaşırken, nefes bile almıyorlardı.

Max, girdikleri odaya bir göz attı. Yüksek kemerli ve tavanı kubbe şeklinde, kocaman bir salondaydılar. Duvarlar, bol miktarda silahla ve zırhlı giysiyle donatılmıştı. Odayı kaplayan toz tabakası, nefes almayı güçleştiriyordu.

Hapşırma, sakın hapşırma, dedi Max içinden.

Ayak sesleri kapı hizasından geliyordu artık.

Max, kendini tutamayıp hapşırıverdi.

Ayak sesleri bir anda kesildi.

Birkaç saniyelik işkence dolu bir sessizliğin ardından, insanın kanını donduran bir ses yükseldi.

"Ortaya çıkın," dedi ses. "Yoksa korkak birer tavuk gibi saklanacak mısınız?"

Korkudan nefes bile alamayan Max, yerinden kıpırdamadı ancak onuru kırılan Kral 6-Köpek göğsünü şişirmiş, ortaya çıkmaya hazırlanıyordu. Max dehşet içinde uzandı ve eliyle maymunun ağzını kapatarak onu geriye çekti. Saklandıkları yerde hafif bir itiş kakış yaşandı.

"Sizleri ikna etmem gerekecek sanırım," dedi ses.

Duvarlardaki çürümeye yüz tutmuş meşaleler alev aldı ve şatonun içi bir anda aydınlandı. Odayı kaplayan zırhlı giysiler, tıkırtılar eşliğinde birer robot gibi hazır ola geçtiler. Max, miğferlerin içinde yüz; zırhların içinde ise vücut bulunmadığını görebiliyordu. Metal plakaların içleri boştu.

Görünmez şövalyelerin tümü, kılıçlarını aynı anda çektiler. Kılıçlar çekilirken, kulakları sağır eden bir metal sesi, şato boyunca yankılandı.

"Toledo çeliğinden daha keskinini bulamazsınız," dedi ses.

Hayalet şövalyelerden oluşan ordu, kılıçlarını yabancılara doğrultmuş, ilerliyordu.

Kral 6-Köpek, Max'in parmaklarını ısırdı.

"Ah!" diye bir çığlık atan Max, maymunu serbest bıraktı.

Bir sıçrayışta duvarda asılı duran hançerlerden birini kapan Kral 6-Köpek, koridora çıktı ve profesyonel bir dövüşçü gibi yaylanarak gürlemeye başladı. "Yüce Kral 6-Köpek'e korkak demeye cüret eden de kim? Ortaya çık! Görmeden dövüşemem seninle!"

Max, zonklayan parmaklarını koltuk altına sıkıştırdı ve düşmanı izlemeye başladı.

Etrafları, çok sayıda zırhlı suretle çevrilmişti. Ordunun mızrakları, baltaları, kargıları ve ince, uzun kılıçları Kral 6-Köpek'e çevriliydi.

"Geri çekilin, Majesteleri!" diye maymuna yalvardı Max. "Hepsiyle birden savaşamazsınız."

"İzle de gör!" diye gürledi Kral 6-Köpek.

En yakınındaki zırhlının omzuna sıçrayarak, suretin miğferini alaşağı etti. Başsız asker, görme yeteneğini yitirmiş gibi körlemesine debelenmeye başladı. "Komutanınız nerede?" diye emredercesine gürledi Kral 6-Köpek. "Konuşan kimdi?"

"Bendim," dedi bir ses. Zırhlı hayalet ordusu, muhafız komutanı olduğu anlaşılan kısa boylu, tıknaz bir askere yol vermek üzere iki yana açıldı. Komutanın başında, istilacıların taktığı tarzda bir miğfer vardı. Meşalelerin ışığı miğferinden yansıyor, komutanın yüzünün gölgede kalmasına neden oluyordu. Kral 6-Köpek, ona "Kolla kendini, serseri," diye meydan okudu ve hançerini komutana doğru savurdu. Bedensiz şövalyeler, önderlerini kılıçlarıyla korumak üzere bir anda öne atıldılar. Ancak komutan, konuşan bir maymun tarafından tehdit edildiğine hiç de şaşırmamış gibi görünüyordu.

"Adım Kral 6-Köpek mi dedin?" diye sordu.

"Unutmaman için kalbine hançerimle kazıyacağım adımı!"

Komutan, Kral 6-Köpek'in hamlelerine aldırmadan, düşünceli bir tavırla çenesini kaşıdı. "Kral Punak Ha ile Leydi Kan Kakaw'ın oğlu, Maymun Nehri'nin Ahaw Wak Ok'u musun sen?"

"Öyleysem ne olmuş?"

"Askerler, rahat," diye emretti komutan. "Nöbet yerlerinize dönün."

Zırhlı suretler, hayal kırıklığıyla silahlarını indirerek tıngırtılar eşliğinde koridor ve geçitlerdeki görev yerlerine dönmeye başladılar.

Komutan, dizlerinin üstüne çökerek Kral 6-Köpek'in karşısında secde etti. "Sana on üç kere selam olsun, ulu kralım," diye ağlamaya başladı. "Bendeniz değersiz torununuz Punak Mo."

Muhafız komutanını birkaç saniye şaşkınlıkla izleyen Kral 6-Köpek'in minik vücudu, gözle görülür biçimde rahatladı. Hançerini yere koyarak, maymun elini krallara özgü bir hareketle savurdu.

"On üç kere selam olsun, sevgili torunum," diye cevap verdi. "Bu gerçekten de tuhaf bir buluşma oldu."

Kral 6-Köpek'in işaretiyle birlikte, başını şaşkınlıkla iki yana sallayan komutan ayağa kalktı. Birbirlerini tepeden tırnağa incelemeye başladılar. İspanyol istilacılarına ait bir miğfer ve göğüs zırhı giymesine rağmen, Max, yüz hatlarından komutanın Maya kökenli olduğunu görebiliyordu.

"Bunu sorduğum için beni affet, torunum," dedi Kral 6-Köpek, "ama sırtında neden zalimlerin zırhlarını taşıyorsun?"

"Kıyafetlerim uzun zaman önce lime lime oldu, Majesteleri, ben de şatoda kendime giyecek yeni bir şeyler buldum," dedi Punak Mo. Zırhındaki sarı tüyü düzelttikten sonra, koluyla göğüs zırhını ovuşturdu. "İtiraf etmek acı veriyor, ancak bu Toledo çeliğinin bana piyadelerimizin giydiği, tuzlu suya batırılmış pamuklu kıyafetlerden daha çok faydası dokundu." Bir kahkaha attı. "Ama siz de ilginç bir kılığa bürünmüşsünüz, sevgili Kral 6-Köpek. Ceddimin en saygıdeğer bireyinin, Orta Dünya'ya bir maymun vücudu içinde döndüğüne dair söylentileri duymuştum, ama bugüne dek hiçbirine inanmamıştım."

Kral 6-Köpek başıyla onayladı. "Orta Dünya'da yarım kalmış işlerim var, torunum. Ama daha fazlasını anlatmadan önce sana silah arkadaşımı tanıtmama izin ver." Etrafına bakındı ve sırtını duvara yaslamış bekleyen Max'e öne çıkmasını işaret etti. "Gelin, genç lord, gelin de saygıdeğer torunumla tanışın."

Max, kararsız adımlarla yürümeye başladı. Kral 6-Köpek daha takdimlerine başlayamadan, komutan bu kez de Max'in ayaklarına kapandı.

"On üç kere selam olsun, genç lord," dedi. "Sizi daha önce tanıyamadığım için özür dilerim. Punak Mo, bir kez daha hizmetinizde olmaktan şeref duyar."

Hayrete düşen Max, bir açıklama beklercesine Kral 6-Köpek'e döndü, ama maymun kral yüreklendirici bir şekilde başını sallamakla yetindi. "'O şeref bana ait' deyin," diye fısıldadı.

"O şeref bana ait, Punak Mo," dedi Max itaatkârlıkla.

Komutan ayağa kalktı. Max'i, bez reklamlarındaki annelerin bebeklerine baktıkları gibi, saf bir gururla süzüyordu. "Bana eski günlerdeki gibi Komutan Mo şeklinde hitap edin lütfen," dedi.

"Eski günler mi?"

Komutan Mo, alınmışa benziyordu. "Hatırlamıyor musunuz, genç lord?"

"Neyi hatırlamıyor muyum?" diye sordu Max. "Sanırım beni bir başkası ile karıştırdın."

"Genç lordun demek istediği," diye araya girdi Kral 6-Köpek, "kendisinin zaman içinde değişmiş olduğu. Hâlâ budala bir ergen gibi görünüyor olabilir ancak o, artık eskisi gibi acemi bir çaylak değil."

Komutan Mo, kederle başını salladı. "O günlere şahit olan bizler, zamanından önce yaşlanmak zorunda kaldık. Ancak nasıl bir büyü sayesinde genç kalmış olursa olsun, kendisini yeniden aramızda gördüğüme çok sevindim."

Max'in bakışları, Komutan Mo'dan Kral 6-Köpek'e ve yeniden Mo'ya kaydı. "Biriniz bana burada neler olduğunu anlatacak mı?"

"Raporumdan mı söz ediyorsunuz?" diye hevesle atıldı Komutan Mo.

"Şey, olur evet," dedi Max.

Komutan Mo, hazır ola geçti. "Bildiğiniz üzere, genç lord, bendeniz K'awiil'in son başrahibiyim. Kan Tapınağı'nı korumak benim kutsal görevim. İstilacılar tarafından parçalanıp buraya getirilen tapınağın yeniden inşası sırasında atılan her adıma nezaret ettim ve o zamandan beridir de tapınağı korumaktayım. Karşıma çıkan çok sayıda istilacıya başarıyla direndim. Geçtiğimiz *bak'tun*'dan bu yana bu duvarların arasında devriye hizmetindeyim."

Max, adamı boş bakışlarla süzüyordu.

"Görevine olan bağlılığından dolayı sana çok teşekkür ederim, Punak Mo," dedi Kral 6-Köpek. Kıllı dirseğiyle Max'i hafifçe dürttü.

"Teşekkürler, Komutan Mo," dedi Max.

Komutan tebessüm etti ve mütevazı bir tavırla başını eğerek selam verdi.

"Söyle bakalım," dedi Kral 6-Köpek, "kapı hâlâ eskisi gibi çalışıyor mu?"

"Çalışıyor. Protokolleri hatırlıyor musunuz, Majesteleri?"

"Sanki dünmüş gibi..."

"Hangi protokoller?" diye sordu Max.

"Onları hatırlamanıza imkân yok," diye kıkırdayarak cevap verdi Komutan Mo. "Merak etmeyin, her zaman olduğu gibi ben size yardımcı olacağım."

Max, başını iki yana salladı. Bu kadarı ona yetmişti. Lola için duyduğu endişe, her geçen dakika daha da artıyordu. Ya Leydi Koko'yla buluşamamış ve meydana dönmüşse, ne olacaktı? Keşke biraz daha beklemiş olsalardı. Neden burada bu tuhaf adam ve sihirli numaralarıyla zaman kaybediyorlardı ki? Onun geri dönüp Lola'yı bulması gerekiyordu.

"Bakın," dedi, "kim olduğumu sandığınızı bilmiyorum ama benim gitmem gerek. Biriyle buluşacağım. Acil bir durum söz konusu. Beni bekliyor olmalı..."

"Doğru," dedi Komutan Mo ve göz kırptı. "Kendisi uzun süredir sizi bekliyor."

"Birazcık daha bekleyebilir herhalde?" diye atıldı Kral 6-Köpek.

"Hayır," dedi Max. "*Hemen* gitmemiz gerekiyor."

"Ah şu sabırsız genç âşıklar," diye iç geçirdi Komutan Mo.

"Öyle değil... biz âşık..."

Komutan Mo, tebessüm etti. "Bana açıklama yapmanıza gerek yok, hatırladınız mı? Daima sizin sadık suç ortağınız oldum. Fakat haklısınız. Zaman kaybediyoruz. Buyurun, başlayalım."

Komutan Mo, Kral 6-Köpek'e yanmakta olan bir meşale uzatarak "Orası çok karanlıktır," dedi. Bir süre önce miğferiyle göğüs zırhını çıkarmış, sırtında yalnızca basit, beyaz cübbesi kalmıştı. Maya dilinde söylediği ilahilere dans ederek eşlik ediyordu.

Max, başını ellerinin arasına aldı. Kendisini bitmek bilmeyen turistik bir gösteriye takılıp kalmış gibi hissediyordu. "Çabuk," diye fısıldadı Kral 6-Köpek'e doğru, "hazır arkası bize dönükken, kaçıp gidelim buradan."

Birden, yaşlı kemiklerin gıcırdamasını andıran bir gürültü koptu.

Max, parmaklarının arasından manzaraya bir göz attı.

Turistik bir gösteri değildi bu.

Levhaya oyulmuş olan suret canlanıyordu. Yaratığın hatları parlıyor ve etrafında elektrik yükünden dolayı cızırtılar dolanıyordu. Vücut hatları kıvrılıyor, sürüngen gözleri açılıp kapanıyordu.

Kral 6-Köpek öne çıktı. "Selam olsun sana, ey kraliyet ve soy tanrısı K'awiil."

Yaratık, maymunu yoğun bir ilgiyle baştan aşağı süzüyordu. Burnundan, bir bıyığı andıran sarı alevler fışkırdı. Minik kulaklarından gri dumanlar çıkıyor, kafasından yükselen kalın duman öbekleri, yılan gibi etrafında dolanıyordu.

"Ben Kral Punak Ha ile asil eşi Leydi Kan Kakaw'ın en büyük oğluyum," diye devam etti Kral 6-Köpek. "Atalarımın asil kanına dayanarak, senden tapınağa girmeme izin vermeni istiyorum."

K'awiil'in sol bacağını oluşturan yılan, hafifçe kımıldanarak gözlerini açtı. Hayvanın ağzında alevden bir dil belirmişti. Yılanın yerden pek yükselmeyen başı, usulca kapıdan çıktı. Bedeni de arkasından geliyordu.

Max, maymunun kürkle kaplı vücuduna defalarca dolanan yılanı dehşet içinde izledi.

"Kral 6-Köpek!" diye bağırdı.

Levhaya oyulmuş olan suret canlanıyordu.

"Yılanlardan ne kadar nefret ettiğinizi unutmuştum, genç lord," diye fısıldadı Komutan Mo. "Ama endişelenmeyin. Krala bir zarar vermeyecek."

Yılan, sıkı sıkı sardığı Kral 6-Köpek'i Lord K'awiil'in yüzüyle aynı seviyeye gelinceye kadar kaldırdı. Max, artık cilalı yüzeyin obsidyen* bir ayna olduğunu görebiliyordu. Ayna, görüntüleri buğulu bir cam gibi donuk ve bulanık yansıtıyordu. Ancak o an yansıttığı şeyin bir Orta Amerika maymununun köseleyi andıran kara suratı olduğu ortadaydı. Aynadaki görüntü, Max'in bakışları altında jaguar postundan yapılmış pelerinine ve tüylü şapkasına bürünmüş yakışıklı bir Maya savaşçısına dönüştü.

Yılan, Kral 6-Köpek'i nazikçe yere bıraktı ve başıyla vücudu, kapıya doğru gerilemeye başladı. O sırada iki taşın birbirine sürtünmesine benzer bir ses duyuldu. Kendi etrafında dönen bir kapak, Kral 6-Köpek'in içeri girmesine izin verirken, salona bir gece esintisi doldu.

Max de maymunun arkasından gidecek oldu, ancak en yakınında bulunan zırhlı suret öne atılarak, parlak Toledo çeliğinden kılıcıyla yolunu kesti.

"Unuttunuz mu?" diye sordu Komutan Mo. "Bu yoldan yalnızca başrahip ile kral geçebilir."

"Ama ben de Kral 6-Köpek ile birlikteyim," diye ısrar etti Max. "Geçmeme izin verin!"

Komutan Mo, şefkatle gülümsedi. "Ayinlerimizde hep sabırsız davranırdınız zaten."

"Bir konuyu açıklığa kavuşturmamız mümkün mü acaba?" dedi Max. "Benim kim olduğumu bilmiyorsun."

* Doğal yollarla oluşan, volkanik kökenli bir cam türü. (Ed. N.)

"Haklısınız," diyerek iç geçirdi Komutan Mo. "Hiçbirimiz birbirimizin kim olduğunu tam anlamıyla bilmiyoruz. Bu yüzden, başrahipler ile krallar dışında kalan kişilerin Hakikat Kapısı'ndan geçmelerinin tek bir yolu bulunmaktadır. Yüce K'awiil'in, bu kişilerin kalplerini incelemesi gerekmektedir."

Max endişeyle yutkunurken, Komutan Mo da Kral 6-Köpek'in yere attığı hançerini alıp, başparmağıyla bıçağın keskinliğini kontrol etti. "Bu konuda bir istisna yapılamaz," dedi. "Sizin için bile."

Max, oradan koşarak kaçmak üzere arkasını döndü, ancak hayalet şövalyeler tarafından kuşatıldığını fark etti.

"Buyurun," dedi hançeri Max'e uzatan Komutan Mo. "Buna ihtiyacınız olacak. Obsidyen kadar keskin değildir, ama işinizi görmesi için dua edeceğim."

"Benden kalbimi kesip çıkarmamı mı bekliyorsun?" diye fısıldadı Max dehşetle. Bu adam düşündüğünden de çatlak çıkmıştı.

Komutan Mo, Max'e bir bakış attıktan sonra gülmeye başladı. "Kalbinizi kesip çıkarmak ha? Hep şakacı biriydiniz zaten! Hayır, bıçak şuradaki gülleri kesmeniz için. Ne kadar fazla yer kapladıklarına şaşıracaksınız. Ben şimdiye dek dışarıya karşı koruma sağladıkları için hiçbirine dokunmadım. Geleceğinizi bilseydim kırpma işlemine önceden girişirdim."

Kendini bir aptal gibi hisseden Max, hançeri kemerine tıktı. "Kapıdan nasıl geçeceğim peki?"

"Söylediğim gibi, kraliyet ve soy tanrısı K'awiil'in, kalbinizi görmesi gerekiyor."

"Yani kişiliğimi mi kastediyorsun? Nasıl biri olduğumu mu anlayacak?"

"Aynen öyle. Siz sadece hakikati söyleyin, sınavı geçeceksiniz."

"Ama ya sahtekârın tekiysem?"

"Güvenlik hakkında endişeniz mi var? Endişeniz olmasın, Lord K'awiil'i kimse kandıramaz. Hakikat Kapısı'na başvuran yalancılara şimdiden acırım ben. Başlayalım mı?"

Komutan Mo, Max'in cevabını beklemeden şarkılı, danslı ayinine başladı.

K'awiil oyması, bir kez daha canlandı. Yılan da alevden dilini şaklatarak hışırtılar eşliğinde yeniden öne çıktı. Muazzam bir süratle bedenini Max'in beline doladı ve başını çocukla göz göze gelecek şekilde yukarı kaldırdı. Hiç de etkilenmiş gibi durmuyordu.

Yılanın sıcak nefesi, Max'in derisini haşlıyordu. Hayvanın burun deliklerinden çıkan duman nedeniyle çocuğun boğazı ve gözleri yanmış; yüzü, gözü ter içinde kalmıştı.

"Dediklerimi yineleyin," diye fısıldadı Komutan Mo. "Selam olsun sana, kraliyet ve soy tanrısı ey K'awiil. Kalbim Hakikat Yılanı tarafından sınansın."

Max, söylenenleri tekrarladı. Yılan, sanki avının tadına bakıyormuş gibi havayı şöyle bir yaladı.

"Komutan Mo!" diye bağırdı Max. "Ben sandığınız kişi değilim!"

"Buna Hakikat Yılanı karar verecek," dedi komutan.

Yılan, ağzını öyle bir açtı ki Max, hayvanın jilet keskinliğindeki dişlerinin süslediği kapkara boğazından başka bir şey göremez oldu.

"Sol elinizi yılanın ağzına sokun," diye talimat verdi Komutan Mo.

"İyi ama yalancıların akıbeti ne oluyor?"

Komutan Mo, başıyla arkasındaki duvarda asılı duran yağlıboya tabloları işaret etti. Resimlerin tamamı sivri sakallı, fırfırlı yakalar takmış İspanyol asilzadelerine aitti. Hiçbirinin sol eli yoktu. Max, bunu fark edince hafifçe irkildi.

Titremeye başlayan dizleri, korkusunu ele veriyordu.

"Yılandan hâlâ ne kadar çok korkuyorsunuz," diye şefkatle kıkırdadı Komutan Mo. "İzninizle, genç lord," dedi ve Max'in elini hayvanın açık ağzına sokuverdi.

"Aaaahhhh!" diye çığlık attı Max. Sol kolu, neredeyse kökünden kopacaktı. İnanılmaz bir acı hissediyordu. Kolunu geri çekmeye çalıştı, ama bu hareketi, işlerin daha da kötüye gitmesine neden olacaktı. Sıra sıra dişlerin, derisine saplandığını ve hayvanın diliyle kanını emdiğini hissedebiliyordu. Gözlerini kapadı ve zihninde sarı, turuncu ve kızıl girdaplar dönmeye başladı.

İlk sorular zihninde beliriyordu.

Dost mu düşman mı?

Tukan mı tapir mi?

En değer verdiğin şey nedir?

Kırmızı mı siyah mı?

Kaç basamak var?

Güneş mi Ay mı?

Sadakat nedir?

Kelebek mi güve mi?

Asla ne zaman gelecek?

Başucu mu ayakucu mu?

Her şey ne anlama geliyor?

Aklına, metro istasyonuna akın eden sabırsız yolcular gibi, giderek daha fazla soru hücum ediyordu. Kısa bir süre sonra, soruların her biri diğerini ittirerek geçip gitti ve kan dolaşımına karışarak varlığının özünü sorgulamaya başladı. Max'in damarları zonkluyor, başı çatlayacakmış gibi öteye beriye savruluyordu. Bu kadar soruyu hiç kimse cevaplayamazdı. Eli şimdiden felç olmuştu sanki. Cerrahların kesmeden önce yaptıkları gibi, kolunun bileğin hemen üstünden bir şeyle sıkıldığını hissetti.

Bu kadar soruyu hiç kimse cevaplayamazdı...

Derin bir nefes aldı. Ardı arkası kesilmeyen sorgulamaya aldırmaksızın, evrensel yalan makinesini hakikati söylediğine ikna etmeye odaklandı. Kral 6-Köpek'i ve Siyah Piramit'te Tzelek'i yenmek üzere yaptıkları işbirliğini düşündü. Yeşil Piramit'te Tanrı İtzamna ile tanışmalarını ve Kırmızı Piramit'te yağmur tanrısı Chahk ile ettikleri sohbeti aklından geçirdi. Lola'nın onu evlat edinmiş olan, Utsal köyündeki ailesini düşündü: Köyün şamanı Çan Kan'ı, tekneci Eusebio'yu, hayranlığını kazandığı ve kaybettiği Och adlı çocuğu. Ama düşünceleri dönüp dolaşıp Lola'ya kilitleniyordu. Kızın aydınlık yüzünü, içi gülen kahverengi gözlerini, parlak saçlarını görebiliyordu...

Acı azalmaya başlamıştı.

Parmaklarını yeniden oynatabiliyordu.

Gözlerini açtı.

Artık Komutan Mo ile koridorda değildi. Büyük olasılıkla –bundan nasıl bu kadar emin olabildiğini bilmiyordu– yılanın boğazında, bir nabız gibi atmakta olan pembe, etli ve dolambaçlı bir tüneldeydi. Tıpkı havalimanlarındaki yürüyen yollar gibiydi. Ancak bu kez, ayaklarının altında gerilip şişen kaslar sayesinde karanlığın içinde kendiliğinden ilerliyordu.

Bir kapı açıldı.
Burnuna yoğun bir gül kokusu doldu.
Biri Max'i öne doğru itti.
Çocuk, aşağı düştü.
Çimlerin üzerindeydi.
Hemen önünde iki kıllı bacak yükseliyordu.
Başını kaldırdı.
"Neden bu kadar uzun sürdü?" diye sordu Kral 6-Köpek.

Onuncu Bölüm

YANLIŞ KİMLİK

Max, bakmaya cesaret edemediği sol kolunu yukarı kaldırdı. Eli, hâlâ kolunun ucundaydı. Komutan Mo, onu başka biriyle karıştırmış olmasına rağmen, Hakikat Yılanı, Max'in zarar görmeden kapıdan geçmesine izin vermişti.

"Beni uyarabilirdin," dedi.

"Ne konuda?" diye sordu Kral 6-Köpek.

"Şey, bir düşüneyim. Devasa bir yılan tarafından yutulacağım konusunda belki?"

Kral 6-Köpek, omuz silkti. "Sınavı geçtiniz ya. Önemli olan bu."

"İyi de, o adam benim kim olduğumu sandı öyle?"

"Bu konuyu daha sonra konuşsak diyorum, genç lord? Yerine getirmemiz gereken bir görevimiz var."

"Yalnızca beni önceden uyarmış olman gerektiğini düşünüyorum, hepsi bu."

"Sizi şimdi uyarıyorum, her an tetikte olun."

"Neden?" diye sordu Max endişeyle. "Sırada ne var?"

"Yukarı çıkmalıyız."

Kral 6-Köpek, elindeki yanan meşaleyi mümkün olduğunca yukarı kaldırdı. Max, kadim bir Maya piramidinin dibinde bulunan bir avluda durduklarını görebiliyordu. Piramidin basamakları, tamamen sarı gül dallarıyla kaplanmıştı.

"Gerçekten de orada mıyız?" diye şaşkınlığını dile getirdi Max. "Sarı Piramit'i tümüyle San Şavier'den buraya nakledebildiklerine inanamıyorum."

Kral 6-Köpek, Max'e ters ters baktı. "Yakın zamanda şahit olduğun bütün o dudak uçuklatan manzaraların arasında sizi en çok şaşırtan şey, bir piramidin taşınması mı oldu? Bu, bir mühendislik ve nakliye hesabından fazlası değildir."

"Ben yalnızca bunun asıl piramidin bir kopyası olduğunu sanmıştım, hepsi bu. Burayı Lola'ya göstermek için sabırsızlanıyorum."

"Öncelikle yerine getirmemiz gereken bir görevimiz var. Sarı Jaguar'ı bulmalı ve K'awiil'in tahtını kullanarak Xibalba'ya açılan kapıyı etkin hale getirmeliyiz."

"Yanımızda Lola olmadan mı? Ama biz bir ekibiz."

"Jaguar, yalnız başına avlanır."

"Ama Çan Kan bana dedi ki..."

"Çan Kan burada olsaydı," dedi Kral 6-Köpek, "size kaderinizi kabullenmenizi söylerdi. Şu an burada bulunmanızın nedeni bu. Bütün Orta Dünya, sizin bu basamakları tırmanmanızı bekliyor."

Ancak Max, hâlâ tereddüt ediyordu.

"Bana güvenin, yeter," dedi sabırsızlanmaya başlayan Kral 6-Köpek. "İçimden bir ses, işlerin yolunda gideceğini söylüyor."

Max, korkudan altına edecekmiş gibi görünüyordu. "Hermanjilio da İtzamna'da seninle Leydi Koko'yu maymuna çevirmeden önce aynı şeyi söylemişti. Ardından da Tzelek kapıdan içeri sızmış ve Hermanjilio'nun bedenini ele geçirip, Siyah Piramit'te Lola'yı kurban etmeye kalkışmıştı."

"Aynen öyle," dedi Kral 6-Köpek. Max'in sözleri, onun düşüncelerini doğrulamış gibi konuşuyordu.

"Ama o gece hiçbir şey yolunda gitmemişti..."

"Öyle mi dersin, genç lord?"

Max bir daha düşününce, bundan o kadar da emin olmadığını fark etti. Bir taraftan kadim Mayaların tanrıları olan Ölümün Efendileri'nin dünyayı ele geçirme planlarına karışmıştı. Öte yandan, Lola'yla tanışmadan önceki hayatına dair hiçbir şey hatırlamıyordu. Farklı bir kişiydi artık. Bir görevi vardı.

"İlginç bir soru," diye mırıldandı. "Öyle ya da böyle dünyanın sonu gelecekse, en azından bir maceraya atılmış olurum, değil mi? Ama yine de Lola'nın burada olmasını isterdim. Sakın üstüne alınma, Kral 6-Köpek. Senin yanımda olmandan dolayı da memnunum da..."

Ancak Max, kendi kendine konuşuyordu. Sohbete karşı ilgisini uzun zaman önce kaybetmiş olan Kral 6-Köpek, piramidin dibinde durmuş, basamakları her açıdan incelemekle meşguldü. "Zirveye giden bir yol açmalıyız. Bu dikenler son derece tehlikeli."

Max, titrek meşale ışığında çok hoş görünen sarı güllerin birkaç santimetre uzunluğundaki dikenlerini fark etti. Dikenler, güzel güllere ürkütücü bir hava katıyordu.

"Komutan Mo bana bir bıçak verdi," dedi.

"Öyleyse siz bitkileri kesmeye başlayın, ben de onları yakayım."

Kral 6-Köpek, meşaleyi çiçeklere dokundurdu. Yapraklar yoğun bir duman eşliğinde cızırdamalarına rağmen, bir türlü tutuşmuyorlardı. Gül kokusunun yerini, keskin bir is kokusu almıştı. "Bu hiç iyi olmadı," dedi Kral 6-Köpek. "Artık sıra sizde."

Max, bıçağı bir gül öbeğine doğru rastgele savurdu. Eli çizilince, "İmkânsız. Bu dikenler beni paramparça edecek," diye inledi acıyla.

Yarasını incelediği sırada, bir grup çiçeğin kadifemsi yaprakları, acısını dindirmek istercesine kanayan eline sürtünmeye başladılar. Çiçekler, bir an sonra hançere doğru uzanarak Max'in şaşkın bakışları altında hançeri elinden aldılar.

"Hey!" diye itiraz etti Max. "Ona ihtiyacım var benim; geri verin!" Ancak bıçak, çoktan bir yılanbalığı sürüsü gibi kımıldanmakta olan karmakarışık güllerin arasında kaybolmuştu.

Fakat tüm bu hareketlenmelerin bir nedeni vardı sanki.

Dikenli çalılar, kıvrılıp iki yana doğru açılmaya başladılar. Max, kendini Uyuyan Güzel'deki prens gibi hissediyordu. Kısa bir süre sonra, önünde zirveye dek uzanan bir yol açılmıştı.

"Anlaşılan sizi bekliyorlarmış," dedi Kral 6-Köpek. "*Ko'ox!*"

"*Ko'ox,*" diye yanıt verdi Max bitkin bir sesle. Maymun yol arkadaşı, her biri öncekinden de ince ve harap haldeki basamakları tırmanmaya başlamıştı bile. Max, bir süre sonra hırıltılar eşliğinde zirveye adımını attı.

"İşte geldik," diyerek, etrafına şöyle bir bakındı. Piramidin tepesindeki ayin yerinin etrafı sarı güllerle dolup taşıyor, mekân, adeta altın bir kubbeyi andırıyordu. "Şey, tam olarak neredeyiz?"

"Kan Tapınağı'nın dışındayız," diye yanıt verdi Kral 6-Köpek. Sesi heyecandan titriyordu. "Maymun Nehri'nin kral ve kraliçelerinin taç giyme törenleri burada yapılırdı."

"Sence Sarı Jaguar içeride midir?"

"Öyle umuyorum, genç lord."

"Güllerin arasından kapıyı bile göremiyorum."

Ama daha o konuşurken tapınağın etrafını sararak kapıyı örten karmakarışık kökler, boncuklu mutfak perdeleri gibi ip ip olmuş, orta kısım açılmıştı.

"Fazla kolay oldu," diye mırıldandı Max. "Bu bir tuzak olmalı."

"Ya da bize hoş geldiniz diyorlar," dedi Kral 6-Köpek. "Haydi girelim."

"Dur! Sarı Jaguar'ın bulunduğu yerden alınamayacağı, taşa sahip olan kişinin onu yalnızca kendi iradesiyle verebileceği doğru mu?"

"Doğru."

"Öyleyse bana onu kim verecek? İçeride biri mi var?"

Kral 6-Köpek, başını umutsuzca iki yana salladı. "Tüm bu söylenenlerden ve başımıza gelen onca olaydan sonra, içeride sizi kimin beklediğini hâlâ bilmiyor musunuz?"

"Söylesene, kim o?"

"İçeri girin ve kaderinizle yüzleşin."

Kral 6-Köpek'in elindeki meşalenin yansımaları, ilk başta Max'in önünü görmesini engelliyordu. Odanın taş zemini ve duvarları, kapkara aynalar gibi parlayıncaya dek cilalanmıştı. Max, odanın ortasında bulunan şekli, ancak gözleri ışığa alıştıktan sonra fark edebildi.

Kral 6-Köpek, şekli aydınlatmak için meşalesini kaldırdı.

Üzerinde abartılı süslemeler bulunan, geniş, ahşap bir koltuk çıkmıştı karşılarına.

Örümcek ağlarından oluşan bir perdenin alt tarafında bulunan koltuğa ufacık tefecik, yaşlı bir kadın sığışmıştı. Kadının uzun, siyah elbisesi yırtık pırtıktı.

Bembeyaz saçları iki sıkı örgü halinde yerlere kadar uzanıyordu. Geniş, eğimli alnı buruşuk bir kâğıt gibi kırışmıştı. Zarif, kemerli burnunun üstündeki solgun derisi o kadar inceydi ki, Max neredeyse derinin altındaki kıkırdakları seçebiliyordu.

Kadının gözleri kapalıydı.

"Bu, o değil," dedi Max.

"Kimi bekliyordun ki?" diye sordu Kral 6-Köpek.

"Inez La Loca; Lola'ya benzeyen sarı elbiseli kız... ama o çok gençti. Bu, onun büyükannesi mi acaba?"

Kral 6-Köpek, yaşlı kadının sandalyesinin koluna sıçradı.

"Dikkatli ol, kadıncağızı uyandıracaksın!" diye uyardı onu Max.

"Hiç sanmam," dedi Kral 6-Köpek. "Bu kadın öteki dünyaya göçeli çok olmuş."

"Yani... ölmüş mü?"

Kral 6-Köpek, başını evet anlamında salladı.

Max, kadının onlar için bir tehlike oluşturmamasına sevinsin mi, Sarı Jaguar'ı Ölümün Efendileri'ne hızlıca teslim edemeyeceği için üzülsün mü, bilemiyordu.

"Numara yapıyor olabilir," diye gerileyerek akıl yürüttü. "Her an yerinden sıçrayıp karate numaraları yaparak üstümüze atlayabilir!"

"Karate dediğiniz şey nedir, bilmiyorum," dedi Kral 6-Köpek. "Ama birinin ölmüş olup olmadığını anlarım." Kadının yüzündeki örümcek ağlarını usulca temizledi.

"Uzaklaş oradan," dedi Max.

"Onun kim olduğunu merak etmiyor musunuz?

"Hayır," dedi Max. "Sarı Jaguar burada değilse, artık gitmek istiyorum."

"Ama o *burada*. Gelin de şuna bir göz atın..."

Max, ilk kez bir cesede yakından bakıyordu. İstemeye istemeye kadına yaklaştı. Kral 6-Köpek'in işaret ettiği şeyi görmek üzere öne doğru eğilince, kadının pörsümüş yüzüne adeta kazınmış gibi duran, derin kederi fark etti.

Kral 6-Köpek, "Neye bakıyorsunuz?" diye sordu.

Onun sesini duyan yaşlı kadının çökmüş göz kapakları, titreyerek açıldı.

Asırlar süren sessizliğin ardından, çatlak ve kuru bir sesle konuştu.

"*Sana* bakıyorum, aşkım."

Kral 6-Köpek, şaşkınlıkla sandalyenin kolundan aşağı sıçradı.

"Biliyordum!" dedi Max. "Bu da bir başka numara!" Fakat çok geç kalmıştı. Yaşlı kadının buz gibi, kupkuru parmakları, sıkıca onunkilerin üstüne kapanmıştı. Max, geri çekilmeye çalıştıysa da kımıldayamadığını fark etti.

"Bir şeyler *yap!*" diye seslendi Kral 6-Köpek'e. "Canımı yakıyor!"

Yaşlı kadın, boğuk bir sesle "Çok özür dilerim Rodrigo," diyerek söze karıştı. Max'in ellerini bıraktı. "Inez'in senin canını acıtmayı asla istemez."

"Sen Inez değilsin," dedi Max kadını suçlarcasına. "Inez, senden genç."

Kadın, bir yumruk yemişçesine geri çekildi.

"Seni o kadar uzun bir süredir bekliyorum ki, Rodrigo... bekleyişim sırasında yaşlandıysam affet beni."

"Sevgili hanımefendi," diyerek alelacele kadını rahatlatmaya çalıştı Kral 6-Köpek, "güzelliğinizle hâlâ bir yıldız gibi parlamaktasınız."

Kadın, çapaklı gözlerini maymuna çevirdi.

"Hoş geldiniz, Maymun Nehri'nin saygıdeğer efendisi, Kral 6-Köpek. Soy ve kraliyet tanrısı ölümsüz K'awiil'in adına, size Kan Tapınağı'na yeniden hoş geldiniz demekten şeref duyarım."

"O şeref bana ait, Prenses Inez," dedi yerlere kadar eğilen Kral 6-Köpek. "Ancak beni bu kılıkta nasıl tanıdığınızı sorabilir miyim acaba?"

"Öğrenmiş olduğum bir şey varsa, Kral 6-Köpek," dedi gülümserken yüzü çatırdayacak gibi olan kadın, "o da insanı görünüşüne göre yargılamamaktır. Rodrigo'm da tuhaf, kızıl saçları ve güneşte yanmış pembe cildiyle dünyadaki en yakışıklı erkek sayılmazdı... ama dünyadaki en saf kalbe sahipti."

Max, uzun zaman önce hayatını kaybetmiş olan Rodrigo için söylenen sözlerden dolayı alınmıştı. "Bu kadar çirkin olduğuna inanıyorsanız, onunla neden evlendiniz?" diye sordu.

"Ah, Rodrigo, benimle cilveleşiyor olmalısın!" Kadından genç kızlara has bir kıkırdama yükseldi. "Tanıştığımız günden beri sana âşık olduğumu biliyorsun. Seni yeniden görmek beni çok mutlu etti. Bu ne güzel bir haber."

"Gerçekten de haberler iyi, sevgili hanımefendi," dedi Kral 6-Köpek. "Şey... Sevgilinizle özel bir meseleyi konuşmama izin verir misiniz acaba?"

Kadın ağır ve kırılgan hareketlerle başını olur anlamında salladı. Kral 6-Köpek, Max'i bir kenara çekti.

"Boğazına dikkat ettiniz mi, genç lord?"

"Ne olmuş?"

"Sarı Jaguar'ı boynunda taşıyor."

"Ne? Nasıl?"

"Bir gerdanlık halinde."

Max, yaşlı kadının adaleli boynuna bir göz attı. Boynunun etrafı, gerçekten de tozlu sarı boncuklarla sarmalanmıştı.

"Buna izin veriliyor mu?" diye fısıldadı. "Jaguar Taşları'ndan mücevher yapılabiliyor mu?"

"Onu, kolyeyi bize vermesi için ikna etmelisiniz."

"Neden versin ki?"

"Sizin Rodrigo de Pizarro olduğunu sanıyor. Rol yapın!"

"Ben İspanyol bile değilim ki."

"Pizarrolar sizin atalarınız değil mi?"

"Evet, ama..."

"Landa soyadlı biri sizi öldürmeye yemin etmedi mi?"

"Evet, ama..."

"Rolünüzü oynayıverin canım! Ancak dikkatli olun. Kadına asla yalan söyleyemeyeceğinizi sakın unutmayın..."

Max, çılgın yaşlı kadına döndü.

"Sevgili Rodrigo," diye mırıldandı kadın. "En azından hikâyemiz mutlu sonla bitecek."

Max, kadına "Hikâyemizi bana bir kez daha anlatır mısın?" diye sordu.

Kadın, Max'e sandalyesinin koluna oturmasını işaret etti.

"O anları binlerce kez baştan yaşadım," dedi.

Ardından, neredeyse hiç ses çıkarmadan ellerini çırptı.

Kral 6-Köpek'in meşalesi, titreşerek söndü.

Birkaç saniyeliğine zifiri karanlığa gömüldüler. Max'in hissedebildiği yegâne şey, kadının onunkilere kenetlenmiş, bir iskeletinkilerden farksız parmaklarıydı. Max, tam bir çığlık koparacaktı ki, oda sarı, solgun bir ışıkla doldu.

"Baksana, aşkım," dedi kadın.

Ön tarafı işaret ediyordu.

Kadının bakışlarını takip eden Max, aynalı duvarlarda kımıldayan gölgeleri fark etti. Kadın konuştukça, gölgeler de netleşiyordu. Bir süre sonra, hikâye, incecik bir perdenin arkasında oynanıyormuşçasına, gözlerinin önünde hayat bulmaya başlamıştı...

Genç ve güzel bir Maya kızı, ona açık ateşte tortilla* pişirmeyi ve dokuma tezgâhında çalışmayı öğreten annesiyle birlikte kahkahalar atıyordu.

"Seninle tanışmadan önce," diye başladı Inez, "aşk nedir bilmezdim. Babam K'awiil şehrinin yöneticisiydi ve kaderimde başka bir şehirden gelen yabancı bir prensle evlenmek vardı."

"Ama İspanyolların gelmesiyle kaderim de değişiverdi."

"Yüzen evlerinin üzerinde, güneşin doğduğu yönden geldiler. Metal miğferleri güneşte parlıyordu. Yaşlılar, onları tanrı sandılar. Askerleri ve onların atlarını ilk gördüğümüzde, tek bir yaratık olduklarını sandık. Savaşçılarımız göğüs göğüse dövüşürlerken, istilacılar alevli sopalarından çıkan tek bir atışla birkaç adamı birden öldürebiliyorlardı. Benim şehrim çabucak düştü.

"Topraklarımıza Yeni İspanya adını verdiler. İspanyol isimleri alıp İspanyol kıyafetlerine büründük ve bana İspanyol bir koca aranmaya başlandı. Sıranın en başında da Lorenzo de Landa geliyordu..."

* Orta Amerika ve Meksika gibi ülkelerde yapılan lavaş benzeri ekmek. (Ed. N.)

Sivri, siyah sakallı, çıtkırıldım züppenin teki, korku içindeki iki Maya çocuğunun taşıdığı boy aynasında hayranlıkla kendisini incelemeye başlamıştı.

"Nikâhımız Lorenzo'nun kardeşi Keşiş Diego de Landa tarafından burada, Kan Tapınağı'nda –etrafını işaret etti– kıyılacaktı."

Cübbesinin kukuletasını başına geçirmiş olan bir keşiş, züppeyle selamlaştı ve bir başka Maya çocuğu tarafından servis edilen şarap kadehleri tokuşturuldu. Lorenzo, şarabın yalnızca bir damlasını yere dökmesine rağmen çocuğa öyle sert vurdu ki, yere düşen çocuk bayılıverdi.

Inez hikâyesine devam ederken, Max öfkeyle titredi.

"Kaderimin çoktan çizilmiş olduğuna inanıyordum... ama sonra seni gördüm, Rodrigo. İkimiz de birbirimize ilk görüşte âşık olmuştuk."

Kadın, aynadaki görüntülere bakarak belli belirsiz gülümsedi.

Lola'nın adeta bir kopyası olan genç Inez, hayatının aşkı Rodrigo ile el ele tutuşmuştu. Deri bir yelek ve istilacılara özgü yün çoraplar giymekte olan Rodrigo'nun metal miğferinin altındaki yüzü –Max emin olmak için iki kez kontrol etti– Max'e tıpatıp benziyordu...

"Anlamıyorum..." diye konuşmaya çalıştı Max.

"Anlamadığın şey nedir, aşkım?" diye sordu Prenses Inez. "Babamın evliliğimize onay verdiğini ve İspanya'ya kaçmamıza yardımcı olduğunu hatırlamıyor musun? Sarı Jaguar'ı çeyizim niyetine bir gerdanlığa çevirttiğini ve Komutan Mo'yu yeni hayatımızda bizleri kollaması için yanımızda gönderdiğini?"

Max, yaşlı parmaklarıyla yüzünü okşamak için öne doğru eğilen Inez karşısında geri çekilmemek için büyük bir çaba harcadı. "İspanya'daki şatomuzda o kadar mutluyduk ki... Ta ki Lorenzo de Landa, bir gece bana senin kanla kaplı gömleğini getirinceye kadar."

Aynadaki kız bir çığlık attı ve ağlayarak yere çöktü.

"Adil bir dövüş olduğunu söylemişti," diye fısıldadı yaşlı kadın, "ama ben gömleğindeki yırtıklardan, senin sırtından bıçaklandığını anlamıştım. Lorenzo, o gece bana evlenme teklif etti. Açgözlülüğü nedeniyle çok geçmeden beni de öldüreceğinin farkındaydım. Ama planı geri tepti..."

"Devam et," dedi Max. Hikâye gerçekten de ilgisini çekmeye başlamıştı.

"Jaguar Tahtı'nın ve Sarı Jaguar'ın kudretinin varisiydim. Ancak Lorenzo'nun mirasımı paylaşabilmek için benimle önceden planlamış olduğu gibi Kan Tapınağı'nda evlenmesi gerekiyordu. Dolayısıyla K'awiil'in Sarı Piramidi'nin tamamını, yeniden inşa edilmek üzere Polvoredo'ya nakletti. Ve bu hareketi, aşkım, onun sonu oldu."

Aynadaki kız matem elbiseleri içinde şatonun penceresinde duruyor, şatonun içine yayılmakta olan yağmur ormanını izliyordu.

"Piramit yükseldikçe gücüm de artmaya başlamıştı. Gücümü çiçeklerin rengini sarıya dönüştürmek ve Landa ailesini oradan uzaklaştırmak için kullandım. Beni cadılıkla suçladılar, ama tek yapabildikleri şey, geri çekilip ölmemi beklemekti. Hâlâ da bekliyorlar! Ama artık döndün, Rodrigo, bir gün bana döneceğini biliyordum."

Yaşlı kadın, güçlükle el çırptı. Aynadaki görüntüler bulanıklaşmaya başladı. Max'in son gördüğü şey, uzun saçları karmakarışık olmuş ve yüzü gözyaşlarıyla kaplı bir halde, kederle ona bakan genç prensesin görüntüsüydü.

Inez'in Lola'yla olan benzerliği, Max'in tüylerini diken diken etmişti.

"Öyleyse taht nerede, sevgili hanımefendi?" diye sordu Kral 6-Köpek. "Piramitle birlikte buraya getirilmiş olmalı. Taht yoksa Sarı Jaguar'ın kudreti de sıfırlanır."

Yaşlı kadının zihni, uykudan yeni uyanmışçasına berraklaşmıştı. "Lorenzo de Landa onunla asla evlenmeyeceğimi anlayınca, tahtı Galiçya'daki sarayına götürdü."

"Sarı Jaguar'ı neden almadı?" diye sordu Max.

Hemen sonra, sorunun cevabı aklına gelince, ağzı bir karış açık halde kalakaldı. Antik Maya tanrılarının Boston, Massachusetts'te yaşamakta olan on dört yaşındaki Max Murphy'nin kapısını neden çaldıklarını bir anda anlamıştı. Max, asırlar önce ölmüş olan atası Rodrigo de Pizarro'ya ikizi gibi benziyordu. Sarı Jaguar'ı sahibi vermediği sürece, kimse yerinden oynatamazdı. Ve dünyada prensesi, gerdanlığını ona vermesi için ikna edebilecek olan yegâne kişi Rodrigo'ydu.

Fakat Max, yapması gereken şeyi yapamıyordu.

Derin bir nefes aldı.

"Prenses Inez?"

"Efendim?"

"Ben Rodrigo değilim." Max, kadının koyu renkli gözlerinde, tıpkı obsidyen bir aynanın karşısındaymış gibi, kendi yüzünün donuk ve puslu yansımasını görebiliyordu. "Ona benziyorum, ama ben Rodrigo değilim."

Yaşlı kadın, bakışlarını Max'e dikti. Bakışma, çocuğa yıllar sürmüş gibi gelmişti.

Max, Kral 6-Köpek'e döndü. "Benden bu kadar. Ölümün Efendileri, pis işlerini görecek başka birini bulsun. Hadi gidelim."

"Durun," dedi Prenses Inez. "Benim de buradaki işim bitti." Cılız boynuna uzanarak gerdanlığı çözdü ve Max'e uzattı. "Al bakalım," dedi. "Onu sana özgür irademle veriyorum."

"Ama neden? Dedim ya, ben Rodrigo değilim."

"Bunca senedir beklediğim kişi sensin. Yoksa K'awiil kapıdan geçmene neden izin versin ki? Rodrigo, bir ferman çıkararak kasaba sakinlerinin yalan söylemelerini yasaklamıştı. Artık benim de gerçeklerle yüzleşme vaktim geldi. Rodrigo'm öldü ve ben de onun yanına gitmeliyim. Yeni bir dönem başladı. Sarı Jaguar senindir. Onu nasıl kullanırsan kullan."

Max, uzatılan gerdanlığı aldı.

Yaşlı kadın, mücevher parmaklarını terk ettiği an sırtından büyük bir yük kalkmış gibi derin bir iç geçirdi.

"Yeniden görüşünceye kadar hoşçakalın," dedi.

Yerdeki taşlarda çatlaklar oluşmaya başlamıştı.

Tavandan bir toz yağmuru dökülüyordu.

Tapınağın taş duvarları yerle bir oluyordu.

Piramidin dört bir yanı sarsılıyordu.

Max, yaşlı kadının koluna asılarak "Buradan çıkmamız gerek!" diye çığlık attı.

Ancak Inez, ahşap sandalyesine oturarak gözlerini kapattı.

Yaşlı kadın, birkaç saniye içinde son nefesini vermişti.

Max, olanları dehşet içinde izliyordu. Kadının vücudundaki etler eriyor, elbisesi kemiklerine yapışıyordu. Bir süre sonra kumaştan da geriye bir şey kalmadı. Inez, önce bir iskelete, ardından da parlak sarı renkli bir toz yığınına dönüşüverdi.

Bunun üzerine, Max'in gözünden bir damla yaş geldi.

"Gelin, genç lord," dedi Kral 6-Köpek. "Piramit tepemize yıkılıyor."

O sırada Inez'den geriye kalan toz yığınından sarı bir kelebek sürüsü yükseldi. Başlarının etrafında uçuşmaya başlayan sürü, sanki Max'e çıkış yolunu göstermeye çalışıyormuş gibiydi.

"Kelebekleri takip edin!" diye seslendi Kral 6-Köpek. Etraflarındaki duvarlar yıkılmaya başlamıştı. "Prenses bu! Bizi çıkışa götürüyor!"

On Birinci Bölüm

FELAKET

"Ay! Hayır! Hayır! Hayır! Ah! Ay! Ay! Ay! Hayır! Ah! Ay! Hayır! Hayır! Hayır! Ah! Ay! Ay! Ay! Hayır! Ay! Hayır! Hayır! Hayır! Ah! Ay! Ah! Ah! Ah! Hayır! Ay! Hayır! Hayır! Hayır! Ah! Ay! Hayır! Ay! Hayır! Hayır! Hayır! Ay! Ah! Ay! Ay! Ay!"

Devrilen taşlar ve dökülen sıvalar nedeniyle üstü başı yara bere içinde kalan Max, acı ve dehşet dolu çığlıklar atarak piramit boyunca koşturuyordu. Yerden yükselen toz bulutu nedeniyle önünü göremiyordu. Maymunun beton blokların çıkardığı gürültüleri bile bastıran çığlıkları sayesinde, avlunun güvenli bir köşesine sığınabildi.

"Yere yatın!" diye kükredi Kral 6-Köpek. "Başınızı koruyun!"

Max, hiç düşünmeden emre itaat etti.

Kral 6-Köpek, çocuğun yanına çömelip "Gerdanlık sizde mi?" diye sordu.

"Çantamda," diyen Max, sırtını işaret etti.

"Güzel… sıkı tutunun!"

"Ama ned...?"

Hemen önlerinde yerin yarılıp, bütün piramidi tüyler ürpertici bir sessizlikle içine çekmesi, Max'in sorusunu yarıda kesti. Geriye yalnızca, içi molozla dolu bir krater kalmıştı.

Kral 6-Köpek, kürkündeki sıva parçacıklarını temizlerken, "Inez nihayet huzura kavuştu," diye mırıldandı.

Max, kratere şöyle bir göz attı. "Keşke hikâyesi mutlu sonla bitmiş olsaydı."

"Rodrigo'ya kavuştu. Artık mutlu olduğuna eminim."

"Gerdanlığını Ölümün Efendileri'ne vermeyi planladığımdan haberi var mıydı sence? 'Onu nasıl kullanırsan kullan' dedi."

"Sizin hem kalbinize hem de dış görünüşünüze güveniyordu, genç lord."

"Çok garip değil mi," diye mırıldandı Max, "yani Inez'in Lola'ya, benim de Rodrigo'ya tıpatıp benziyor olmamız? Bu ne anlama geliyor?"

"Her ne kadar kalıp sohbet etmek istesem de genç lord, zaman ilerliyor ve yolumuza devam etmeliyiz. Önce Leydi Lola ile annemi bulalım, ardından da ne yapacağımızı kararlaştırırız."

Toz bulutlarının arasından duvar boyunca ilerlediler ve şatoya dönmek üzere Hakikat Kapısı'nı aramaya koyuldular.

Kapıyı ya da en azından kapı büyüklüğündeki deliği bulmaları fazla zamanlarını almadı. Kapı buhar olup uçmuş, devasa taş bloktan geriye tek bir parça bile kalmamıştı.

Max ile Kral 6-Köpek, şatoya doğru koşmaya başladılar.

Ortalık –zırhlı suretler, kilimler, savaş sancakları– bıraktıkları gibi duruyordu, ancak Max, aslında her şeyin değişmiş olduğunu karanlıkta bile görebiliyordu. İçini kemiren o gözetlendikleri hissi, elektrik vızıltıları, insanın içine korku salan o atmosfer, ortadan kaybolmuştu. Mekân artık yalnızca bir müzeye, bir diğer kuru ve tozlu şatoya dönüşmüştü.

"Komutan Mo, geri döndük!" diye seslendi Max, ama sözlerine yanıt gelmedi.

"O da gitti," dedi Kral 6-Köpek.

"Ama nereye?"

"Umarım cennetin en güzel köşesindeki en tatlı gölgeli ağacın dibinde oturuyordur. Kendisi, hayatını memleketlilerinin hizmetine adamış, büyük bir savaşçıydı."

"Benim Rodrigo olmadığımı biliyor muydu sence?"

"Bana kalırsa, sizin prensesi yükünden kurtaracak kişi olduğunuzu biliyordu. Zaten Pizarro Ailesi ataların olduğu için, damarlarında aslında Rodrigo'nun kanı akıyor. Sen de bir nevi Rodrigo sayılırsın."

Max, birkaç saniye düşündü.

Boş şatonun içine doğru "Rahat, Komutan Mo!" diye seslenirken, sesi duvarlarda yankılandı. "Güvenine layık olmaya çalışacağım."

Kuş pisliğiyle kaplı kirişlerin arasında bir gece kuşu ciyakladı. Bir fare ailesi saklanmak üzere kaçışırken, duvardaki çivisi çıkan bir tablo, Max'in ayaklarının dibine düştü.

Eski bir İspanya haritasıydı bu.

Max, tabloyu yerden almak için eğildiği anda içeri sızan bir ay ışığı huzmesi, ülkenin kuzeybatı kıyısını aydınlattı. Max, aydınlanan bölgenin adını *Galiçya* diye okudu.

Galiçya. Bu ismi daha önce de duymuştu.

"Kral 6-Köpek," dedi heyecanını belli etmeden, "yapmamız gereken şeyi biliyorum." Ayağa kalktı. "Galiçya'ya gidiyoruz."

Sarı bir kuş tüyü, havada döne döne yere düştü.

Max, onu alıp cebine koyarken "Yüzünü kara çıkarmayacağım, Komutan Mo," diye fısıldadı.

Şatonun ön kapısından çıktılar ve ay ışığı altında eski nakliye yolunu takip ederek ana kapıya vardılar. Yağmur ormanı yavaş yavaş ortadan kayboluyordu. Sarı çiçekler, sonbahar yaprakları gibi dökülüyordu.

"Buna biz neden olduk," dedi Max kederli bir sesle. "Büyüyü bozduk."

"Güçlü ol," dedi Kral 6-Köpek. "Gökyüzüne baksana."

İspanyol düzlüklerinin üstü, yıldızların bir araya gelmesiyle oluşmuş, parlak takımyıldızlarla doluydu.

"Tam olarak nereye bakmalıyım?" diye sordu Max. Bir an sonra ağzı açık bir timsahı andıran yıldız grubunu fark etti. "Kozmik Timsah bu!" diye çığlık attı. "Lola ve Hermanjilio ile İtzamna'daki Yıldız Odası'nda görmüştük! Fakat ne anlama geldiğini hatırlayamıyorum..."

"Maya göklerini temsil eder; dünyalar arasındaki yolu işaretler."

Max, parlak yıldızları bir süre izledi. Timsah, adeta ona bakıyordu. "Anladım da, *burada* ne işi var?"

"Bir tahminde bulunmam gerekirse, Prenses Inez'in yolunu aydınlatıyor derdim."

Max, hafifçe irkildi. "*Benim* de dünyalar arasında geçiş yapmam gerekiyor. Belki de *benim* yolumu aydınlatıyordur, ha?"

Kral 6-Köpek, ana kapıyı işaret etti. "Sizin yolunuz şu tarafta kalıyor, genç lord."

Max, parmaklıkların arasından dışarıya bir göz attı.

Görebildiği kadarıyla ortalık sessizdi.

Kapıyı açıp, sokağa şöyle bir baktı. Kimsecikler yoktu.

Ne Lola ne de Leydi Koko...

Aslında içten içe, onları Kral 6-Köpek ile ikisini orada beklerken bulmayı umuyordu.

"Otele dönmüş olmalılar," dedi. "Haydi gidip onları bulalım. Belki birer fincan da sıcak çikolata içeriz..."

Kral 6-Köpek, bu teklife "Iyyy!" diye yanıt verdi. Kısa bir süre sonra, Max ile ikisi, şatodan kurtulmanın sevinciyle meydandan gelen müzik ve eğlence seslerini takip ederek yokuş aşağı koşuyorlardı.

Sokaklardan birinin köşesine yerleştirilmiş küçük bir çeşmenin yanından geçtiler.

"Su içmem gerek!" diye seslendi Max. "Ağzım sıva tozuyla doldu."

"İyi bir asker, susuzluğunu yalnızca savaş sırasında giderir," diye çıkıştı ona Kral 6-Köpek.

"İşimi çabuk görürüm."

Ellerini birleştirerek sudan bir yudum aldı. Ardından çeşmenin ağzına tuttuğu ellerini temizledi.

Arkasına dönmeden "Bu çok iyi geldi," diye seslendi ve saçındaki suyu silkeledi.

"Yavaşça arkanı dön," dedi arkasından bir ses. "Ellerini havaya kaldır."

Max, sesin sahibini tanıyınca, midesi ağzına geldi.

"İyi akşamlar, Memur Gonzales," dedi nazikçe.

Polis memuru, ona aldırış etmeksizin elindeki telsize aceleyle bir şeyler söyledi. Max'in kendi adı dışında anlayabildiği yegâne kelimeler agua (su), sangre (kan) ve fuente (çeşme) oldu.

Memur Gonzales nihayet Max'e döndü ve "Kanlı ellerini mi temizledin?" diye sordun.

Max, bir şey anlamamıştı.

"Kız nerede?" diye sertçe üsteledi polis memuru.

"Lola mı? Karakola gelmedi mi?"

"Masum numarası yapmayı bırakın, *senyör*. Cinayet suçundan tutuklusunuz."

"Ne? Lola'yı öldürdüğümü mü düşünüyorsunuz? Bu çok saçma."

"Görgü tanığımız var."

"Her kim ise, yalan söylüyor."

"Polvoredo'da kimse yalan söylemez."

Max, şaşkınlıkla gözlerini kırpıştırdı. "Ama Lola... cesedini..." –yutkundu– "cesedini buldunuz mu?"

"Henüz değil," diye cevap verdi polis memuru. Max'i yüzüstü duvara doğru iteleyerek sertçe ellerini kelepçeledi.

Meydandaki eğlenceden dönmekte olan genç bir çift, o sırada kol kola yanlarından geçiyordu.

"İmdat!" diye seslendi memurdan kurtulup çiftin arkasından koşan Max. "Ben turistim! Yardım edin bana!"

Sokağın köşesinde bir kapı açıldı. Kadınla adam, arkalarına bile bakmadan aceleyle içeri daldılar.

"Burada sana yardım edecek kimse yok," dedi Memur Gonzales.

O sırada öfkeli bir dinozorunkini andıran bir çığlık duyuldu ve karanlığın içinden Max'in omzuna sıçrayan Kral 6-Köpek, dişlerini gösterip kükremeye başladı.

Polis memuru, silahını çekip gözünü bile kırpmadan maymunu vurdu.

Kral 6-Köpek, boğuk bir gürültüyle yere düştü ve bir kan gölünün ortasında hareketsiz kaldı.

"Öldürdün onu!" diye çığlık attı dizlerinin üstüne düşen Max.

Polis memuru, Max'i zorla ayağa kaldırdı. "Yürü!"

"Onu orada öylece bırakamazsın!" diye bir çığlık daha attı Max.

Gonzales ayakkabısının ucuyla maymunun cesedini kenardaki oluğa ittirdi. "Çöpçüler diğer zararlı hayvanlarla birlikte onu da temizlerler."

"O zararlı bir hayvan falan değil! O bir kral, savaşçı bir kral!"

"Polvoredo sınırları içerisindeyken zararlı bir hayvan. Yürü hadi!"

Tartışmanın anlamı yoktu.

Polis memuru tarafından sürüklenen Max, arkadaşının cansız bedenine doğru usulca "Gelip seni alacağım," diye seslendi.

Kral 6-Köpek ölmüştü. Lola ve Leydi Koko sırra kadem basmışlardı.

Artık tek başınaydı.

Yaşadığı ilk şaşkınlığı üzerinden atamadan, Gonzales'in onu modern polis karakoluna sürüklemesine izin verdi. Karakol, tıpkı Max'in ruh hali gibi kasvetli, beton bloklardan oluşmuş bir yerdi. Alçak tavanında floresan lambalar, pencerelerinde minik buzlu camlar vardı. İçerisi, antiseptik kokuyordu.

Karakolun danışması, kalabalık bir insan grubuyla doluydu ve gergin bir hava göze çarpıyordu. Bir kavga kopacak gibiydi. İnsanlar bağırıp çağırıyor, birbirlerini suçluyorlardı. Birden kadın, erkek ve çocuklar halinde gruplara ayrılmış olan kalabalıkta yumruklaşmalar başladı. Bir yandan da birbirlerini tekmeliyorlardı.

Polis memuru, Max'i patırtının içinden geçirerek genç bir meslektaşına teslim etti.

"Bir hata yapıyorsunuz. Ben masumum," dedi yeni polis memuruna dönen Max.

Genç memur, kayıtsızca omuz silkti. Danışmada kopan kavga, ilgisini daha çok çekiyordu. Parmak izlerini alıp sırt çantasına el koyduktan sonra, Max'i içinde bir masa ve iki sandalyeden başka eşya bulunmayan bir yan odaya aldı, kelepçelerini çözdü ve kapıyı arkasından kilitleyerek odadan ayrıldı.

Max'e bir yıl gibi gelen bir sürenin sonunda, Memur Gonzales içeri girdi.

Elinde Max'in pasaportunu tutuyordu.

"Massimo Francis Sylvanus Murphy," dedi, "başını büyük bir belaya soktun. Anlat bakalım, neler oluyor?"

"Asıl *sen* anlat," dedi Max duygusuzca. "Katil olan sensin."

"O vahşi yaratığı kastediyorsan eğer, halk için tehlike oluşturuyordu."

"O vahşi bir hayvan falan değildi. Lola'nın arkadaşıydı ve sen onu soğukkanlılıkla vurdun!"

"Sadece kendimi savundum. Yaratık bana saldırmak üzereydi. Öfkeden kudurmuştu."

"Yalan söylüyorsun," dedi Max.

Polis memuru, şaşkın görünüyordu. Ağzının etrafındaki kaslar gerildi. Hayatında ilk kez bir yalan söylemişti. Garip bir histi ama hoşuna gitmişti.

"Yalan falan söylemiyorum," diye bir yalan daha söyledi.

Max, tiksinti dolu bir ses çıkardı.

"Söylesene," dedi polis memuru, "senin gibi..." –Max'in pasaportunu kontrol etti– "on dört yaşında bir çocuğun burada, Polvoredo'da tek başına ne işi var?"

"Hatırlarsan yalnız başıma değildim. Buraya Lola ile geldik."

"Anne baban burada olduğunu biliyorlar mı?"

"Elbette biliyorlar."

"Bakalım bize bir yardımları dokunacak mı, ne dersin?"

Memur Gonzales, pasaportun Acil Durumda İrtibata Geçilecek Kişiler sayfasını çevirdi. "*Bueno**, Frank ve Carla Murphy, Boston, Massachusetts." Telefon ahizesini kaldırdı.

"Hayır!" diye ağzından kaçırdı Max. Lord Kuy'un anne babasından yardım almasını yasakladığını –ve yasağa uymaması halinde anne ve babasının ne tür acılara maruz kaldıklarını– hatırlamıştı.

"Annenle babanı aramamı istemiyor musun? Bir şeyler sakladığın anlaşılıyor, Senyör Murphy."

"Onları endişelendirmek istemiyorum. Başıma bir şey geldiğini sanacaklardır."

"Başınıza bir şey geldi zaten. Katil zanlısı olarak tutuklusunuz."

Memur Gonzales, numarayı çevirdi.

"Çalıyor," dedi.

Lütfen açılmasın, lütfen açılmasın, lütfen açılmasın...

Ancak telefon, karşı taraftan açıldı.

"Senyora Murphy? Senyora Carla Murphy? Polvoredo Polis Müdürlüğü'nden arıyorum... Sizi oğlunuz Massimo için rahatsız etmiştim... Yardımınıza ihtiyacım..."

Yardım kelimesi işin içine girince, her şey bir anda değişmişti.

* İsp. Pekâlâ. (Ed. N.)

"Senyora? *Qué pasa?** Size sormak istediğim şey..." Carla acıyla çığlık atmaya başlayınca, polis memuru ahizeyi kulağından uzaklaştırdı. Max, annesinin feryatlarını masanın öteki tarafından bile duyabiliyordu. Telefonu belli ki bir başkası almıştı. "Hey, Senyör Frank Murphy, *bueno!* Oğlunuz Massimo yanımda ve yardıma ihtiyacı..."

Telefonun öbür ucundan gelen ıstırap dolu böğürtüyü kusma sesleri izledi.

Gonzales, başını iki yana sallayarak ahizeyi yerine koydu. "Sorunlu bir aileden geldiğiniz anlaşılıyor, Senyör Murphy. Ama bu durum bir cinayet bahanesi olamaz. Şimdi bana kızı nasıl öldürdüğünüzü anlatın."

"Anlatacak bir şey yok. Ben kimseyi öldürmedim."

"Ama görgü tanığı öyle demiyor."

"Hangi görgü tanığı?"

Tam o sırada kapıya vuruldu.

"*Adelante!*" diye seslendi memur. "Girin!"

Genç polis memuru içeriye girdi ve çabucak İspanyolca bir şeyler söyledi. Max, kapı açık olduğu için danışmada tüm hızıyla devam eden kavgayı rahatça izleyebiliyordu.

"Neler oluyor?" diye sordu.

Gonzales, şaşkınlıkla başını iki yana salladı. "Polvoredolular beş yüz yıldan bu yana hakikatı konuşageldiler. Ama bugün, bu gece bir yalan salgını başgösterdi." Usulca ayağa kalktı. "Sanki kasabayı etkisi altına almış olan bir büyü sona erdi."

"Görgü şahidinizin de yalan söylediğini görmüyor musunuz?" diye bastırdı Max ısrarla.

"Zorlu bir gece olacak," diyerek iç geçiren Memur Gonzales odayı terk etti.

* İsp. Neler oluyor? (Ed. N.)

Genç memur geri dönerek Max'i bir gözaltı hücresine götürdü. Hücre, içine yatak niyetine konmuş alçak, ahşap bir sıra ve köşeye atılmış bir kovanın dışında bomboştu. Max, kendisini sıranın üstüne attı ve bakışlarını tavana dikerek uzandı. Kral 6-Köpek'in cansız bedeninin görüntüsü, aklından çıkmıyordu.

Ne olmuştu da işler bu kadar kötüye gitmişti?

Lola'nın öldüğüne bir an için bile inanmamıştı; peki ama neredeydi bu kız?

Ya Leydi Koko?

Max, içini bir öfke dalgasının kapladığını hissetti.

Lola nasıl bu kadar sorumsuzca davranabiliyordu? Haksız yere cinayetle suçlanan Max bir hapishane hücresinde çürürken, Lola'yla Santino herhalde romantik anlar yaşıyorlardı.

Lola da ne arkadaş çıkmıştı ya. Güya bir ekip olacaklardı, ama eline geçen ilk fırsatta Max'i yarı yolda bırakmıştı.

Max, gününü gösterecekti ona.

Kral 6-Köpek'in ölümü nedeniyle tuttuğu yas, Lola'ya duyduğu kızgınlık ve kendine acımak arasında gidip gelirken uyuyakaldı. Rüyasında Nasty Smith-Jones ile ikisi, Vince Vermin'in sürmekte olduğu kuğu şeklinde bir tekneyle Boston Parkı'nı turluyorlardı.

Ertesi sabah anahtar şıngırtılarıyla uyandı.

"*Tienes visita*," diye kapıdan seslendi genç polis memuru. "Bir ziyaretçin var."

Heyecanlanıp rahatlayarak "Lola?" diye yerinden sıçradı Max. İntikam planlarını bir anda unutmuştu.

Anahtarı bulmaya çalışan polis memurunu sabırla bekledi. Kapı açılır açılmaz danışmada hâlâ sürmekte olan şamatanın gürültüleri içeriye doldu.

Ancak kapıdan içeri giren kişi, Lola değildi.

On İkinci Bölüm

SONSUZA DEK ADIÓS*

"Santino?" dedi Max. "Burada ne işin var? Lola nerede?"

Santino, Max'in havaalanında tanışmış olduğu tıraşlı, jilet gibi genç adamdan çok farklı görünüyordu. Üzerine kot pantolon ve bir eşofman üstü geçirmişti, tıraş olmamıştı ve saçına jöle sürmeyi unuttuğu için perçemleri alnına düşüyordu.

"Soruları ben soracağım!" diye bağırdı. Gözyaşlarına boğulmak üzereymiş gibi görünüyordu. "Kıskançlıktan yaptın, değil mi? Lola'yı benimle olmak istediği için mi öldürdün?"

"Ne? Hayır! Lola'yı öldürdüğümü de nereden çıkardın?"

"Doña Carmela ifadesinde öyle e–söylüyor."

"Ama bu doğru değil. Neden öyle bir şey yapsın ki?"

"Çünkü sen bir *pelirrojo*'sun. Kızıl saçlısın."

"Evet, ama Lola'nın bir cinayete kurban gittiğini nereden çıkarmış?"

"Lola polis karakoluna gelmeyince, Memur Gonzales otele adamlarını göndermiş. Doña Carmela'ya kızın kayıp olduğunu

* İsp. Hoşça kal. (Ed.N.)

söylemişler ve o da parçaları bir araya getirmiş."

"Bir dakika; görgü tanığı dediğiniz kişi, *o* mu?"

"Evet."

"Ama o yalnızca benden nefret ettiği için yalan söylüyor."

"Erkek kardeşimin karısının yengesinin amcasının ikinci dereceden kuzenini yalancılıkla mı suçluyorsun? Polvoredo'da kimse yalan söylemez."

"Artık söylüyorlar. Dışarıdaki curcuna neyin nesi sanıyorsun?"

Santino, kapıyı hafifçe aralayıp, danışmada karşılıklı savrulmakta olan hakaretlere kulak kabarttı.

"Birbirlerini yalan söylemekle suçluyorlar, değil mi?" dedi Max. "Memur Gonzales, bunun bir salgın gibi yayıldığından söz etti."

Santino kapıyı kapattı. "Bu durum senyoritanın kayıp olduğu gerçeğini değiştirmiyor."

"Onu benim öldürdüğüm anlamına da gelmiyor."

"Lola ortadan kaybolduğunda neredeydin?"

"Ben..." Max duraksadı. Santino'ya gizlice Polvoredo şatosuna girdiğini, zırhlı suretlerden oluşan bir ordunun üstüne saldırdığını ve bir Maya prensesinin hayaletiyle sohbet ettiğini söyleyemezdi elbette. "Manzaranın tadını çıkarıyordum."

"Manzara mı? Polvoredo'da mı? Kesinlikle yalan söylüyorsun, bundan eminim artık."

Max, küçük ve sert yatağına oturarak başını ellerinin arasına aldı. "Neyin doğru neyin yanlış olduğunu artık ben de bilmiyorum. Beni buradan çıkar, Santino. Çıkar da Lola'yı birlikte arayabilelim."

"Tek istediğim onu bulmak," dedi onun yanına oturup iç

geçirmeye başlayan Santino. "Daha önce hiç böyle bir şey hissetmemiştim. Lola'nın da benimle aynı hisleri paylaşıp paylaşmadığını öğrenmeliyim, ama artık her şey için çok geç..."

"Geç falan değil," dedi Max. "Lola'yı öldürmedim diyorum, anlamıyor musun?"

"Lütfen bana her şeyi anlat. En e–başından başlayarak."

"Olanları zihnimde defalarca tekrar ettim. Lola'yı en son dün öğleden sonra meydanda gördüm."

"E–neden ayrıldınız?"

"Pasaportunu almak üzere Casa Carmela'ya döndü. Daha sonra buluşmak üzere sözleştik. Ama buluşmaya gelmedi."

"Nereye gitmiş olabileceğine dair hiçbir fikrin yok mu? İspanya'da e–tanıdığı birileri var mıydı? İyi düşün!"

"San Şavier'de, Antonio de Landa ile tanışmışlardı ama pek anlaştıkları söylenemez."

"Onu son gördüğünde mutsuz mu görünüyordu?"

"Hiç de değil. Neden?"

"Odasını kontrol ettim. Geride hiçbir şey bırakmamış; pasaportu, diş fırçası, hepsi gitmiş."

"Ne?" Max şaşkınlıktan az kalsın küçük dilini yutacaktı.

"Bundan haberin yok muydu?"

"Hayır."

Santino, oda boyunca bir aşağı bir yukarı yürümeye başladı. "Yoksa bu benim suçum mu? Onu ürküttüm mü acaba? Annem ve babamla tanışmasını istememeliydim. Henüz çok erkendi. Hayallerimdeki kızı parmaklarımın arasından e–kaçırıverdim." Durdu. Bir karar vermişe benziyordu. "Bana şans dile," dedi kapıya yönelerek. "Lola'yı bulup kalbini yeniden kazanacağım."

"Dur! Beni burada bırakma!"

"Senyoritayı bulmam gerek. Bana ihtiyacı var."

"Benim de sana ihtiyacım var. Lola, bana yardımcı olmanı isterdi."

"Ne kadar da iyi kalpli bir kız," diye iç geçirdi Santino.

"Memur Gonzales'le konuşacak mısın yani? Masum olduğumu söyleyecek misin?"

"Mümkünü yok. Bu işe karışmamalıyım."

"Lütfen Santino. Biraz cesur ol, Lola için."

Santino, nihayet yumuşamıştı. "Belki de Doña Carmela'nın e–tuhaflıklarından söz edersem, polis memuru suçlamaları geri çeker. Denerim ama bir söz vermiyorum."

Max, Santino'nun dönmesini beklerken, olanı biteni bir kez daha zihninden geçirmeye başladı.

Lola ve Leydi Koko, eşyalarını toplamış ve kasabadan ayrılmışlardı.

Kral 6-Köpek ölmüştü.

Yalnız başına kalmıştı.

Cinayet suçundan aklansa bile; polis, sırt çantasındaki gerdanlığı mutlaka bulacak ve sabıka dosyasına hırsızlık da eklenecekti.

Birden bunun hiçbir önemi olmadığını fark etti.

Sarı Jaguar'ı Xibalba'ya götürememeleri halinde, hayatta zaten yalnızca üç günü kalmış olacaktı.

Kapı açıldı ve Santino içeri girdi. "Al bakalım!" dedi ve Max'in pasaportuyla sırt çantasını uzattı. "Eşyalarını kurtardım."

"Harika," dedi Max. "Memur Gonzales ile konuşabildin mi?"

"Çok işi vardı. Tüm kasabayı iftira suçundan tutuklamakla meşgul!" diyen Santino, şaşkınlıkla başını iki yana salladı. "Polvoredo, bir gün önce İspanya'nın en e–dürüst şehriydi. Bugün ise hırsız ve yalancıların ini haline geldi."

"Bu, siz hukukçular açısından iyi haber, öyle değil mi?" diye sordu Max. Bir yandan da sırt çantasına kaçamak bakışlar atıyordu.

Santino, Max'i şaşkın bakışlarla süzdü. "Hem de nasıl! Meseleye hiç bu açıdan bakmamıştım. Zengin olacağım! Sevgili Lola'ma ne isterse alabileceğim. Söylesene, Lola nelerden hoşlanır? Büyük bir ev? Spor bir araba? Zarif kıyafetler?"

Max, elini Santino'ya belli etmeden sırt çantasına sokarak Sarı Jaguar'ı aramaya başlamıştı. "Şey... e–yağmur ormanlarını kurtarmayı tercih eder. Minik Maya çocukları için birkaç okul inşa edebilirsiniz. Bu, onun çok hoşuna giderdi."

"E–yağmur ormanlarını kurtarmak mı? Okul inşa etmek mi?" Santino'nun yüzünde dehşet dolu bir ifade belirmişti. "Ama ben ikimizi sayfiyedeki malikânemizde vereceğimiz partilerde İspanya e–sosyetesinin kaymak tabakasıyla bir araya gelirken hayal etmiştim. Bu tür aktivitelerden her kadın hoşlanır, öyle değil mi?"

Max'in parmakları, soğuk sarı boncuklara değdi. Rahatlayarak iç geçirdi. Neyse ki polis, günün karmaşası içinde çantasını arama fırsatını bulamamıştı. O sırada Santino'nun ondan bir cevap beklediğini fark etti.

Sorunun ne olduğunu hatırlamıyordu bile. "Bence öyle," dedi.

"Ben de öyle düşünmüştüm," dedi genç hukukçu mutlulukla. "Tavsiyelerin için teşekkürler. Artık bana izin verirsen, gidip hayallerimi gerçekleştireceğim."

"Ya ben? Beni burada bırakamazsın."

"Sen burada tutuklusun."

"Masum olduğumu sen de biliyorsun. Tek yapman gereken,

beni havaalanına götürmek. Ülkeden ayrılan ilk uçağa binerim ve bana yardım ettiğini Lola dışında kimse bilmez."

"Fakat her şeyimi kaybedebilirim; hem de ne için? Lola konusunda rakip sayılırız, öyle değil mi?"

Max'in yüzü hafifçe kızardı. "Bilmiyorum... biz onunla çok iyi arkadaşız...ama hiç...yani...ondan çok hoşlanıyorum, ama..."

"Seninle bir anlaşma yapalım," diye sabırsızca araya girdi Santino. "Seni buradan e–kaçırmam halinde, bana Lola'yı unutacağına dair söz vereceksin. Ne de olsa, İspanya e–sınırları içinde aranan bir kişi haline geleceksin. Anlaşmayı bozarsan, seni hemen polise ihbar ederim."

Max, sağ ayağını çaktırmadan kaldırarak "Anlaştık," dedi.

Santino eşofman üstünü çıkararak Max'e uzattı. "Şunu giy ve kapüşonunu başına geçir. Bileklerini kelepçeliymişsin gibi bir araya getir. Birileri bizi e–durdurursa, seni sorguya götürdüğümü söylerim. Yürü bakalım."

Kaçışları, tahmin ettiklerinden de kolay oldu. Bütün kasaba, karakolun danışma bölümünde toplanmıştı sanki. Beş yüz yıllık zorunlu doğruculuk, yerini her türlü yalan, aldatmaca ve sahtekârlığa bırakmıştı. Karakolun her tarafında bağrışmalar ve itişip kakışmalar yaşanıyor, yumruklar ve karşılıklı suçlamalar havada uçuşuyordu. İşi başından aşkın olan Memur Gonzales, yakışıklı hukuk öğrencisinin yüzünü kapüşonun altında gizlemekte olan bir suçluyu dışarı çıkardığını fark etmedi bile.

Polvoredo'da yine sıcak bir gün yaşanıyordu.

Hızlı adımlarla arabasına doğru yürürlerken "Gözüne çarpan bir değişiklik var mı?" diye fısıldadı Santino.

Max, etrafa bir göz attı.

Aynı tozlu sokaklar. Aynı yıkık dökük binalar... bir dakika, gerçekten de bir şeyler değişmişti. Pencere pervazlarından, saksılardan ve kaldırım taşlarının arasındaki çatlaklardan bile fışkırmakta olan sarı çiçek deryası, yerini kurumuş kahverengi köklere bırakmıştı.

"Çiçeklerin hepsi soldu. E–tuhaf bir durum, değil mi?" dedi Santino.

Max, yüzüne suçluluk dolu bir ifade yerleşmemesi için epey bir çaba harcadı. "Hiç bana bakma, bahçıvanlıktan zerre kadar anlamam."

"Yani bu konuda bir bilgin yok mu?"

"Lola kayıp ve sen çiçeklere mi üzülüyorsun?" diye sahte bir öfke nöbetine kapıldı Max.

"Tüm bunların bir şekilde birbiriyle bağlantılı olduğunu hissediyorum," diyen Santino, arabanın kilidini açarken durdu. "Tekrar soruyorum, bana anlatmak istediğin bir şey var mı?"

"Hayır," diye yanıt verdi Max ve ön koltuğa oturdu. Yalan söylüyor da sayılmazdı aslında.

Santino, Max'in ayaklarının dibinde bulunan bir süpermarket poşetini işaret etti. "Casa Carmela'daki eşyaların."

Max, torbanın içine bir göz attı. İçinde parçalanmış bir diş fırçası, üç pis çorap ve Kral 6-Köpek'in matador kıyafeti vardı. Onu zorba polis memurundan korumaya çalışırken hayatını kaybeden cesur maymunu hatırlayınca, Max'in içi cız etti.

"O gerizekâlı, dün gece Lola'nın maymunlarından birini vurdu," diye aklındakini dile getirdi.

"Hangisi?" diye sordu Santino.

"Memur Gonzales."

"Hayır, hangi maymun demek istemiştim?"

"Erkek olan, iri ve siyah maymun."

"Senyorita bunu duyduğuna çok üzülecek. Onu teselli etmek için yanında olmalıyım."

"Ama cansız bedeni... oluklara düştü... Hâlâ orada olup olmadığına bakmalıyız..."

"Hayır! Bu çok tehlikeli..."

Max, "Lütfen," diye yalvardı Santino'ya. "Lola onu çok severdi... Lola için..."

Santino iç geçirerek "Aşkım için her şeyi yaparım," dedi. "Çabuk ol, yolu göster. Kapüşonu da başından sakın çıkarma. Seninle yan yana e–görülmemeliyim."

Dar sokaklar boyunca şatoya uzanan yolu tırmanmaya başladılar.

"Dur!" dedi köşedeki çeşmeyi fark eden Max. "Buralarda bir yerdeydi..." Taşların üstündeki kara kan lekelerini görünce, sesi bir anda kesildi.

Kral 6-Köpek, ortalarda yoktu.

"Onu bulmam gerek," diye ısrar etti Max.

"Hayır!" diyen Santino, saatine bir göz attı. "İspanya'dan ayrılman e–gerekiyor. Acele etmemiz halinde hiç durmadan havaalanına giden otobüsü yakalayabilirsin."

Max, tereddüt etti.

Kral 6-Köpek o an yanında olsa, ne yapmasını isterdi?

Onu aramasını mı, yoksa göreve devam etmesini mi?

Sorunun yanıtı belliydi.

"Otobüs durağı nerede?" diye sordu.

Santino, Max'i kasabanın dışına çıkardı ve kuş uçmaz kervan geçmez bir yerdeki dört yol ağzında durdu. "E–durak burası," dedi ve üzerinde uçak resmi bulunan paslı, metal bir levhayı işaret etti. "Otobüsün gelmesi, an meselesidir."

Max, arabadan indi. "Lola'yı bulacaksın, değil mi?"

"Sana söz veriyorum, onu aramaktan asla e–vazgeçmeyeceğim."

"Öyleyse hoşça kal ve teşekkürler."

"Sonsuza dek *adiós* Max Murphy!

Santino Garcia, bunları söyledikten sonra yolun kenarında oturup otobüsü bekleyen Max'in yanından ayrıldı.

Anlaşılan Lola haklıymış, diye aklından geçirdi Max. Santino, iyi yürekli bir çocukmuş. Lola'yı bulabilecek biri varsa, o da Santino'ydu.

Fakat Lola belki de havaalanında bekliyordur, dedi kendi kendine.

Kızı, San Şavier uçağının önünde sırasını beklerken hayal etti.

Zihninde ağır çekimde birbirlerine doğru koştukları an canlanırken, elinde olmadan gülümsedi. Kucaklaşacak, kahkahalar atacak ve belki de bu mutlu buluşmalarını bir pizza ile kutlayacaklardı.

Pizza mı?

Karnından gelen gurultu, Max'e aç olduğunu söylüyordu. Ne zamandan beri yemek yememişti? Hatırlayamıyordu bile.

Midesinden bir kez daha, bu kez daha şiddetli bir gurultu yükseldi.

Guruldayan karnı değildi.

Arkasına baktı.

Bir cehennem tazısıydı bu.

Ağızlarından salyalar akan bir cehennem tazısı sürüsü, yokuş aşağı, ona doğru geliyordu. Max, soğukkanlılığını korumak için kendini zorladı. Daha önce Siyah Piramit'te tazıların saldırısına uğramış, onlara inanmayı reddederek meseleyi kazasız belasız atlatmıştı.

"Bir şeye inanman, ona senin üzerinde güç verir." Ted Amca böyle demişti bir keresinde.

Max'e doğru koşturmakta olan köpekler, son derece canlı –ve güçlü– görünüyorlardı.

Çocuk, sırt çantasını kaparak can havliyle koşmaya başladı.

Yaklaşan seslerden, köpeklerle arasındaki mesafenin azaldığını anlayabiliyordu.

Birden yolda, kızgın güneş altında bir serap gibi parlamakta olan bir otobüs belirdi. Cehennem tazılarının nefeslerini ensesinde hisseden Max, otobüsün yolunu kesmek için koşmaya ve çılgınlar gibi el sallamaya başladı. Otobüs ani bir fren yaptı ve tekerleklerinden dumanlar çıkararak birkaç santim önünde durdu. Max'in yumruklamaya başladığı cam kapı tıslayarak açıldı ve buz gibi bir hava dışarı hücum etti. Aracın içinden kulak tırmalayıcı bir müzik sesi geliyordu. Kapılar arkasından kapanınca, Max, başını çevirdi. Cehennem tazıları yolun kenarında toplanmış, adeta onu uğurlarcasına kuyruk sallamaya başlamışlardı.

Max, koşturmaktan hâlâ titreyen vücuduyla nefes nefese sürücüye döndü.

"Havaalanı ekspresi mi bu?" diye sordu. Sesini duyurmak için bağırması gerekmişti.

Sürücü müziği kıstı ve pis pis güldü.

"Hayır," dedi, "cehennem ekspresi."

On Üçüncü Bölüm

CEHENNEM EKSPRESİ

Max, yanlış duyduğunu düşünerek "Havaalanı otobüsü, değil mi?" diye tekrarladı.

"Sağır mısın, dostum?" diye cevabı yapıştırdı sürücü. "Dedim ya, cehennem ekspresindesin! Okulda size okuma yazma da mı öğretmiyorlar? Otobüsün adı her iki tarafta da yazıyor." Siperli kasketini havalı bir şekilde takmış, eski gangster filmlerindeki aktörler gibi bıyık altından konuşuyordu.

"Ben... ben bir şey görmedim... Otobüse alelacele bindim...Yani, şey, havaalanı yakınlarında Cehennem diye bir istasyon mu var?"

"Allah'ım, sen bana sabır ver!" diyen sürücü, sabırsızlıkla direksiyona vurdu. "*Cehennem Ekspresi*; turne otobüsünün adı bu."

Şaşkınlıkla "Tur otobüsü mü dedin? Turistler için mi?" diye sordu Max.

"Bak dostum, fazla vaktim yok. Patronum, durup seni almamı söyledi, ben de yaptım," dedi sürücü. Gaza hafifçe basarak motorun hızını arttırdı. "Geliyor musun yoksa inecek misin?"

Tazı sürüsü, hâlâ yolun kenarında bekliyordu.

"Geliyorum! Ama beni havaalanına götürebilir misin?"

"Bunu patrona sorman gerekiyor."

Max, "Patron nerede..." diye soracak oldu ama sürücü onunla ilgilenmiyordu artık.

Parmağıyla Max'e kenara çekilmesini işaret etti ve vitesi takarak müziğin sesini iyice açtı. Otobüs, birkaç saniye içinde uğultular eşliğinde yeniden ilerlemeye başladı.

Max, ne kadar şanslı olduğunu düşündü ve koridor boyunca bir o yana bir bu yana savrularak ilerlemeye başladı. San Şavier'de olsalar, *turist* sözcüğünü hakaret kabul ederdi. Ancak şu durumda tur otobüsüne binmiş olmaktan ötürü son derece memnundu.

Öte yandan, onun bu memnuniyetini başka paylaşan yok gibiydi; otobüsün bomboş duran ön koltuklarından belli oluyordu bu.

Max, arka tarafa doğru ilerledi.

Birbirlerinden perdelerle ayrılmış ranzaların önünden geçerken, bunun sıradan bir otobüs olmadığını fark etti. Aracın donanımı, lüks bir oteli andırıyordu. Ama otobüse ilk bindiğinde hissettiği o ferah ve havadar ortam, arkalara doğru ilerledikçe yerini daha keskin bir havaya bırakıyordu.

Max, otobüsün bir sonraki kısmına geçmeden önce duraksadı. Kanepelerle devasa bir plazma ekranın bulunduğu bölüm, bir tür bekleme salonunu andırıyordu. Ancak yerle bir olmuş mobilyalar ve kırık abajurlara bakılırsa, salonda minik bir çatışma yaşanmış ya da çılgın bir parti verilmiş olmalıydı.

Max, lime lime olmuş bir kumaş yığınıyla yere öylesine bırakılmış motorlu bir testerenin üstünden atladı. Adamın biri, aniden önüne çıkarak koridora devrilince, ödü koptu. Adamın yüzü, bir hayaletinki gibi bembeyazdı.

Ölmüş müydü acaba?

Korku dolu gözlerle izlediği solgun adam, birden gürültüyle horlamaya başladı.

Bu, o olabilir miydi?

Yok canım, mümkün değildi...

Ama oydu işte!

Belalı Yarasalar'ın bas gitaristi Trigger Mortis'ti bu!

Bir dakika...

Max, uyuyan adamı bırakarak etrafına bakındı. Diğer üç grup elemanı da odanın farklı köşelerindeki kanepelerin üstünde sızmıştı.

Bir tarafta, pizza kutularından oluşan bir döşeğin üzerinde gitarına oyuncak ayı gibi sarılmış yatan Vince Vermin göze çarpıyordu. Odd-Eye Ebola ise bagetleri kıvırcık siyah saçlarına karışmış, vücudunun yarısı dışarıda kalacak şekilde bir kanepeye uzanmıştı. Üçüncüye gelince; deri pantolonla kaplı bacaklar ve kanepenin altından fırlayan çıplak ayaklar, grubun solisti Ty Phoid'den başka kime ait olabilirdi ki?

Kulakları sağır eden bu müzik eşliğinde uyumayı nasıl başarıyorlardı acaba? Max, başını hayranlıkla iki yana salladı. Oldukça iyi bir davulcu olduğuna inanıyordu, ama bir sahne yıldızı olabilmek için öğrenmesi gereken daha çok şey vardı.

Odanın diğer ucunda, boncuklu bir perde asılıydı.

Max, o tarafa doğru ilerledi ve perdenin, son derece gerçekçi görünen sarı sinir lifleriyle onların üzerine geçirilmiş plastik göz kürelerinden oluştuğunu fark etti. Belalı Yarasalar, kan ve plastik organlara olan takıntısında biraz ileri gitmişti sanki.

Max, hâlâ "patron" denen kişiyi arıyordu. Perdenin arkasında gözüne bir hareketlenme çarptığını sandı ve şarkı arasındaki sessizliği bekleyerek, "Merhaba?" diye seslendi.

Perdedeki gözlerin tamamı, bir anda ona çevrildi.

İşte *bu*, çok havalıydı gerçekten.

"İçeri gel!" diye seslendi biri.

Max, perdeyi kenara itti ve dokunmak zorunda kaldığı göz kürelerinin sıcak ve yumuşak olduklarını fark ederek şaşırdı.

İçerisi, lağım kokusunu andıran yoğun bir tütsü dumanıyla kaplıydı. Kokuya maruz kalan Max'in gözleri sulandı. Bir yandan da bu berbat koku, çocuğa oldukça tanıdık geliyordu.

Max, odayı kaplayan dumana rağmen telefonlar, çeşitli evrak ve Belalı Yarasalar eşantiyonlarıyla kaplı büyük, ahşap masanın öteki yanındaki iriyarı adamı görebiliyordu. Adam, para destelerini saymakla meşguldü. Başını kaldırdı ve Max'i görür görmez banknotları bir kutuya koyarak çığlığı kopardı. "Max Murphy! Çoktandır görüşemedik!"

Max'in birden midesi kasıldı. Bu sesin kime ait olduğunu biliyordu.

Pütürlü, şiş ve bembeyaz bir surat, dumanların arasından ona pis pis sırıtıyordu.

Yaklaşmakta olan *bak'tun*'un efendisi, Mayaların şiddet ve zamansız ölüm tanrısı Ah Pukuh'tu bu. Max'le daha önce Siyah Piramit'teki, Ölümün Efendileri'nin anne babasının kılığına girmiş oldukları berbat kutlama yemeğinde yüz yüze gelmişlerdi. Max, ekşi pislik kokusunu o yemekten hatırlıyordu.

Önceki buluşmalarında, Ah Pukuh'un üzerinde tören kıyafetleri vardı. Ama bu kez üzerinde vücuduna tam oturmayan, ince çizgili bir takım elbise bulunuyordu. Yağlı saçları, ortasında jaguar postundan bir halka bulunan bir silindir şapkanın altına saklanmıştı. Yüzündeki hastalık izlerini pudrayla kapamaya çalışmış (ama başaramamıştı), gözlerinin altını siyah kalemle, dudaklarını ise gülünç bir biçimde kırmızı rujla boyamıştı.

Yiğidi öldür hakkını yeme, diye düşündü Max. Ah Pukuh, başarıyla bir punk rockçı görüntüsüne bürünmüştü. Ancak bir önceki sevimsiz buluşmaları göz önüne alındığında, Max'in kesinlikle adamla ahbap olmaya niyeti yoktu.

Çocuk, arkasını dönerek koridora yöneldi. Ancak bir anda gölgelerin içinden çıkan iki iriyarı adam, yolunu kesti. Mayalara özgü geniş suratları bulunan korumalar, profesyonel boksörler gibi yapılıydılar. İkisi de üzerinde beyaz harflerle TURNE EKİBİ yazan birer kırmızı tişört giymişlerdi. Yapmacık bir sesle "Seni gördüğüme sevindim, dostum," diye atıldı Ah Pukuh. "Kendine bir sandalye çeksene."

Max, tereddüt etti. Oradan kaçıp kurtulması imkânsızdı.

Ah Pukuh, ellerini çırptı. Turne ekibine dönerek "Konuğumuza pizza getirin!" diye gürledi. "Bol peynirli ve biberli, orta kısmı yoğun, kenarları ise yanık olacak!" Max'e döndü. "Bu şekilde seviyordun, değil mi? Pizzanı beklerken soğuk bir şeyler içmeye ne dersin?"

Max'in aklına, Ah Pukuh'un konuğu olduğu bir önceki yemek geldi. Şiddet ve zamansız ölüm tanrısı, o yemekte çocuğa canlı bir fare ikram etmişti.

Çocuğun aklındakileri okuyan Ah Pukuh, "Bu kez bir numara yok, söz veriyorum," dedi. Ardından arkasına yaslanarak teneke içecek kutularıyla dolu küçük bir buzdolabını açtı. "Hangisinden istersen al."

“Seni gördüğüme sevindim dostum,” diye atıldı Ah Pukuh.

Max, temkinli hareketlerle uzanarak kendine bir kutu kola aldı.

Kutu normal görünüyordu.

Normal bir biçimde açılıyordu.

Kokusu da normaldi.

Tadı da.

Hatta normalde olduğundan daha bile lezzetliydi. Max, daha önce hiç bu kadar soğuk ve ferahlatıcı bir şey içmemişti. Kutunun tamamını bir dikişte mideye indirdi.

"Bir tane daha al," diye işaret etti Ah Pukuh. Turne ekibi, Max'in o zamana dek görmüş olduğu en büyük pizzayı boncuklu perdeden geçirmekle meşguldü. "Pizzanı yemeye de başlayabilirsin."

Max, oldukça lezzetli görünen pizzadan kocaman bir dilim aldı ve onu ihtiyatla kokladıktan sonra dilimin tamamını ağzına tıkıştırdı. Daha önce hiç bu kadar lezzetli bir pizza yememişti. Ne kadar aç olduğunu yeni yeni fark ediyordu. Bir dilim daha aldı. Pizzanın tadı çok güzeldi yahu!

Turne ekibi, pizzayı getirdikten sonra yeniden gölgelerin içine çekilmişti.

Max pizzasını yerken, Ah Pukuh da konuşmaya başladı. Siyah Piramit'teki partiyi düzenleyen görgüsüz ve gösteriş budalası zorbadan çok farklı görünüyordu şimdi. "Birbirimize rastladığımıza çok sevindim," dedi, "çünkü sana bir özür borcum var, Max Murphy. Şu fare meselesi için kusuruma bakma, olur mu? Son derece yakışıksız bir hareket olduğunun farkındayım."

Max, üçüncü bir pizza dilimine uzandı ve sessizliğini korudu. Ah Pukuh'un ağzı, aslında hiç de pişman olmadığını gösterircesine, tuhaf bir biçimde kıvrılmıştı. Hatta kahkaha atmamak için kendini zor tutuyormuş gibi görünüyordu.

Ah Pukuh, neşesini bastırmaya çabalayarak Max'e bir peçete uzattı. "Affetin mi beni? Lütfen affet."

Max, hiç de samimi bulmadığı bu pişmanlık gösterisine aldırmadı. "Burada ne işin var?" diye sordu ona.

"Grupla birlikteyim. Ya *senin* ne işin var?"

"Havaalanına gidiyorum. Grupla birlikteyim de ne demek oluyor?"

"Grubun menajeri sayılırım."

"Ne? Sen Belalı Yarasalar'ı nereden tanıyorsun ki?"

"Kendileriyle pek çok ortak noktamız var: Anarşi, aldırmazlık, su geçirmez yüz makyajları... güçlerimizi birleştirmemiz zaten an meselesiydi."

"Ama sen Mayaların şiddet ve zamansız ölüm tanrısısın... Bu aralar yeni *bak'tun*'un hükümdarlığına hazırlanıyor olman gerekmiyor mu?"

Ah Pukuh, ayaklarını masanın üstüne koyarak sandalyesinde öne doğru eğildi.

"O işlerden vazgeçtim artık, Max. Değiştim. Yanlış anlama; gereksiz şiddet gösterilerinden hâlâ çok hoşlanıyorum ama o güç oyunlarından sıkıldım artık. Önümüzdeki dört yüz yıl boyunca bir tahta oturup şu kalın başlıkları takman, resmi duyurularda bulunman, birtakım törenlere katılman gerektiğini bir düşünsene... Onun yerine hayatımı yaşamayı tercih ederim be dostum!"

Ah Pukuh, bunları söylerken yeni tutkusunu gözler önüne sermek için gitar çalıyormuş gibi yaptı.

"Peki," dedi Max. Birden Ah Pukuh'un sözlerinin ardında

yatan anlamı kavramıştı. "Yani birkaç hafta içinde karmaşa ve yıkım güçlerini dünyanın başına salmayacak mısın?"

"Bizimkiler yeni albümlerine o ismi vermedikçe, hayır!"

"Ölümün Efendileri bu konudan haberdarlar mı?"

"Evet, hatta bazı şarkılarda geri vokal bile yapıyorlar."

"Onu demiyorum; yani, tahtından vazgeçtiğinden haberleri var mı?"

"Dün gece onlara meseleyi açtım. Açık konuşmam gerekirse, bu kararım hepsini son derece rahatlattı. Bazen bir şeyin doğru olduğunu *hissedersin* ya hani? Dünya dönmeye devam ediyor. Şiddet ve zamansız ölüm tanrılığı görevinde kendimi *kapana kısılmış* gibi hissediyordum. Hepimiz öyle hissediyoruz. Artık keyiflerine bakabilecekleri için bizimkiler de kendi gruplarını kurmayı planlıyorlar. *Ölümün Efendileri* –bunun son derece çarpıcı bir müzik grubu adı olduğunu kabul edersin. İstersen sana örnek kayıtlarından bir kopya yollarım."

Max, içinde bir umut filizinin yeşermeye başladığını hissetti. "Ya Sarı Jaguar ne olacak?" diye sordu. "Ölümün Efendileri onu artık istemiyorlar mı?"

Ah Pukuh'un gözleri, Max'in sırt çantasına gidip geldi. Dolgun dudaklarını şöyle bir yaladı. "Kim bilir? Ama istediklerini sanmam. Bana kalırsa kaliteli müzik ekipmanını tercih edeceklerdir."

"Gerçekten mi? Bundan nasıl emin olabilirim?" diye ısrar etti Max. "Bilmem gerekiyor da."

"Rahatlasana dostum," dedi Ah Pukuh. "Bir sakinleştirici al istersen."

Fakat Max, heyecanlanmıştı bir kere.

Kalbi, deliler gibi çarpıyordu. Boğazı kurumuş, vücudunda

bulunan tüm kaslar, kirişler ve sinir uçları gerilmişti. Max, tüm benliğiyle Sarı Jaguar'ı teslim etme görevinin sona ermiş olabileceğine odaklanmıştı.

Ölümün Efendileri'nin bir gün Sarı Jaguar'dan vazgeçebileceklerini hiç düşünmeden, bunca zamandır görevini yerine getirmeye uğraşmıştı.

Fakat düşündükçe, duydukları aklına yatıyordu. Hermanjilio, ona zamanında Ölümün Efendileri'nin ihmalkâr –ve dikkati dağınık– çocuklara benzediklerini söylemişti. Ölümün Efendileri'nin kendilerini müzisyenliğe kaptırıp amaçlarından saptıklarını aklında canlandırabiliyordu. Müzik piyasasına girmek istiyorlarsa, çabucak yeni bir imaj yaratmaları gerekecekti.

Şiddet ve zamansız ölüm tanrısı Ah Pukuh bile, kaygısız bir hippiye dönüşmeyi başarabildiyse, Ölümün Efendileri de bunu kolayca yapabilirlerdi.

Max, hafifçe tebessüm etti. Ona verilmiş olan görev, gözüne şimdiden gülünç görünmeye başlamıştı.

Ne de olsa yirmi birinci yüzyılda yaşıyorlardı.

Belki de artık kadim Maya tanrılarının günümüz dünyasına ayak uydurması gerekiyordu.

Bu da Max'in şanslı gününde olduğu anlamına geliyordu.

Antik Mayaların, başına ödül koymadıkları bir dünyada yaşamanın nasıl bir şey olacağını düşünerek gevşemeye başladı. Keşke Ah Pukuh'un doğru söyleyip söylemediğini o an öğrenebilseydi. Ölümün Efendileri gerçekten de Sarı Jaguar'dan vaz mı geçmişlerdi?

"Siyah Piramit'te bana fare ikram ettiğin için gerçekten üzgünsen," dedi, "Ölümün Efendileri'ne bu soruyu *bizzat* sorarsın. Hemen, şimdi."

"Eh, sanırım sana o kadarını borçluyum," diyen Ah Pukuh, bir an sessiz kaldı. "Bu akşam bizimkilerle poker oynayacağız." Yapmacık bir hareketle Max'e göz kırptı. "Sana arka çıkarım, oldu mu? Başını beladan kurtarmaya çalışırım, ne dersin?"

"Sana güvenebileceğimi nereden bileyim?"

"Kırıcı oluyorsun dostum," diyen Ah Pukuh'un kat kat olmuş çenesi, üzüntüyle titredi. "Sonuçta karar, senin kararın. Ama sana şu kadarını söyleyebilirim ki, geçmişte yaşayarak ilerleyemezsin. Bu işi oluruna bırakman gerek, Max."

Max, Ah Pukuh'u kuşkuyla süzdü. "Bu, hiç de Mayalara yakışan bir ifade olmadı. Kral 6-Köpek zamanın döngüler halinde aktığını söylerdi."

"Aynen öyle! Ben de bu döngüyü kırıyorum! Tedavi oldum Max ve bu esnada fazlasıyla düşünme fırsatı buldum. Artık bambaşka biriyim. Neden bunu sana kanıtlamama izin vermiyorsun? Kaybedecek neyin var ki?"

Max, bir süre düşündükten sonra, "Pekâlâ," dedi. İçinde ihtiyatlı bir iyimserlik filizi yeşeriyordu. Tek yapması gereken, Ah Pukuh'un suyuna gitmekti.

O sırada gök gürültüsünü andıran boğuk bir ses duyuldu. Hayvanların yoğun bir biçimde yaşadığı bölgelerdeki kokuları andıran berbat bir koku Max'e, Mayaların Ah Pukuh'a neden Kisin yani "Gaz Yapan" adını taktıklarını hatırlattı.

Sesini yükselterek "Grubun İspanya'da ne işi var?" diye sordu. Kokudan gözleri yaşarıyordu. "Şu an Japonya'da olmaları gerekmiyor muydu?"

Ah Pukuh, pis pis sırıttı. "İnsanlara bilerek yanlış bilgi verdim. Birkaç özel gösteri yapmak üzere ortadan kaybolduk. Dünya turnemiz öncesinde yeni cihazlarımızı test etmek istedik."

"Hangi dünya turnesi bu?"

Ah Pukuh, ince çizgili ceketinin önünü açarak, tombul parmağıyla siyah tişörtünde yazan sözcükleri işaret etti.

"FIN DEL..." diye okumaya başladı Max. "Şey, ne yazıyor? Kalanını okuyamıyorum da..."

Ah Pukuh, tişörtü karnındaki yağ katmanlarından kurtararak hafifçe esnetti. "EL FIN DEL MUNDO WORLD TOUR," diye okudu. "Etkileyici, değil mi?"

Max bile tişörtte yazanları anlayacak kadar İspanyolca biliyordu.

"Adına neden *Dünyanın Sonu Turnesi* dediniz? Grup dağılmıyor, değil mi?"

"Maya takvimi hakkındaki yorumlarla inceden inceye dalga geçelim istedik."

"O işlerle artık ilgilenmiyorsun sanıyordum."

"Bilet satışımızı artıracaksa neden olmasın?"

"Tişörtü beğendim," dedi Max. Ağzının suyu akıyordu.

"Özel bir baskı, bundan çok az var," diye böbürlendi Ah Pukuh. Masanın altına uzanarak bulduğu bir diğer tişörtü Max'e uzattı. "Dene bakalım, üstüne oluyor mu?"

Max, tişörtü bir anda canlanıp onu ısıracakmışçasına tedirginlikle yakaladı. Ama bedenine tam oturduğunu fark etmesiyle yeni Ah Pukuh'a dair tüm kuşkuları yok oldu. "Teşekkürler. Gerçekten de çok beğendim."

"Rica ederim," dedi Ah Pukuh. Başka bir konu açacakmış gibi ellerini kavuşturup, parmaklarını birbirine vurmaya başladı. "Şu Mayalı kızla yollarınızın ayrıldığını duydum," dedi kayıtsız bir ifadeyle.

Max, "Sen nereden..." diyecek oldu ama kendini tuttu. Bu

şişkoyla Lola hakkında konuşmaya hiç niyeti yoktu. Lola'nın ortadan kaybolması umurunda değilmiş gibi omuz silkti.

Ancak Ah Pukuh, yaraya soktuğu bıçağı iyice çevirmeye karar vermişti. "Başka biriyleymiş diye duydum."

Max, bu kez kendine engel olamadı. "Öyle mi? Kimmiş?"

Ah Pukuh, bir kahkaha atarak tıknaz başparmağıyla tombul burnunu kaşıdı. "Dedikodu yapmak istemem... ama sanırım onu tanıyorsun."

Max'in yüzü, öfkeden kızardı. Ah Pukuh, Santino'dan söz ediyordu. Ondan başkası olamazdı. Tüm bu rezil, iğrenç, hain numaralarının yanı sıra...

"Kolunu sallasan yetmişi, değil mi?" dedi Ah Pukuh.

"Sanırım elini sallasan ellisi demek istiyorsun," dedi Max.

Ah Pukuh'un yüzüne ürkütücü bir tebessüm yayıldı. Güdük sarı dişleri, iki sıra halinde dizilmiş ölü kurtçukları andırıyordu. "Sen nereliydin, Max Murphy?"

"Boston."

"Boston mı? Massachusetts'teki Boston mı? Deme be! Bu ne tesadüf! Dünyanın Sonu Turnesi, sonbaharda Boston'da başlayacak..."

"Öyle mi? Web sitesinde öyle denmiyor ama..."

"Bu çok gizli bir bilgi, henüz ilan edilmedi," diyen Ah Pukuh, siyaha boyanmış tırnaklarını inceledi. "Biletlerin birkaç saat içinde tükeneceğini tahmin ediyoruz."

Max, umutla Ah Pukuh'a baktı. "Herhalde benim için...?"

Ah Pukuh, masanın çekmecesine uzanarak aldığı zarfı masanın üstünden Max'e doğru fırlattı.

Max, zarfın içine bir göz attı. Ön sıradan dört bilet ve yine dört adet sahne arkası geçiş izni, ona göz kırpıyordu. Mutluluktan sersemlemişti.

"Konsere şu kaçık annenle babanı da getirebilirsin," dedi Ah Pukuh.

"Hiç sanmıyorum," diye gülerek söylendi Max. "Belalı Yarasalar'dan pek hoşlanmazlar."

"Hadi ya! Onların kaybı! Bugünlerde keyifleri nasıl?"

"İyi sayılmaz. Annemin saçları döküldü ve babamın da boynunda bir at sineği büyüyor. Bana yardım etmeye çalışmalarının cezası."

Ah Pukuh, sıcakkanlı bir tavırla iç geçirdi. "Çok fenaymış be dostum. Tüm bunlar geride kaldığı için mutlu olmalısın."

"Aslına bakılırsa, Ölümün Efendileri onay vermeden hiçbir şey bitmiş sayılmaz."

"Dedim ya, yıllanmış taşları toplamaktansa müzisyenlikle ilgileniyorlar artık."

"Ama Lord Kuy dedi ki..."

"Aldırma o tüy yığınına sen," diyerek gür bir kahkaha attı Ah Pukuh. Berbat kokan nefesi, az kalsın Max'i iki seksen yere devirecekti. "Canını sıkmaya devam ederse, üzerine cehennem tazılarını salarım. Kuş etine bayılırlar!"

Max, sinirli sinirli güldü. "Yine de..."

Yumruğunu masaya indirerek "Kuy benim adıma çalışıyor!" diye gürledi Ah Pukuh. Max'in afallayıp kaldığını fark edince, sesini yumuşattı. "Bu durumdan hiç hoşlanmadığının farkındayım, dostum. Neden meseleyi hemen burada halletmiyoruz? Sarı Jaguar'ı bu gece yanımda götürür ve senin adına Ölümün Efendileri'ne teslim ederim. Konu da böylece kapanmış olur."

Max birkaç saniye düşündü. "Ben de seninle gelebilir miyim?"

"Hayır," dedi Ah Pukuh, "bu mümkün değil. Eskilerin dediği gibi, 'Tanrılarla faniler, farklı yoldan yürürler'."

"O zaman Ölümün Efendileri ile bizzat görüşünceye dek Sarı Jaguar'ı yanımdan ayırmayacağım. Talimatların arasında taşı Xibalba'ya şahsen götürmem gerektiği de yer alıyordu ve işleri berbat etmek istemiyorum. Ebeveynlerim ile Hermanjilio ve Şanslı Jim'in geleceği bana bağlı."

"Nasıl istersen, dostum," diyerek durumu kabullendi Ah Pukuh. "Bu akşam konserden sonra onlarla konuşurum."

İmalı bakışlarını Max'in üzerinden ayırmıyordu. Çocuk, zokayı anında yuttu.

"Ne konseri bu?"

"Bizimkiler, dünya evine girmek üzere olan bir çiftin verdiği özel bir partide çalacaklar."

Max, şaşkın şaşkın Ah Pukuh'a bakıyordu.

"Bir arkadaşım evleniyor da," diye açıkladı Ah Pukuh. "Çılgın bir parti olacak. Sen de davetlisin tabii."

"Düğüne mi?" diye sordu Max kuşkuyla.

"Düğün yarın. Bu gece maskeli balo var."

"Bir balo ha?" diye sordu Max. Bu kez sesi, daha da kuşkulu çıkıyordu.

"Çocuklar yeni bestelerini çalacaklar," diye açıkladı Ah Pukuh tatlılıkla.

"Ama benim bu gece İspanya'dan ayrılmam gerekiyor," dedi Max.

"Özgür bir ruhun olduğunu sanmıştım, dostum. Ama bir an önce annenin kollarına koşman gerekiyorsa, seni havaalanına da atabiliriz tabii..."

"Şey," diye akıl yürüttü Max, "yarın sabah erkenden gitmemin bir sakıncası olmaz herhalde."

"Elbette ki olmaz!" diye atıldı Ah Pukuh, Max'i cesaretlendirerek. "Kaybedecek neyin var ki?"

Max, sonradan o anı hatırladığında, bu soruya verebileceği birçok yanıtı olduğunu fark edecekti. Üstelik her biri, diğerinden beter sonuçlara gebe yanıtlar... Fakat orada, o an, içine düştüğü yaldızlı dünya gözlerini kör etmişti ve gördüğü en basit çözümü tercih etti.

"Benim adıma Ölümün Efendileri ile konuşur musun? Söz mü?"

"Söz veriyorum."

"Sırf bunun için bile kalmama değer," dedi Max.

"Tamamdır öyleyse," diyerek vardıkları sonucu ilan etti Ah Pukuh. "Bu gece bizimkilerle partiye gideceğiz ve sen de yarın özgür bir insan olarak evine döneceksin!"

Masanın üstünden tombul elini uzatarak "Tokalaşalım!" dedi.

Max, uzatılan eli bir rüyadaymışçasına sıktı.

Aynı şekilde, sonradan o anı düşününce, bunu yapmaması gerektiğini anlayacaktı.

Ve sizleri huylunun huyundan vazgeçmeyeceğine dair uyaracaktı.

Ayrıca şiddet ve zamansız ölüm tanrısına asla ve asla güvenmemeniz gerektiğini de söyleyecekti.

Fakat pizza ve kolayla yumuşadığı o şaşkın anında, bir hatadır yapmıştı.

Kendini; herkesin, hatta Ah Pukuh'un bile ikinci bir şansı hak ettiğine ikna etmişti. Ölümün Efendileri'nin, göreviyle artık ilgilenmediklerine dair hikâyeye inanmıştı. Kendi kendine, 'Son birkaç gündür yaşadığım korku ve sıkıntının ardından keyifli bir şeyler yapmayı hak ettim,' diyordu. Bir gecelik olsun her şeyi unutmak ve Belalı Yarasalar ile eğlenmek istiyordu.

Evet. Her şey bu kadar basitti aslında.

Ah Pukuh, masanın etrafından dolanarak Max'in sırtına bir şaplak attı.

"Eh," dedi, "güzel vakit geçirdik ama şimdi yapmam gereken bazı işler var. Şeytan azapta gerek, bilirsin. Parti başlayıncaya kadar grup üyeleriyle vakit geçirmeye ne dersin? Neredeyse uyanırlar."

Max, başıyla onayladı ve büyük hayranı olduğu grup üyelerinin yanına yöneldi. Tüm hayalleri gerçek olmuştu.

"Bir şey daha var," dedi Ah Pukuh. "Endişelenmene gerek yok ama eşyalarına dikkat et. Bu gece otobüste uyuyacaksın ve sana güvenlik konusunda hiçbir söz veremem. Bilirsin, grubun hayranları ellerine geçen her şeyi alıp götürmeye bayılırlar. İstersen, güvenliğinden emin olmak için Sarı Jaguar'ı kasaya koyabiliriz."

Max'in zihninde alarm zillerinin çalması gereken andı bu.

Tüm benliğiyle bu öneriye karşı çıkması gerekiyordu.

Yoksa Ah Pukuh, onu bir şekilde hipnotize mi etmişti?

İçeceğine ilaç mı katmıştı?

Pizzada mı bir şey vardı?

Yoksa Max, Belalı Yarasalar ile bir araya geleceği için mantıklı düşünemiyor muydu?

Kim bilir?

Her ne sebeple olursa olsun, Max Murphy çantasını açtı. Sarı jaguar taşından yapılmış gerdanlığı, bir zamanların şiddet ve zamansız ölüm tanrısı, Xibalba'nın önde gelen şahsiyeti, Ölümün Efendileri'nin önderi ve evrenin yirmi üç katmanını sarıp sarmalayan her türlü pisliğin tertipçisi olan Ah Pukuh'a, kendi hür iradesiyle, ağır çekimde (ya da gelecekte olanları düşündüğünde gözüne öyle görünecekti) uzatıverdi.

Sonradan büyük bir hata yapmış olduğunu anlayacaktı.

On Dördüncü Bölüm

MAX GRUPLA TANIŞIYOR

Max'in Belalı Yarasalar üyeleriyle tanışması, biraz zamanını aldı. Grubun fanatik bir hayranı gibi görünmek istemiyordu. İçinden koşup birer imzalarını almak için elemanlara yalvarmak geçse de soğukkanlılığını korumaya devam etti.

Grubun İspanya seyahatiyle ilgili soruları ve müzik piyasasına dair öne sürdüğü fikirleri, buz gibi bir sessizlikle karşılanmıştı.

Max, şansını bir kez daha denedi. "Havaalanında hepinizi görmüştüm; döner bagaj bandının üzerindeydiniz, hatırladınız mı? Yanımda Nasty Smith-Jones vardı. Onu tanıyor musunuz? İnternetteki hayran sitelerinizden birini yönetiyor."

"Amma da tantana yaptın ahbap," dedi Trigger Mortis kanepesinden. "Hey, arkadaşım, sesini kessene! Uykumu almadım daha."

Adamın farklı bir aksanla konuştuğunu fark eden Max, "Yoksa siz İngiliz misiniz?" diye sordu şaşkınlıkla. "Oysa ben hepinizi benim gibi Bostonlı sanıyordum."

"Ne sandığın umurumda bile değil," diye lafı yapıştırdı Trigger.

"Ukala üniversiteliler gibi konuşmayacaktık ya," diye dalga geçti Ty Phoid. "Rock'n' roll hakkında hiç mi bir şey bilmiyorsun sen yahu?"

"Şuna bak, otobüsümüze binip bir de bize nasıl konuşacağımızı öğretmeye kalkışıyor," dedi Vince Vermin arkadaşlarına arka çıkarak.

Grup üyeleri yeniden sessizliğe bürünürken, Max buzları kırmanın başka bir yolunu aramaya başladı.

Biraz düşünüp taşındıktan sonra davulculuk yetenekleriyle Odd-Eye Ebola'yı etkilemeye karar verdi. Böylece, paketin birinden çıkardığı yemek çubuklarıyla bir sandalyenin üstünde tempo tutmaya başladı.

Odd-Eye, Max'i ilgiyle izliyordu. "Hiç fena değil, ha?" diye sordu diğerlerine.

Ty Phoid, Vince Vermin'i hafifçe dürttü.

"İşte seninkilerden biri daha, Vinnie," dedi. "Müzisyenlerle takılan yaşlı heriflere ne diyorduk?"

Vince Vermin, omuz silkerek cevabı bilmediğini belli etti.

Sırıtarak "Davulcu!" diye açıkladı Ty.

"Hey! Kes sesini!" diyen Odd-Eye, bir anda Ty'ın üstüne atladı ve kanepelerin arasında yuvarlanıp yollarına çıkan her şeyi devirerek yumruklaşmaya başladılar.

Max, kavgayı çocuk bahçesindeki ebeveynler gibi anlayışlı bakışlarla izliyordu.

"Hey, sen!" diye seslendi Odd-Eye. "Davulcuların şerefi söz konusu! Yardım etsene bana!"

Silah olarak kullanabileceği bir şey bulmak için etrafına bakınan Max, eline geçirdiği kutu kolayı iyice salladıktan sonra, Ty'ın başının hemen üstünde açıverdi. Kahverengi sıvı adamın gözlerine, burnuna ve ağzına fışkırırken, olayın tüm tanıkları bir an donup kaldılar. Odd-Eye'ın ihtiyacı olan da buydu. Yüz üstü döndürüp kollarını arkadan yakaladığı rakibinin boğazını, eline geçirdiği bagetleriyle sıkmaya başladı. Ty, gurultuyu andıran bir sesle pes ettiğini ilan etti. Odd-Eye kahkahalar eşliğinde eğilerek odadakileri selamladı.

"Aferin sana, evlat!" dedi Max'e.

"Teşekkürler," dedi Max. "*Sokak Çatışmaları: Restoran Savaşları* oyunundan kaptığım bir numara."

Trigger Mortis, bir anda doğruldu. "*Restoran Savaşları* oyununu mu oynuyorsun? Patlayan muzlu tatlıları taşıyan garson kısmını geçebildin mi?"

"Evet," dedi Max. "Epey zamanımı aldı. Fakat sonunda, muz kabuğunu çöpten çıkarıp garson üstüne bassın diye yere atman gerektiğini buldum."

Kanepelerden homurtular yükseldi.

"Günlerdir hiçbirimiz o seviyeyi geçemedik de," diye açıkladı Odd-Eye.

"Oyunun bütün hilelerini biliyorum," dedi Max. "İsterseniz size gösteririm."

Böylece, Max Murphy'nin kısacık hayatındaki en keyifli öğleden sonra başlamış oldu. En sevdiği müzik grubunun elemanlarıyla bilgisayar oyunu oynuyordu. Ne kadar şanslı olduğunu ya da tüm bunların başına neden geldiğini bir kez olsun düşünmedi.

Gözlerini devasa plazma ekrandan alıp camdan dışarı bakabildiği nadir anlarda, manzaranın değiştiğini fark etti. Kavruk

Extremadura fundalıkları, yerini yemyeşil arazilere bırakmıştı. Gözüne, etraftaki tepelerden birinin üzerine kurulmuş bir dizi beyaz yeldeğirmeni çarptı. Düzgün bir biçimde sürülmüş tarlalarda traktörler çalışıyor, yılan gibi kıvrılan bir nehrin tepesinde eski bir su kemeri bulunuyordu.

Akşam olduğunda, otobandan çıkmışlardı. Masmavi gökyüzü, yerini gri bulutlara bırakmış, arazinin yapısı da bir kez daha değişmişti. Max, etrafları gri taş duvarlarla çevrili minik gri kulübelerle gri taştan yapılmış çiftlikleri görebiliyordu. Gökyüzü, taşlar, tuğlalar, çatılar –kısacası yeşil çimler, yapraklar ve taşların üzerini kaplamış yosunlar dışında her şey– griye bürünmüştü. Max, yeşilin böylesine çarpıcı bir tonunu daha önce hiç görmemişti. Yeşillikler, sanki bilgisayarda çizilmiş gibiydi. Bölge bol yağmur alıyor olmalıydı.

Tam o sırada, adeta düşüncelerini doğrularcasına, gri bir yağmur çiselemeye başladı.

Ana yoldan ayrılarak, dar bir yan yola saptılar. Max, pencerelere sürtünen dallardan korunmak için içgüdüsel olarak eğilip kalkıyordu. Camdan dışarı bir göz attı ve kırmızı, öfkeli bir suratla karşılaşınca şöyle bir irkildi. Başörtüsünü çenesinin altından sıkıca bağlamış, tıknaz ve yaşlı bir kadın, otobüsün geçebilmesi için gri bir taş duvara yaslanmıştı. Hemen önünde de gri parlak balıklarla dolu bir el arabası duruyordu. Yol, giderek daralıyordu ve otobüs artık yavaşlamaya başlamıştı. İriyarı, güçlü kuvvetli kadınlar ve el arabaları, yol boyunca şeref kıtası gibi dizilmişlerdi. Otobüs, nihayet süslü bir demir kapıdan geçerek uzun ve düz bir park yerinde durdu.

Park yerinin sonunda, gri taştan yapılmış muhteşem bir saray yükseliyordu.

Max, hayranlıkla ıslık çalarak "Bu ne zenginlik yahu," dedi.

O sırada, boncuklu perdede Ah Pukuh'un başı göründü. "Galiçya'ya hoş geldiniz, beyler! Haydi hazırlanalım!"

Galiçya mı?

Max'in Belalı Yarasalar ile tanışması nedeniyle afallayan zihninde alarm zilleri çalmaya başladı.

Hemen yanındaki Trigger Mortis'e dönerek "Partiyi kimin verdiğini biliyor musun?" diye sordu.

Trigger başını kaşıyarak uzun, karmakarışık saçlarının arasına girmiş birkaç patlamış mısır tanesini ayıkladı. "Zengin bir İspanyol bunak," dedi.

Odadaki herkese hitaben, "Evlenenlerin kim olduğunu bilen bir kişi bile yok mu aranızda?" diye sordu Max. "Konserin parasını kim ödüyor?"

Odd-Eye Ebola arka cebinden yıpranmış bir kart çıkararak incelemeye başladı. "Her kimse, acayip bir aile arması var." Kartı Max'e fırlattı. "Al bakalım evlat, düğün davetiyen."

Max, karta bir göz attı.

Tuhaf bir şekilde gelinin kim olduğundan söz edilmiyordu. Ama damadın –ve o geceki ev sahiplerinin– adı, Kont Antonio de Landa'ydı.

On Beşinci Bölüm

GÖSTERİ ZAMANI

"Şundan ben de biraz sürebilir miyim?" diye sordu Max. Yüzünü pudralayıp gözlerinin çevresine siyah far sürmekte olan Ty Phoid'i izliyordu.

"Bizim gibi mi görünmek istiyorsun; tabii, neden olmasın?" dedi Ty ve malzemeleri çocuğa uzattı.

Odd-Eye Ebola, Max'in makyajını inceliyordu. "Hiç fena değil, küçük davulcu. Ama ya saçların? Onları düzeltmemi ister misin?" Çocuk daha cevap bile veremeden raftan aldığı spreyle Max'in saçını kömür karasına boyamaya başladı.

"Çok beğendim," dedi Max. Aynadaki görüntüsü hoşuna gitmişti.

Odd-Eye gülümsedi. "Umarım öyledir, çünkü boya saçından uzun süre çıkmayacak."

"Ama daha bitmedi," diye ekledi Trigger Mortis. Max'in başından aşağı boca ettiği bir kutu jöleyle çocuğun saçlarını dikleştirdi.

Max "Harika oldu," diyerek başını salladı.

Vince Vermin, Max'i dikkatle inceliyordu. "Son bir şey daha var," diyerek küçük bir cep çakısı çıkardı. Üç ustaca çakı darbesiyle Max'in kotunu diz üstünden yırttı.

Dönüşüm tamamlanmıştı. Max, aynadan ona bakmakta olan yabancıyı hayranlıkla izliyordu. O an değil azılı düşmanı Kont Antonio de Landa, annesi bile tanıyamazdı onu. Landa ile önceki üç buluşmalarının pek de hoş sonuçlanmadığı düşünülürse, kimliğinin anlaşılmaması büyük önem taşıyordu.

İlk olarak, Landa'nın koruması tarafından Puerto Muerto'daki otelde tehdit edilmişti. İkinci karşılaşmalarında Landa'nın adamları Lola ile Max'i çağıldayan bir yeraltı nehri boyunca takip etmişlerdi. Son görüşmelerinde ise, –Hermanjilio'nun üfleyerek attığı ok sayesinde– Landa'nın silahından çıkan kurşundan kılpayı kurtulmuştu.

Dolayısıyla Landa ile araları pek de iyi değildi.

"Kendini hayran hayran izlemeyi bırak," diye seslendi Trigger Mortis. "Gel de malzemeleri kurmamıza yardım et."

Tanınmayacağına ikna olan Max, Landa'yı kollamayı ihmal etmeden, saraya giren grup üyelerini takip etti.

Her ne kadar deri kıyafetlere bürünmüş, dövmeli punkçılara pek uygun olmasa da etkileyici bir konser salonu vardı karşılarında. Bina, asırlar boyunca eklenen kuleler, yan odalar ve kabul salonlarıyla daha da görkemli bir hale getirilmişti. Kubbeli giriş salonu –eskiden avlu görevi gören mekânın üstü artık kapalıydı– Max'e amcasının San Şavier'deki evini hatırlattı. Neredeyse Murphyler'in Boston'daki mutfağı kadar büyük bir gömme şömine, salonu süslüyordu. Ahşaptan oyulmuş şömine rafının üzerinde eski ve karmaşık bir soyağacı resmi yer alıyordu. Soyağacını okuması zordu ancak uzunluğu, oldukça etkileyiciydi. Sivri, kara sakallı ve ince dudaklı mağrur adamların yağlıboya portreleri de diğer duvarları kaplıyordu. Parlak zırhlar antika sehpalarla dik arkalıklı sandalyelerin başında dikiliyordu. Mermer zemine de şark usulü halılar serpiştirilmişti.

Hoparlörlerin, kabloların ve çeşitli ses aygıtlarının taşınmasına yardım eden Max, mekânın evden çok bir müzeye benzediğini düşündü. Tuzla buz olan porselen ve parçalanan mobilya sesleri, grup üyelerinin sarayı gezmekte olduklarını belli ediyordu.

Max, Odd-Eye Ebola'nın yakınlardaki bir odadan seslendiğini duydu. "Hey, beyler, bana bakın!"

"Sakın ha!" diye bağırdı Trigger Mortis.

"Atla! Atla! Atla!" diye tezahürat yaptı Vince Vermin.

"Bahse girerim aşağıya kadar dayanamazsın!" dedi Ty Phoid'in sesi.

"Kaç paraya bahse girersin?" diye seslendi Odd-Eye.

"On pound!"

"Anlaştık!"

Max, koşarak odaya girdiğinde diğer grup elemanlarının Odd-Eye'ı izlemekte olduklarını fark etti. Davulcu, üst kattaki koridorda bulunan görkemli bir merdivenin ahşap, cilalı tırabzanının tepesine tünemişti.

Davulcu, Max'in korku dolu bakışları altında tüyler ürpertici bir çığlık atarak kendisini aşağı bıraktı. Ancak merdivenin kıvrım yaptığı ilk noktada ayakları yerden kesildi ve acıyla yere çakıldı.

"Ben kazandım," dedi Ty Phoid. "On poundum nerede?"

"Aşağıya kadar ineceğim demiştim, öyle değil mi?" diye inledi Odd-Eye. "Ama sanırım sırtımı incittim."

Ah Pukuh, küçük ve tombul bacaklarının izin verdiği ölçüde paytak adımlarla salona girdi. "Bu gürültü de nedir?" diye sordu. "Burada ne işiniz var? Konsere hazırlanıyor olmanız..." Odd-Eye'ın ıstıraplı halini görünce sesi bir anda kesildi. "Ne oldu buna şimdi?"

"Ayağa kalkamıyor," diye açıkladı Trigger. "Sırtını incitti."

"Bu gece çalamayacağa benziyor," diye araya girdi Ty, "ama çok da fark etmez. Zaten bir halta yaradığı yoktu."

Ah Pukuh'un bir cesedinkini andıran solgun yüzü, öfkeden kızarmıştı. Yüzündeki yaralar sürmüş olduğu pudranın altında nabız gibi atıyor, arkaya taradığı saçı ayaklanarak tutamlar halinde dikiliyordu. "Davulcusuz olmaz! Her şey planladığımız gibi gitmeli! Kalk, kalk hadi!" diye gürleyerek Odd-Eye'ın böğrüne sert bir tekme yapıştırdı.

"Sakin ol," dedi Trigger.

"Rahat bırak adamı be," dedi Vince.

"Sadece bir davulcu işte, aklı o kadarına eriyor," dedi Ty.

"Bu durum her şeyi berbat edebilir!" diye gürledi gözleri öfkeyle ardına dek açılan Ah Pukuh. "Eğer bu gece çalamazsa..." –duruma uygun bir ceza aradı– "hepinizi mahvederim!"

Salonda buz gibi bir hava esti. Bir yerlerde bir kapı, eti bir vuruşta ikiye ayıran satırın sesini andıran bir sesle kapandı.

Grup elemanları, tüm o siyah deri kıyafetlerine, dövmelerine ve korkunç makyajlarına rağmen korkudan altlarına edecek gibi duran dört küçük çocuğa benziyordu şimdi. Odd-Eye, ayağa kalkmayı her deneyişinde acıyla çığlık atarak yeniden devriliyordu.

"Kalkamıyorum," diye inledi acıyla.

"Kalkacaksın," diye emretti Ah Pukuh ve adamı tekmeledi. Grup üyelerinden bu kez bir itiraz gelmedi.

Durum kötü görünüyordu –özellikle de Odd-Eye *ve* Max açısından. Ah Pukuh hiç de Ölümün Efendileri ile konuşmaya gönüllüymüş gibi görünmüyordu.

"İsterseniz ben çalarım," dedi Max.

"Tamamdır!" diye fısıldadı acıdan gözleri sulanan Odd-Eye. "Çocuk yerimi alabilir! Hiç fena çalmıyor ve dediğine bakılırsa tüm şarkılarımızı biliyormuş."

Salondaki tüm başlar, vereceği tepkiyi görmek üzere Ah Pukuh'a çevrildi.

Ah Pukuh, dalgın bir ifadeyle kat kat olmuş gerdanını kaşıdı.

Bir an sonra, şişkin suratına iğrenç bir tebessüm yerleşti. "Tamam, neden olmasın? Harika! Sana söz veriyorum, Max Murphy, unutulmaz bir gece geçireceksin!"

"Ama gelin bu değişiklikten Kont de Landa'ya söz etmeyelim," dedi Max aceleyle. "Kandırıldığını sanmasını istemeyiz."

"Evet," diye alay etti Vince Vermin, "ne de olsa, kokumuzu uzaktan alabilir, değil mi?

Ah Pukuh "Şu sersemi ortadan kaldırın," diye emretti Odd-Eye'ı işaret ederek "ve prova yapmaya hazırlanın."

"Ama şu bahsettiğin parti nerede?" diye sordu Vince. "Ortalıkta ne bir sahne ne de başka bir şey var."

"Çünkü Kont de Landa'nın bu gece için çok özel planları var!" diyen Ah Pukuh, bir çocuk gibi heyecanla ellerini çırptı. "Beni takip edin..."

Turne elemanları Odd-Eye'ı otobüse taşırlarken, Max ve grubun diğer üyeleri de sarayın salonları boyunca Ah Pukuh'u takip ettiler. Bir süre sonra zemine gömülü, çift kanatlı kapılara vardılar. Kapılar açıktı ve yanmakta olan meşalelerin aydınlattığı görkemli bir merdiven, yeraltına doğru kıvrılıyordu.

"Burası bir gece kulübü mü?" diye sordu Vince. Etkilenmişe benziyordu.

"Öyle de denebilir," diye cevap verdi Ah Pukuh. Max'e bir bakış attı. "*Dünyanın Sonu Geldi Kulübü* de diyebiliriz."

Max'in gözleri kısıldı. Bu ifadeyi daha önce yalnızca babasının ağzından duymuştu. Ah Pukuh, onunla alay mı ediyordu yoksa? Grubu takip ederek bir mağaranın içine benzeyen açıklığa inerken, içinde kötü bir his vardı. Etraflarında küçük bir hizmetli ordusu, masaları düzenleyip tabak çanağı parlatmakla meşguldü. Bir yandan da dört bir yanı kaplayan nem ve küf kokusunu bastırmak için tütsü ile hoş kokulu mumlar yakıyorlardı. Odanın öteki ucunda kırmızı kadife perdelerle örtülü, ustaca düzenlenmiş bir sahne yükseliyordu. Siyah bir zeminin üzerine gümüş renkli ucuz süslerle birçok farklı dilde TEBRİKLER yazılmıştı.

Sırmalı ceketleri ve abartılı peruklarıyla uşak kılığına sokulmuş bir dizi küçük çocuk, grubun malzemelerini sahneye taşıyordu. "Hey ufaklıklar!" diye bağırdı Trigger, "basgitarıma dikkat edin!"

"Ah Pukuh yeni bestelerinizden bazılarını bu gece çalacağınızı söyledi," dedi Max.

Grup üyeleri, şaşkınlıkla bakıştılar.

"Göz atabileceğim bir şarkı listeniz var mı?" diye sordu Max.

"Şarkı listesi mi?" diye öfkeyle homurdandı Ty. "Bizi ne sandın sen; çocuk korosu mu?"

"Ama ne çalacağımı nereden bileceğim?" diye sordu Max.

Ty, kolunu Max'in boynuna dolayarak "Ne çaldığın hayranların umurunda bile olmaz. Zaten çığlıklardan ötürü kimse bir şey duyamaz," diye açıkladı. "Rock yıldızı olmak, tamamen bir tavır meselesidir. Birçok şarkımızın sözlerini bile bilmiyorum ben."

"Ama sen grubun solistisin."

"Ben kendimi daha çok ön plandaki kişi olarak görüyorum. Sözleri unutursam, dilimi çıkarıp bir şeyler geveliyorum."

Ardından son derece uzun olan dilini çıkarıp, havalı bir şekilde sağa sola kıvırmaya başladı.

"Doğru söylüyor," dedi Vince. "Ben de yalnızca üç akor basabiliyorum aslında, ama sahnede gitarımı bir yel değirmeni gibi çevirebiliyorum. Ayrıca piyasadaki en büyük hoparlör de bende."

Trigger, başıyla onayladı. "Yetenekli olmayı gözünde büyütme. Hayranlarımızın hoşuna giden şey, basgitarımı dişlerimle çalabiliyor olmam."

"Peki, Odd-Eye genelde neler yapar?"

"Dilini uzatıp çenesine dokundurur," diye atıldı Ty.

"Bagetlerini havaya atıp tutar," dedi Vince.

"Ayrıca sahnede tişörtünü çıkarır," diye ekledi Trigger.

"Ama o, piyasadaki en iyi rock davulcusu," dedi Max. "Başka yetenekleri de olmalı."

Grubun diğer üç üyesi, şaşkınlıkla bakıştı.

"Adamımızı arayalım o zaman," dedi Ty. Cep telefonunu çıkarıp bir numara tuşlamaya başladı. "Hey, Odd-Eye, şu yeni çocuk seninle konuşmak istiyor, dostum. Ben ona her isteyenin davulcu olabileceğini söyledim, ama senin ona tavsiye vermeni istiyormuş."

Ardından telefonu Max'e uzattı.

Odd-Eye, hâlâ acı çektiğini belli eden bir sesle "İlk iş olarak," dedi, "tüm davulcu şakalarını görmezden geleceksin. Dalga geçmelerinin nedeni, onlarınkine kıyasla daha keyifli bir iş yapıyor olman. İşin püf noktası, seyirciye kendini fark ettirmekte. O nedenle kollarını her an olabildiğince yukarı kaldır, yoksa davul setinin arkasında seni kimse göremez. Şunu unutma, sen davul falan *çalmıyorsun*. Sen o davulun *ta kendisisin*. Çılgınlar gibi kafa salla, oturduğun yerde sıçrayıp dur, bagetlerini semazenler gibi döndür, gözlerini ardına dek aç. Ritmi sahneye yansıtacak ve ilgiyi gitarcılardan kendine çekecek ne varsa yap. Dışarıya sıkı bir görüntü verdiğin sürece, ne kadar berbat çaldığının hiçbir önemi yok. Anladın mı?"

"Hey! Çok sağ ol!" dedi Max ve telefonu Ty'a geri verdi. Ardından, "Gidip biraz pratik yapsam iyi olacak," dedi ve bagetlerini eline aldı.

"Ver şunları bana," dedi Trigger. "Pratik yapmak da neymiş? Üçümüzün sahnede beceriksiz görünmesini mi istiyorsun?"

"Ama..."

"Belalı Yarasalar'ın bütün olayı, sahneye ısınmadan çıkmasıdır, evlat," dedi Vince.

"Zeytinyağlı yemek gibiyiz," diye hemfikir oldu Trigger onunla.

"Güzel bir albüm adı olurdu," diye fikir yürüttü Ty.

"Zeytinyağlı demişken," dedi Trigger. "Bir parça biftek ve tatlı için adam bile öldürebilirim. Burada yiyecek bir şey yok mu?"

"Ben gider bakarım," diye atıldı Max. Bir an önce oradan ayrılıp dil hareketlerini çalışmak için can atıyordu.

Yeraltındaki devasa salonda dolaşırken, bir yandan da mekânın ne için yapılmış olduğunu tahmin etmeye çalışıyordu. Salon, sanki çıplak toprağın içine kazılmış gibiydi. Bir şarap mahzeni miydi acaba? (Ancak etrafta gözüne şarap şişesi çarpmamıştı.) Belki de eski bir zindandı? (Fakat kelepçe ya da zincir de göremiyordu.)

Max'in içinde durduğu daire şeklindeki açıklıktan, etrafa pek çok dar yol uzanıyordu. Öyle ki dışarıdan bakıldığında, bir tekerleğe benziyordu. Landa'nın onu tanıması ihtimaline karşı bir kaçış planı bulsa iyi olacaktı. Böylece çocuk, karşısına çıkan ilk geçide daldı.

İçeri girer girmez, ne tür bir yerde bulunduğunu anlayıverdi. Geçidin her iki yanında, denizaltılardaki sıkışık ranza sıralarını andıran derin raflar uzanıyordu. Ama bu rafların her biri, Landa ailesinin üyelerinin mezarlarına ev sahipliği yapıyordu. Ölmüş kişilerin isimleri, mermer tabutlara oyulmuştu.

Geniş duvar raflarının arasında yer alan minik oyuklarda ise düzgünce bir araya getirilmiş kemik ve kafatasları göze çarpıyordu. Yüzlerce sarı mum, geçidi aydınlatıyordu. Max, yolun sonundaki demir kapıların gerisine özenle oyulmuş anıtmezarı görebiliyordu. Şaşkınlık içinde bir sonraki geçide, ardından da ilerideki geçitlere bir göz attı. Her biri, daha da fazla sayıda mezar, kemik ve kafatasına ev sahipliği yapıyordu.

Max, koşarak Belalı Yarasalar üyelerinin hâlâ şakalaşarak vakit geçirdikleri sahneye döndü.

"Yiyecek bir şeyler bulabildin mi?" diye sordu Ty.

"Hayır," diye alelacele yanıt verdi Max, "ama bilin bakalım ne buldum? Burası bir gece kulübü falan değil, bir yeraltı mezarlığıymış!"

Trigger, başını kaldırdı. "Ölü elemanları koydukları türden bir yer mi?"

"Evet! Etrafımız tamamen onlarla kaplı! Şu geçitlerin hepsinde ölüler yatıyor!"

Trigger, grup arkadaşlarına döndü. "Duydunuz mu gençler? Mortu çekmiş bir dizi adama müzik yapacağız!"

"Süper!" dedi Ty.

O sırada, kadife perdelerin arasında Ah Pukuh'un başı göründü. Giyinmekte olduğu anlaşılıyordu. Başına bir havlu sarmıştı. Kıyafetlerini bembeyaz suratından dökülen pudra tanelerinden korumak için, sırtına minik bir örme pelerin geçirmişti. Heyecanla "Konuklar geliyor," dedi. "Gösteri zamanı, gençler! Haydi bakalım!"

Vince Vermin, gitarının kayışını sırtına geçirerek "Haydi başlayalım!" diye bir çığlık attı.

Max, sahneye sıçrayarak Odd-Eye'ın davulunun başına geçti. Grubun son bestesi olan "Ölülerin Uyanışı" adlı şarkıyı çalmaya başladılar. Müzik salon boyunca gümbürdeyip yankılandıkça, meşalelerin alevleri de gökyüzündeki yıldızlar gibi parlatılmış tabak çanaklardan yansıyordu. Onlar şarkılarını çaldıkça, görüntüler de ter ve salonu kaplayan coşku eşliğinde giderek bulanıklaşıyordu... Max, nihayet başını kaldırdı ve konukların oluşturduğu insan denizinin müzikle uyumlu bir şekilde hareket ettiğini fark etti. Maskeli balo, tüm hızıyla devam ediyordu.

Vince, solo atmaya başladı ve gitarıyla ortalığı inletirken, Max de fırsattan yararlanıp izleyicileri gözlemlemeye koyuldu.

Balo kıyafetleri, pırlantalı mücevherleri ve Ortaçağ peruklarıyla tüm kadınlar Marie Antoinette'i andırıyordu. Hatta bazılarının boyunlarında, son derece gerçekçi giyotin kesikleri görülüyordu.

Erkeklerin her biri ise perukları, sırma yelekleri, frakları*, fırfırlı gömlekleri ve golf pantolonlarıyla birer Mozart olmuştu. Bazılarının yüzü, o kadar çok pudralanmıştı ki, Mozart'ın mumyası gibi görünüyorlardı. Konukların hepsi ya süslü maskeler takıyor ya da çubuklu maskelerle gözlerini gizliyordu. Belalı Yarasalar'ın olağan hayran kitlesine hiç benzemiyorlardı. Ancak kalabalıktan yükselen anırmalara ve böğürmelere bakılırsa, bir punk grubu eşliğinde yeraltı mezarlığında parti vermekten büyük keyif alıyorlardı.

Salonun kenarında ise kılıç ve alev yutanlarla cambazlardan oluşan bir grup, hünerlerini sergiliyordu. Yüzleri pudralı pandomimciler, canlı bir fil heykeli oluşturmakla meşguldü. Başsız bir atadam, kendi kafasının da dâhil olduğu bir dizi ağır nesneyi havaya atıp tutuyordu. Sihirbazın biri ise bir garsonun taşımakta olduğu içki tepsisini yok ederek, adamı şaşırtmakla meşguldü.

Max, tam bunun katıldığı en başarılı parti olduğunu düşünüyordu ki, birileri fişleri prizden çekti ve müzik, aniden kesiliverdi.

Gitarlar vızıldayarak susunca, Max de davul çalmayı kesti.

Grup üyeleri şaşkınlıkla etraflarına bakınırlarken, Ah Pukuh, hantal adımlarla sahneye çıktı. Boyanmış kâğıt hamurun-

* Resmi törenlerde giyilen uzun etekli, eteğinin arkası beline kadar yırtmaçlı siyah erkek ceketi veya takımı. (Ed. N.)

dan yapmış olduğu bir jaguar maskesi takmış, tombul yanaklarına kırmızı allık, dudaklarına ise siyah ruj sürmüştü. Yağlı saçları pudrayla beyazlatılmıştı. Ancak aşırı şişmanlığını gizleyebilmesi olanaksızdı. Beyaz tören cübbesinin altında bir o yana, bir bu yana savrulan göbeği, bir yorganın altında itişmekte olan koyunları andırıyordu.

Eliyle konserin bittiğini işaret etti. Bunun üzerine Max, grubun diğer üyeleriyle birlikte sahneden inmek üzere hareketlendi.

"Dur bakalım," dedi Ah Pukuh. "*Sana* ihtiyacım olacak."

Turne ekibindeki iki dev, Max'i karga tulumba sahneye sürükleyerek tekrar davulcu taburesine oturttu. Ah Pukuh, Max'in somurtkan bakışları altında elindeki mikrofona hafifçe vurup deneme *bir-iki* diyerek ses düzenini test etti. Ardından yalpalayarak sahne ışıklarının aydınlattığı yere doğru yürüdü.

"Hepiniz hoş geldiniz, bu kutlu vesile sayesinde, yüzyılın düğünü öncesinde bir araya geldik... yoksa *bak'tun*'un nişanına mı demeliydim?"

Max'i işaret etti.

Dım-dı-dım-TISS. Max, Ah Pukuh'un berbat şakasına, duruma uygun kaçacağını düşündüğü küçük bir davul atağıyla karşılık verdi.

Çocuk, kaygısız grup menajeri kimliğini bir yana bırakıp kaypak bir sunucuya dönüşen şiddet ve zamansız ölüm tanrısını ilgiyle izliyordu.

"İlginç bir Maya geleneğini devam ettirmek adına," diye devam etti Ah Pukuh, "törenin açılışını, sahneye gerçek bir Maya falcısını davet ederek yapacağım. Kendisi, bizlere Maya takvimindeki evlilikle ilgili günlerin anlamını anlatacak. Bayanlar ve baylar; lütfen yerlerinize oturup gösterinin tadını çıkarmaya bakın!"

Başında örgü bir eşarp bulunan, beyaz cübbeli ufak tefek bir adam, gönülsüz adımlarla sahneye geldi. Yanında getirdiği geyik derisiyle kaplı çıkını sahneye bırakarak titreyen elleriyle açmaya başladı. Max çıkının içinde, tıpkı Zia'nın Murphyler'in Boston'daki evlerinde dizdiği gibi, bir sürü minik nesne –beyaz kristaller, sarı mısır taneleri ve kırmızı tohumlar– bulunduğunu fark etti.

"Konuş!" diye emretti Ah Pukuh.

"Bugün Kan K'an, 4-Mısır," diye fısıldadı şaman.

"Yüksek sesle!" diye gürledi Ah Pukuh.

"Kan K'an, yanma ve borç günüdür."

Ah Pukuh'un tombul çenesi, öfkeyle titredi. "Ne? *Şölen ve eğlence günü* demen gerekiyordu. Sana verdiğim metne bağlı kal, yoksa paranı alamazsın."

"Ben bir şamanım, oyuncu değil."

"Bu bir balo. Güzel bir şeyler söylesen tüylerin mi dökülür?"

Şaman, korku dolu bakışlarla Ah Pukuh'u izlemeye başladı.

"Haydi ama mutlu bir gelecek ve bolca çocuk sahibi olacaklarına dair bir şeyler söyleyecektin, öyle değil mi?" diye fısıldadı şiddet ve zamansız ölüm tanrısı.

"Yarın Ho Çikçan, 5-Yılan Isırığı," diyen şaman, tedirginlikle yutkundu. "Ağlayacağınız ve kapınıza bir düşmanın geleceği gündür."

İzleyiciler, şaşkınlıkla çığlık attılar.

"Götürün şunu!" diye gürledi Ah Pukuh ve şamanın çıkınını tekmeleyerek kristal, mısır ve tohumların etrafa saçılmasına neden oldu. "Sorarım size, dostlarım; etrafta böyle oyunbozanlar dolaşırken Maya medeniyetinin yıkılmış olması şaşırtıcı mı?"

Max'e yeniden işaret etti.

Dım-dı-dım-TISS.

Kırmızı tişörtlü turne görevlileri, talihsiz şamanı sahneden çıkardılar.

"Tırnaklarını sökün ve derisini yüzün!" diye arkalarından seslendi Ah Pukuh.

İzleyiciler sinirli sinirli güldüler.

Ancak Max, Ah Pukuh'un şaka yapmadığından adı gibi emindi.

Şamanın çığlıklarını bastırmak için gür bir sesle konuşmaya başlayan Ah Pukuh, bir kez daha sırnaşık sunucu rolüne bürünmüştü. "Partiyi hareketlendirmek için açılışta küçük bir oyun oynamak gibisi *yoktur*," dedi. "Gerçi tanıklık ettiğiniz olaya pek de oyun denemezdi ya..."

Dım-dı-dım-TISS.

"Ama endişe etmeyiniz dostlar, çünkü birbirinden değişik ve heyecanlı sürprizler sizleri bekliyor. Unutulmaz bir gece olacak. Bence artık bu gecenin gerçekleşmesini sağlayan kişiyle tanışmamızın vakti geldi." Ah Pukuh'un işaretiyle, bulunduğu noktayı aydınlatan tek bir sahne ışığı dışındaki tüm ışıklar karardı. "Ev sahibimizi sizlere sunmaktan kıvanç duyarım: Bayanlar ve baylar, alkışlarınız... Kont Antonio de Landa için!"

Sahne ışığı, Max'in korku dolu bakışları altında salonun arka tarafına doğru kayarak iğrenç Landa'nın üzerine düştü. Landa, mavi kadifeden süslü Ortaçağ yeleği, siyah kısa pelerini, siyah deri eldivenleri ve İspanyol istilacılarına özgü çelik miğferi içinde halinden son derece memnun görünüyordu.

Üstünkörü bir alkış koptu. Konukların oluşturduğu insan denizi, sahneye doğru ilerleyen ev sahibine yol vermek üzere ikiye ayrıldı. Landa kalın, siyah dantelli bir duvak takmış olan bir kadını peşi sıra sürüklüyordu. Kadının yüzü, üzerine örtü atılmış bir kuş kafesini andırıyordu. Uyumsuz görüntüsünü tamamlarcasına eski moda, sarı bir gece elbisesi giymişti. Etekleri öylesine kabarıktı ki, kalabalığın arasından geçebilmek için hafifçe yan dönmek zorunda kaldı.

Mutlu çift sahneye çıkan merdivenleri tırmanırken, Max de büzülerek davulun arkasına saklandı. Ah Pukuh, mikrofonu Landa'ya uzattı.

Kendine özgü peltek konuşmasıyla, "*Muchas gracias*, nikâh şahidim Lord Ah Pukuh'a sonsuz teşekkürler," diye söze girdi Landa. "Bu tarihi akşamda bana katılan siz konuklarıma da teşekkürlerimi sunarım. Bu gece, dostlarım, iki ailenin birleşmesini kutlayacağız. Landa soyunun sonsuza dek şanını sürdürebilmesi amacıyla, oğullarımı dünyaya getirecek eşimi nihayet buldum."

Max, Landa'nın nişanlısını incelemeye başladı.

Kadının yerinde olmayı hiç istemezdi. Böyle bir sürüngenle evlenmeyi kim kabul ederdi ki? Duvağın altından kadının yüzünü seçmek olanaksızdı. Ancak Max, onun dış görünüş ve kişilik açısından tıpkı kont gibi itici biri olduğundan emindi. Landa, layığını bulmuştu.

"Yarın," diye devam etti Landa, "Yıldızların Arasındaki Aziz James'in kadim şehri Santiago de Compostela'daki düğün törenimizde de yanımızda olursunuz umarım. Birlikteliğimizi İspanya'nın koruyucu azizi olan James'in türbesinin de içinde bulunduğu görkemli katedralde tasdik etmemiz, Landa ailesinin yazgısını yerine getirmem ve sevgili ülkemi zaferden zafere koşturmam açısından da..."

"Fevkalade, fevkalade," diye sabırsızca araya girdi Ah Pukuh. Konuklara döndü. "Kimler gelinin yüzünü görmek istiyor?" Onun ısrarıyla beraber salonda bulunan herkes ayağıyla tempo tutmaya ve ıslık çalmaya başladı. Ah Pukuh sessiz olunmasını işaret etti ve Max'e döndü. "Tempo verelim, lütfen."

Landa, beceriksiz hareketlerle kadının duvağını kaldırdı. Talihsiz nişanlının yüzü açığa çıktı ve Max de tempoyu hafif bir dalgalanmayla bitirdi. Davulun arkasından tek görebildiği, kadının oldukça genç ve siyah saçlarının ensesinde topuz yapılmış olduğuydu. Max, onun yüzünü göremiyordu, ancak konukların tepkilerinden, kadının hiç de düşündüğü gibi korkunç bir yaratığa benzemediğini tahmin ediyordu.

Landa, nişanlısını elinden tutarak izleyicilere tanıttı. "*Bueno*, huzurlarınızda müstakbel Kontes de Landa. Kendisi, uzun süredir hüküm sürmekte olan şerefli bir hanedanın üyesidir."

"Öpücük! Öpücük!" diye inliyordu kalabalık. "*Que se besan! Que se besan!*"

Landa, kızın çenesini tutup onu kendine doğru çevirdi. Max, başını uzatarak gelinin yüzüne bir göz attı.

Lola'ydı bu.

Üstelik hiç de mutsuz gibi durmuyordu.

On Altıncı Bölüm

ÖLÜM ÖPÜCÜĞÜ

Sahnede durmuş Landa'nın onu öpmesini bekleyen Lola'nın yüzünde mutsuz olduğuna dair bir ifade yoktu. Hatta yüzü tamamıyla ifadesizdi. Gözleri açıktı ama boş boş bakıyordu.

Lola, Landa onun dudaklarına doğru eğilirken yerinden bile kıpırdamadı. Ancak adamın ince ve solgun dudaklarının Lola'nınkilerle birleşmesi fikri, Max'in midesini kaldırmıştı. Tek düşünebildiği, kızın bir tür büyünün etkisinde bulunduğu ve ne yaptığının farkında olmadığıydı. Onu bu öpücükten hemen kurtarması gerekiyordu.

Bir şeyler yap... ne olursa... dikkatlerini dağıt...

Bütün gücüyle zillere abandı.

Landa, korkuyla yerinden sıçradı.

Görev tamamlanmıştı.

Romantik tablo bozulmuştu.

Max, Lola'nın arkasına dönerek onunla göz teması kurmasını, saçları ve yüzü boyalı olsa da onu tanımasını bekliyordu. Ancak Lola bakışlarını yere dikmiş, hareketsiz duruyordu.

Landa, öfkeyle Max'e ve davula baktı.

Çocuk, adamın onu tanımasından korkarak donakaldı. Ancak sahte kılığı işe yaramıştı.

Ah Pukuh, gür kahkahalar eşliğinde Landa'nın sırtına bir şaplak atıp "Boş ver, Antonio," diye kıkırdadı. "Daha sonra koklaşmak için bol bol vaktiniz olacak. Şimdi şu resmi işlemleri aradan çıkaralım hele."

Landa, kendisini toplamak için büyük çaba sarf ederek arkasını döndü.

Ardından, cebinden çıkardığı buruşuk bir kâğıt parçasındaki yazıları okumaya başladı: "*Bueno*, başlamadan önce seçkin konuklarımı tanıklık etmek üzere oldukları temsilin önemi hakkında bilgilendirmek isterim."

"Bunu ille de yapmak zorunda mısın?" diye sordu Ah Pukuh. "Bana kalırsa konuklar gösteriyi izlemeyi tercih edeceklerdir."

"Zorundayım," diye kestirip attı Landa. "Ailem tam beş yüz yıldır bu günü bekliyor. Açıklamamı yapacağım."

Ukala bir tavırla el çırptı. Ağır bir taş bloğu taşımakta olan üniformalı dört uşak, tökezleyerek sahneye girdi. Taşın şekli, bir örsü andırıyordu, ancak daha uzun ve yassıydı. Dört bir yanına jaguar başları oyulmuştu. Uşaklar, taşı dikkatle yere koyarak jaguar kürkünden yapılma birkaç minderi de üstüne yerleştirdiler.

Ah Pukuh, ayağını sabırsızlıkla yere vuruyordu. "Neyse, çabuk olun," dedi.

Landa, şahidinin kabalığı karşısında somurtarak el çırptı. Uşaklardan biri, elindeki parşömenle öne çıktı. Landa bir kez daha el çırpınca uşak, ifadesiz ve tekdüze bir sesle okumaya başladı:

"Bu görmekte olduğunuz, zamanında Maymun Nehri'nin kral ve kraliçelerinin üzerinde taç giymiş oldukları, kadim Maya krallığının kraliyet makamı, K'awiil'in ünlü tahtıdır. Ayinin bazı detayları artık bilinmiyor olsa da, tahta gömülü durmakta olan K'awiil'in Asası'nı ortaya çıkarmak üzere efsanevi Sarı Jaguar'ı, yani Hakikat Taşı'nı kullandıklarını biliyoruz. Tahta çıkan kişiler, kökenlerini ve tahtta iddia ettikleri haklarını bu şekilde kanıtlamışlardır."

Uşak, bunları okuduktan sonra parşömeni yuvarlayarak hızla sahneden ayrıldı.

Bu kez mikrofonun başına bizzat Landa geçti.

"Bugün Sarı Jaguar elimizde olmasa bile, müstakbel eşimi Kralların Tahtı'nda bana katılmaya davet ediyorum."

Landa ile Lola tahttaki yerlerini alırken, izleyicilerden tek tük alkışlar yükseldi.

Hizmetkârların dört bir yana yerleştirilmiş tütsüleri yakmalarıyla birlikte, sahneyi güzel kokulu bir duman kapladı.

O sırada Ah Pukuh, çılgınca el çırparak öne çıktı. "Bir sonraki sürprizimiz ise..."

"*Espere!* Bir dakika!" diye bağırdı Landa. "Hikâyemi henüz bitirmedim..."

"Antonio, dostum," dedi Ah Pukuh, "konukların buraya tarih dersi almaya değil, partiye geldiler. Hem zaten bu sürprizimizi sen de..."

Landa şaşkın görünüyordu. "*Por favor* Lord Ah Pukuh, program lütfen üzerinde anlaştığımız şekilde ilerlesin..."

"Hayır," dedi Ah Pukuh, "gecenin gidişatı hiç de öyle görünmüyor." İnsanın içine sıkıntı veren bir sesle konuşuyordu. "Bu işi gerektiği gibi halletmemize izin ver."

Davulun bir kez daha tempo vermesi için parmaklarını şıklattı.

Landa, başını iki yana sallıyordu.

Lola, artık ayağa kalkmıştı ve endişeli görünüyordu.

Max, birden neler olduğunu anladı.

Ayaklanıp itiraz edecek oldu, ancak turne ekibindekiler tarafından anında yerine oturtuldu. Adamların sivri tırnakları, omuzlarına birer pençe gibi batıyordu.

Ah Pukuh, arkasını dönerek nefretle Max'e baktı. "Tempo!"

"Onu duydun," dedi turnecilerden biri. "Vur şu davula!"

Max, titreyen kollarını yanlışlıkla trampete değmesinler diye geri çekmek için çaba harcıyordu.

Çok kötü bir durumdaydı.

Hatta berbat bir durumdaydı.

Bunların hepsi, onun suçuydu.

İzleyicilerden yükselen şaşkın sesler, ona korktuğunun başına geldiğini söylüyordu.

"Gözleriniz bayram etsin," diyordu Ah Pukuh, ancak Max o tarafa bakmaya bir türlü cesaret edemiyordu.

Nihayet, sahnenin ön kısmına kaçamak bir bakış attı.

Tahmin ettiği üzere Ah Pukuh, elinde tutmakta olduğu bir nesneyi kalabalığa gösteriyordu. Şaşkınlıkla mırıldanan konuklara "İşte K'awiil'in gerçek Sarı Jaguar'ı, görkemli Hakikat Taşı," diye açıkladı. "Antonio de Landa, tarihsel meselelere olan düşkünlüğün nedeniyle onu kendi irademle sana veriyorum, tıpkı bana verilmiş olduğu gibi."

"Ama... ama bunun provasını yapmamıştık..." diye kekeledi Landa.

"Öyleyse bu kısım da kendiliğinden olsun," diyen Ah Pukuh, kalabalığa dönüp "Sevgili Antonio sevinçten şaşkına döndü," diye açıklama yaptı. Ardından yeniden Landa'ya dönerek "Bana teşekkür etmene gerek yok," dedi. "Kadim ayin için gerekli kapıyı açarken yüzünde göreceğim mutluluk, bana yeter."

"Ama... ama... bunu yapamam..."

"Gerdanlığı boynuna geçir!" diye gürledi Ah Pukuh.

Landa, başını iki yana salladı.

"*Geçir dedim!*"

Ah Pukuh, ellerini çırparak kalabalığın tezahürata başlamasını sağladı.

"GEÇİR! GEÇİR! GEÇİR!"

Landa, endişeli görünüyordu. Dokunsalar ağlayacaktı sanki.

"Gel de sana yardım edeyim," dedi Ah Pukuh.

Seçme şansı olmadığını kavrayan Landa, Ah Pukuh'un ağır gerdanlığı boynuna bağlamasına gönülsüzce izin verdi. Max, Ah Pukuh'un adamın kulağına fısıldadığını duyabiliyordu: "Bunu sana yalnızca geçici olarak veriyorum. Aklına başka fikirler gelmesin. Gerdanlığı geri vereceğine yemin et, yoksa seni mahvederim."

Şaşkınlıktan taş kesilen Landa, hafifçe ciyaklamakla yetindi.

Aldığı yanıtın Ah Pukuh'u tatmin ettiği anlaşılıyordu. Sahne görevlilerine işaret ederek, "Işıkları kısın. Gösteri başlasın artık!" diye seslendi.

Kulakları, borazanlarla çalınan bir giriş melodisi doldurdu.

Sahne kararırken, Jaguar Tahtı'ndan da sarı bir ışık yayılmaya başlamıştı.

Landa, acı içinde boğazını tuttu. Gerdanlığın sarı taşları parıldıyordu. Adamın yüzü, kolalı yakaları gibi bembeyaz kesilmişti.

İzleyiciler de nefeslerini tutmuşlardı. Salon boyunca dolanan soğuk bir esinti, mumların sönmesine, kafalardaki peruk-ların uçmasına, masa örtülerinin savrulmasına ve cambazların dengelerini kaybetmelerine neden oldu.

"Sessiz olun," diye uyardı Ah Pukuh. "Kimse kımıldamasın." Sahnenin kenarına doğru geriledi. "Kapı açıldı. Lord K'awiil aramızda."

Huzursuz bir bekleyiş içindeki konuklar, içkilerini yudumlayıp endişeyle bakışıyorlardı. Her biri, Noel Baba'yı bekleyen çocuklar gibi etrafa bakınıyor, K'awiil'i gören ilk kişi olmaya çalışıyordu.

Bir ses duyuldu. İlk başta çok uzaklardan geliyordu. Ötelerdeki bir şatonun sağlam meşe kapısına çarpan bir koçbaşının* gümbürtüsüne benziyordu.

İzleyiciler, beklentiyle mırıldandılar.

Birkaç saniye sonra, bu kez daha yakından gelen bir gümbürtü duyuldu.

Birbiri ardına patlayan gümbürtüler giderek şiddetleniyor, her biri zeminin sarsılmasına yol açarak salon boyunca yankılanıyordu.

Konuklar, artık gülmüyorlardı.

Sarayın temelleri, büyük bir gürültüyle sarsıldı. Salondaki sahne ışıkları, elektrogitarlar, hoparlörler, mikrofonlar, cep telefonları ve duvardaki prizlerden duman ve vızıltılar çıkmaya başladı. Birkaç saniye içinde, kızıl kıvılcımlar çıkararak birbiri ardına patladılar.

Dehşet içindeki kalabalık, son kıvılcımın da kaybolmasıyla birlikte karanlığın içinde kaldı.

---

* 15. yüzyılın sonuna kadar kullanılan, kuşatılan bir şehrin veya kalenin sur ve kapılarını yıkmaya yarayan, ön tarafı koçun başına benzeyen ağır direk. (Ed. N.)

Bazıları çıkışı bulmak için ayağa fırlasa da sarayı tekrar sarsan ikinci bir korkunç gümbürtü, ayaklarını yerden kesti.

Paniğe kapılan kalabalıktan çığlıklar yükselmeye başlamıştı. Gece için hazırlanan kostümler parçalanıyor, insanlar birbirlerini çiğneyerek kaçmaya çalışıyorlardı.

Fakat artık bunun için çok geçti.

Şiddetli bir elektrik fırtınasının tam ortasında kalmışlardı.

Şimşeklerin çakmasıyla yıldırımlar dört bir yana dağıldı ve tüm salon, beyaz ışıklarla aydınlandı. Konukların elinden, kulaklarını kapamaktan başka bir şey gelmiyordu.

Bir yıldırım oku, çarptığı tahtı sahne ışığı gibi aydınlattı. Korkudan gözlerini yummayanlar, bir buçuk metre boyunda ve bir oklava kadar ince, kıvrımlı bir taşın tahttan yere düştüğünü gördüler.

Ah Pukuh, mikrofondan "Kaldır onu, Antonio, kaldır onu," diye talimat verdi.

Landa, önce kararsız kalsa da emre itaat etti.

"İşte!" diye ilan etti Ah Pukuh, "kralları seçen K'awiil'in kutsal asası, Kont Antonio de Landa'nın ellerinde. Asayı herkesin görebilmesi için iyice kaldır, Antonio."

Sarı sarı parlayan yakasıyla korkudan altına kaçıracakmış gibi duran Landa, ondan isteneni yaptı. Max asanın, bacaklarından biri yılan şeklinde, koca kafalı bir surete benzetilerek oyulduğunu fark etti.

Asa, sapsarı parlıyordu.

Landa mı küçülüyordu, yoksa asa mı büyüyordu?

Sorunun yanıtı, kısa sürede belli oldu. Asa, giderek büyüyordu. Öyle ki etrafındaki tüm nesneler, onun yanında küçücük kalmaya başlamıştı...

Asa, birden kıvılcımlar saçarak Landa'nın elinden kurtuldu ve sahnenin gerisine doğru sıçradı. Yılanı andıran bacak, bir hortum gibi kendi etrafında dönmeye başladı. Kafanın uzunluğu altı metreye ulaşmıştı. İnanılmaz uzunluktaki cilalı siyah alnı, donuk bir biçimde parlıyordu. Yaratık öfkeyle sağa sola bakıyor, uzun hortumundan, alev püskürten bir ejderha gibi gri, yoğun bir duman çıkarıyordu. Sahne boyunca dolanmakta olan elektrik akımları, yaratığın grili beyazlı pullarından sekiyor ve etrafı aydınlatıyordu.

Yılanlı bacak, hızla kendi etrafında dönmeye devam ediyordu. Aynalı, kocaman alnı sahneden devasa bir televizyon ekranı gibi sarkan K'awiil, yılanın kıvrımlarının hemen üstünde oturuyordu.

Gözleri, yaşadıkları dehşetten ötürü fal taşı gibi açılmış izleyiciler, gizli bir güç tarafından yerlerine mıhlanmışlardı sanki.

Ah Pukuh, televizyon sunucularını andıran bir çeviklikle sahnenin ortasına sıçradı.

"Bendenizin ve hepinizin dostu, kraliyet ve soy tanrısı Lord K'awiil için kocaman bir alkış!" diye bağırdı. "Orta Dünya'ya hoş geldiniz, Lord Hazretleri."

Abartılı bir şekilde el çırptı ve seyircileri de aynısını yapmaları için teşvik etti. Ancak konuklar, korkudan adeta taş kesilmişlerdi.

K'awiil, hortumuyla izleyicilere bir ateş topu gönderdi. Sentetik kostümleri ateş topu tarafından eritilen pandomimciler, sonunda ağızlarını açıp koro halinde bağrıştılar.

"Sessizlik!" diye gürledi Ah Pukuh. Landa'ya döndü. "Hazır mısın?"

Landa, başını iki yana sallayarak "Bu şekilde olmamalı," diye sızlandı. "*Por favor*, lütfen böyle olmasın."

Ah Pukuh, kıkırdadı. "Artık geri adım atmak için çok geç, Antonio. Kral olmak istiyordun, değil mi? Teşekkürlerini bana daha sonra da sunabilirsin."

Lola, az sonra olacakları kabullenmiş gibi duruyordu. Max, içten içe kızın başını kaldırıp ona bakmasını istiyordu. Ancak Lola'nın omuzları çökmüş, boynu bükülmüştü. Kocaman, sarı gece elbisesiyle evcilik oynayan küçük bir kız gibi, ufacık ve narin görünüyordu.

Bu sırada Ah Pukuh, yüzünü devasa kafaya dönmüştü.

"Lord K'awiil," diyordu, "size, soyunu bizlerin kraliyet soyuyla birleştirmek isteyen İspanyol asilzadesi Kont Antonio de Landa'yı takdim etmek isterim. Sizden isteğimiz, kendisinin asil bir soydan geldiğini ilan ederek bu onura layık bir kişi olduğunu onaylamanız."

K'awiil'in muazzam alnı, merkezinde Landa'nın görüntüsü belirinceye dek kendi etrafında döndü. Titremekte olan asilzade, birkaç saniye boyunca yeşilli sarılı ışıklara maruz kaldı. Bir an sonra aynadan fırlayan tek bir yıldırım, Landa'nın vücudunu binlerce minik parçaya ayırdı. Geride yalnızca, pırıl pırıl parlamakta olan bir iskelet kalmıştı.

Aynada hayatından sahneler sergilenirken, Landa'nın minik parçaları bir kar küresindeki simler gibi havada dolanıyordu.

Max de diğer konuklar gibi korku ve şaşkınlıktan donakalmıştı.

Ekrana benzeyen devasa alnı mı yoksa havada süzülen parçacıkları mı izlemeliydi, bilemiyordu. K'awiil'in alnına yansıyan görüntülerde Landa'nın kedi yavrularını boğan küçük bir çocuktan uşakları yumruklayan bir gence ve öz kardeşini katleden bir yetişkine nasıl dönüştüğü gözler önüne seriliyordu. Landa'nın varlığından izler taşıyan parçacıkların her biri, sahneye değer değmez birer insana dönüşmeye başlamıştı. Kısa süre içinde sahnenin üzeri, onlarca, hatta yüzlerce insanla doldu. Kadın, erkek ve çocukların her biri, anlaşılmaz bir biçimde Landa'ya çok benziyordu.

Kirli ve kıyafetleri yırtık pırtık köylülerden oluşan aileler, sevinç çığlıkları atarak açık büfelere akın ettiler. Domuz çobanları keçi çobanlarıyla hakaret yarışına girmiş, her iki grubun hayvanları kapışmaya başlamıştı. Zillerini çalarak saklanacak bir yer arayan bir grup cüzzamlı, konukların paniğe kapılmasına neden oldu. Yaşlı dedelerle kamburu çıkmış nineler para dileniyor ve şık giyimli konukların mücevherlerini çalmaya çalışıyorlardı.

Kargaşa, giderek arttı. Sahnenin üstünde yiyecekler uçuşuyor, masalar devriliyordu. İzleyicilerin içinde itişmeler başlamıştı. İrili ufaklı domuzlar ayakaltında dolaşıp ciyaklıyor, keçiler parti süslerini kemiriyordu. Hayvan dışkılarından yükselen kokular, tütsüleri bastırmış ve bazı hassas konukların bayılmasına yol açmıştı.

Bir grup İspanyol istilacı, kahkahalar atarak her an katılmaya hazır halde kargaşayı izliyordu. O sırada kukuletalı bir kişi, çalmayı ve kaçırmayı planladıkları ganimetle kadınları ölçüp biçen istilacı grubunu yarıp geçti ve sahnenin ortasına geldi.

Bunu, esrarengiz bir sessizlik takip etti.

Landalar'ın hepsi donakalmıştı.

Köylülerin ellerindeki butlar yere düştü.

Domuzlar bile ciyaklamayı kesmişti.

Yeni gelen, kukuletasını geriye attı. Kel bir kafası, sipsivri bir burnu vardı. Bakışları buz gibiydi.

Max, adamı Prenses Inez'in hikâyesinden hemencecik hatırlamıştı.

Antonio de Landa'nın kötü şöhretli, eline geçirdiği tüm Maya kitaplarını yakmış olan atası, Keşiş Diego de Landa'ydı bu. Üç bin yıllık öğretiler, bu güç delisi ruh hastası tarafından yok edilmişti. Max, Lola'nın Keşiş Diego'dan yakındığını sayısız kez duymuştu.

Ve şimdi, nişanlısı yeniden insana dönüşebilirse eğer, Landa ailesine gelin gidiyordu Lola.

Max, aradan çıkan bir çürük elma nedeniyle tüm Landalar'ın suçlanamayacağının farkındaydı. Ancak Antonio de Landa da atasının buz gibi bakışlarına sahipti. Ayrıca Max'in görebildiği kadarıyla onun saldırgan ve değişken ruh hali de ona miras kalmıştı.

Keşiş Diego'nun ortaya yeni çıkan akrabaları da aynı şeyi düşünüyor olmalılardı ki, adamdan uzaklaşmak için sahneyi terk etmeye başlamışlardı. İstilacılar bile Diego ile aralarına mesafe koyarak sahneden atlamış ve kalabalığa karışmışlardı.

Tüm bunlar olurken, keşişin torunu Kont Antonio, başında çelik bir miğfer bulunan sapsarı bir iskelet halinde, kımıldamadan Jaguar Tahtı'nda oturuyordu. Max, itişip kakışan Landalar'ın arasından, onun yanındaki Lola'yı seçebiliyordu. Kız, müstakbel eşinin iskeletinin yanında oturmuş, şaşkınlıkla keşişi izliyordu.

Lola, Max'in gözlerinin önünde sahneye düşmüş bir tavuk budunu aldı ve Diego de Landa'nın sırtına doğru fırlattı. Bunu, tavuğun hemen arkasından fırlattığı ve adamın kel kafasında patlayan bir parça sosis ve iri bir portakal takip etti.

Yemek savaşı başlamıştı. Keşiş, gözlerindeki portakal parçalarını temizlerken başına bir sürü meyve, sebze ve et parçası isabet etti. Salondaki herkesin Diego'yla kapanmamış bir hesabı vardı sanki.

Turne ekibi de sahneden atlayarak kalabalığa karışmıştı. Max, hain keşişe kremalı tatlılar fırlatmakta olan adamların kırmızı tişörtlerini seçebiliyordu.

Diego de Landa, zayıf parmağını kaldırarak konuklara doğrulttu.

İnce bir sesle "Tövbe edin!" diye çığlık attı.

O sırada havada uçan bir elma 'Küt!' diye ağzının içine girince, gözleri fal taşı gibi açıldı. Tıpkı Ortaçağ şölenlerinde kızartılan domuzlara benzemişti.

Sahnenin gerisinde giderek daha fazla sayıda Landa birikiyordu. İstilanın ardından doğanlar, köylü atalarına göre daha şık giyimliydi. Ancak hiçbirinin terbiyeli ve asil olmadığı anlaşılıyordu. Erkekler aralarında kavga edip birbirlerinin sakallarını çekiştirirken, kadınlar da akrabalarının bacaklarına tekmeler savuruyor ve saçlarını yoluyorlardı.

Tam bir ayaktakımıydılar.

Ah Pukuh, havada uçuşan nesnelerden korunmak için hafifçe eğilerek mikrofona yöneldi. "Sürpriz konuğumuz Keşiş Diego de Landa'yı selamlayalım!" Şiddet ve zamansız ölüm tanrısı, salona hâkim olan karmaşadan hiç de rahatsız olmuşa benzemiyordu. Kolunu çocukluk arkadaşıymış gibi omzuna attığı keşişi sahneden indirmeye çalıştı.

Ancak Diego, son derece sinirliydi. Üstüne başına o kadar çok yiyecek fırlatılmıştı ki, boya sandığından fırlamış gibi görünüyordu. Bakışlarıyla etrafına nefret saçıyor, el kol hareketleri yaparak kalabalığa küfrediyordu.

O sırada Ah Pukuh, gür bir kahkaha atarak ellerini çırptı.

Rahibin küfürleri, bir anda kulakları dolduran deniz kabuğu sesleri tarafından bastırıldı ve sahne ışıkları yeniden yandı.

Yüce K'awiil'in yeniden içine girdiği taş asa, sahne boyunca yuvarlanarak tahtın dibindeki oyuğuna girdi.

Gerdanlık artık parlamıyordu, sarı sis perdesi de dağılmıştı. Antonio de Landa'nın bedeni, yeniden bir araya gelmişti. Antonio, mahvolmuş nişan törenini "Az önce ne oldu?" dercesine süzüyordu.

Akrabalarından birçoğu ortadan yok olmuştu, ancak birkaç sarhoş gölgelerin içinde hâlâ dolanıyordu. Küçük bir domuz, Landa'nın ayaklarına sürtündü.

Tekrar çalıştırmayı başardığı mikrofondan, "Aramıza hoş geldin, sevgili Antonio!" diye haykırdı Ah Pukuh. "Bizleri sevgili ailenle tanıştırdığın için sana teşekkür ederiz. Ne hareketliydiler ama! Halktan kopmamış soylularla tanışmak, insanın içini ferahlatıyor!" Sözlerine ara verdi ve seyircilere dönerek yüzünü buruşturdu. Landa'nın akrabaları hakkındaki gerçek fikri buydu demek ki. "Geri kalanları da birazdan toplayacağız ama bu arada gümüş takımlarını bir kontrol etsen iyi olur..."

Landa, inleyerek başını ellerinin arasına aldı. Başına aniden bir ağrı saplanmışçasına şakaklarını ovmaya başladı.

"Şaka yapıyordum, Antonio!" diyen Ah Pukuh, bir kez daha konuklara dönerek yüzünü buruşturdu. Uşaklar, sahnedeki yıkıntılarla domuz yavrularını temizlerken, "Ne gösteriydi ama değil mi millet?" diye gevezelik etmeye devam etti. "Ancak daha bitmedi!"

İşaretiyle birlikte, bir sahne görevlisi elindeki ipi çekmeye başladı. Havalı perde hızla yukarı kalkınca, arkada bir resim ortaya çıkmıştı. Resimdeki mavi gökyüzünün altında yağmur ormanları ve bir Maya piramidinin zirvesindeki platform göze çarpıyordu.

"Ve şimdi!" diye gürledi Ah Pukuh. "Çok sayıda çocukları olması için, mutlu çifte son hediyemi sunmaktan memnuniyet duyarım... bir insan kurban edeceğiz!"

Birkaç şaşkın alkışın ardından kalabalık, derin bir sessizliğe gömüldü. *İnsan mı kurban edeceklerdi?* Ne biçim bir düğün hediyesiydi bu böyle? Tost makinesinin modası ne zaman geçmişti?

Ah Pukuh, ellerini çırptı.

Hizmetkârlar, kurban edilme töreninin yapılacağı sunağı gıcırtılar eşliğinde salona sokmaya başladılar. Taş, Max'in San Şavier'deki Maya piramitlerinde görmüş olduğu hakiki sunaklara benziyordu. Ancak kolay hareket edebilmesi için altına tekerlekler yerleştirilmiş ve bu haliyle de şık otellerde kullanılan gıcırtılı servis arabalarına benzemişti.

Oda servisinin menüsünde bu gece ne ıstakoz ne de biftek vardı.

Sunağa genç bir adam bağlanmıştı. Küçücük bir peştamal dışında çıplak olan vücudunun geri kalanı, parlak maviye boyanmıştı. Max, bu rengi en sevdiği pizza kadar yakından tanıyordu.

Kurban mavisi.

Siyah Piramit'teyken Tzelek tarafından kurban edilmeyi bekleyen Lola da aynı renge boyanmıştı.

Bir tür şaka mı söz konusuydu acaba? Bu kadarı, Ah

Pukuh'un bile boyunu aşıyordu. Mavili adam, bir tiyatro oyuncusu falan olmalıydı. Max, kurban rolünü oynayan adamın çok iyi rol yaptığını düşünüyordu. Attığı korku çığlıklarıyla Oscar almayı hak ediyordu.

Amma da garip bir partiydi bu yahu.

Max, etrafına bakınarak Belalı Yarasalar üyeleriyle göz göze geldi. Başparmaklarını gönülsüzce yukarı kaldırarak, her birini selamladı. Verilen heyecanlı karşılıklara bakılırsa, grup, bir sonraki gösterisine sahte bir kurban töreni eklemeyi planlıyordu.

Ah Pukuh, hantal adımlarla sunağın arkasına geçti.

Geniş cübbesinin ceplerini karıştırdı ve keskin uçlu, obsidyen bir hançer çıkardı.

Konuklardan şaşkınlık nidaları yükseldi.

"Bu gecenin sonunda," diye ilan etti Ah Pukuh, "kurbanımızın atmakta olan kalbini göğsünden çıkarıp, yeni evlilere düğün kahvaltısı olarak sunacağım..."

Sözleri, Lola'nın attığı tüyler ürpertici çığlıkla kesildi.

Lola ayağa kalkmış, çılgınlar gibi müstakbel eşine bağırıyordu. "*Hayır! Bunu yapamazsın! Bana söz vermiştin! SÖZ VERMİŞTİN!*"

Antonio de Landa, kara eldivenli elini kaldırdı ve yüzüne bile bakmadan kızın bileğini çabucak kavradı.

Ardından diğer elinin parmaklarını şıklattı.

Sahneye aniden bir muhafız grubu daldı. Landa, Lola'nın hızla huzurundan uzaklaştırılmasını işaret etti.

Muhafızlar, hâlâ çığlıklar atmakta olan Lola'yı sürükleyerek sahneden uzaklaştırdılar.

Her şeyin yolunda gittiğine inanıyormuş gibi görünen Ah

Pukuh, Lola'nın arkasından el salladı. "Görünen o ki, gelinimizin oldukça yufka bir yüreği var." Maviye boyanmış kurbana döndü. "Yüreklerden söz etmişken, *adiós* deme zamanın geldi, *amigo*...*"

"E–durun!" diye bağırdı mavili adam. "E–durun!"

Santino?

Santino muydu o?

Şaşıran ve dehşete düşen Max'in midesi bulanıyor, yerinden kıpırdayamıyordu.

Ah Pukuh'un makyajı ve ruju akmaya başlamıştı. Hançeri Santino'nun göğsünün üstüne doğru kaldırdı. Kana susamış gözleri, coşkudan parlıyordu.

"Hayata veda et, ey sefil!" diye gürledi.

"E–durun! E–durun!"

Güm!

Sarayda aniden yankılanan bir silah sesi, Ah Pukuh'un büyüsünü bozdu. Konuklar, bir anda hareketlenip çığlıklar atarak kaçışmaya başladılar.

Ah Pukuh, öfkeyle etrafına bakındı. Gösterinin en sevdiği kısmı burasıydı ve izleyicilerini kaybediyordu.

Şiddet ve zamansız ölüm tanrısına özgü o berbat sesiyle bir kez daha "Hayata veda et, ey sefil!" diye haykırdı.

Fakat kimse onu dinlemiyordu.

Bütün salonda panik başgöstermişti.

"*Fuego! Fuego!***"

Keskin bir duman kokusu burunları dolduruyordu.

"*Fuego! FUEGO!*"

* İsp. Dostum. (Ed. N.)
** İsp. Yangın var! (Ed. N.)

Konuklar yeraltı mezarından çıkabilmek için birbirlerini eziyorlardı.

"*FUEGO! FUEGO!*"

Tepedeki sarayda ötmeye başlayan yangın alarmlarını duyabiliyorlardı artık.

Kont Antonio de Landa, birkaç saniye boyunca yukarıdan gelen sesleri dinledi. Havayı şöyle bir kokladı. Sarı Jaguar gerdanlığını boynundan çıkarmadan, yıldırım hızıyla sahneden indi ve merdivenlere ulaşmak için mücadele vermekte olan konukların arasına karıştı.

"Geri dön! Geri dön!" diye bağırdı Ah Pukuh, ancak damat ortadan kaybolmuştu. Şiddet ve zamansız ölüm tanrısı, öfkeli bakışlarını yeraltı mezarı boyunca gezdirdi. Kimse onu dinlemiyordu artık. Nicedir beklediği o an, elinden kayıp gitmişti.

Max, belli etmeden oradan uzaklaşmaya çalışırken, hafifçe bir zile sürtündü.

Ah Pukuh, alev alev yanan gözleriyle arkasına döndü.

"Hâlâ burada mısın, seni solucan?" diye gürledi. "Seni şuracıkta öldüreceğim. Ölümlerden ölüm beğen, Max Murphy. Şiddetli ve zamansız olması koşuluyla, isteğini yerine getirmekten memnuniyet duyacağım."

O sırada, Ah Pukuh'un başının hemen üstündeki yangın söndürme musluğu, salona su fışkırtmaya başladı.

Max, Ah Pukuh'un makyajının bozulmasını, uzun saçlarının iğrenç bir biçimde yağlı kafasına yapışmasını şaşkınlıkla izledi. Ortaya, bir ölüler diyarı sakini için bile hoş olmayan bir manzara çıkmıştı.

Ah Pukuh, "Ne bakıyorsun öyle?" diye sordu ve hançeri Max'in kalbine doğru savurdu. Hançer, Max'in yakalayıp bir kalkan gibi önünde tuttuğu zile gürültüyle çarparak yere düştü.

Max, büyük davulun arkasına saklandı. Ah Pukuh'tan Sarı Jaguar'ı geri istemek için hiç de uygun bir zaman değildi.

"Seni geberteceğim, Max Murphy," diye hırıldadı sahne arkasına atlayan Ah Pukuh. "Seni ve tüm yakınlarını öldüreceğim."

Max, kendini davullardan kurtararak hançeri yerden aldı ve Santino'nun kendinden geçmiş bir şekilde yattığı sunağa yöneldi. Genç hukuk öğrencisini omuzlarından tutup sarsarak "Uyan hadi!" diye bağırdı.

Santino, bir an için gözlerini açtı ve Max'e bir göz attıktan sonra yeniden sımsıkı kapattı. "Benden uzak dur, seni e–şeytan!" dedi.

"Santino!" diye aceleyle tekrar etti Max. "Uyan dedim! Buradan çıkmamız gerek!"

Santino tek gözünü açtı. "Adımı nereden biliyorsun?"

"Benim, Max Murphy. Bu sabah beni polis karakolundan kurtarmıştın..."

Santino, Max'in yüzünü inceledi. "Hayır," dedi. "Senin saçların siyah. Max Murphy ise bir *pelirrojo*."

Max, hançeriyle ipleri kesmeye başladı. "Tartışacak vaktim yok. Yukarıda yangın çıktı ve buradan gitmemiz gerek."

"Gerçekten sen misin? Ama bu gece İspanya'dan ayrılman e–gerekiyordu senin."

"Yanlış otobüse bindim," dedi Max. "Ya sen burada ne arıyorsun?"

"Senyorita Lola'yı, elbette. İspanya'da e–tek tanıdığı kişinin Antonio de Landa olduğunu söylemiştin. Ben de buraya gelip kendisiyle e–konuşmaya değer diye düşündüm. Nişanlandığını bana neden söylemedi acaba?"

"Gel gidip bunu kendisine soralım," dedi son düğümü de kesen Max.

"Hayır," dedi Santino. Doğrularak el ve ayak bileklerini ovuşturdu. "Beni aptal yerine koydu. Onu bir daha asla görmek istemiyorum."

"En azından neler olup bittiğini öğreniriz, ne dersin?"

"Bilmem gereken tek şey, bu gece e–neredeyse öldürülecek olmam. Ben polise gidiyorum."

"Lütfen bunu yapma, Santino," diye yalvardı Max. "Şu an açıklayamam, ama yakında burada neler olup bittiğini öğreneceksin. Dünyanın geleceği tehlikede ve onu kurtarabilecek tek kişi de benim."

Santino, Max'e acıyarak baktı. "Bu tür oyunlar için biraz büyük değil misin?"

"Bu, bir oyun değil. Polisin, Landa'nın aile mezarlığında bir parti verdiğine ve Maya soy tanrısının gelip adamın atalarını çağırdığına inanacağını mı sanıyorsun? Ya da, Mayaların şiddetli ve zamansız ölüm tanrısının seni bir sunağa bağlayarak kurban etmeye çalıştığına? Üstelik bir müzik grubunun menajeri kılığında!"

"Doña Carmela senin hakkında söylediklerinde haklıydı," dedi Santino. "Senin için kötülük dolu, Max Murphy."

Hançeri yıldırım hızıyla Max'in elinden kaptı ve sahneden atladı. Mavi bedeni, salonla arka merdivenlerin arasındaki karanlıkta kayboldu.

Havadaki yanık kokusu, giderek artıyordu.

"Hayır! Dur! Ben iyilerin tarafındayım!" diye seslendi Max. Fakat Santino, çoktan gitmişti.

On Yedinci Bölüm

KEYİFSİZ BİR BULUŞMA

Mezarlıktan merdivenle yukarı çıkan Max, yukarıda onu kimin beklediğini tahmin etmeye çalışıyordu. Ah Pukuh mu? Kont de Landa mı? Yoksa elindeki sivri tören hançeriyle Santino Garcia mı?

Şu durumda, onu hangi olasılığın daha çok korkuttuğunu bilemiyordu.

Tam o sırada, yerde yüzüstü yatmakta olan Vince Vermin'in deri pantolonlu, zayıf bacaklarına takılıp düştü.

"Vince! İyi misin? Buradan çıkman gerek. Bu duman..."

Vince, inledi. Ciğerlerine dolan duman nedeniyle ayakta duramayacak kadar bitkin düşmüştü ve bayılmak üzereydi.

Max, adamı çevirip koltuk altlarından yakaladı ve koridor boyunca sürüklemeye başladı. Vince, bir yetişkin için şaşırtıcı derecede hafifti. Punkçıların deri pantolonla hoş görünmeleri için zayıf olmaları gerek tabii, diye düşündü Max.

Saraydaki kargaşa sürüyordu. Çığlıklar ve iniltiler duyuluyor, etrafa domuz kızartması kokusu yayılıyordu. Üniformalı uşaklar, ellerindeki hortum ve su kovalarıyla koşuşturup duruyorlardı.

Max, çift kanatlı kapıyı açarak Vince'i açık havaya çıkardı. Sağanak yağış durmuştu, yağmur çiseliyordu. Adamı ıslak çimlerin üzerine bıraktı.

"Artık güvendesin," dedi nefes nefese.

Vince, bir süre sonra kendine gelmeye başladı. "Hey, bu çok acayip bir şeydi," diye mırıldandı. "Sana borçluyum, evlat."

Max gülümsedi. "Ödemesi kolay. Sonbaharda Boston'da vereceğiniz konserde bana sahneden teşekkür edebilirsin. Ah Pukuh, bana ön sıradan birkaç bilet vermişti."

"Boston mu? Sonbaharda, ha?"

"Unuttun mu? Duman, seni sersemletmiş olmalı. *Dünyanın Sonu* turnenizin başlangıcını diyorum, hatırlasana?" Max, yumruğuyla göğsüne vurdu. Tişörtündeki kelimeleri yüksek sesle okumaya başladı. "El... Fin... del... Mundo? Dünyanın Sonu?"

Tişörte bakakalan Vince, "Ben de bunun ne anlama geldiğini merak ediyordum," dedi.

"Gerçekten mi? Hiç mi haberin yoktu?"

"Bunu ilk defa duyuyorum dostum. Bana kalırsa seni kandırmışlar."

Max, kandırılmıştı.

Kulağa çok mantıklı geliyordu.

Max, o gece kim bilir kaçıncı kez, kendine Ah Pukuh'a neden güvendiğini sordu. Nasıl olmuştu da, San Şavier'de yaşanan olaylardan sonra dikkatsiz davranmış ve Sarı Jaguar'ı bir tişört, birkaç dilim pizza ve dört adet sahte Belalı Yarasalar bileti karşılığında Ah Pukuh'a vermişti?

Gerçekten de bu kadar kafasız mıydı?

Evet, öyleydi. Öyle olmalıydı, yoksa bu şekilde davranmazdı.

"Hey, ağlıyor musun sen?" diye sordu Vince.

"Gözüme duman kaçtı da," diye yalan söyledi Max.

Bir an sonra, üstlerine çullanan terli deri yığınları nedeniyle ikisi birden çimlere yuvarlandılar. Trigger ile Ty, arkadaşlarına yeniden kavuşmanın coşkusu içindeydiler.

Trigger, yerde yuvarlanıp Max'in sırtına bir şaplak atarak "N'aber ahbap!" diye selamladı onu.

"Rahat dur," dedi Vince. "Çocuk, az önce hayatımı kurtardı. Şu lanet olası yangından zor kaçtık. Max, tam bir küçük kahraman yahu! Ah Pukuh da bizimkiyle sağlam dalga geçmiş. Zavallı Max'e olmayan bir konserin biletlerini vermiş!"

Ty, hafifçe kıkırdadı. "Menajerine asla güvenme, dostum; rock'n'roll'un ilk kuralı budur!"

"Başka konularda da kandırdı beni," diye itiraf etti Max.

"Şu Ah Pukuh'un suyu iyice ısındı. Bu gece bize karşı takındığı tavrı hiç beğenmedim. Onunla bir konuşsan iyi olacak, Vince. Bizim kim olduğumuzu anlasın," dedi Trigger. Eline geçirdiği bir şişe suyu kafasından aşağı boca etti. "Bir dahaki sefere mekânın yangın ruhsatını kontrol ettiğinden emin olsun. İçerisi amma da sıcaktı yahu!"

"Yangının neden çıktığını duydunuz mu?" diye sordu Ty. "Budalanın teki, kütüphanede eski moda bir misket tüfeğini ateşlemiş. Alevler, oradan tüm şatoya yayılmış."

"Harika bir partiydi gerçi," dedi Vince.

"Davulda iyi iş çıkardın," dedi Max'e dönen Ty.

"Odd-Eye, birkaç hafta dinlenmek zorunda kalacak," diye durum değerlendirmesi yaptı Trigger.

Üç Belalı Yarasalar üyesi, anlamlı anlamlı bakıştı.

"Bu konuda ne yapacağız, evlat?" diye sordu Ty.

Her üçü de ümitle Max'e bakıyorlardı.

"Hangi konuda ne yapacağız?" diye sordu Max.

"Davulcumuz olmak ister misin?" diye sordu Vince.

Max, kulaklarına inanamıyordu. "Ben mi? Sizlerden biri mi olacağım?"

Trigger "Neden olmasın? Ah Pukuh'u kovar ve kendimize doğru düzgün bir menajer buluruz. Önümüzde yağlı konserler var: Madrid, Roma, Paris..." diye anlatmaya başladı.

"Daha önce Fransız bir kızı öptün mü hiç?" diye sordu Ty.

"Hayallerin gerçek olacak, evlat," dedi Vince. "Ne diyorsun?"

"Harika bir teklif," dedi Max.

"Haydi, otobüse binip konuyu orada konuşalım," dedi Vince.

"Konuşacak ne var ki?" diye sordu Ty. Çimlerin üstünde yürümeye başlamışlardı. "Bir rock grubunda çalmak, her delikanlının hayalidir."

"Biliyorum," dedi Max somurtarak, "ama Ah Pukuh..."

"Dedim ya, onu kovacağız. Geçmişte kaldı o."

"Derdin nedir, evlat? Bu gece çok eğlendik, öyle değil mi? Yani, işler tuhaflaşmadan öncesini diyorum..."

"Evet, ama..."

Ama ne? diye sordu Max kendi kendine.

Sarı Jaguar'ı kaybetmişti. Kral 6-Köpek ölmüştü. Lola evleniyordu. Sabah olduğunda, bu dünyada yaşayacak iki günü kalmış olacaktı. Niye son saatlerini en sevdiği grubun davulcusu olarak geçirmesindi ki?

Turne otobüsüne bindi.

Belalı Yarasalar üyeleri, çığlıklar atıp el çırparak tepinmeye başladılar.

Max, rock yıldızlarına özgü eşyalarla dolu otobüse imrenerek baktı. Plazma ekranlar, yiyecek içecekle dolup taşan buzdolapları ve kanepeler göz alıcıydı.

Zihninde Lola'nın sesi yankılanıyordu, "*Vazgeç, Hoop. Önemli olan nesneler değil, insanlar.*"

Lola, onun için her şeyden daha önemliydi.

İç geçirdi. "Kusura bakmayın çocuklar, ama sizinle gelemem. Bu gece olmaz."

Böylece kimse onu durduramadan otobüsten aşağı atladı.

Belalı Yarasalar üyeleri, kapıda durmuş, arkasından sesleniyorlardı.

"Anlayamıyorum," dedi Vince.

"Hayatının fırsatını yakalamıştın, evlat!" diye bağırdı Ty.

"Aşağı atlayamadan kapıyı kapatmalıydık," dedi Trigger.

Özgüven dolu bir sesle "Bizimle dalga geçiyor, hepsi bu," diye atıldı Ty. "Kimse şöhret, zenginlik ve Fransız kızlarını elinin tersiyle itemez..."

"Bin şu otobüse, Max Murphy," dedi Vince. Sesi, çocuğu tehdit eder gibi çıkıyordu. "Yoksa hayatın boyunca bu kararından pişman olacaksın."

Evet, pişmanlığım tam iki gün sürecek, diye içinden geçirdi Max. "Hepinize gerçekten minnettarım," dedi, "ama önce bulmam gereken birisi var. Yarın buluşmaya ne dersiniz?"

"Ya şimdi gelirsin ya da hiç gelmezsin," dedi Vince.

Bir an tereddüt eden Max, "Öyleyse hoşça kalın," diye açıkladı kararını. "Teşekkür ederim. Belalı Yarasalar'ın davulcusu olarak geçirdiğim bu geceyi hiç unutmayacağım."

Trigger, birden kahkahalar atmaya başladı. Onu diğer ikisi takip etti. Üçünün de gözlerinden yaşlar geliyordu.

"Sakın bana, gerçekten de..." diye başladı Trigger.

"... Belalı Yarasalar gibi bir grubun..." diye devam etti Ty.

"... *senin* gibi bir cüceyle ilgileneceğine inandığını söyleme?" diye bitirdi gözlerini silen Vince.

"Ama bana az önce..." diyecek oldu Max.

"Massimo Francis Sylvanus Murphy," dedi Trigger, "hiç mi akıllanmayacaksın sen?"

"Belalı Yarasalar İngiliz bile değildir," diyerek kıs kıs güldü Ty.

"Onlar da tıpkı senin gibi Bostonlular!" diyen Vince, gözyaşlarını siliyordu.

Biliyordum, diye düşündü Max. *Biliyordum*.

"Çocuğu iyi kandırdık, gençler," diye neşeyle şakıdı Vince.

"Şu sahte kılıklardan kurtulabiliriz artık!" dedi Trigger.

Deri kıyafetler içindeki üç punkçı, ellerini havaya kaldırıp beşlik çaktılar.

Vücutlarını saran deri kıyafetlerden kahverengi, yağlı tüyler çıkmaya başlamıştı.

Burunları sivriliyor, yanaklarında kıllar beliriyor, dişleri uzuyor ve elleri pençelere dönüşüyordu.

Max, Vince'in solgun pembe gözlerine bakarak "Hayatını kurtardım," dedi suçlarcasına.

"Bir başka budalaca hareket," diye vızıldadı Vince Vermin kılığındaki yaratık.

Grup üyeleri, Max'in dehşet dolu bakışları karşısında iğrenç birer sıçana dönüşmüşlerdi. Max, içgüdüsel olarak sırt çantasını hayvanlara doğru fırlattı. Uzun, pullu kuyrukları ay ışığı altında parlayan sıçanlar, alelacele çalılara doğru kaçıştılar.

Otobüs ise paslanmakta olan bir teneke kutu yığınına dönüşüvermişti.

Bu da benim Külkedisi masalım, diye içinden geçirdi Max, ama fare ve balkabakları yerine sıçanlar ve teneke kutular var. Ya iyilik perisi? Tam da ona ihtiyaç duyduğu anda neredeydi? Grubun teklifini kabul etmiş olsaydı, başına kim bilir neler gelecekti?

Bu iğrenç otobüs, onu nereye götürecekti acaba?

Saat on ikiyi vurduğunda, kendisini sıçanlarla birlikte kanalizasyonda mı bulacaktı?

En önemlisi, Max Murphy, Ah Pukuh'un numaralarına kanmaktan ne zaman vazgeçecekti?

Artık gerçek Belalı Yarasalar'ın, tıpkı Nasty'nin söylemiş olduğu gibi Japonya'da turnede olduğundan hiç kuşkusu yoktu. Max ile Nasty'nin havaalanında görmüş oldukları, az önce sıçana dönüşmüş olan üçkâğıtçılardan ibaretti. Müzik aletlerini tabii ki doğru düzgün çalamıyorlardı. Tıpkı turne otobüsü ve Max'i otobüse doğru sürükleyen cehennem tazıları gibi, onlar da Ah Pukuh tarafından Sarı Jaguar'ı Max'in elinden alabilmek için bu dünyaya çağrılmışlardı.

Max de budala gibi tuzağa düşmüştü.

Olan biteni aklından geçirdiğinde, bir diğer tuhaflığın daha farkına vardı. Belalı Yarasalar'ın onu gruba davet etmesinden daha da tuhaftı bu...

Aptallığına yanarak, Lola'yı bulmak üzere saraya doğru koşmaya başladı.

Max, kovalarla su taşımakta olan bir hizmetkâr ordusunu takip ederek, yangının başladığı yer olan Landa'nın kütüphanesine girdi.

Kütüphaneden geriye pek bir şey kalmamıştı.

Havada yoğun bir duman bulutu vardı.

Kömür haline gelmiş kitaplar, el yazmaları ve tablolar, salonun ortasına yığılmıştı. Odanın ahşap kaplamaları kavrulmuş ve soyulmaya başlamıştı. Pencerelerin tuzla buz olup yere saçılmış camları, ayakkabılarının altında çıtırdıyordu.

Max manzarayı izlerken, yan odaların birinden sesler duymaya başladı. Bunun üzerine, bir sütunun arkasına saklanarak kulak kabarttı.

Kulağına önce, sızlanıp duran Landa'nın tiz sesi geldi: "Başım o kadar ağrıyor ki! Amma berbat bir geceydi!"

Ardından da Lola'nın huzurlu ve iç rahatlatıcı sesini duydu: "Rahatla artık Toto, boş ver bunları."

Max, az kalsın midesindekileri oracığa boşaltacaktı. *Toto mu? Lola, Landa'ya Toto diye mi hitap ediyordu*?

"Bu geceyi tüm hayatım boyunca planladım ve Ah Pukuh denen o aptal her şeyi berbat etti! Ne olacağını sanıyordu ki? Tüm o insanları önceden uyarmaksızın geri getirmek de nereden çıktı? Konuklarımın önünde beni rezil etti…"

Lola, adamı yatıştırmaya çalışıyordu. "Herhalde herkes olanları gösterinin bir parçası sanmıştır. Korkmuş numarası yaptığını zannetmişlerdir."

"Korkmuyordum ki! Öfkelenmiştim!"

"Öyle diyorsan öyledir, Toto."

Landa, atıp tutmaya devam ediyordu. "O iğrenç köylüler buraya, kutsal salonuma girerek aile yadigârlarıma dokunmaya cüret ettiler…"

"Fakat *onlar* senin ailen; o köylüler senin ataların. Yoksul olmaları, onların suçu değil ki."

"Ya *aptal* olmaları? Bir çılgından başka kim kütüphanede silahını ateşler?"

"Toto, bu bir kazaydı. Yangında kimse ölmediği için sevinmelisin..."

"Sevinmek mi? *Sevinmek, ha?*" Landa, öfkeyle yakınlardaki bir masaya vurdu. Alevlerden zarar görmüş tahtalar, yumruğunun altında ezildi. "Ailem, sosyal hayatın basamaklarını beş yüz yıl boyunca adım adım çıktı. Bir zamanların domuz çobanları, bugünün asilzadelerine dönüştü. Bunun tüm kanıtları kütüphanedeydi. Doğum belgeleri, tapu senetleri, dosyalar, yağlıboya tablolar..." Birden aklına bir şey gelmişçesine homurdandı. "Yeni elime geçen o günlük... bizzat Keşiş Diego'ya aitti. Artık hiçbiri yok, hepsi gitti."

"Eski kitapların ve eşyaların yandığı için çok üzgünüm, Toto, ama..."

"*Eski kitaplar ve eşyalar mı?*" diye gürledi Landa. "Ailemin bütün geçmişi küle döndü; anlamıyor musun?"

Birden buz gibi bir sessizlik oldu.

Ardından bir kez daha Lola'nın sesi duyuldu: "*Benim* insanlarımın geçmişini kül eden kişi de Keşiş Diego'ydu."

"Öyleyse ödeştik sayılır, ne dersin?" diye çıkıştı ona Landa.

"İstersen düğün öncesinde tartışmayalım, Toto. Yarın ben bir kontes, sen de bir Jaguar Kralı olacaksın."

Yine sessizlik.

Bunu, Landa'nın yatışmış sesi takip etti. "Haklısın. Sert sözlerimden ötürü özür dilerim, Prenses. Başım o kadar ağrıyor ki sağlıklı düşünemiyorum."

"Ama sözünü tutacaksın, değil mi?"

"Benim sözüm senettir."

"Öyleyse zavallı Santino Garcia neden az kalsın kurban ediliyordu?"

"Etrafta dolaşıp, burnunu onu ilgilendirmeyen meselelere sokuyordu. Onun senin arkadaşın olduğunu nereden bilebilirdim ki? Ama neyse ki kimseye bir şey olmadı."

"Bir şey olmadı mı? Zavallı, vücudu maviye boyanarak bir sunağa bağlandı. Bütün dostlarımdan hoşlanmanı beklemiyorum, Toto, ama bu biraz ayıp oluyor. Akrabalarından biri şu misket tüfeğini ateşlememiş olsa, Santino'nun başına kim bilir neler gelecekti..."

"Misket tüfeği değildi o," dedi Landa. "Bir arkebüzdü.*"

Bir sessizlik daha oldu.

"Senden öğrenecek çok şeyim var, Toto," dedi Lola. Kızın ses tonu, Max'i şaşkına çevirmişti. Lola, adamla neredeyse işveli bir şekilde konuşuyordu.

"Evet," dedi Landa, "öyle." Dumanlı havayı şöyle bir kokladı. "Ama önce gidip şapşal hizmetkârlarıma bir yangının nasıl söndürüleceğini öğretmem..."

"Benim de büyük gün için hazırlanmam gerek. Sarı gerdanlığı deneyebilir miyim, Toto? Gelinliğimin rengine ne kadar da uygun."

"Üzgünüm, Prenses ama gerdanlık yalnızca bana ait ve onu yanımdan asla ayırmayacağım."

"Bir süre sonra onu Ah Pukuh'a geri vermen gerekecek."

"Asla."

Bir, dün gece korkudan tir tir titreyen ödleğe bak, bir de şuna, diye düşündü Max. Sarı Jaguar'ı boynunda taşımak, Landa'yı değiştirmiş.

---

* 15. yüzyılda Fransa'da kullanılmaya başlanan, taşınabilir ateşli silah. (Ed. N.)

"İyi ama Ah Pukuh'un huzurunda yemin ettin, Toto. Gerdanlığı ona geri vereceğine dair ant içtin. Sözün senettir sanıyordum?"

"Sanırım ikimiz de bunun geçerli bir yemin olmadığının farkındayız."

Lola, bir sevinç çığlığı atarak "Yani gerdanlık bizde mi kalıyor?" diye sordu.

"*Bende* kalıyor."

Lola, adamın yanıtındaki ince ayrıntıyı görmezden geldi. "Yaşasın, Toto! Kendi Jaguar Taşı'mız var artık! Yarın düğünde onu kesinlikle takmalıyım. Kilisede yürürken konuklar ne kadar şaşıracak bir düşünsene! Senin en çılgın hayallerinin de ötesinde bir zenginliğe sahip olduğunu anlayacaklar. Ayrıca benim gibi bir kız bile gerdanlığı takmaktan korkmuyorsa, bu gece yaşananların yalnızca bir gösteri olduğunu düşüneceklerdir."

"*Bueno.*" Max, o an Lola'nın adamın gülünç keçisakalını okşadığını gözünde canlandırdı. "Ama onu bana geri vereceğine güvenebilir miyim?"

Lola, bir kahkaha attı. "Bana güvenmene gerek yok, budala. Seçme şansım yok ki. Biz evlenince, tüm mal varlığım senin olacak. Ben yalnızca bir kadınım, Toto. Benim görevim güzel görünmek, yemek pişirmek ve çocuk doğurmak. Jaguar Taşı'nı ne yapayım ki?"

Landa'dan kulak tırmalayan bir anırma yükseldi. Adamın güldüğünü anlamak, Max'in birkaç saniyesini aldı. "Gerçekten de Jaguar Taşı'nı ne yapacaksın ki?" diye onayladı Landa.

"Öyleyse gerdanlığı takabilir miyim? N'olur! N'olur! N'olur!" Lola'nın sesi, heyecanla yerinde zıplayan küçük bir kız çocuğu gibi çıkıyordu. "Onu bu gece takmak istiyorum ki, düğündeki saç modelimi önceden deneyebileyim."

"Tamam, neden olmasın? Nişanlım olarak Jaguar Taşı'nı takabilirsin. Fakat törenin ardından onu bana hemen geri vereceksin."

"İsteklerin benim için birer emirdir, Toto."

Tıkırtılardan Landa'nın gerdanlığı boynundan çıkarıp Lola'nın boynuna taktığı anlaşılıyordu.

"Bekârlığım fazla uzun sürdü," diye mırıldandı. "Buralara kadın eli değmesi için sabırsızlanıyorum."

"Burnuma hâlâ yanık kokusu geliyor," dedi Lola aceleyle. "Umarım yangın yayılmıyordur."

Max'in kulağı, sivri uçlu kara çizmelerin zeminde çıkardığı tıkırtılarla doldu. Landa kütüphaneden dışarı fırladı. Bunu, koridordaki talihsiz bir hizmetkâra çıkışırken sarf ettiği "*No! No! No! Idiotas!**" sözleri takip etti.

Max, garip bir duruma düşmüştü.

Lola'ya, Landa'yla konuştuklarına kulak misafiri olduğunu belli etmeden nasıl ortaya çıkacaktı?

"Çıkabilirsin artık, Hoop!" diye seslendi Lola. "Bu arada, saçını çok beğendim. Ama makyajın için aynı şeyi söyleyemeyeceğim."

Max, olduğu yerde donakaldı.

"Çık dedim!" diye tekrar seslendi Lola.

Emirler. Emirler. Emirler.

"Burada olduğumu nasıl anladın?"

"Gizlenmeyi asla beceremedin ki," dedi Lola. "İlk tanıştığımız günü hatırlıyor musun? Açıklıkta fark ettirmeden yanına nasıl yaklaştığımı?"

---

* Hayır! Hayır! Hayır! Aptallar! (Ed. N.)

"Evet," dedi Max. Sütunun arkasından çıktı. "Ama aynı zamanda Polvoredo Meydanı'nda buluşmayı planladığımızı da hatırlıyorum. Neler oldu?"

Lola, bakışlarını Max'ten kaçırdı. "Özür dilerim, Hoop. Her şey o kadar hızlı gelişti ki. Toto ile birbirimize âşık olduk."

Sarı gerdanlık, Lola'nın boynundaydı.

Çok güzel görünüyordu. Tıpkı bir prenses gibiydi.

"*Toto* derken, Antonio de Landa'yı mı kastediyorsun?"

"Evet. Harika değil mi? Yarın evleniyoruz!"

"Antonio de Landa, ha? Siyah Piramit'te peşinden gelip seni uyutan ve başına silah dayayan kişiden söz ediyoruz, değil mi?"

"Haa, şu mesele. Tüm olanlar, koca bir yanlış anlaşılmadan ibaretmiş. Toto, bana her şeyi açıkladı. Beni piramidin tepesine kurban etmek için değil, *evlenme teklif etmek* için götürüyormuş. Maya tanrılarının birlikteliğimizi kutsamalarını istemiş. İlişkimizin yıldızlarda yazılı olduğunu söylüyor. O yüzden benim fotoğraflarımı toplamış. Benim, onun ruh ikizi olduğumu söylüyor. Ama gelin adayının bilinci açıkken yapılan bir evlenme teklifinin daha romantik olacağını artık o da anladı."

"Hadi ama Lola! Maya kültürünü yok eden adamın torunundan söz ediyoruz burada!"

"Sözünü ettiğin şey, antik tarihten ibaret. Boş ver gitsin."

"*Boş vereyim, ha?* Ya görevimiz ne olacak? İspanya'ya neden geldiğimizi unuttun mu?"

"Kusura bakma, Hoop, ama planlarım değişti."

"Orada durmuş, Sarı Jaguar boynundayken bunu nasıl söyleyebilirsin? O gerdanlığı ele geçirebilmek için neler yaşadığımı biliyor musun? Dev bir yılanın içinden geçtim, bir hayaletle konuştum, bir depremden sağ çıktım..."

"Özür dilerim dedim ya. Bu meseleyle ilgileneceğim. Ah Pukuh, nikâh şahidimiz olacak. Yarın onunla konuşacak ve senin borcunu silmesini isteyeceğim. Fakat artık gitmen gerek. Toto çok kıskançtır. İkimizin arasında bir şeyler olduğunu sanıyor."

"Elbette aramızda bir şeyler var! Kahraman İkizleriz biz! Benimle gel, Sarı Jaguar'ı Xibalba'ya götürmeme yardım et; ondan sonra istersen Landa ile evlenebilirsin."

"Bu, o kadar basit değil."

"Nedenmiş o?"

Lola, dudağını ısırdı. "Toto'nun bana ihtiyacı var."

"Sözünü yerine getirmesini isterken neyi kastettin? Sana neyin sözünü verdi?"

"Beni sonsuza dek seveceğine söz verdi."

"Yalan söylüyorsun, bundan adım gibi eminim. Benimle gel, Lola. Kaçmana, seni bulamayacağı bir yere gitmene yardım ederim..."

"Kaçmak istemiyorum ki."

"Ya Hermanjilio ile Şanslı Jim'e ne olacak? Onları kaderlerine mi terk edeceksin?"

"Zengin bir asilzade olmam halinde insanlarıma yardım etme şansım da artacak."

"Ne? Ama sen paraya hiçbir zaman değer vermemiştin ki."

"Neye değer verip vermediğimi sen bilemezsin."

"Ya Leydi Koko? O da burada mı?"

"Hayır. Polvoredo'dan beri görmedim onu."

"Nerede peki?"

"Maymunlar, başlarının çaresine bakabilirler. Onlara bir şey olmaz."

"Kral 6-Köpek öldü. Vuruldu."

Lola'nın yüzüne kederli bir ifade yerleşti. "Gitmen gerek," dedi ve Max'e arkasını döndü. "Düğün için hazırlanmak zorundayım." Max, kıza bakakaldı. "Biraz bencilce davranmıyor musun?"

Lola, bir kez daha yüzünü Max'e döndü. Bakışları sertleşmişti. "Bunu en iyi sen bilirsin," dedi. "Bencillik uzmanı olan sensin. Neden buradan gidip beni yalnız bırakmıyorsun? Yeni bir hayatım var artık."

"O çılgınla burada kalamazsın."

"Sözünü ettiğin kişi, benim nişanlım."

"Bunların hepsi bir oyun, Lola. Sana neden *Prenses* diye hitap ettiğini biliyor musun?"

"Kraliyet ailesinden geldiğime inanıyor."

"Seni kullanıyor. Tarihi baştan yazabilmek için bir Maya prensesiymişsin gibi davranıyor. Dedesi Lorenzo'nun yapamadığını yaparak Prenses Inez ile evlenmeyi ve böylece Jaguar Tahtı'nın, Polvoredo'daki şatonun ve kim bilir başka nelerin üstüne konmayı planlıyor."

"Benim bir prenses olmadığımı nereden biliyorsun?"

"Prensesler bebekken kaderlerine terk edilmezler de ondan."

Lola, Max'ten tokat yemişçesine irkildi.

"Özür dilerim, öyle demek isteme..."

"Çık dışarı!" diye çıkıştı ona Lola. "Bir daha asla görmek istemiyorum seni!"

Kulaklarına dolan tıkırtılar, Landa'nın geri döndüğünü gösteriyordu.

Lola, uçları yanık bir kâğıt demetini alarak içindekileri ayırmaya başladı.

"Toto!" Müstakbel eşinin kütüphaneye girmesiyle Lola'nın yüzü aydınlandı. Bir an sonra, endişeyle "Topallıyor musun sen?" diye sordu. "Bir yerine bir şey mi oldu yoksa? Cesur itfaiyecim benim! Sana bir sandalye bulayım..."

Landa, soğuk bakışlarını Max'e dikti. "Bu da kim? Yüzü tanıdık geliyor."

"Gelmeli de, Toto. Ünlü Belalı Yarasalar grubunun üyelerinden biri. Bu gece partimizde çalmışlardı ya hani?"

Landa, Max'i tiksintiyle süzüyordu. "Prensesler para verip kiraladıkları insanlarla böyle yüz göz olmazlar."

"Ben de zaten sizi arıyordum, bayım," dedi Max. "Size bir şey soracaktım..."

"Nişanlım çok yoruldu," dedi Lola. "Bu hiç de uygun bir zaman değil. Eminim grup arkadaşlarınız da sizi bekliyorlardır..."

"Aslına bakılırsa," dedi Max, "beni almadan gitmişler. Bu gece burada kalabilirim diye düşünmüştüm."

"Söz konusu bile olamaz," dedi Lola. "Geç oldu, bu gece bir yangınla mücadele ettik ve yarın da nikâhımız kıyılacak. Nişanlım size bir araba ayarlayacaktır, senyör. Karnınız aç mı?"

Max, başını umutla evet anlamında salladı.

"Gidip yolculuğunuz için size bir şeyler ayarlayayım."

Bunları söyledikten sonra, yanık kâğıtları bırakıp mutfağa koşturdu.

Landa, Max'i kolundan tutarak kütüphane kapısına doğru sürüklemeye başladı. "Şoförüm sizi istediğiniz yere bırakır, senyör. Bana ne soracaktınız acaba?"

"Partide sözünü etmiş olduğunuz bir mesele hakkındaydı, efendim. Hani iki büyük soyun tarihi birleşmesinden söz etmiştiniz ya?"

"Haa," dedi Landa, "soyağaçlarıyla mı ilgileniyorsunuz?"

"Bu evliliğin, ailenizin yazgısını gerçekleştireceğini söylemiştiniz. Ne yazgısıydı o?"

"Landa tacını tamamlayan son mücevher olacak. En yüce ödüle ulaşmış olacağım..."

"Nedir o?"

"Ölümsüzlük!"

"Bu dediğiniz, tam olarak nasıl gerçekleşecek acaba?"

"Eşimin damarlarında akmakta olan Maya kraliyet kanı sayesinde eski ve yeni dünyaları bir araya getireceğim. Nikâh şahidim Ah Pukuh, bir sonraki *bak'tun*'da yönetimi devralacak ve kendisi kozmosu yönetirken, Orta Dünya'nın tahtını bana bırakacağına söz verdi!"

Max, adamı şaşkınlıkla süzdü. Landa, çıldırmış olmalıydı.

Lola, bu gözü dönmüş, kendini beğenmiş çılgına âşık olmuş olamazdı.

Ama oradaydı işte, yanında durmuş, hayranlıkla adamı izliyordu.

"Bırrr," dedi Lola. "Senin şu Galiçya iyi hoş Toto, ama keşke havası San Şavier kadar sıcak olsaydı!" Yün bir şala sarınarak, kahverengi bir yiyecek torbasını Max'e uzattı. "Yolunuz açık olsun, senyör!"

Sözlerini bitirdikten sonra, yanık kâğıtları ayıklama işine geri döndü.

"İyi geceler, Prenses," dedi Max.

Vedalaşırken, Lola dönüp Max'e bakmamıştı bile.

Dışarıda, koridorda ise Landa, etrafına İspanyolca emirler yağdırıyor, telaşlı uşaklar efendilerinin isteklerini yerine getirmek için oradan oraya koşuşuyordu. Landa, yerleri ovalamakta olan ufak tefek bir hizmetçi kıza bağırdı ve kızın yanındaki su dolu kovaya bir tekme attı. Üzerinde şarap kadehlerinin bulunduğu bir tepsiyi taşımakta olan yaşlı bir adam, yere dökülen suya basarak kaydı ve patronunun ayaklarının dibine düştü. Landa, yardım etmek yerine adamcağızın kafasına sert bir tekme savurdu.

Landa'nın sivri uçlu kara çizmelerinden uzakta olduğuna sevinen Max ise dışarı süzülerek onun için ayarlanmış olan arabayı aramaya başladı. Önünde, birden camları karartılmış, parlak, siyah bir limuzin belirdi.

Arka kapı açıldı ve Max, arabaya bindi.

Limuzin, çakıllı araç yolu boyunca ilerlerken, Max, Lola'yla yapmış olduğu konuşmayı tekrar düşündü. Ne olmuştu da işler bu kadar ters gitmişti? Lola'nın Landa'yla ve Sarı Jaguar'la birlikte şatoda kalmayı seçtiğine inanamıyordu. Onu asla görevini savsaklayacak biri olarak düşünmemişti.

Midesi bulandı.

Midesi bulandı, çünkü hayatta yalnızca iki günü kalmıştı.

Midesi bulandı, çünkü Kral 6-Köpek, pisi pisine ölmüştü.

Midesi bulandı, çünkü Lola, artık sandığı kişi değildi.

Onu aldatmış olan o sıçanlardan pek de farkı yoktu.

Bir süre yol aldıktan sonra, şoförün, ona gideceği yeri sormamış olduğunu fark etti.

Nereye gitmeliydi ki?

Polvoredo'ya mı?

San Şavier'e mi?

Kararını verdi.

Hepsinden bıkmıştı. İspanya'daki işi bitmişti artık. Mayalardan da gına gelmişti. Görevini yerine getirememişti ve eve gidiyordu. Ölümün Efendileri varsın ellerinden geleni ardına koymasınlardı.

Yalnızca Boston'a giden ilk uçağa yetişebilmeyi umuyordu. Sürücüyle arasındaki cam bölmeyi açmaya yeltendi. Ancak cam, kilitliydi.

Arabanın içinde şoförle konuşabileceği bir mekanizma aradı ama bulamadı.

Pencereyi tıklatıp "Havaalanı! Havaalanı!" diye seslendi.

Ancak sürücü, onu hiç umursamadan arabayı sürmeye devam etti.

Limuzinin hızı artmıştı. Max, dönemeçlerde bir o yana bir bu yana savrulmaya başlamıştı. Dışarısı kapkaranlıktı ancak limuzinin farları, arada sırada çiseleyen yağmurun altındaki ağaç ve çalıları aydınlatıyordu.

Max, camı bir kez daha tıklatıp "Yavaşlasana!" diye bağırdı.

Sürücü aksine, gaza daha çok bastı.

Max, artık limuzinin zeminine dizüstü çökmüş, iki eliyle birden cama vuruyordu. "Dursana! Nereye gidiyoruz? Havaalanına gitmek istiyorum ben. *Air-o-porto!*"

Fakat şoför, arkasını dönüp ona bakmadı bile.

Bir an sonra, Max Murphy'nin bakışları dikiz aynasına kilitlendi ve hatırladıkça tüylerini ürpertecek bir an yaşadı. Aracın sürücüsü Max'in bakışlarına karşılık vererek sırıttı. Cehennem Ekspresi adlı turne otobüsündeki şofördü bu.

Kapkara gecenin içinde giderek hızlanıyor, nemli taşra sokaklarını aşırı hızdan sarsılarak geride bırakıyorlardı.

Max, arkasına yaslanarak deli gibi kapının kilidini zorlamaya başladı.

Kapı, elbette ki kilitliydi.

İçinden bir ses, bu yolculuğun sonunda onu ölümün beklediğini söylüyordu.

(Haklıydı da.)

Bir köye girmek üzerelerdi sanki.

Farlar, minik evleri aydınlatıyordu. Cehennem kaçkını bir iblisin köylerinde yol aldığından habersiz olan iyi yürekli insanlar, o evlerde uyuyorlardı.

Limuzin, tangır tungur sesler çıkardıktan sonra, acı bir fren sesi duyuldu ve araç, hızla bir taş duvara bindirdi.

Max, koltuğundan fırlayarak başını 'Küt!' diye kapıya çarptı.

Yarı baygın halde diz üstü çökerek, camdan dışarıya bir göz attı.

Sürücü, dışarı çıkıp kaçmaya başlamıştı.

Max, camı yumruklayarak "İmdat! İmdat!" diye bağırdı.

Yağmurun ıslattığı camda; dişsiz, yaşlı bir adamın yüzü belirdi.

Ardından adam ortadan kayboldu ve onun yerini bir av tüfeği aldı.

Max, limuzinin uzak bir köşesine doğru büzüldü.

Güm! Yaşlı adam, limuzinin kapısına ateş edip kilidi parçalamıştı.

Kapı ardına dek açıldı ve Max, endişeyle dışarı çıktı. Elinde bir yaba* taşımakta olan bir kadın, beklenmedik misafiri kolundan yakalamıştı. Feryatlar ederek ıslak yolun üstündeki bir şeyi işaret ediyordu.

* Harman savurmakta kullanılan, çatal biçiminde tahtadan bir tarım aracı. (Ed. N.)

Ezilmiş bir kazdı bu.

Max, sıska hayvanın limuzinin tekerlekleri altında can vermesinden ötürü üzgünmüş gibi davrandı. Ama aslında hiç de üzgün değildi. Kazın, hayatını kurtarmış olduğundan emindi. Sürücünün onun için ne planladığını bilmiyordu. Tek bildiği şuydu: Hayvancağız o sırada yoldan geçmiyor olsa, Max Murphy ölmüş olacaktı.

Bir grup öfkeli çiftçi sürücüyü yakalamış, kaza yerine doğru sürüklüyordu. Köylüler ortalarına aldıkları adamı bağıra çağıra tartaklarken, Max, gizlice oradan uzaklaştı. Kazada kapıya çarptığı başı zonkluyordu ve koparılan bu yaygara nedeniyle ağrı daha da şiddetlenmişti. Sessiz ve kuru bir yer bulmak için, sokak boyunca ilerlemeye başladı.

Bir süre sonra, bir ahıra rastladı.

Yerler ıslak ve çamurlu olmasına rağmen, içerisi o kadar da kötü kokmuyordu.

Bir süre kulak kabartıp, hayvanların seslerini duymaya çalıştı. Ancak kulağına çatıya düşen yağmur damlalarından başka bir ses gelmiyordu.

Sendeleyerek, içi samanla dolu ince, uzun bir kutuya doğru ilerledi. Bunun hayvanlar için bir tür yemek kabı olduğunu düşünüyordu. Saman, kutuyu oldukça rahat bir hale getirmişti. Max'in başı hem dönüyor hem de ağrıyordu. Bir süreliğine samanların üzerine uzanmaya karar verdi. Ahır çatısına vuran yağmur, ona ninni gibi geliyordu. Sırt çantasını göğsüne bastırıp uykuya dalmadan önce, *ne güzel bir yatak buldum kendime*, diye düşündü.

On Sekizinci Bölüm

YAŞAYAN ÖLÜLERİN GÜNÜ

Max Murphy, tabutunda uzanmış, nefes almaya çalışıyordu. Diri diri gömülmüştü.

Tahta bölme, sanki onun için özel olarak üretilmişçesine, tam sığabileceği büyüklükteydi. Tabutun içi, adeta yanıyordu. Max, tıpkı yalpalayan bir gemideymiş gibi sağa sola sallandığını ve başının döndüğünü hissetti. Her iki yanında vücuduna yapışık duran kollarını oynatamıyordu. Ancak kalan son gücünü topladı ve yumruk yaptığı elleriyle zor da olsa tabutun kapağına vurdu.

Kapak, şaşırtıcı bir biçimde kolayca açılıverdi.

Başlangıçta tek görebildiği, gri gökyüzü ve tepesinde dolanmakta olan yırtıcı bir kuştu. Bu, bir akbaba olabilir miydi acaba? Kulakları ıslık sesleri, çığlıklar ve boğuk kahkahalarla doldu. Tabutun kenarından dışarıya bir göz atmasıyla, parlak yeşil bir iblisle göz göze gelmesi bir oldu. Etrafı; tombul dillerini şaklatan, cart renkli boyalarla süslü yüzleriyle ona doğru eğilen iğrenç hortlaklarla çevriliydi. Dans eden bir iskeletin takip ettiği Azrail ise havada süzülüyordu. Ortalık, açık havada yakılmış ateşlerden yayılan duman kokusuyla doluydu. Dumanlı hava, pençeleri birer birer sökülmekte olan bir kedinin sesini andıran gayda melodileriyle doldu.

Bir tür cehennem miydi burası?

Yoksa kazada ölmüş müydü?

Tabuta yeniden uzanarak, ağrısı olup olmadığını kontrol etti. Hayır, canı acımıyordu.

Ölüler acı hisseder miydi acaba?

Bir kez daha tabutun kenarından sarkarak, gördüklerine bir anlam vermeye çalıştı.

Bir cenaze kafilesinin içinde ilerliyordu.

Tabutun önünde ve arkasında yürüyen, siyahlara bürünmüş gözü yaşlı insanlarla birlikte, dik bir yokuşu tırmanıyorlardı. Birçoğu dört ya da altı kişilik gruplar halinde ilerliyor, grupların her biri, omuzlarında açık birer tabut taşıyordu. Max bulunduğu yüksek yerden, peşinden tepeye taşınmakta olan ölüleri, beyaz kilise kıyafetleri içindeki kadın, erkek ve çocukları seçebiliyordu.

Onun tabutunu kimlerin taşıdığını görebilmek için, kenardan hafifçe sarktı.

İriyarı, yaşlı teyzelerden oluşan bir grup, çocuğa onu ayıplar gibi baktılar. İçlerinden biri, Max'in sırt çantasını omzuna atmıştı.

"İndirin beni!" diye bağırdı Max. "Buradan çıkmak istiyorum. Canlıyım ben!"

Sözlerini neşeli bir tezahürat takip etti. Ancak yaşlı teyzeler, tabutu taşımaya devam ediyorlardı.

O sırada tepenin zirvesinde bir kilise göründü ve çan sesleri duyulmaya başlandı.

Kafile, kilisenin yanından geçerek ötedeki mezarlığa yaklaşmaya başladı. Mezarlığın içi, gri taş kabirlerle doluydu. Kabirlerin bazıları, oymalı demirden ön kapıları bulunan minik evleri andırıyordu. Diğerleri ise yeni sakinlerini bekleyen boş bölmeleriyle, okullardaki öğrenci dolaplarına benziyordu.

Max, korkudan ürperdiğini hissetti.

Görünmez bir işaretin verilmesiyle birlikte, tabutlar aynı anda yere indirildi.

Max, ayağa kalkarak kaçmaya yeltendi ancak yaşlı teyzeler, onu şaşırtıcı bir kuvvetle geriye ittiler. Kadınlardan biri, elindeki küreği tehdit edercesine sallıyordu.

Küreği Max'in mezarını kazmak için mi getirmişlerdi?

Kalabalığın üstüne, kesik kesik hıçkırıklar ve ağlama sesleriyle bölünen bir sessizlik çökmüştü.

Yaşlı kadınlar, çelik gibi kaslarıyla üzerine bastırdıkları Max'i sevgi dolu bakışlarla süzüyorlardı. Çocuğu sırayla bırakarak, gözlerinde biriken yaşları sildiler.

Max, yalnızca kadınların yüzlerini ve gökyüzünü görebiliyordu. Bir de, yükseklerde daireler çizmekte olan akbabaları.

Birden ortalığı çatapat gürültüleri kapladı.

İnsanlar, çığlıklar atıp gülüşüyorlardı.

Bir Çingene orkestrası, müzik çalmaya başladı.

Yaşlı teyzelerin sonunda kendi haline bıraktıkları Max, tabuttan güç bela çıktı. Onunla birlikte mezarlığa getirilen ölüler, yerlerinden doğrularak birbirlerine el sallıyorlardı. Yaslarını tutanlardan aldıkları cesaretle tabutlarından fırladılar ve müzik eşliğinde dans etmeye başladılar.

Max'in tabutunu taşıyanlar da ondan aynısını yapmasını bekliyorlardı.

Max de onu buraya kadar taşımış olan insanların isteklerini reddederek kabalık etmek istemiyordu.

Yaşlı bir teyze, Max'i kendisine doğru çekti ve ikisi, coşkuyla tango yapmaya başladılar. Max, büyük bir özgüvenle ruhundaki Çingeneyi aramaya ve izleyiciler el çırpıp üstlerine çiçekler fırlatırken çılgınca dans etmeye başladı.

İyice havaya girmişti. Öyle ki fırlatılan çiçeklerden birini yakalayıp kulağının arkasına bile yerleştirdi.

Max'i aralarına almış dans eden yaşlı kadınlar, cadılar gibi kıkırdıyorlardı. Bir süre sonra hepsinin hırkaları omuzlarından düşmüş, uzun yün çorapları bileklerine kadar inmişti.

Max, etraftaki turistlerin fotoğraf çektiklerini görebiliyordu. Neyse ki önceki gece yapmış olduğu sahne makyajı, hâlâ yüzündeydi. Dolayısıyla videolar YouTube'a yüklense bile, onu kimse tanıyamayacaktı.

"Mac? Sen misin?"

Hayır… Bu gerçek olamazdı.

Lütfen, lütfen, hayır.

Nasty Smith-Jones olmasın.

Burada değil.

Şimdi değil.

Max, tek sıra halinde dans eden grubun arkasına saklanmaya çalıştı.

"Mac! Evet, *sensin*! Beni hatırlamadın mı?"

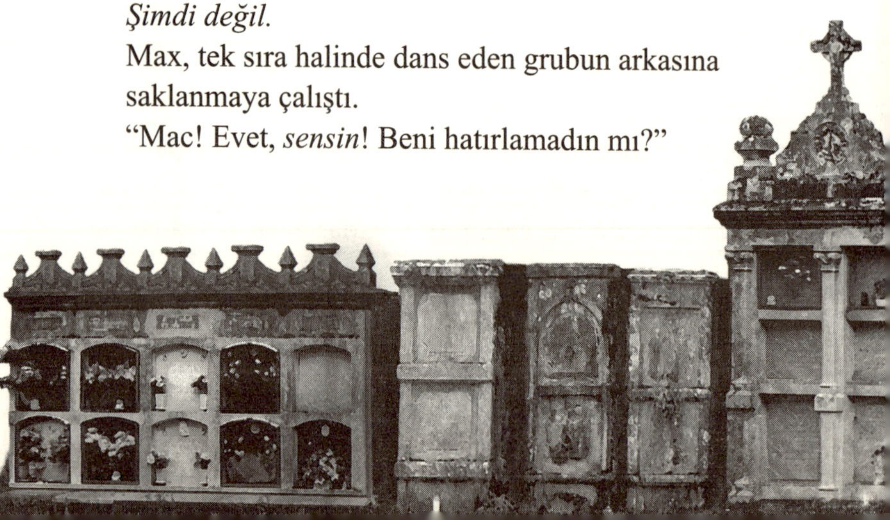

Nasty, yaşlı kadınların arasına girerek onunla dans etmeye başladı. Max'i gördüğüne gerçekten de çok sevinmişe benziyordu. Hatta çocuğun çiçeğini kapıp kendi kulağının arkasına bile yerleştirdi.

"Hey!" dedi Nasty. "Saçının rengine bayıldım! Ya bu makyaj da neyin nesi? Göz kalemi mi kullandın? Seni gördüğüme çok sevindim, Mac! İspanya'ya geldiğimizden beri kendi yaşımda biriyle konuşamadım!"

Kızın iri mavi gözleri, Max'in dikkatini bir kez daha çekmişti. "Ben de seni gördüğüme sevindim," dedi. "Fakat benim adım *Max*; *Massimo*'nun kısaltılmış hali. Annem İtalyandır da; Venedikli." (Kıza gereksiz bilgiler mi veriyordu? Saçmalıyor muydu? *Sakin ol dostum*, dedi kendi kendine.)

"Anladım! Massimo'nun kısaltılmış hali Max!" diyerek kıkırdadı Nasty. Max'in üzerindeki tişörtü fark etmişti. "Bu bir Belalı Yarasalar tişörtü mü? Daha önce hiç görmemiştim…" Tişörtü yakından inceledi. "Sahte olduğunun farkındasın, değil mi?"

Max, başını pişmanlıkla evet anlamında salladı.

"Olsun, yine de hoş bir hediyelik eşya," dedi Nasty. "Fakat sana söylediklerim doğru çıktı; Belalı Yarasalar, gerçekten de Japonya'daymış. Havaalanındaki o adamlar, taklit gruplarından birinin üyeleri olmalılar. Oldukça inandırıcıydılar, değil mi?"

"Beni kandırdıkları kesin," dedi Max. "Dün gece özel bir partide çaldıklarını ve davulcularının oldukça iyi olduğunu duydum."

"İşte bu yeni bir haber," dedi Nasty gülerek. "Söyle bakalım, Massimo'nun-kısaltılmış-hali-Max, seni buraya hangi rüzgâr attı?"

"Tıpkı senin gibi, ben de tatildeyim."

"Yok, yani neden bir mezarlıkta yaşlı kadınlarla dans ediyorsun?"

"Açık konuşmak gerekirse, ben de bilmiyorum. İçi samanla dolu eski bir tahta kutunun içinde uyuyakalmıştım. Sabah uyandığımda, bu kafile tarafından buraya taşınıyordum. Hangi kasabada olduğumuzu bile bilmiyorum."

Nasty, bir kahkaha attı. "Santa Marta'daki Ölümün Kıyısından Geçme Festivali'ndesin. Ölümün kıyısından geçen ve hayatta kalan herkes, bugün bir tabut içinde mezarlığa taşınıyor."

"Sen bunu nereden biliyorsun?"

Nasty, cebindeki Kuzeybatı İspanya rehberini çıkarırken "*Nasıldı?*" diye sordu.

"Ne nasıldı?"

"Ölümün kıyısından geçmek?"

Artık hayatımın tamamı ölümün kıyısından geçmekten ibaret, diye yanıt vermek istiyordu Max. Ama kızı korkutmak istemediği için, sorusunu elinden geldiğince kayıtsız bir şekilde yanıtladı. "Bilmem. Bindiğim taksi bir kazı ezdi, hepsi o."

"Canının yanmamasına sevindim," diyen Nasty, gülümsüyordu. "Saçına bayıldım ama makyajın akmaya başlamış. Kâğıt mendil ister misin?"

Birlikte duvara oturdular. Max, su ve kâğıt mendille sahne makyajını çıkarmaya başladı.

Nasty'ye dönerek "Siz nerelere gittiniz?" diye sordu.

Nasty, homurdanmaya başladı. "Madrid ile burası arasında kaç tane tarihi eser varsa, hepsini gezdik." Rehberi çıkarıp, rastgele bir sayfa açtı. "Kutsal Santiago de Compostela şehri, Roma tarzı katedraliyle ünlüdür," diye okudu. Güneş gözlüklerinin üstünden bakarak bir öğretmen gibi konuşmaya başladı. "Roma tarzının kıvrımlı kemerlerine karşılık Gotik tarzda yapılmış kemerler sivri uçludur, bilmiyor muydun?"

Max, bir kahkaha atarak "Çok etkilendim," dedi.

"Hiç etkilenme bence," dedi Nasty. "Her dakikasından nefret ettim. *Senin* başından neler geçti bakalım?"

Anlatsa bile ona inanmazdı ki.

"Pek bir şey geçmedi," dedi Max.

"Eh, sana rastladığıma çok sevindim."

"Aynen!"

Karşılıklı gülüştüler.

Jaguar Taşları, cehennem tazıları ya da Ölümün Efendileri hakkında hiçbir şey bilmeyen normal bir insanla zaman geçirmek ne güzelmiş, diye içinden geçirdi Max. Sırf bunların normal bir insanın kulağına ne kadar saçma geleceğini görmek için bile kıza başından geçenleri anlatmak istedi. Bu duygu, kendisini harika hissetmesini sağlamıştı.

"Yaşadıklarıma inanamayacaksın..." diye söze başlamıştı ki bir ses duydu.

"Anastasia! İşte buradasın! Deminden beri seni arıyoruz!"

Nasty'nin anne ve babası, yanlarına gelmişti. İkisinin de elleri kolları çiçekler, kartpostallar, plastik tabutlar, iskeletler, şallar, şemsiyeler, içleri doldurulmuş oyuncaklar ve fırsatçı hediyelik eşya satıcılarının onlara satmayı başardığı her türlü ıvır zıvırla doluydu.

"Bu da kim?" diye sordu Nasty'nin Max'i kuşkuyla süzen annesi.

"Bu... Massimo," dedi Nasty.

"Yüzü tanıdık geliyor," dedi Bayan Smith-Jones.

"Onu gazetelerin sosyete sayfalarından hatırlıyor olmalısın," dedi Nasty. Rolünü oynaması için Max'e göz kırptı. "Kendisi bir İtalyan asilzadesi... Ailesinin Venedik'te bir sarayı var..." Kızın gözleri, kucağındaki rehbere kaydı. "Biz de tam mimari hakkında konuşuyorduk."

Nasty'nin annesiyle babasının yüzlerinde yapmacık tebessümler belirdi. Yüzlerindeki ifadeler Max'e, Massimo'nun, tam da kızlarının İspanya'da tanışmasını arzu ettikleri türden bir asilzade olduğunu söylüyordu. En azından, kızın havaalanında tanıştığı kızıl saçlı punkçıya kıyasla çok daha uygun biri gibi duruyordu.

"Öğle yemeğinde bize katılmaz mıydınız, Massimo?" diye sordu Bayan Smith-Jones. "Rehberde, sokağın hemen karşısındaki bir restoran tavsiye ediliyor."

Max, yüzüne etkileyici bir tebessüm yerleştirmek için büyük çaba harcadı. "*Grazie, signora,**" dedi. Tam bir İtalyan gibi konuşuyordu.

* İtalyanca. Teşekkürler bayan. (Ed. N.)

Bayan Smith-Jones, kıkırdayarak kocasını dürttü ve "Düşünsene, bir İtalyan soylusuyla öğle yemeği yiyeceğiz," dedi.

Sokakta yürürlerken Nasty, durumdan hoşlanmadığını belli edercesine bakışlarını yere indirdi. "Beni çileden çıkardılar," diye fısıldadı. "Sürekli benimle konuşmaya çalışıyorlar."

"Hangi konuda?"

"Her konuda. Benimle *sohbet etmek* istiyorlarmış."

Max, kızı anladığını göstermek için yüzünü buruşturdu.

Bay Smith-Jones "İşte geldik," diyerek restoranın kapısını açtı. "Bu restoran, yerel yemekleri de menüsüne dâhil edecek şekilde yeniden düzenlenmiş."

İçeri girerken, "İtalyan aksanıyla konuşmayı sakın unutma," diye fısıldadı Nasty.

Bay Smith-Jones, kimse menüye bakamadan herkes adına günün yemeğini sipariş etti. "Hadi bugün biraz çılgınlık yapalım," dedi. "Her zaman dediğim gibi, seyahat etmenin keyfi, yeni yemekler tadınca çıkar."

"Bunu *gerçekten* de her zaman söyler," diyerek iç geçirdi Nasty. "Nereye gidersek gidelim."

Günün yemeği, ahtapot güveciydi. Ahtapot, kendi mürekkebinin içinde pişirilmişti ve berbat kokuyordu. "Güzel görünüyor," dedi Bay Smith-Jones ama ses tonu hiç de ikna edici değildi.

"İğrenç görünüyor," diyerek babasını düzeltti Nasty.

Bayan Smith-Jones, peçetelerden birini kocasının yakasına geçirdi. Bunu, adamın titizlikle ütülenmiş olan polo yakası kirlenmesin diye yapmıştı. Ardından, kocasının yemeğe saldırmasını izlemek zorunda kalmamak için yan döndü. "Ne kadar zamandır İspanya'dasın, Massimo?" diye sordu. Kocasının ağzını şapırdatmasını duymazdan gelmek için büyük çaba harcıyordu.

Ne kadar zamandır İspanya'daydı?

Ona, haftalardır buradaymış gibi geliyordu ama geleli daha üç gün olmuştu.

Her şeyin berbat olduğu üç gün.

Lola, evlenmek üzereydi.

Kral 6-Köpek ölmüş, Leydi Koko ise kayıplara karışmıştı.

Bir zamanlar Ölümün Efendileri'ni kurnazlıkla alt edebileceğine inanan Max Murphy'ye gelince; bir katil zanlısı olarak İspanyol polisi tarafından aranıyordu. Fakat nasılsa Ölümün Efendileri tarafından iki gün içinde öldürülecekti. O nedenle bu durum, onu fazla endişelendirmiyordu.

Başı beladaydı. Hem de büyük belada.

İnleyerek başını ellerinin arasına aldı.

"İyi misin, Massimo?" diye sordu Bayan Smith-Jones. "Yolunda gitmeyen bir şey mi var?"

"Tüm bu sorularınla çocuğun başını ağrıtıyorsun," dedi Nasty.

"Eminim şu ahtapotu görünce hastalanmıştır," dedi Bayan Smith-Jones.

"Saçmalama," dedi Nasty'nin babası. "İtalyanların ahtapota bayıldıklarına eminim."

Nasty ile anne babası onun hakkında didişirlerken, Max, olanları bir kez daha gözden geçirdi.

Mahvolmuştu.

Durumu tersine çevirmesine imkân yoktu.

Her şey sona ermişti... yaşadığı macera... planları... hayatı...

Başını kaldırdığında, sağanağın başladığını ve dışarıda gülüp şakalaşmakla meşgul olan 'canlı cenaze' kafilelerini fark etti.

Max, sevdiklerini son bir kez görmek istiyordu.

İtalyan aksanıyla konuşmayı unutarak "Eve gitmem gerek," dedi. "Havaalanından geçecek misiniz acaba?"

"Kusura bakmayın," dedi Bay Smith-Jones, "ama havaalanı güneyde kalıyor, biz doğuya, Bilbao'ya gidiyoruz." Birden, masanın altından bir tekme yemiş gibi irkildi.

"Eşimin söylemeye çalıştığı şu," diye açıklamaya koyuldu Bayan Smith-Jones, "seni havaalanına bırakmaktan memnuniyet duyarız, Massimo. Oradan Valencia'daki La Tomatina adlı olgunlaşmış domates festivaline yetişebiliriz."

"Ama Madrid buradan altı saat uzaklıkta," dedi kocası.

"Ne güzel," diye yanıt verdi kadın. "Anastasia ile Massimo'nun birbirlerini yakından tanımak için yeterince zamanları olacak."

Nasty, yüzünde kocaman bir tebessümle annesine döndü. Tatile çıktıklarından beri ilk kez oluyordu bu.

On Dokuzuncu Bölüm

ÖLÜMDEN SONRA

"Yolda rastladığımız tüm kadınların birer el arabası olduğunu fark ettin mi?" diye sordu Max. "Galiçya'da kadın çantası yok mu acaba?"

"Buralarda erkekler tekneleriyle balığa çıkarken tarlaları kadınlar sürer," dedi Nasty.

"Sakın bana bunu da rehberde okuduğunu söyleme," dedi kızın bilgisinden etkilenen Max.

İtalyan aksanını çoktan bir kenara bırakmıştı ama Nasty'nin anne ve babası, durumu fark etmemişe benziyorlardı. Galiçya'nın dökülmüş yapraklarla kaplı, sırılsıklam sokaklarında yollarını bulup Madrid'e ve havaalanına giden anayola çıkmak, onları fazlasıyla meşgul ediyordu.

"Aman şu köylülere dikkat et!" dedi Bayan Smith-Jones. "Sokağın ortasından yürüyorlar."

Bay Smith-Jones, kornaya bastı ama bunun pek bir faydası olmadı. Yaklaşan yayalar kapüşonlu başlarını öne eğmişlerdi. İçlerinden bazıları kulaklık takmış olan grubun tamamı ıslanmış ve sefil bir haldeydi. Üstelik hiçbirinin, sırf içi kuru ve sıcak bir araba yanlarından geçebilsin diye kenara çekilmeye niyeti yoktu.

Max, gruptakilerin boyunlarında sicimle asılı geniş, beyaz birer deniz kabuğu bulunduğunu fark etti. (Sırılsıklam olmuş sarı başlıklı yağmurluk denizinde kimin kadın kimin erkek olduğu anlaşılmıyordu.)

"Boyunlarındaki bu kabuklar da neyin nesi?" diye sordu Max.

Nasty, rehberi Max'e doğru salladı. "Aziz James'in sembolü. Bu, onların Santiago'ya yürüyen hacılar olduklarını gösteriyor. Boynunda bir deniz kabuğu varsa, katedrale vardığında karnını orada doyurmana izin veriyorlar."

"Ne yemek veriyorlar acaba?" diye sordu Max. Açlıktan ölüyordu. Ahtapot restoranında hiçbir şey yiyememişti.

Nasty, omuz silkti. "Bilmiyorum. Oraya dün uğradık ama deniz kabuğumuz olmadığı için bir şey yemedik. Sana iğrenç bir bilgi daha vereyim: Sunağın arkasında eski bir Aziz James heykeli var ve millet heykeli öpmek için önünde sıra oluyor."

"Öğğğk."

"Biliyorum, taşın üzerinde biriken mikropları bir düşünsene," dedi Nasty anlayışla. "Ama bir yandan da dünyanın en büyük tütsülüğüne sahipler. İçini yanmakta olan kömürlerle doldurup halatlarla yukarı çektikten sonra, tütsülüğü bir salıncak gibi ileri geri sallandırıyorlar. Bunu, terli hacılardan yayılan kokuları engellemek için yapıyorlarmış. Tütsülük, her an pencereden dışarı fırlayacakmış ya da birinin kafasına düşecekmiş gibi göründüğü için, herkes gösteriyi hayranlıkla izliyor."

"Tütsülük birine çarpıp onun ölümüne neden olmuş mu hiç?" diye sordu Max.

"Mutlaka olmuştur," dedi Nasty. "İşte, rehberde okuyabilirsin. Al, senin olsun."

"Rehbere ihtiyacım yok; ben evime gidiyorum."

Nasty, "Evet, bence de gidiyorsun," diyerek rehberi ısrarla Max'e uzattı. Kız, kitapçığın iç kapağına e-posta adresiyle telefon numarasını karalamıştı.

"Peki," dedi Max. Kitapçığı sırt çantasına tıkıştırmaya çalıştı ama sığmıyordu. Rehbere yer açabilmek için, Lola'nın ona vermiş olduğu kahverengi torbayı çıkardı.

"Torbada ne var?" diye sordu Nasty.

"Yiyecek bir şeyler," diye yanıt verdi Max. "Tamamen unutmuşum. Biraz ister misin? Ezilmiş olabilirler gerçi." Torbanın içine bir göz attı. "Birkaç kurabiye, bir parça ekmek, birkaç dilim kek… Bir dakika, bu da ne?"

Torbanın derinlerinde, peçetelerin üstünde sert bir nesne çarptı parmaklarına.

Neler oluyordu?

Max, paketi dışarı çıkardı.

Paket, ucu yanık bir kâğıda sarılmıştı.

Max, daha paketi açmadan onun ne olduğunu anladı…

Sarı Jaguar.

Kâğıdın üzerine alelacele birkaç satır karalanmıştı.

Hoop, saraya dön, tahtı bul (yatak odasına bak), Sarı Jaguar'ı yerine sok ve kapıyı aç. Ben, Landa ve AP'yi Santiago'da oyalarım. Xibalba'da iyi şanslar! MK

Max, derin bir iç geçirdi.

Emirler, emirler, emirler.

Ah Maymun Kız, diye geçirdi aklından, *ne yaptın sen*?

Max, Belalı Yarasalar ile gününü gün ederken, Lola görevlerini yerine getirebilmeleri için hayatını tehlikeye atmıştı. Max için Landa ve Ah Pukuh'a karşı gelmişti; Sarı Jaguar'ı ona verdiğini anladıkları anda kızı öldüreceklerdi.

Lola ile son görüşmelerinde, kızın boynuna alelacele bir şal sarmış olduğunu hatırladı. Artık kızın şalı üşüdüğü için değil, boynundaki gerdanlığın yokluğunu Landa'dan gizlemek için almış olduğunu biliyordu.

Maymun Kız'ın o sürüngene âşık olduğuna nasıl inanabilmişti ki? İçgüdülerine güvenmeliydi. Lola ile ikisi, bir takımdılar ve Max, kızı üzerinde dumanlar tütmekte olan o kütüphanede bırakıp gitmişti. Lola, sırf Xibalba'ya girebilmesi için Max'e zaman kazandırmak amacıyla Landa ile evlenecekti.

Lola'nın ihaneti fark edilmiş miydi acaba?

"İyi misin?" diye sordu Nasty. "Tuhaf iniltiler çıkarıyorsun da."

"Santiago'ya gitmem gerek," dedi Max.

"Aslını istersen, ben *o tütsülüğü* hiç de ilginç bulmadım..."

"Hayır, şu gerdanlığı bugün bir dostuma vermem gerekiyor. Düğününde takacaktı da. Götürmezsem çok üzülür..."

Nasty, sarı boncukları inceledi. "Güzel bir parçaymış; oldukça sıradışı görünüyor. Fakat arkadaşın boynunda bu olmazsa *ölmez* herhalde. Başka bir şey taksa olmuyor mu?"

"Nasty, çok üzgünüm. Daha yeni tanıştık, biliyorum ve büyük olasılıkla çıldırdığımı sanacaksın. Ama *hemen* Santiago'ya gitmem gerek."

"Ama orası ters yönde kalıyor."

"Lütfen bana yardım et. Söz veriyorum, Boston'a döndüğümüzde sana her şeyi açıklayacağım."

Nasty, Max'in ter içinde kalmış alnını ve titreyen ellerini şöyle bir süzdü. Derin bir nefes alarak "Pekâlâ," dedi. "Ama bana Boston'daki en güzel pizzayı yedireceksin ve benim seçeceğim bir filme gideceğiz. Patlamış mısırı da sen ısmarlıyorsun."

"Anlaştık," dedi Max.

"Davetiyen nerede?"

Max, Odd-Eye'ın ona vermiş olduğu buruşuk kartı arka cebinden çıkarıp kıza uzattı.

Nasty, kartı birkaç saniye inceleyip "Anne! Şuna bir baksana!" diye heyecanla seslendi. "Massimo bana, yakın dostu olan bir İspanyol kontunun bugün Santiago'daki katedralde evleneceğinden söz etti. İnanabiliyor musun? Onu uçağına binmeyip bizi düğüne götürmesi için ikna ettim! Bu düğün, tatilimizin en güzel gecesi olacak! Tanışacağımız asilzadeleri bir düşünsene..."

"Ben Santiago'ya falan dönmüyorum," dedi Bay Smith-Jones, "son kararım bu."

"Ama tatlım," dedi karısı, "İspanyol sosyete düğünleri her gün karşımıza çıkmıyor ya! Asilzadelerle bir araya geleceğiz! Önümüzde yepyeni bir hayatın kapıları açılabilir. Briç kulübündekiler kıskançlıklarından çatlayacaklar!"

"Olmaz," dedi Bay Smith-Jones.

"Müze listemi bir kenara atıp tatilin devamını golf oynayarak geçirebileceğini söylesem bile mi?"

Bay Smith-Jones, ani bir frenle arabayı ters yöne döndürdü. Güneye, Madrid'e inmelerini işaret eden masmavi gökyüzüne aldırmaksızın, üzerinde kapkara fırtına bulutlarının toplandığı eski Santiago şehrine doğru yol almaya başladılar.

Yirminci Bölüm

LOLA'NIN DÜĞÜNÜ

Yaklaşan fırtınaya rağmen Santiago'daki düğün hazırlıkları tüm hızıyla sürüyordu. Bal rengi taşları yağmur altında, altın gibi parlayan Ortaçağ kulelerinden çan sesleri yükseliyordu. Ana meydandaki kemerli geçitler, rüzgârda dans eden sarı çiçeklerin oluşturduğu çelenklerle süslenmişti. Sokakları konfeti gibi dolduran sarı yapraklar, yağmur nedeniyle kayganlaşan kaldırım taşlarına yapışmıştı. Sokak lambalarından nemli beyaz kurdeleler ve fiyonklar sarkıyordu. Üç katlı ön cephesi düğün pastalarından bile daha süslü olan taş katedral ise tüm heybetiyle hepsinin üzerinde yükseliyordu.

"Havanın kötü olması ne talihsizlik," dedi Bayan Smith-Jones. Düğüne erken gelen, şemsiyeleri ters yüz olmuş, şapkaları başlarından fırlayan konukları izliyordu.

"Sağanak başlamadan içeri girmeliyiz," dedi Bay Smith-Jones.

Kadın, eşini şöyle bir gözden geçirdi. Bir konaklama tesisinde durup bavullarında bulabildikleri en alımlı kıyafetleri sırtlarına geçirmişlerdi ama Bayan Smith-Jones, hâlâ Amerikalı turistler gibi gözüktüklerinden endişe ediyordu. Kendi kendine mırıldanarak kocasının kravatını düzeltti ve ceketinin omzuna konmuş bir yaprağı silkeledi.

Ardından Nasty'ye döndü. Nasty, annesinin ısrarı üzerine beyaz yazlık elbisesini giymiş, haftalardır ilk kez saçını taramıştı.

"Bir kez olsun genç bir hanımefendiye benzemiş olman ne hoş," dedi Bayan Smith-Jones. "Güzel görünmüyor mu, Massimo?"

Max, nazikçe başıyla onayladı.

"Aptalın teki gibi görünüyorum," diye fısıldadı Nasty. "Sen de öyle."

"Biliyorum," dedi Max keyifsizce.

Nasty'nin babası, Max'e zorla beyaz bir gömleğini, kravatlarından birini ve modası geçmiş, lacivert bir spor ceketini ödünç vermişti. Max, ceketin altın renkli düğmelerinin üstlerine işlenmiş minik çapaların korkunç göründüğünü düşünüyordu.

Berbat İtalyan aksanıyla, "*Grazie, signor*, ama buna gerek yok," diye itiraz etmişti.

"Hiç öyle şey olur mu, Massimo?" diye karşı çıkmıştı Bayan Nasty-Jones. "Bizi düğüne getirme nezaketini gösterdin, biz de sana borcumuzu bu şekilde ödüyoruz. Bir yüksek sosyete düğününe uygunsuz kıyafetlerle gitmek istemem. Senin de aynen benim gibi düşündüğünden eminim. Seni utandırmaktansa düğüne hiç gitmeyiz, daha iyi."

Şık giyinmezse düğüne katılamayacağını kavrayan Max, gönülsüzce de olsa Smith-Joneslar'ın isteklerine boyun eğmişti. Santiago sokaklarındaki vitrinlerden birinde nasıl göründüğüne baktı. Daha önce, bir İtalyan soylusuna hiç bu kadar benzememişti.

"Yaka çiçeklerinizi şuradan alacaksınız, beyler," dedi Bayan Smith-Jones. Basamakların dibinde durmuş, erkek konuklara sarı çiçekler ve iğneler dağıtmakta olan ufak tefek adamı işaret ediyordu. Max, konukların arasında önceki gece az kalsın ölümüne neden olan limuzin şoförünü de gördü.

Bu durumda, içeriye girmenin başka bir yolunu bulması gerekecekti.

Nasty'ye, "Sizinkilerle içeri gir ve bana iyi bir yer tut," dedi ve davetiyeyi kıza verdi. "İçeride görüşürüz."

Nasty, davetiyeyi annesine uzatıp "Babamla içeri girin ve bize yer tutun," dedi. "Kilisede görüşürüz."

Annesinin tereddüt etmesi üzerine, katedrale girmekte olan pembe giysili bir kadını işaret etti. "Şuraya bak! Sanırım Viyana Kraliyet Prensesi Valentina bu! Acele edersen belki de yanına oturabilirsin!"

Annesi, kocasını da peşinden sürükleyerek koştururken "Elinizi çabuk tutun, Anastasia!" diye seslendi.

"Sen de onlarla git, Nasty," dedi Max. "Benim Lola'yı bulmam gerek."

"Lola, evlenen kız, değil mi?" diye sordu Nasty.

"Evet. Katedralde olmalı. Düğün kısa bir süre sonra başlayacak."

Nasty, başını iki yana salladı. "Düğünler hakkında hiçbir şey bilmez misin sen? Gelin, daima içeri son giren kişi olur."

"Öyle mi? Nerede bekleyeceğine dair bir fikrin var mı peki?"

"Sen o işi bana bırak."

Cep telefonunu çıkaran Nasty, meydanın öte tarafındaki iki dirhem bir çekirdek giyinmiş ergen kızlara doğru yürürken, bir arkadaşıyla konuşuyormuş gibi yaptı. "Evet, yok, biliyorum, biliyorum, biliyorum dedim... Hayır, onu daha görmedim; bir dakika, birilerine sorayım..." Yanından geçtiği kızlara döndü. "Gelini gördünüz mü? Kıyafeti nasıl?"

Kızlar, heyecanlı heyecanlı anlatmaya koyuldular. "Bilmiyoruz, biz de daha görmedik; oteldeki odasından henüz çıkmadı." Konuşurken, katedralin hemen yanındaki geniş taş binayı işaret ederek yollarına devam ettiler.

Nasty, zafer kazanmış bir kumandan edasıyla Max'e dönüp gülümsedi.

"Çok etkilendim," dedi Max. "Haydi gidelim."

Otelin her yanı, kırmızı halılar ve süslü sütunlarla doluydu.

Nasty, Max'e "Gerdanlığı bana ver," diye fısıldayarak danışma masasına yanaştı. "Affedersiniz," dedi nefes nefese kalmış numarası yaparak, "Kont de Landa, bu mücevherin acilen Bayan Lola'ya verilmesini istedi; düğünde takacakmış sanırım."

"Elbette, senyorita," dedi danışmadaki kız. "Biz onu kendisine teslim ederiz."

"*Olmaz!*" diye çıkıştı Nasty. Teklif karşısında dehşete düşmüştü. "Elimdeki mücevherin ne kadar değerli olduğunu biliyor musunuz siz? Bu, bir Landa aile yadigârı. Bay Landa, mücevherin doğrudan gelin hanıma teslim edilmesi için kesin talimat verdi." Kızın göğsündeki ismi okuyabilmek için hafifçe eğildi. "İnan bana, Conchita, Kont Antonio de Landa, kızdırılmaya *gelmez.*"

Damadın öfkesi, belli ki herkesçe biliniyordu. "Bu taraftan, senyorita," dedi danışmadaki kız. "Sizi derhal gelinin odasına götüreceğim."

Max, kızları asansöre kadar takip etti, ancak Conchita birden onun yolunu kesti. "Kusura bakmayın, senyör, fakat Bayan Lola'nın kesin talimatları var," dedi. "Gün boyunca odasına hiçbir erkeğin girmesine izin verilmeyecek. Ne kadar ısrar ederlerse etsinler, Kont de Landa ya da sağdıcına bile izin yok. Âdetleri böyleymiş sanırım."

Çok mantıklı, diye düşündü Max. *Sarı Jaguar'ı bana verdiği öğrenilsin istemiyor.*

"Düğünde görüşürüz," dedi Nasty.

"Ona her şeyin yoluna gireceğini söyle," dedi Max. "Bu işi halletmenin bir yolunu bulacağımı söyle."

Nasty, başını tamam anlamında sallayıp asansöre bindi.

Max, gönülsüzce otelden ayrıldı. Gerçekten de her şey yoluna girecek miydi acaba? Bir yolunu bulacak mıydı? O an hiçbir planı yoktu. Gerdanlığı bile bir yabancıya emanet etmişti. Nasty'nin kılık değiştirmiş bir iblis olmadığından emindi, ama yine de... onun hakkında ne biliyordu ki?

Artık katedrale tanınmadan nasıl gireceğini düşünmeliydi.

Meydanı dolduran süslü püslü, gürültücü asilzadeleri şöyle bir inceledi. Max, hiç de onlardan biri gibi durmuyordu.

Konukların arkasından, boyunlarında deniz kabukları taşıyan, pejmürde kıyafetli hacılar geliyordu. Onlar merdivenlere doğru yaklaşırken bir rahip belirdi ve hacılara düğün başlamadan önce ayakaltından çekilmelerini işaret etti.

Sorun çözülmüştü.

Max, en yakındaki hediyelik eşya dükkânının arkasına saklandı ve kendine, deri bir sicimin ucuna takılı bir deniz kabuğuyla yuvarlak uçlu, uzun bir baston satın aldı. Yan sokaklardan birine saklanarak ayakları yürümekten şişmiş bir hacı kılığına girmeye başladı. Olukların birinden aldığı bir parça çamuru yüzüne ve kıyafetlerine sürdü. Saçlarını karıştırdı. Ardından da, gerçek bir topal gibi gözükebilmek için ayakkabılarının içine küçük birer taş tıkıştırdı.

"Ah şu nasırlarım," diye sızlanarak katedralin dışındaki sıranın sonuna yanaştı. "Ne kadar çok yürüdüğüme inanamıyorum."

Beklemekte olan hacılar, Max'in elini sıkıp ona sarılarak çocuğu aralarına buyur ettiler. Gece gündüz yürümüş olmaktan ötürü leş gibi koktuklarının farkında değillermiş gibi davranıyorlardı.

Yüzü güneşten yanmış, uzun sakallı bir adam "Gel de bir şeyler ye, dostum," dedi. "Bunu hak ettin."

Katedralin dibine, hacıları karşılamak amacıyla mükemmel bir sofra kurulmuştu. Sofrada yok yoktu. Fırından taze taze çıkmış sıcacık ekmekler, yumuşak peynirler, pembe salamlar, etli güveçler, soğuk tavuk parçaları, patatesli omletler, kekler, taze domateslerle dolu kâseler, meyveli pastalar, kremalı gözlemeler...

Max Murphy, hayatında ilk kez bir yemek teklifini reddederek kendini yola devam etmeye zorladı.

Bir banyo bulup temizlendikten sonra, kilisenin altındaki

geçitleri kullanarak sessizce ilerlemeye başladı. Giderek daralan geçitler, antik tünellere dönüşüyordu. Bu ne saçma bir durumdu böyle! Yukarıda bir yerlerde, Lola, dünyaevine giriyordu. Max ise bir sıçan gibi kapana kısılmıştı.

Son köşeyi de döndükten sonra, gümüş bir tabutla karşı karşıya geldi. Ne olduğunu anlayamadan tabuta bakmaya başladı. Keşke Nasty İspanya rehberini okurken, kızı biraz daha dikkatli dinlemiş olsaydı.

Rehber! Doğru ya, Nasty onu Max'e vermişti!

Kitapçığı çantasından çıkarıp katedralden söz edilen sayfayı buldu ve sabırsızlıkla okumaya başladı. Pekâlâ, bu karşısındaki belli ki Aziz James'in tabutuydu. Buradan yukarı çıkan merdivenler, sunağın arkasında bulunan ve azizin mücevherlerle kaplı eski bir heykelinin, inançlı kulları gözleyip kolladığı küçük bir odaya açılıyor olmalıydı. Max, fark edilmemek için nefes bile almadan, yukarıya çıkan basamakları tırmanmaya başladı. Hacılar, kutsal yolculuklarının sonunda bu odaya gelerek Aziz James'in heykelini öpüyorlardı. Max Murphy ise heykeli, katedralde olan biteni gözlemek amacıyla arkasına saklanmak için kullanacaktı.

Neyse ki düğün daha başlamamıştı.

Kilisedeki tüm sıraların, sarı çiçeklerle süslenmiş olduğunu fark etti. Rahipler tedirgin hareketlerle dua kitaplarını ve devasa tütsülüğü hazırlıyorlardı. Halatlarla kenardaki bir sütuna bağlı duran tütsülük, kocaman bir çaydanlığı andırıyordu.

Max, gözlerini konukların üzerinde gezdirdi. Önceki gece yapılan partiden, birkaç simayı hatırlıyordu. Nasty'nin anne ve babası, ön tarafa, pembe kıyafetli kadının yanına oturmuşlardı. Max ve Nasty için iki sandalye tutuyorlardı.

Ama ya Nasty nerede kalmıştı? Şimdiye dek otelden dönmüş olmalıydı. Tek yapması gereken, gerdanlığı Lola'ya teslim etmekti.

Max, Sarı Jaguar'ı Nasty'ye vermiş olduğu için kendi kendine kızdı. Lola'nın hayatı söz konusuydu. Ya Nasty gerdanlığı alıkoymaya karar verdiyse, ne olacaktı? Dünya üzerinde onu durdurabilecek kimse yoktu. Ya cesaretini kaybedip Landa'nın adamlarına yakalandıysa, diye düşündü Max.

Kilise sıralarına, tedirgin bir hava hâkimdi. Konuklar uzanıp öteye beriye bakınıyor, saatlerini kontrol ediyor ve başlarını iki yana sallayarak kendi aralarında fısıldaşıyorlardı. Düğünün başlaması biraz gecikmişti anlaşılan.

Sonunda kilisenin kapısı ardına dek açıldı ve tüm başlar, o yöne doğru döndü.

İçeri giren kişi, etrafına ışıklar saçan gelin değil, iğrenç vücuduyla Ah Pukuh oldu. Max'in Siyah Piramit'te tanıştıkları gün gördüğü, üzerinden kurumuş insan dilleri ve göz küreleri sarkan, süslü başlığını takmıştı. Ah Pukuh koridor boyunca hoplayarak yürürken öteye beriye savrulan göz küreleri, müstehcen bakışlarla kadın konukları süzüyorlardı. Ah Pukuh lekeli yüzünü yine badana yapar gibi pudralamış, gri yelekli bir frağın içine zar zor sığmıştı. Yanından geçtiği sıralarda oturanlar, onun geride bıraktığı berbat kokuyu dağıtabilmek için hemen yelpazelenmeye başlıyordu.

O sırada yan taraftaki ahşap kapı açıldı ve Landa, siyahlara bürünmüş iki korumasının ortasında, topallayarak içeri girdi. Hardal sarısı kadife yeleği ve siyah golf pantolonunun içinde çok komik görünüyordu. Sıska bacaklarına kapkara, daracık çoraplar geçirmiş, beline resmi bir tören kılıcı asmıştı. Korumaları sunağın iki yanına geçerken, Landa da bir ileri bir geri yürümeye, elini birilerini öldürecekmiş gibi kılıcının kabzasına götürmeye başladı.

Yan tarafta bir diğer kapı açıldı. Kırmızı cübbeli genç rahipler, üzerinde yanmakta olan kömürlerin bulunduğu bir tepsiyi içeri taşıdılar. Kilisedeki tüm gözler, devasa tütsülüğü çözüp, kömür tepsisini içine sokan genç adamları izliyordu.

Bu minik gösteri de sona erince, konuklar yeniden yerlerinde kıpırdanmaya başladılar. Fısıltıların curcunaya dönüşmesi an meselesiydi. Gelin nerede kalmıştı? Gelmeliydi artık…

… İşte oradaydı.

Lola, arkadan vuran gün ışığının içinde parlayarak, katedralin kapısında duruyordu.

Kilisenin orgcusu, düğün marşını çalmaya başladı.

Lola kilise boyunca ilerlerken, yanından geçtiği konukların ağzı açık kalıyordu. Lola'nın güzelliği karşısında şaşkına mı dönmüşlerdi? Yoksa bu tatlı genç kızın kötü yürekli Antonio de Landa ile evleniyor olması karşısında dehşete mi düşüyorlardı?

Yanıtı tahmin etmek olanaksızdı.

Lola'nın üzerinde Rönesans tarzı, krem rengi bir gelinlik vardı. Yere kadar inen dantel duvağın etekleri, nedime kızlardan biri tarafından saygıyla taşınıyordu. Lola, uzun ipek elbisesinin içinde adeta bir peri gibi süzülüyordu. Bakışlarını önüne dikmiş, uyurgezer gibi yürüyordu. Max, kızın Sarı Jaguar'ı boynuna takmış olduğunu fark ederek rahatladı. Rengi kehribara çalan mücevher, altın renkli güllerden oluşan buketin yanında dikkat çekiyordu.

Lola'nın ön tarafa varmasıyla birlikte, düğün kafilesi sunağın basamaklarındaki yerini aldı. Üzerlerindeki tuhaf elbiseler olmasa bile, garip bir düğün fotoğrafı ortaya çıkacağı kesindi. Damat öfkeli, gelin delirmiş gibi görünüyor, damadın şahidi ise korku filmlerindeki figüranları andırıyordu.

Max, nedimenin kim olduğunu görmeye çalışıyordu. O da bu tuhaf grubun bir üyesi olmalıydı. Bildiği kadarıyla, Lola'nın İspanya'da hiç tanıdığı yoktu. O halde nedime, damadın ailesinden biri olmalıydı. Belki de Landa'nın kadın haliydi. Sakalı da var mıydı acaba...

Lola, dönüp kucağındaki buketi nedimeye uzattı. Max, nedimenin yüzünü net bir şekilde görebiliyordu artık.

Nasty'ydi bu. Beyaz, yazlık elbisesinin içindeki Nasty. Saçlarına sarı çiçekler takmıştı.

Max, Lola buketi Nasty'ye uzatırken, kızın Lola'nın elini hafifçe sıktığını fark etti. 'Her şey yoluna girecek, ne de olsa eski dostun Max bu düğünü engellemenin bir yolunu bulacaktır' der gibiydi. Max, Nasty'nin endişeyle etrafına bakınarak onu aradığını görebiliyordu şimdi.

Fakat Max'in varlığını fark eden kişi, Lola oldu.

Rahip bir şeyler mırıldanırken, Lola'nın gözleri sunağın gerisinde kalan Aziz James heykeline kaymıştı. Kızın kahverengi bir çamur birikintisinin içindeki kahverengi bir ağaç kütüğünün üstüne tünemiş kahverengi bir kurbağayı bile elli adımdan seçebilen o keskin gözleri, aziz heykelinin omzundan etrafı gözleyen Max'i yakaladı.

Lola, birden bakışlarını ondan kaçırdı. Max'ten hiçbir şey istemiyor, hiçbir şey beklemiyordu.

Max'in kalbi, acıyla doldu.

Baş başa kaldıkları son anları hatırladı. Kıza, bir prenses

olmadığını söylemişti. Ama şimdi, başı kaderini kabullenmişçesine dimdik yukarıda, gerçek bir kraliçe gibi görünüyordu Lola.

Törene, boynunda Sarı Jaguar olmadan gelmeye hazırdı ki bu yüzden hayatını kaybedebilirdi. Şimdi ise bu korkunç adamla evlenerek hayatını feda ediyordu. Max, Lola'nın tüm bunları onu kurtarmak için yaptığından emindi.

Buna izin veremezdi.

Bir çözüm yolu bulması gerekiyordu.

Lola'yı bir şekilde kurtarmalıydı.

Ama öte yandan kendisini nasıl kurtaracağını düşünmesi de gerekiyordu. Aklından bunlar geçerken, nasırlı bir el ağzını kapadı ve Max'i dizüstü çökmeye zorladı. Çocuk, sunağın etrafındaki korumaları göz hapsinde tutuyordu. Fakat budalalık edip Landa'nın fazladan güvenlik görevlisi kiralayıp kiralamadığına bakmamıştı.

Bir ses, "Yine buluştuk, minik davulcu," diye fısıldadı kulağına.

Turne ekibinin Maya üyelerinden biriydi konuşan.

"Ama bu kez," dedi diğeri, "işini bitirme emri aldık."

Max, bir tabancanın horozundan çıkan sesi duydu. Beynine yiyeceği kurşuna hazırlanırken, aklından geçen son düşünce, *özür dilerim Maymun Kız, seni yarı yolda bıraktığım için beni affet*, oldu.

O sırada hafif bir ıslık sesi, kulaklarını doldurdu.

Ardından da düşmeye başladı...

Turne görevlisinin üstüne devrilmesi nedeniyle öne yuvarlanmıştı. Üzerinden ittiği adamın boynuna, minik bir okun saplanmış olduğunu fark etti. Diğerinin silahı, Max'e çevriliydi. Ancak ıslık çalarak havayı yaran bir diğer ok, adamın kendinden geçerek yere yığılmasına neden oldu.

Max'in sevinçten içi içine sığmıyordu. Böyle bir atışı, dünyada ancak tek bir varlık yapabilirdi.

"Kral 6-Köpek?" diye fısıldadı.

Maymun kral, odaya açılan merdivenlerin ucunda belirdi. Yanında silah niyetine kullandığı iki PVC borusu taşıyordu.

"Kral 6-Köpek? Nasıl oldu da? Siz nereden? Öldüğünüzü sanmıştım..."

Maymunun gözleri parladı ama acımasız görünmeye çalışıyordu. "Size yanımda bir silah getirdim, genç lord. Umarım nasıl kullanıldığını hâlâ hatırlıyorsunuzdur."

Max, başını evet anlamında salladı. Ağzı iyice kulaklarına varmıştı.

Kral 6-Köpek, boruyu Max'e uzatarak "Bu senin," diye fısıldadı. "Maalesef zehirli oklarım yanımda yok ama bulabildiğim zararlı atıklardan kendimce bir karışım hazırladım." Belinde taşıdığı iki minik su kabından birini çözerek Max'e uzattı. Kabın içi, zehre batırılmış dolgu malzemesiyle doluydu. Oklarının yarısını Max'e verdi. Max, okları fırlatmadan önce zehre nasıl batıracağını biliyordu. "Hadi bakalım genç lord, bu berbat evliliğe dur demenin vakti geldi. *Ko'ox*!"

Max, su kabını kemerindeki ilmeğe bağladı ve okları arka cebine tıktı. "*Ko'ox*!" diye yanıt verdi. "Haydi!"

Ah Pukuh'un vücudundan yayılan kokular, artık katedralin her yerine sinmişti. Konuklar, sabırsızlıkla devasa tütsülüğün havayı temizlemesini bekliyorlardı. Kırmızı cübbeli rahipler dönerek halatları çözmeye başlayınca, kalabalık da rahat bir nefes aldı.

Makaralar tıkırdadı ve tütsülük, on metre kadar yukarı yükseldi. Rahiplerin halatlara düzenli bir biçimde asılmaya başlamalarıyla, tütsülük, katedralin bir ucundan diğer ucuna doğru sallanmaya başladı. Rüzgâr, kömürlerin tutuşmasını sağladı ve güzel kokulu tütsü dumanı, kısa sürede Ah Pukuh'un iğrenç kokusunu bile bastırdı.

Konukların hayran bakışları, bir o yana bir bu yana savrulmakta olan tütsülüğe kilitlenmişti. Devasa nesne aşağı doğru indiği sırada, karanlık bir şekil, yükseklerdeki bir balkondan tütsülüğü taşıyan haladın üstüne sıçradı.

Dişlerinin arasında bir bıçak taşımakta olan, kahverengi bir Orta Amerika maymunuydu bu.

"Leydi Koko?" Max, gözlerine inanamayarak Kral 6-Köpek'e baktı.

Maymun kral, başını sallayarak "Saldırıyı başlatıyoruz," diye fısıldadı. "Önce korumaları etkisiz hale getireceğiz. Ardından da ben parolayı söyler söylemez, Leydi Lola'yı alıp, uzaklara götüreceksin."

"Parola nedir?"

Kral 6-Köpek, bir an sıkıntıyla düşündükten sonra "Muz!" dedi.

Ardından kadife bir taburenin üstüne çıktı ve ikisi birlikte nişan almaya başladılar. Boruları aziz heykelinin omuzlarına yerleştirmişlerdi.

Tütsülük, çılgınlar gibi bir sağa bir sola dönmeye devam ediyordu. Devasa salıncağın hareketi, katedraldeki herkesin donakalmasına neden olmuştu. Fakat Landa, yanında duran iki korumasına maymunu vurmalarını emretmişti, Lola ise tüm karmaşanın arasında put gibi duruyordu. Kızın yüzü, son derece ifadesizdi.

Tütsülük, hareketini kontrol eden Leydi Koko ile birlikte aşağıya iniyordu şimdi.

"Nişan al," diye fısıldadı Kral 6-Köpek. "*Ateş*!"

Korumalardan biri, vurularak yere düştü.

Kral 6-Köpek'in oku, hedefini bulmuştu.

Max ise hedefini ıskalamıştı. Ayakta kalan koruma, karşı atışa başlayabilmek için arkasını döndü.

Max, daha eğilemeden kırmızı cübbeli bir rahip, korumanın arkasına doğru süzüldü. Elindeki şamdanı adamın kafasına geçirdikten sonra da gölgelere karıştı. Koruma, Max'i unutmuştu artık. Kırmızı cübbeli rahibin peşinden mi gitsin, Landa'yı mı korusun, yoksa patronunun emrine uyup havadaki maymuna ateş mi etsin, bilemiyordu.

Nasty, Lola'yı ateş hattından uzağa, sütunlardan birinin arkasına çekti.

Tütsülük, hareketini kontrol eden Leydi Koko ile birlikte aşağıya iniyordu şimdi. Leydi Koko, tütsülük alçalıp yeniden yükselmeye başladığında bıçağıyla haladı kesti ve devasa salıncak, Landa'ya doğru savruldu. Koruması, atik davranıp Landa'yı kenara itti ama tütsü yakacağından kaçamamıştı. Devasa salıncak, çarptığı kürsünün alev almasına ve içindeki kömürlerin Landa'nın kafasından aşağı boşalmasına neden oldu.

Katedral, duman içinde kalmıştı.

Paniğe kapılan konuklar, öksürüp çığlıklar atarak topluca kapılara hücum ettiler.

Landa, öfkeden deliye dönmüştü. Gözleri, tepesine yağan kömürler gibi parlıyordu. "Buna izin veremem!" diye bir çığlık attı.

Kılıcını çekti. Toledo çeliği, alev almış kürsünün aydınlığında kıpkırmızı parlıyordu. Okların hangi yönden geldiğini henüz anlayamadığı için, kılıcını rastgele savurmaya başladı.

Bir süre sonra, sütunun arkasında saklanmakta olan Lola ile Nasty'yi fark etti ve Lola'nın koluna yapıştı. Nasty de inatla Lola'yı çekiştiriyordu. Landa, Nasty'ye doğru bir kılıç darbesi savuracak oldu, ancak aralarındaki Lola'ya zarar vermek istemiyordu.

Bunlar olurken, Nasty'nin anne babası da sunağa yaklaşmışlardı. Bayan Smith-Jones çığlıklar atarak şemsiyesiyle Landa'ya vurmaya başladı. Kocası ise Lola'yı bırakmak istemeyen kızlarını yan taraftaki bir dua odasına sürüklüyordu.

Landa, Lola'yı sunağın basamaklarına doğru çekti. Sunağın altına saklanmış olan rahibi kılıç zoruyla ayağa kaldırdı ve adama "Bitir şu işi!" diye emretti.

Kürsüsü alevler içinde kalan ve kıymetli tütsülüğü paramparça olan rahip, dehşet içindeydi. Max'in bir tür düğün duası olduğunu tahmin ettiği bir şeyler mırıldanmaya başladı. Çocuk duanın Latince mi, İspanyolca mı, Maya dilinde mi yoksa rahibin uydurduğu bir dilde mi olduğunu anlayamıyordu.

Kral 6-Köpek'in ve Max'in hedefinde Landa vardı artık. Borularını aynı anda üflediler. Boynunu hedef alan oklar havada süzülürken, Landa'nın yüzüne o gün ilk kez bir tebessüm yayıldı.

Elini havaya kaldırdı. Okların ikisi de havada durdu ve yanmaya başladı.

Max, acıyla inledi. Bu numarayı daha önce, Kral 6-Köpek Siyah Piramit'te zalim düşmanı Tzelek'in karşısına çıktığında görmüştü.

Tzelek!

"Onun burada olacağını size söylemiştim, genç lord," diye fısıldadı Kral 6-Köpek.

"Ama nasıl gelebildi ki?"

Kral 6-Köpek'in güç delisi üvey kardeşi, nasıl olup da Xibalba'dan kaçıp Lola'nın düğününde ortaya çıkmıştı? Max, bunu açıklayabilmek için, son yirmi dört saat içinde gerçekleşen olayları düşünmeye başladı.

Tzelek'in bir kapıdan geçmiş olması gerekiyordu... Bir Jaguar Taşı tarafından açılmış bir kapıdan...

Max birden, Ah Pukuh'un gerdanlığı ele geçirebilmek için onca zahmete katlanmasının ve Landa'yı, sülalesini günümüze çağırarak onur kırıcı bir törene maruz bırakmasının nedenini anladı.

Ah Pukuh'un, yakın arkadaşı Tzelek'in geçebileceği bir kapı açmak için Sarı Jaguar'a ihtiyacı vardı. Landa'nın ihtirasları, Ah Pukuh'un ekmeğine yağ sürmüştü. Tzelek artık, bir zamanlar Hermanjilio'ya yapmış olduğu gibi Landa'nın bedenini de ele geçirmişti.

Maskeli baloda olanları aklından geçiren Max, olayı yavaş yavaş çözüyordu. Tzelek, yürürken topal ayağını arkasından sürüklüyordu. Nişan töreninde normal bir şekilde yürüyen Landa da, daha sonra kütüphanedeyken topallamaya başlamıştı. Tıpkı Hermanjilio'nun İtzamna'daki kapıyı açtıktan sonra yapmış olduğu gibi.

Max, zihninde bu sonuçlara ulaşırken, Kral 6-Köpek de Aziz James heykelinin kafasına tırmanarak bir sıçrayışta katedralin zeminine inmişti.

Borusunu bir düello kılıcı gibi uzattı ve "Kolla kendini, Tzelek!" diye bağırarak rakibine meydan okudu.

"6-Köpek!" diyerek dudak büktü Tzelek/Landa. "Bakıyorum hâlâ o güve yeniği kürkün içindesin. Ben en azından kendime bir soylunun bedenini seçtim."

"Doğru, kendini beğenmiş ve korkak bir soylunun. Sen de, bedenini ele geçirdiğin o adam da bu maymunun tırnağı etmezsiniz."

"Demek öyle? Görelim bakalım, senin şu maymun ölürken de asaletini koruyor muymuş."

Sıralardan birine oturmuş, patlamış mısır yiyerek olanları izleyen Ah Pukuh, keyifle ellerini çırptı. "Mükemmel! Mükemmel! Sevgili Tzelek, işler iyice karışmadan önce size, Orta Dünya'ya hoş geldiniz demek isterim. Yolculuğunuzu ayarlamanın zor olmayacağını söylemiştim. Landa denen o kendini beğenmiş züppeyi kandırmak hiç de zor olmadı."

Gürültüyle çıkardığı pis kokulu gaza bakılırsa, keyfi yerindeydi.

"Merhabalar, Lord Ah Pukuh," dedi Tzelek. "İtiraf etmeliyim ki, düğün töreni bitinceye dek kimliğimi belli etmemeyi planlamıştım. Ancak Kral 6-Köpek, bir kez daha o leş kokulu burnunu işime sokmaya kalkıştı. İzninizle şu baş belasının işini şuracıkta, sonsuza dek bitireyim."

"Tabii, nasıl isterseniz," dedi patlamış mısırları ağzına dolduran Ah Pukuh.

"Önce beni yakalaman gerekecek," dedi Kral 6-Köpek ve sütunlardan birinin arkasına saklandı. "Bütün muzlar senin olsun, Tzelek, bütün MUZLAR!"

Max'in beklediği parolaydı bu.

"Seni utanmaz korkak!" diye acı bir çığlık attı Tzelek. "Buraya dön!"

Kral 6-Köpek, Tzelek'i Lola'dan uzaklaştırırken, Max de parmak ucunda dua odasından inerek kıza yaklaşmaya başladı.

Lola ile göz göze gelince, yalnızca dudaklarını oynatarak "Koş!" dedi.

Lola, Max'e doğru koşmaya başladı ve ikisi birlikte katedralin kapısına yöneldiler. Arkalarından, cesur Kral 6-Köpek'i kovalayan Tzelek'in çıkardığı gürültüler geliyordu.

Kilisenin ortasındaki altın renkli kocaman orga varınca, dönüp arkalarına baktılar.

Ne kadar cesur olursa olsun, Orta Amerika maymununun Tzelek'le boy ölçüşemeyeceği ortadaydı.

Tzelek'in kılıcı, Kral 6-Köpek'in borusunu Max ve Lola'nın gözleri önünde ikiye ayırdı. Bu, bir salam parçasını kesmek kadar kolay olmuştu onun için. Maymun, birkaç saniyeliğine savunmasız kalsa da gölgelerin içinde kırmızı bir kol belirdi ve katedraldeki uzun şamdanları yakmaya yarayan uzun, metal çakmağı maymuna fırlattı. Tzelek'in darbe üstüne darbe indirdiği Kral 6-Köpek'in güçlü kolları, çakmağı bir alev makinesi gibi kullandı.

"Tzelek onu öldürecek," dedi gözü yaşlı Lola.

"Kral 6-Köpek'in amacı, senin kaçmanı sağlamak," dedi Max.

"Ama onu bu halde burada bırakamayız."

"Kral 6-Köpek bir savaşçı, Lola, hem de büyük bir savaşçı. Ona güvenmen gerekiyor."

Lola'nın yüzü, kederle kaplandı.

"Yerine getirmemiz gereken bir görevimiz var, hatırladın mı?" diye kıza hatırlattı Max. "Gezegenimizi kurtarmamız gerek."

Lola, başını salladı ve bir asker gibi omuzlarını dikleştirerek "Tamam," diye fısıldadı.

Kapıya doğru döndüklerinde, Ah Pukuh'un tombul vücuduyla karşılaştılar.

"Bu ne hız, küçük hanım," dedi Ah Pukuh. "Sende bana ait olan bir şey var."

Ah Pukuh'u kenara itip ilerlemeye çalışan Lola, "Çekil yolumdan, seni şişko domuz!" diye bağırdı.

Ancak şiddet ve zamansız ölüm tanrısına bu şekilde hitap etmek, hiç de akıllıca bir davranış değildi.

"Hiç sanmıyorum!" diye gürledi Ah Pukuh.

Lola, adamın üst üste giyilmiş şişme yelekleri andıran kat kat yağlı karnına doğru bir yumruk savurdu. Bu hamleyle kolu, dirseğine kadar Ah Pukuh'un yumuşak karnına gömüldü.

Ah Pukuh, rujlu dudaklarını büzdü ve kusursuz bir şekilde yolunmuş kaşlarından birini kaldırdı. Başlığındaki tüm gözler, Lola'ya dikilmişti şimdi.

"Büyük bir hata yaptın!" dedi.

Ardından göğsünü şişirdi ve takım elbisesiyle ona çok dar gelen beyaz gömleği yırtıldı. Böylece kıllı, yağlı vücudu ortaya çıktı. Lola'nın elini çekmesiyle bir fışkırma sesi duyuldu. Ah Pukuh'un göbeği yarılmış, çürümüş bağırsakları Lola'nın önüne dökülmeye başlamıştı. Görüntü öylesine mide bulandırıcıydı ki, Lola, geri çekilip arkasını dönmek zorunda kaldı.

"Bu numara her zaman işe yarar," diyerek hava atan Ah Pukuh, bağırsaklarını tersine doğru oynatılan bir filmdeki gibi içeri çekti. "Şimdi bana Sarı Jaguar'ı ver bakalım. Mücevheri senin şu budala nişanlına, kapıyı açıp Tzelek'in geçmesini sağlaması için ödünç vermiştim. Artık onu geri istiyorum."

"Landa, mücevheri bana verdi," dedi Lola. "Onu sana vermeyeceğim."

"Seni aptal çocuk!" diye gürledi Ah Pukuh. Tombul parmaklarıyla gerdanlığı Lola'nın boynundan çıkarmaya çalıştı.

Ancak gerdanlığı bir türlü tutamıyor, parmakları, mücevherin içinden geçiyordu sanki. Tekrar tekrar denemesine rağmen, boncuklar elinin altından su damlaları gibi kayıp gidiyordu.

"Sana, gerdanlığı bana vermeni emrediyorum!" diye feryat etti Ah Pukuh. Çıkardığı gürültü, kilise orgunun zangır zangır titremesine yol açtı.

"Beni rahat bırak, seni kabadayı!" diye yanıt verdi Lola. "Orta Dünya sakinleri *senden* korkmuyorlar. Sarı Jaguar bana ait ve onu kimseye vermiyorum."

Max, birkaç saniye sonra yaşananları, ileride o ana dek tanıklık ettiği en büyük öfke patlaması olarak hatırlayacaktı.

Önce Ah Pukuh'un başlığındaki gözler gerilerek seğirmeye başlamış, hatta birkaç tanesi patlayarak adamın üstünü başını batırmıştı. Ah Pukuh'un vücudu bir an sonra, çamaşır makinesinin üstünde durmakta olan bir kâse jöle gibi, öfkeyle titremeye başladı.

"Ver onu bana!"

"Hayır."

Ah Pukuh, ayağını yere vurdu ve katedralin temellerinden sarsılmasına neden oldu.

Aziz James'i at sırtında gösteren bir heykeli, sarsıntıdan ötürü gürültüyle devrildi. Heykel, tam da Kral 6-Köpek'e doğru ölümcül bir darbe savurmaya hazırlanan Tzelek'in üstüne düşmüş, adamı yere yapıştırmıştı. Kral 6-Köpek, elindeki çakmağı bırakarak hemen Tzelek'in elinden düşürdüğü kılıcı kapmış ve silahın ucunu adamın boğazına doğrultmuştu.

Tzelek, Kral 6-Köpek'e doğru tükürdü. Tükürüğü, değdiği taşların cızırdayarak yanmasına neden oluyordu. "Hadi bakalım!" diye mırıldandı. "Kes boğazımı. Sende o cesaret ne arar!

Bundan önce eline iki kez beni öldürme fırsatı geçti ve ikisinde de korkup kaçtın, yani..."

Kral 6-Köpek kılıcı boğazına bastırmasa, Tzelek atıp tutmaya devam edecekti. Adamın boğazından hırıltılar yükseldi ve beyaz fırfırlı yakasına ince bir çizgi halinde kan sıçradı.

"Bir konuyu açıklığa kavuşturalım," diye hırladı Kral 6-Köpek. "Seni buracıkta, bir yılanın bir fareyi yutması kadar kolay bir şekilde öldürebilirim. Ama..." Gülümseyerek kılıcı geri çekti. Sesini yumuşattı. "Ama eski kardeşimi düğün gününde nasıl öldürebilirim ki? Tzelek âşık olmuş, ha? Ne hoş."

"Bu ne biçim bir oyun böyle? O kızla yalnızca Orta Dünya ve Xibalba kraliyet ailelerini birleştirmek için evleneceğimi sen de biliyorsun. Dünyayı Ah Pukuh adına ben yöneteceğim."

"Hadi ama Tzelek, itiraf et artık!" diye seslendi Kral 6-Köpek. "Gerçekten de âşık oldun! Gözlerindeki tutku pırıltılarını seçebiliyorum. Gelini geri getirin! Törene devam edeceğiz. Belki de işinin ehli bir kadın, senin hayatına çekidüzen verebilir."

Tzelek, kulaklarına inanamayarak Kral 6-Köpek'i süzmeye başladı.

Max ile Lola da aynı şekilde Kral 6-Köpek'i süzüyorlardı.

Ah Pukuh da sinir krizinden çıkıp şaşkınlıkla Kral 6-Köpek'i süzmeye başladı.

Öylesine şaşırmışlardı ki, tütsülüğü havada tutan halattan sessizce aşağı kayan minik, kahverengi şekli hiçbiri fark etmedi. Doğal olarak, halatın ucunu Tzelek'in ayak bileklerine bağladığını ve sıkıca çektiğini de göremediler.

"Tepe tepe kullan, oğlum!" diye seslendi Leydi Koko.

Kral 6-Köpek kılıcını kaldırdı ve kabzasıyla Tzelek'in kafasına vurdu.

Tzelek, yediği darbeyle kendinden geçmeden önce "Bu haksızlık!" diye bağırdı.

"Hayır," dedi Leydi Koko sakin sakin. "Esas haksızlık, senin bu dünyaya gelmiş olman. Esas haksızlık, kocamı, seni kendi oğlu gibi yetiştiren adamı öldürmüş olman. Ve esas haksızlık, oğlum Kral 6-Köpek'in sana bir kez daha merhamet ediyor olması."

"Yalnızca infazı erteledim, anne. Bu bedenin içindeyken onu öldürmem halinde, Landa'yı ortadan kaldırmış olacağım ama Tzelek kaçabilir. Sonuncu savaşımız yaklaşıyor. Ama şimdi bunun ne yeri ne de zamanı."

O sırada kulaklarını dolduran gıcırtı sesi, Max'i harekete geçirdi. Tepedeki makara hareket etmeye başlamıştı. Korumayı vuran kırmızı cübbeli rahip, halatlara asılıyordu. Lola ile ikisi, ona yardım etmek için koşturdular. Böylece baygın haldeki Tzelek, birkaç saniye içinde katedralin çatısına kadar yükselerek İspanyol restoranlarındaki *serrano* jambonları gibi sergilenmeye başlandı.

"Şey, bu hiç hoş olmadı," dedi Ah Pukuh.

Paytak adımlarla ilerleyip, havada sallanmakta olan Tzelek'in altında durdu.

Başlığındaki sağlam kalmış gözler, şiddet ve zamansız ölüm tanrısının, baygın suç ortağından Max, Lola, Kral 6-Köpek ve Leydi Koko'ya kayan bakışlarını taklit ediyorlardı. Bir an kendi etraflarında döndükten sonra, ne yapacağını merak ettikleri Ah Pukuh'u gözlemeye başladılar.

"Normal şartlar altında," diye söze başladı Ah Pukuh, "hepinizi korkunç bir şekilde öldürmem gerekirdi! Ancak kendimi bir şekilde yenilmiş gibi hissediyorum." Bakışlarıyla katedrali taradı. "İster inanın ister inanmayın ama burası, saygı göstermem gereken kutsal bir mekân."

Göz küreleri, şaşkınlıkla bakıştılar.

"Tabii aranızda dışarı çıkmak isteyen biri varsa, iş değişir."

Göz küreleri; beklentiyle Max'a, Lola'ya ve maymunlara baktılar. Ancak hepsi de başını iki yana sallıyordu.

"Öyle olsun," dedi Ah Pukuh, "ama bu, size pek bir şey kazandırmayacak." Max'e döndü. Göz küreleri de bakışlarını çocuğa dikmişlerdi. "Hayattaki son gününün tadını çıkar, Max Murphy. Yarın bu saatlerde yola çıkıp suya girmiş olacaksın. Son nefesini vereceğin anı bizzat kendim planlayacağım." Sözlerini bitirip arkasını döndü. "Bu arada, beni arayan olursa," diye başını çevirip seslendi, "meydanın karşısındaki restoranda ahtapot bacaklarını kemiriyor olacağım. Mükemmel bir mutfakları olduğunu duydum."

Max, Ah Pukuh'un sözleri karşısında donakalmıştı. Kendine gelmesi birkaç saniyesini aldı. "Ne yolu? Ne suyu? Ah Pukuh neden söz ediyor?" diye sordu çabucak.

"*Yola çıkmak ve suya girmek* ifadeleri, ölümü simgeler," diye hırladı Kral 6-Köpek.

"Çocuğu korkutmasana," diye oğlunu azarladı Leydi Koko.

"Bunun için artık çok geç," dedi Max.

Leydi Koko, "Ah Pukuh denen o zorba, bol keseden atıyor. Bu turu adil bir biçimde sen kazandın, genç lord," diyerek Max'e güven verdi. Sesi bitkin çıkıyordu.

Lola da, "Muhteşemdin," diyerek aynı fikirde olduğunu belirtti.

"Gerçekten mi?" diye soran Max, kendini tutamayarak sırıttı. Lola tarafından övülmek, şiddet ve zamansız ölüm tanrısı tarafından tehdit edilmeye bile değerdi.

"Bu üzerindeki kıyafetler de neyin nesi, Hoop?"

Max; Lola'nın çamurlu, lacivert ceketini düğmelerindeki minik çapalara kadar süzmesini izledi.

"Uzun hikâye..."

Max, daha fazlasını anlatamadan, sersemlemiş gibi gözüken Nasty yanlarına geldi. "Burada neler oldu böyle? Damat neden tavana asılı? O şişko herif de kimin nesiydi? Ya bu konuşan maymunlara ne demeli?"

Max, derin bir nefes alıp açıklamaya koyuldu. "Farkında değildik ama Tzelek Landa'nın bedenine gizlenmişti. Tzelek'in patronu olan Ah Pukuh da dünyayı ele geçirmeye çalışıyor. Maymunlara gelince; onlar aslında maymun değil. Kral 6-Köpek, kadim bir Maya kralı..."

Başını şaşkınlıkla iki yana sallayan Nasty, "Bak sana ne diyeceğim," dedi. "Eve dönünce bana e-posta atmayı unutma, tamam mı?"

"Bana yardım ettiğin için çok teşekkürler, Nasty," dedi Lola. "Çok cesur davrandın. Üstelik beni tanımıyordun bile."

Nasty, "Şey, Mac'in arkadaşı..." dedi omuz silkerek. Max itiraz edecek oldu ama Nasty ona şaka yaptığını göstermek için göz kırptı. Ardından da "Benim de arkadaşım sayılır. Hem zaten hep bir nedime olmak istemişimdir."

"Hayalindeki nedimeliğin bu olduğunu hiç sanmıyorum," dedi Lola.

"Hayır," diye kabul etti Nasty. "Her zaman *pembe* bir elbise giyeceğimi hayal etmişimdir."

Lola, bir kahkaha atarak Nasty'nin ellerini tuttu. "Şaka bir yana, bana eşlik etmeyi teklif etmemiş olsaydın bu işin altından kalkabilir miydim, bilmiyorum."

"Ne olacağını sanmıştınız ki?" diye sordu Max. "Son derece kötü bir fikirdi bu. Notunda yazdıklarına uymuş olsaydım, şimdiye tahtalıköyü boylamış olacaktın."

"Düğün konusunda seçme şansım yoktu," dedi Lola. "Landa seni öldürecekti. Onunla evlenmektense ölmeyi tercih ederdim. Kaybedecek bir şeyim olmadığını ve Xibalba'da şansını denemen için Sarı Jaguar'ı sana verebileceğimi fark ettim. Buradan bir şekilde kaçabileceğimden emindim."

Aniden, "Anastasia!" diye bağıran Bayan Smith-Jones'un sesi, katedral boyunca yankılandı. "Uzaklaş o korkunç insanlardan! İlk uçakla Boston'a dönüyoruz!"

"Oyuncuları tebrik ediyordum, anne!" diyen Nasty, Max'e dönerek yeniden göz kırptı. "Özel efektler harikaydı, değil mi? Ne kadar şanslıyız ki, bu gösteriyi izleme şansını bulduk! Anlaşılan o ki gösteri sanatları son derece ilerlemiş. Massimo, bunun gerçek bir düğün olmadığını başından beri biliyormuş! Tiyatro grubumuzla sergileyeceğimiz yeni oyun için aklımda o kadar çok yeni fikir birikti ki..."

Bayan Smith-Jones, sendeleyerek onlara yaklaştı. Şapkası yana kaymış, saçları bozulmuş ve ayakkabılarından birini kaybetmişti. "Hayatımda hiç bu kadar korkmamıştım," dedi. "Avrupa yüksek sosyetesinin cehenneme kadar yolu var!"

"Bence de," diyerek karısına katıldı Bay Smith-Jones. Alnını kuruladığı puantiyeli ipek mendili tutan eli çılgınca titriyor olmasa, her zamankinden de şık göründüğü söylenebilirdi. "Sana Florida'yla yetinmemiz gerektiğini söylemiştim."

Max'e dönen Nasty, "Bana ihtiyacın yoksa gidip annemle ve babamla ilgilensem iyi olacak," dedi. "Büyük bir şok yaşadılar. Bana e-posta atmayı unutma, olur mu? Boston'a dönünce birlikte pizza yiyip sinemaya gideceğimize ve tüm bu olanları bana açıklayacağına söz verdin!"

"Unutmam," dedi Max. "*Ciao**."

"Şimdilik *ciao*!" diye yanıt veren Nasty kıkırdadı. "En azından arkadaşlarıma, Venedik'teki bir sarayda yaşamakta olan bir İtalyan soylusuyla tanıştığımı anlatabilirim. Başıma gelen diğer şeylere inanacaklarını hiç sanmam!" Ağırbaşlı bir tavırla anne babasını takip etti ve kapıdan çıkmak üzereyken dönüp Max'e el salladı. Dilini, Ty Phoid gibi iki yana sallamayı da ihmal etmemişti.

"Tatlı bir kızmış, Hoop," diye fısıldadı Lola.

"Öyle," diye kabul etti Max.

Lola'nın yüzünü şöyle bir inceledi. Hafiften kıskanmış mıydı ne?

Maalesef hayır.

Lola'nın umurunda bile değildi.

Lola, endişeyle etrafına bakınıyordu. "Kral 6-Köpek nerede? Neden bana onun öldüğünü söyledin?"

"Öldüğünü sanmıştım," dedi Max. "Onu son gördüğümde, yakın mesafeden vurulmuştu ve bir kan gölünün ortasında yatıyordu."

"Öyleyse buraya nasıl geldi? Ya Leydi Koko?"

"Hiçbir fikrim yok. Ama gelebilmelerine sevindim, o ayrı."

Maymunları sunak merdivenlerine yığılmış bir halde buldular.

"Yenilmez bir savaşçı gibiydin, anne," diyordu Kral 6-Köpek. "Seni o tütsülüğün tepesinde görünce, az kalsın tezahürata başlayacaktım!"

"Sağ ol, oğlum. Deyim yerindeyse, iyi iş çıkardık," diyen Leydi Koko, acıyla inledi.

* İtalyanca. Hoşça kal. (Ed. N.)

Lola, kraliçenin kıllı minik kolunu inceledi. Tüylerinin üstü kanla kaplanmıştı. "Yaranız kötü görünüyor," dedi. O bölgeyi gelinliğinin ucundan yırttığı bir parçayla nazikçe sararken "Neler oldu?" diye sordu.

"Halata tırmanırken korumalardan biri tarafından vuruldum," dedi Leydi Koko. "Ama güçlü maymun kaslarımı hesaba katmamıştı. Gerekseydi, halata tek kolumla bile tırmanabilirdim."

"Ya siz, Kral 6-Köpek?"

"Yalnızca bir sıyrık. Lanet olası Tzelek'in kılıcı, bacağımı sıyırıp geçti."

"İkinizi de buradan çıkarmamız gerekiyor," dedi Lola.

Leydi Koko'yu kucağına aldı. Max de eğilerek Kral 6-Köpek'in koluna girdi. "Sizi gördüğüme çok sevindim, Majesteleri," dedi Max. "Sanmıştım ki..."

"Öldüğümü mü sandın? Ben de öyle sanmıştım," dedi Kral 6-Köpek. "Bir melek tarafından bulundum ve hayata döndürüldüm."

Max, "Melek mi?" diye sordu. "Ne meleği?"

"Anneme sor. Onu o da gördü."

"Leydi Koko? Bu melek meselesi de neyin nesi?" diye sordu Lola. "O her kim ise, tanışıp kendisine teşekkür etmek isterim. Landa beni kaçırınca, sizleri bir daha göremeyeceğimi sandım..."

"Seni bulabilmek için bütün gece yürüdüm, Leydi Lola. Umudumu kaybettiğim anda da sevgili meleğimiz beni buldu ve bana yardımcı oldu."

"Kimdir bu melek dediğiniz kişi?"

"İşte, kendisi orada," dedi Leydi Koko.

Lola ve Max, hayvanın bakışlarını takip ettiler.

Gölgelerin içindeki bir sütunun arkasından, Tzelek'i yenmelerine yardımcı olan kırmızı cübbeli rahip çıktı.

Katedralin etrafında polis sirenleri duyulmaya başlanırken "Merhaba, Max," dedi Zia.

Yirmi Birinci Bölüm

ÖLÜM KIYISI

Polis, katedralin ön kapılarını zorlayadursun; Zia, onları katedralin arkasındaki birtakım tünel ve geçitlerden arka sokaklardan birine park edilmiş kırmızı spor arabasına götürdü.

Max, Zia'yı hayatı boyunca ailesinin somurtkan ve pasaklı hizmetçisi olarak tanımıştı. Ancak şimdi, kadın kırmızı cübbesini çıkarmış ve altına giymekte olduğu kırmızı ceketi, leopar desenli tişörtü ve dar kot pantolonu gözler önüne serilmişti. Siyah, parlak ve gür saçlarını açarak omzuna yaymış, saçlarının gözlerine girmemesi için alnının tepesine sahte elmaslarla süslenmiş bir güneş gözlüğü oturtmuştu. Düz sandaletlerinin yerini topuklu ayakkabılar almıştı. Yan aynalardan birine doğru eğilerek dudaklarını kırmızı rujla boyadı. Dönüşüm sona erdiğinde, Boston'daki halinden yirmi yaş daha genç görünüyordu. Pek şık olduğu söylenemezdi belki ama hayat ve enerji dolu görünüyordu.

"Gerçekten de sen misin, Zia?" diye sordu Max. Kadını bir uzaylı görmüş gibi inceliyordu. "Ne kadar farklı görünüyorsun..."

"Sen de öyle. Saçlarını çok beğendim. Siyah sana yakışmış."

"Bir dakika –sen *o* Zia mısın ?" diye şaşkınlıkla sordu Lola. Önünde, o ana dek görmüş olduğu en çekici Maya kadını duruyordu. Max'in Zia'dan söz ettiğini duymuştu ama bu göz kamaştırıcı kadın, o tarife hiç uymuyordu. Ağzı kulaklarına vararak "*Biix a beel?* Nasılsın?" diye sordu.

"*Ma'alob. Kux teech?*" diye gülerek cevap verdi Zia. Oysa yaşlı Zia'nın güldüğü, görülmüş şey değildi. "İyiyim, teşekkürler, ya sen nasılsın? Yaşayan biriyle Maya dilinde konuşmayalı çok uzun zaman oldu. Sen şu ünlü Lola olmalısın!"

Yaşayan biriyle demesi, Max'in dikkatini çekmişti. Zia başka kiminle Maya dilinde konuşacaktı ki?

"İngilizceyi nasıl bu kadar çabuk öğrendin?" diye sordu kadına.

Zia, yaramaz bir çocuk gibi göz kırptı. "On dört yılımı aldı."

"Ne? Ama..."

"Sana anlatacağım çok şey var. Ama önce buradan uzaklaşmalıyız."

"İyi de, burada ne işin var senin? Yani, nereden biliyordun?"

"Sonra anlatırım. *Ko'ox!*"

Ön camın yarısını kaplayan ceza makbuzlarını yırtarak sürücü koltuğuna oturdu ve motoru çalıştırdı. "Max, sen öne geç ve bir turist gibi görünmeye çalış." Max'in kucağına bir fotoğraf makinesi fırlattı. "Sevgili gelinimiz ve maymunlar da arkaya geçip, biz şehirden çıkıncaya dek bir battaniyenin altına saklanacaklar."

Teybi açınca, arabanın içini bangır bangır çalan disko müziği doldurdu. Böylece Santiago'nun dar sokakları boyunca yol almaya başladılar. Zia dans ederek arabayı kullanıyor, Max de hiçbir şey umurlarında değilmiş gibi her şeyin fotoğrafını çekiyordu. Yanlarından geçtikleri hiçbir polis memuru, başını çevirip onlara bakmıyordu bile.

Bir trafik ışığında durduklarında Zia, Max'e döndü. "Arabamı nasıl buldun?"

"Harika," dedi üstü açık aracı inceleyen Max. "Fakat buralarda çok yağmur yağıyor, ıslanmıyor musun?"

"Tıpkı baban gibi konuştun," diye yanıt verdi Zia sitemle. "Benim için anı yaşamak önemli. Rüzgârı saçlarımda hissetmeyi isterim."

"Öyle mi?"

Max, Zia'yı kesinlikle rüzgârı saçlarında hissetmeyi seven biri olarak hatırlamıyordu. Aslına bakılırsa, Boston'da birlikte geçirdikleri yıllar boyunca, Zia, saçlarını hep topuz yapardı. Max "Nereye gidiyoruz?" diye soracak oldu. Ancak ışığın yeşile dönmesiyle birlikte canlanan motor, sorusunu yarım bıraktı.

Max'in görebildiği kadarıyla, kuzeye doğru gidiyorlardı.

Gri gökyüzü, yavaş yavaş gecenin karanlığına bürünüyordu.

Bir süre sonra, her iki yanda palmiye ağaçlarının sıralandığı geniş bir caddeye girdiler. Zia, yolu sonuna kadar takip etti. Sonunda dalgalı okyanusa bakan, gösterişli bir otelin önünde durdular.

"İşte geldik," dedi Zia.

Rüzgârın savurduğu saçlarını parmaklarıyla zapt ettikten sonra "Hotel Finisterre," diye tabelayı okudu Lola. "Hoş görünüyor."

"Casa Carmela'dan sonra gözüme her yer güzel görünüyor," diye cevabı yapıştırdı Max, "ama burada ne işimiz var? Tam olarak neredeyiz?"

Zia, arabadan inip otele doğru yürümeyc başladı. "Siz burada bekleyin, ben de gidip boş odaları var mıymış diye sorayım."

Max, homurdanmaya başladı. "Şu Zia çıldırmış olmalı. Xibalba'ya gitmemiz gerekiyor ama o bizi deniz kenarındaki bir otele getirdi. Tatil yapmak istediğimizi mi sanıyor, nedir?"

"Katedralde ne yaptığını biliyormuş gibi duruyordu," diye hatırlattı Lola. "Harikaydı. Mayalı bir hizmetçiniz olduğunu bana neden söylemedin?"

"Ben de bunu yeni öğrendim."

"Neyse, bana kalırsa Zia'ya durumu açıklaması için bir şans vermeliyiz. Hem zaten saat de geç oldu ve burayı beğendim. Düşünsene Hoop; sıcak bir duş, temiz bir yatak, oda servisi..."

"Hamakta yatıp kızarmış iguana yemeyi tercih ettiğini sanıyordum?"

"Son birkaç gün oldukça zorlu geçti de."

"Haklısın," dedi Max, "öyleydi." Hafifçe yutkundu. "Ben... şey... Landa'nın sarayında söylediklerim için senden özür dilemek istiyorum, hani şu bir prenses olmamanla ilgili sözlerim vardı ya."

Lola, omuz silkti. "Kim olduğumun farkındayım, Hoop. Kimsenin istemediği çocuğum ben. Jaguarların yemesi için ormana bırakıldım. Landa'nın Maya prensesi olarak neden beni seçtiğini bilmiyorum. Belki de yetim olduğum için kimsenin arkamdan ağlamayacağını düşünmüştür."

"Seni seçmesinin nedeni, Prenses Inez'e benziyor olman."

"Yok canım."

"Ben de Rodrigo'ya benziyorum."

"Bu çok korkutucu." Lola gözlerini kapayarak deniz havasını derin derin içine çekti. "Berbat anlar yaşadım, Hoop," diye fısıldadı.

Bir dalga, kumsalı aşarak yola kadar geldi.

"Deniz yükseliyor sanırım," dedi Max.

Max ve Lola, uyuyan maymunları arabada bırakarak dalgakırana doğru yürümeye başladılar. Deniz suyu, çalkalanıp köpürüyordu. Ufukta yalpalayan balıkçı teknelerinin ışıklarını ve çok uzaklarda, ışıklarıyla balıkçıları uyarmakta olan deniz fenerini görebiliyorlardı.

"Bu gece denizde olmak istemezdim," dedi Lola.

"Ben de öyle," dedi Max. Okyanusun gürültüsünü bastırabilmek için sesini yükseltmişti. "Yalnızca İspanya'dan ayrılmak istiyorum. Polisin oteli basıp beni yeniden tutuklamasından korkuyorum."

"*Yeniden* mi? *Yeniden* de ne demek? Daha önce tutuklandın mı sen?"

"Evet, senin Landa tarafından kaçırıldığın gün."

"Neyle suçlanıyordun?"

"Cinayet."

Lola, eliyle ağzını kapadı. Rüzgâr saçlarını çılgın perçemler halinde oraya buraya savuruyordu. "Hoop, sen ne yaptın? Kimi öldürdün?"

"Seni."

"Beni mi?"

"Sen ortadan kaybolunca, Carmela, polise seni benim öldürdüğümü söylemiş. Santino beni kurtarmasaydı, hâlâ hapiste olacaktım."

"Zavallı Santino," dedi Lola.

"Zavallı Santino, ha? Ya zavallı ben? Tutuklanıp hapse atılan bendim."

"Evet ama Santino, bana aşkını ilan etmek için peşimden geldi ve neredeyse kurban ediliyordu."

"Sanırım sonsuza kadar Maya kızlarından nefret edecek," dedi Max. "Bundan böyle uçakta tanıştığı garip kızlarla sohbete dalacağını hiç sanmam."

"Ben garip falan değilim," dedi Lola.

Maymunlar, uyanmak için tam da o anı seçmişlerdi. Lola, korkmamaları için içgüdüsel olarak ellerini birleştirdi ve tuhaf bir öksürük sesi çıkararak maymunlara seslendi.

"Hayır, hiç de garip değilsin," dedi Max. "Bu otele kanla lekelenmiş bir gelinlik giymiş ve gizemli antik taşlardan yapılma bir gerdanlık takmış birçok kişi maymunlar eşliğinde geliyordur eminim."

Lola, bakışlarını kıyafetinin üzerinde gezdirdi. "Sanırım bu kez haklısın."

Uzun eteklerini yırtarak gelinliği bir mini elbise haline getirdi. Podyumdaki bir manken gibi poz vererek "Nasılım?" diye sordu.

"Şey... Wilma Çakmaktaş'la Lady Gaga karışımı desem? Gerdanlığın güzelmiş gerçi."

"O kadar ağır ki. Onu çıkaracağım anı iple çekiyorum."

"Hayır! Sakın çıkarma! Ah Pukuh onu boynundan alamaz; en azından orada güvende olduğunu biliyoruz."

Lola, başıyla onayladı. "Öyle olsun. Xibalba'ya gittiğimizde onu sana veririm."

Xibalba'ya gittiğimizde.

O korkunç mekânı ziyaret etme düşüncesi zihinlerinde canlanırken, ikisi de sessiz kalmayı tercih etti.

"Yarın 6-Ölüm," dedi Max.

O sırada, "Çabuk! Koşun!" diye seslendi otelden koşarak çıkan Zia. "Arabaya binin!"

Neler oluyordu? Santino polise mi haber vermişti yoksa?

"Sorun nedir?" diye sordu Max.

"Araba! Yağmur başlıyor! Üstünü örtmeliyiz!"

"Derdin bu muydu? Ben de kötü haberlerin var sandım!"

"Hiç de değil." Zia, arabanın katlanır tavanını kapatan düğmelerle oynuyordu. "Tüm odalarından deniz gözüken üç odalı Kral Dairesi'ni tuttum. Tek sorun, otele hayvan kabul etmiyor olmaları."

Soğuk havada titreyen ve sıcak bir otel odasına girmek için can atan maymunlar, hayal kırıklığına uğramışa benziyorlardı.

"Merak etmeyin," dedi Zia. "Önlemimi önceden almıştım."

Bavulunun fermuarını açarak fiyat etiketleri hâlâ üzerlerinde duran, bir kucak dolusu markalı kıyafet çıkardı.

"Bunlar da kimin?" diye sordu Max. Aklına birden Zia'nın birilerinin bavulunu çalmış olabileceği gelmişti. Ne de olsa kadın, Boston'da hep pejmürde kıyafetler giyiyordu. Oysa bu çıkardığı kıyafetler, bir film yıldızına aitmiş gibi duruyordu.

"Biraz alışveriş yaptım da," dedi Zia.

Max, canlı renklerden oluşan parlak kumaşları gözden geçirmeye başladı.

Zia, onun şaşkın bakışlarını fark etmiş olmalıydı ki hafifçe kıkırdadı. "Yeni tarzım hakkında ne düşünüyorsun?"

Max'in adeta dili tutulmuştu. Lola aceleyle araya girerek

"Hepsi göz kamaştırıcı görünüyor," dedi. "Onları senin için yukarı taşımama izin verir misin?"

Zia, kıyafetleri ve birkaç yüksek topuklu ayakkabıyı Lola'ya uzatarak "Pekâlâ," dedi ve maymunlara içi boş bavulu işaret etti. "İçine girin bakalım, sizi odamıza kadar peşimden sürükleyeceğim."

Leydi Koko, hevesle bavula tırmanarak leopar desenli kaplamanın tadını çıkarmaya başladı. Elini hafifçe yanına vurup oğlunun da arkasından gelmesini bekledi.

"Ben bir kralım, bir eşya değil," dedi Kral 6-Köpek. Sesinden, kendisini hakarete uğramış hissettiği anlaşılıyordu. "Odaya tırmanırım, daha iyi."

"Odamız en üst katta," diye uyardı onu Zia, "ve siz de yaralısınız."

Fakat tüm uğraşlarına rağmen Kral 6-Köpek'i bir türlü ikna edemediler. Dakikalar sonra, Max ile Lola Kral Dairesi'nin balkonuna çıkmış, vücudunu acı içinde yağmur borusundan yukarı çekmeye çalışan hayvanı cesaretlendiriyorlardı. Yağmur sağanak halinde yağıyordu ve devasa dalgalar, kıyıdaki kayaları dövmeye başlamıştı. Balıkçı tekneleri limanlara çekilmişti. O gece bir fırtına kopacağı anlaşılıyordu.

Kral 6-Köpek yukarı çıkar çıkmaz, balkonun kapılarını kapayıp dairenin keyfini sürmeye başladılar. Maymunlar bir odada dinlenmeye çekilmişlerdi. Zia telaşla yeni kıyafetlerini asarken, Max ile Lola, dairedeki süslü aksesuarları incelemeye koyuldular.

Minibardaki tüm içecekleri bitirip televizyondaki tüm kanalları (İspanya'nın bu ücra köşesinde pek fazla kanal çıkmıyordu) gezdiler. Ardından Max, otelden verilen minik duş bonesini yeni boyadığı simsiyah saçlarına geçirip, hayatının en uzun ve en sıcak banyosunu yaptı. Mutluluktan adeta uçuyordu.

Banyodan çıkınca, "Kıyafetlerime ne oldu?" diye sordu. Yumuşacık, beyaz bir bornoz giymiş, boş sırt çantasını elinde sallıyordu.

"Yıkamak için kirliye attım," dedi Zia. "Annen bu halini görseydi, şaşkınlıktan küçük dilini yutardı."

"Kötülüğün güçleriyle savaşıyordum," diye mazeret belirtti Max. "Kıyafetlerimin temizliğini düşünecek halde değildim."

Kapıya vurulunca, birden irkildi.

Ayağa fırlayan Lola, "Saklan," diyerek Max'i banyoya geri soktu.

Polisin, izini uzaklardaki bu otele kadar sürmüş olmasından korkan Max, lavaboya doğru eğilerek nefesini tuttu.

"Oda servisi!" diye seslendi dışarıdan bir ses.

Artık rahatlayabilirdi.

Garson yiyecekleri içeri sokarken, tek yapması gereken sessiz olmaktı.

Aynaya bir göz attı. Aynanın üzeri, yaptığı banyo nedeniyle buharla kaplanmıştı. Eliyle aynadaki buharın birazını sildi.

Ancak aynadaki yansıma, Max'inki değildi.

Karşısındaki, Rodrigo'nun ta kendisiydi.

Kızıl saçlı İspanyol istilacı, çocuğu suçlarcasına parmağını havaya kaldırdı.

"Biliyorum, biliyorum," diye fısıldadı Max. "Zaman tükeniyor."

Rodrigo, başıyla onayladı ve ayna yeniden buharlanırken, yavaşça görünürden kayboldu.

O sırada Lola, banyonun kapısını tıklatarak "Tehlike geçti!" diye seslendi.

Max, yüzüne soğuk su çarptıktan sonra dışarı çıktı.

"İyi misin?" diye sordu Lola. "Hayalet görmüş gibisin."

Kız, Landa'dan uzaktaki bu otelde olduğu için çok mutlu görünüyordu. Kızın keyfini kaçırmak istemeyen Max, ona banyoda gerçekten de bir hayalet gördüğünü söylemedi.

"Sadece karnım aç," dedi aksi aksi.

Neyse ki Zia, bir orduya bile yetebilecek kadar yemek ısmarlamıştı.

Menüde; kenarları yanmış sıcacık peynirli pizza, balık kızartması, ızgara biftek ve karides, patates kızartması, zeytinyağı ve domates sosuna bandırılmış sarımsaklı kızarmış ekmek, minik beyaz sardalyalar, tombul yeşil zeytinler, çikolatalı mus, elma tatlısı, taze şeftali, üzüm ve dev gibi iki muz salkımı vardı.

"*Hach ki'a wi'ih!* Afiyet olsun!" dedi Zia.

"Sen bizimle yemeyecek misin?" diye sordu Lola. Maymunlara birer tabak hazırlıyordu.

"Belki daha sonra," dedi Zia. "Çamaşırların yıkanması gerek. Sabah temiz kıyafetlere ihtiyacınız olacak."

Max, içten içe Zia'nın ondan kaçmaya çalıştığını düşündü.

Midelerini sardalya hariç tıkabasa doldurduktan sonra, pencerenin önüne giderek denizin üstünde çakan şimşekleri izlemeye başladılar.

"Denizde fırtına çıktığı kesin," dedi Max.

"Deniz her zaman fırtınalı olur," dedi Lola. Kanepeye uzanmış, Nasty'nin rehberini karıştırıyordu. "Buraya La Costa de la Muerte, yani Ölüm Kıyısı adını vermelerinin nedeni, açıkta çok sayıda gemi enkazının bulunmasıymış."

"Ölüm Kıyısı, ha? Kulağa hiç de hoş gelmiyor."

"Ölüm Kıyısı, ha? Kulağa hiç de hoş gelmiyor."

"Bu isim, kesin turizm bürosunun başının altından çıkmıştır. Burayı olduğundan daha heyecan verici bir yer gibi göstermek istemişlerdir."

"Polvoredo'dakiler gibi dürüst olmamaları ne acı," dedi Max.

Lola, bir kahkaha attı.

Birden gecenin içinde, bir köpek sürüsünün uluduğu duyuldu.

Cehennem tazıları mıydı bunlar?

Pencereler, şiddetle sarsıldı. Güçlü pençeler tarafından tırmalanıyorlardı sanki.

Max, korkunun içine dalga dalga yayıldığını hissedebiliyordu. Zamanı azalıyordu.

Ayağa kalkarak Zia'yı aramaya başladı.

Kadını diğer odada, televizyonun önüne kurmuş olduğu ütü masasının ardında buldu.

"Ne yapıyorsun sen?" diye sordu. "Otelde çamaşır hizmeti veriliyor. Tüm eşyaları bir torbaya doldur, senin için ütülesinler."

"Buna zaman yok," dedi Zia. "Yarın şık görünmen gerekiyor." Bay Smith-Jones'a ait olan, temizleyip düzgünce ütülemiş olduğu ceketi işaret etti.

"Zia," dedi Max, "biraz konuşabilir miyiz? Otele vardığımızda bana her şeyi anlatacağını söylemiştin."

"Öyle mi?" dedi Zia. Max'in çoraplarını ütülemeye dalmış gibi görünüyordu.

"Lütfen," diye yalvardı Max.

"Pekâlâ," diyerek iç geçirdi Zia. Max'i oturma odasına kadar takip etti ve endişeyle kanepenin ucuna tünedi. "Ne bilmek istiyorsun?"

"İspanya'da ne işin var?"

"Annenle babanın sana yardım etmeleri yasak olduğu için, onların yerine ben geldim."

"Kral 6-Köpek ile Leydi Koko'yu nasıl buldun?"

"O kadar da zor olmadı."

"Ama onlar birer maymun ve konuşuyorlar! Bu durum seni hiç de şaşırtmamış."

"Ben Mayayım. Beni çok az şey şaşırtır."

"Ya bu yeni tarzına ne demeli? Bambaşka bir insana dönüşmüşsün. Daha önce doğru düzgün İngilizce konuştuğunu bile duymamıştım..."

Boğuk bir sesle, "Konuşmak istemiyordum da ondan," dedi Zia.

"Şimdi ne değişti peki?"

Zia, baştan savma bir yanıt verecekmiş gibi görünüyordu. "Burası İspanya," dedi hiç de ikna edici olmayan bir sesle. "Burayı seviyorum. Yemekleri güzel, alışveriş imkânları bol."

Max, kadını kuşkuyla süzmeye başladı.

Bu hikâyedeki bazı parçalar, yerine oturmuyordu.

Aslına bakılırsa, hikâyenin hiçbir parçası yerine oturmuyordu.

Max'in zihni, Boston'a ve Zia'nın o ayrılmadan önce takınmış olduğu tuhaf tavırlara kaydı. "Sarı Jaguar'ın İspanya'da olduğunu biliyordun," diye akıl yürüttü. "Madrid biletini bana sen aldın... ve öncesinde, San Şavier biletini de yine sen almıştın! Nasıl oluyordu da nereye gitmem gerektiğini önceden biliyordun?" Kadının, tırnaklarına mükemmel bir şekilde manikür yapılmış ellerinden birini yakaladı. "Söylesene, Zia. Tüm bunların arkasında kim var?"

"Neden söz ettiğini bilmiyorum."

"Bana yanıt vermelisin," diyen Max'in aklına bir fikir geldi. "Ya konuşursun ya da evi arayıp annemin saçlarının dökülmesine neden olurum."

Zia bir şey söylemeyince, Max telefona uzandı ve numarayı tuşlamaya başladı.

"Baykuş adam vardı ya," dedi Zia.

Max, telefonu yerine koydu. "Lord Kuy mu? Ölümün Efendileri'nin habercisi mi?"

"Evet. Ondan önce de diğeri, daha yaşlı olanı."

"Lord Muan mı? Nerede? Ne zaman?"

"Boston'dayken, bazen mutfağa gelirlerdi."

"*Ne? Bizim* mutfağımıza mı? Ama neden?"

"Tamale kokusu hoşlarına gidiyor sanırım."

"Tamam da *sana* kendilerini göstermelerinin nedeni nedir?"

"Belki de tamalelerim hoşlarına gitmiştir. Birçok insan tamalemin tadını beğenir," dedi Zia. Alınmış gibi konuşuyordu. Max'in, onun tamalelerini beğenmemesi, kadının içinde kanayan bir yara haline gelmişti belli ki.

"Lord Kuy, tamalelerini yerken sana neler anlatıyordu?"

Zia tereddüt etti. "Dedi ki... bana dedi ki, görevimi layıkıyla yerine getirirsem, beni ödüllendirecekmiş."

"Görevin neymiş peki?"

"Sarı Jaguar'ı bulup, Xibalba'ya teslim etmeni sağlamak."

"Bunu bana neden daha önce söylemedin? Kimin tarafındasın sen, Zia?"

Zia, Max'e kalbi kırılmışçasına hüzünle baktı.

"Bunu nasıl söylersin?" dedi yanlarına gelip kolunu Zia'nın boynuna dolayan Lola. "Zia'yı sorgulamak yerine, ona teşekkür ediyor olmalıydın. O yanımızda olmasaydı, Kral 6-Köpek sokakta ölüp gitmiş, Leydi Koko İspanya'da kaybolmuş ve ben de Tzelek'le evlenmiş olacaktım."

Haklıydı da.

"Özür dilerim Zia," dedi Max. "Kime güveneceğimi ben de şaşırdım."

"Bu iyiye işaret," diye cevap verdi Zia. "Yarın Xibalba'ya gittiğinde, hiç kimseye güvenmemelisin."

Max ile Lola, endişeyle bakıştılar.

"Yarın Xibalba'ya mı gidiyoruz?" diye sordu Max.

"Yarın Wak Kimi, 6-Ölüm," dedi Zia. "Ölüleri ziyaret etme günü."

"Ama oraya nasıl gideceğiz?"

"En kolay yolu," dedi Zia, "otobüse binmek."

Max, söyleneni anlamamıştı. "Ne? Yani sen bana, İspanya'dan Maya ölüler diyarına bir otobüs kalktığını mı söylüyorsun?"

Zia hafifçe gülümsedi. "Burası San Şavier'e çok benziyor. İnsanları batıl inançlı; büyüye, kadim efsanelere ve öte âlemlere inanıyorlar. Taş mezar adını verdikleri kendi kutsal taşları bile var."

"Xibalba'ya toplu taşıma, ha?" diye sordu Max kuşkuyla.

"Evet," diye ısrar etti Zia. "Ölülerin ruhları otobüsle San Andrés adlı bir köye gittikten sonra, bir tekneyle ölüler diyarına ulaşır."

Max, Zia'ya bakakalmıştı. Zia gerçekten de deliydi. "Zia, bu masallara ayıracak vaktimiz..."

"Hoop!" diye araya girdi Lola ve parmağıyla rehberi işaret etti. "Zia haklı. Burada anlatıldığına göre, öldükten sonra San Andrés'i ziyaret etmeyen bir Galiçyalı, bir sonraki hayatına bir kertenkele ya da kurbağa olarak gelirmiş. Buna engel olmak için, ölenin akrabalarından biri, kendisi ve merhum için iki otobüs bileti satın alırmış. San Andrés'e varıp orada bir süre dolandıktan sonra merhum bir tekneye konur ve batmakta olan güneşi dünyanın sonuna dek takip edermiş."

Başını şaşkınlıkla iki yana sallayan Max, "Ben hâlâ bir şey anlamadım," dedi.

"*Finisterre!* Dünyanın sonu!" diye bağıran Lola, heyecanla zıplamaya başlamıştı. "Şunu dinle: 'Efsaneye göre ölülerin ruhları, denizle Finisterre'de buluşmaktadır. Kasaba, adını Latincede 'dünyanın sonu' anlamına gelen *finis terrae*'den almaktadır. Ölüler ülkesi Hades'in girişinin ufkun hemen ötesinde olduğuna inanan Romalılar, Atlantik'in bu kesiminden Ölülerin Denizi olarak söz etmektedir.'"

Max, duyduklarını zihninde şöyle bir tarttı. "Fakat Finisterre, Mayalara göre dünyanın sonu değil."

"Bir şey daha var," dedi rehberi okumaya devam eden Lola. "Burada Santiagolu hacıların Finisterre'ye varabilmek için Samanyolu'nu takip ettiği yazıyor."

"Yani?" dedi Max.

"Yani, Mayalar için de aynı şey söz konusu. Samanyolu'na bizde Xibalba Yolu denir!"

"Yarın öğleden sonra bir otobüs kalkıyor," dedi Zia.

Yirmi İkinci Bölüm

HAYALET KASABA

Ölüler, oldukça neşeli bir topluluktu. Boynunda Sarı Jaguar'ı taşımakta olan Lola'nın aksine, Max onları ne görebiliyor ne de duyabiliyordu. (Mücevherin en güvende olacağı yer, Lola'nın boynuydu. Ayrıca kızın Zia'dan ödünç almış olduğu siyah gece elbisesine de ayrı bir hava katıyordu.)

Lola, koltuğunda kımıldanarak "Bu elbise her yerimi kaşındırıyor," dedi.

"Al benden de o kadar," dedi Max. "Gömleğim öyle bir kolalanmış ki, kumaştan değil mukavvadan sanki."

O gün giyecekleri kıyafetleri Zia seçmişti. "Ölümün Efendileri'ne saygılı olmalısınız," demişti. "Xibalba'yı ziyaret etmek, ölümlüler için bir onurdur. İsimleriniz, Maya efsanelerinde yaşayacak."

"Ben gerçek hayatta yaşamayı tercih ederim," demişti Max.

"Şaka yapmanın zamanı değil," diyerek çocuğu azarlamıştı Zia.

Zia nihayet yeterince şık olduklarına karar verdiğinde,

onunla vedalaşmışlardı. Max ile Lola onları bekleyen maceraya atılmak üzere San Andrés'e doğru yola çıkarlarken, Zia da maymunları sağ salim San Şavier'e götüreceğine söz vermişti.

Şimdi, bir otobüsün içinde yol alıyorlardı. Max'in gözüne yarısı boş görünen otobüs, Lola'nın gözünden bakınca tıklım tıklım doluydu. İkisi otobüsün arka koltuğunda oturmuş, deniz kıyısındaki kayalık uçurum boyunca kıvrılan yolda ilerliyorlardı.

Max otobüse bindiğinde, pencere kenarındaki tüm koltukların dolu, koridor kısmındakilerin ise boş olduğunu fark etmişti. Ama ne zaman koridor tarafındaki koltuklara oturmaya kalkışsa, pencere kenarında oturan kişi, öfkeyle ona bağırmaya başlıyordu.

Bu durum, yolculuk boyunca tekrarlandı.

"Senin derdin ne?" diye fısıldadı Lola. "Zia bize, herkesin iki bilet satın aldığını anlattı, unuttun mu? Biletlerin birini kendileri, diğerini ölü akrabalarının ruhu için alıyorlardı hani? Oturmaya çalıştığın koltukların birer sahibi olduğunu görmüyor musun?"

"Ben oturan kimseyi görmüyorum."

"Gerçekten mi? Otobüsteki ölüleri görmüyor musun?"

"Yani, *sen* görebiliyor musun?"

"Eski fotoğraflar gibi solgunlar biraz ama evet, onları görebiliyorum."

"Hadi ya? Ne yapıyorlar peki?"

"Sıradan şeyler. Sandviçlerini yiyor, gazete okuyor, iskambil oynuyorlar. Oldukça mutlu görünüyorlar."

Max, hayali görüntüleri seçebilmek için koridora bakmaya başladı. "Belki de ölmek o kadar da kötü bir şey değildir," dedi, "tabii hâlâ sandviç yiyebiliyorsan. Ben de öldüğümde pizza yiyebilmek isterim."

"Böyle konuşma, Hoop. Beni korkutuyorsun."

"*Ben* mi *seni* korkutuyorum? Otobüsün ölülerle dolu olması korkutmuyor yani seni, öyle mi?"

"Neden söz ettiğimi çok iyi biliyorsun."

Max, göz ucuyla bir şeyler gördü ve pencereden dışarı baktı. "Artık *ben de* hayal görmeye başladım," dedi. "Sanırım otobüsün arkasından koşturan bir cehennem tazısı gördüm."

Lola, dönüp dışarıya bir göz attı. "Arayı kapatıyor sanırım."

"Onu sen de görebiliyor musun?" Max zorlukla yutkundu. "Plan yapmamız gerekmez mi? Otobüsten inince ne yapacağız?"

"Şey, ben ölüleri takip eder ve nereye gittiklerine bir bakarız diye düşünmüştüm. Bizi bir mağaraya götüreceklerini umuyorum."

"Neden?"

"San Şavier'de, Xibalba girişlerinin mağaralarda olduğunu söylerler. Kıyı şeridini kaplayan kayaların içinde yüzlerce mağara olmalı."

"Diyelim ki doğru mağarayı bulduk. Sonra ne yapacağız?"

"Kim bilir? Bana kalırsa, Ölümün Efendileri Sarı Jaguar'a bir an önce sahip olmak istedikleri için, işimizi kolaylaştıracaklardır. Gerdanlığı tutsaklarla değiştokuş edecek ve oradan hızla ayrılacağız."

"Ama Sarı Jaguar'ı onlarla mücadele etmeden ellerine bırakamayız. Ölümün Efendileri'ni ikna etmeye çalışsak nasıl olur? Orta Dünya vatandaşlarına acımalarını talep etsek? Hermanjilio ile Şanslı Jim salıverildikten sonra bir numara çevirsek?"

"Yani dostlarımızın hayatlarını tehlikeye mi atalım? Unut bunu! Jaime'nin annesi beni asla affetmez. Hem zaten, Ölümün Efendileri'ni hiçbir şeye ikna falan edemezsin. Bu konuları çok düşündüm, Hoop. Dördümüzün birden hayatta kalması için elimizden geleni yapmalı ve diğer meselelerle daha sonra ilgilenmeliyiz."

"Sorun da bu Lola; bence 'daha sonra' diye bir şey yok. Biz gerdanlığı teslim eder etmez, Ah Pukuh, Jaguar Taşları'nın beşini de eline geçirmiş olacak. Bu da hikâyenin ve dünyanın sonu demek oluyor."

Lola, başını iki yana salladı. "Ben buna inanmıyorum. Dünyanın sonu falan gelmedi. Olaya daha geniş bir açıdan bakmalısın. Henüz savaşımızı kaybetmedik, Hoop. İçimde Jaguar Kralları'nın yanımızda olduklarına dair bir his var."

"Öyle mi?"

"Biz bir ekibiz; tıpkı Kahraman İkizler gibi, hatırladın mı?"

Max, kızın gözlerinin içine baktı. "Nasty'nin kız arkadaşım falan olmadığını biliyorsun, değil mi?"

"Biliyorum. Otele geldiğinde söylemişti."

"Öyle mi?"

Lola şaşırmış gibi yaptı. "Hayal kırıklığına uğradın galiba. Nasty'nin senin kız arkadaşın olduğunu sanmamı mı isterdin?"

"Şey, sen o sırada evleniyordun."

Lola, acıyla inledi.

"Düşünsene," diye devam etti Max, "şu an Bayan Tzelek olabilirdin."

"Kes şunu!"

"Çocuklarınızın neye benzeyeceklerini hayal edebiliyor musun?"

Lola, elindeki kitapçıkla Max'e bir tane patlattı.

O sırada otobüs bir dönemeci aldı ve denize doğru uzanan dar ve kıvrımlı bir yola girdi. "Sanırım varmak üzereyiz," dedi Lola. "Ölüler hareketlenmeye başladılar."

Otobüs, tepenin dibindeki minik park alanına girdi ve yolcular aşağı inmeye başladılar. Bu iş elbette, Max'e olması gerekenden daha uzun sürmüş gibi geliyordu. Arkada oturan Lola ile Max, otobüsü en son terk edenler oldular.

"Önden sen git," dedi Max "ve etrafta cehennem tazısı olup olmadığına bir bak. Beni gördükleri an üstüme saldıracaklardır."

Lola, otobüsten inerek park yeri boyunca etrafına bakındı. "Yalnızca birkaç martı görüyorum," dedi. "Onlardan da korkmuyorsundur herhalde, değil mi?"

"Bir cehennem tazısıyla karşılaşmış olsaydın, sen de korkudan altına ederdin. Salyaları bile ölümcül. Birinin salyası, oturma odamızdaki halıda kocaman bir delik açtı."

"Annen eminim buna bayılmıştır," dedi Lola. Köye uzanan minik bir patikada yürüyorlardı.

"Zia, annem halıyı göremeden durumu örtbas etti."

"Zia'dan hoşlandım," dedi Lola. "Onun bir Maya olduğunu bilmediğine inanamıyorum. Etrafına pek dikkat etmiyorsun galiba, ha?"

"Şey, kastettiğin ölüleri görmekse, evet, etmiyorum. Şu an ne yapıyorlar?"

Lola, etrafını inceledi. Köyün içinden geçmekte olan dar patika, dükkân ve tezgâhlarla doluydu. "Hediyelik eşyalara bakıyor, dondurma yiyor, fotoğraf çekiyorlar... her zamanki turist faaliyetleri. Hey, bir dakika... sanırım şu kafeye giriyorlar. Hadi gel!"

Max, Lola'nın peşinden hareketlendiği anda, kaslı bir kol uzanarak yolunu kesti.

"*Cuidado!*[*]" diye bağırdı kolun sahibi. Max başını çevirince nefesi kötü kokan, kulakları kıllı ve kırmızı suratlı bir adamla yüz yüze geldi.

"Lola! Geri dön! Neler oluyor?"

Lola, adamla İspanyolca bir şeyler konuştu.

Ardından "Sorun yok, Hoop," dedi ve adam da Max'in kolunu bıraktı. "Şuraya basma diye durdurmuş seni." Kızın parmağını takip eden Max, patika boyunca ilerlemekte olan minik kahverengi kertenkeleyi fark etti. "Birilerinin akrabası olabilirmiş," diye açıkladı Lola. "Burada sürüngenlerin üstüne basmamaya özen gösteriyorlar."

"Anlaşıldı," dedi Max ve adımlarını daha bir dikkatli atmaya başladı.

Lola, kafenin kapısını açtı. "Vay canına, burası amma da kalabalıkmış!"

Max'e kalırsa, kafenin de –tıpkı otobüsün olduğu gibi– yarısı boştu. Masalarda ikişer sandalye ve bardak bulunuyordu ama her birinde yalnızca birer kişi oturuyordu.

"Tezgâha yakın bir yere sığışalım," diye önerdi Lola. Neşeli ölülerin gürültülerini bastırabilmek için sesini yükseltmişti.

Ancak hiçbir şey duymayan Max, "Bağırmana gerek yok," diye karşılık verdi.

Kendilerine bir yer bulup barın arkasında çalışmakta olan siyahlara bürünmüş, kambur, yaşlı kadını beklemeye başladılar. Max, garsonu beklerken, arka duvardaki rafları inceledi. Rafların üstleri, içlerinde ne idüğü belirsiz nesneler bulunan

---

* İsp. Dikkat et! (Ed. N.)

kavanozlarla doluydu. Gözü andıran yumurta ve parmağı andıran kornişon turşularının yanı sıra, minik beyinlere benzeyen karnabahar turşuları göze çarpıyordu. Duvardaki tek süs, Cadılar Bayramı posterleriyle cadı gibi giyinmiş kadınlara ait eski fotoğraflardan ibaretti. Hatta kasada, cadılara dair minik hediyelik eşyalar –siyah şapka, kara kedi ve süpürge şeklinde mıknatıs ve anahtarlıklar– bile satılıyordu.

Max, Lola'ya dönerek "Bütün bu cadı ıvır zıvırı da neyin nesi?" diye fısıldadı. "Buralarda kara büyü yaygın mıdır sence? Hiç hoşuma gitmedi bu. Aklıma Siyah Piramit'teki Tzelek'i getiriyor."

"Birilerine sorarım," dedi Lola.

Garsona içecekleri ısmarlayıp cadı meselesini sordular. Yaşlı kadın bir an donakaldıktan sonra, bir kahkaha atarak bakışlarını Max'e çevirdi. Patlak gözleri, sivri bir burnu, sivri dişleri vardı ve çenesinde de devasa, kıllı bir ben bulunuyordu.

"Burada cadı falan olmadığını söyledi," dedi Lola.

Meşrubatlarını sessizce içtiler.

Birden kafenin içi, geriye doğru çekilen sandalyelerden çıkan gıcırtılarla kaplandı. Tek başlarına oturmakta olan tüm kafe sakinleri, bir anda ayaklandılar.

"Gitme zamanı," dedi Lola.

Kafe sakinlerini takip ederek taşla döşeli sokaklardan, merdivenlerden ve yan geçitlerden aşağı indikten sonra plaja vardılar. Galiçya'nın her yanında olduğu gibi, burada da ortama gri ve yeşil renkler hâkimdi: Kayalar ve kaldırımlar gri, parlak su yosunları yeşil tonlarındaydı. Deniz suyu da gri renkteydi ve grinin farklı tonlarındaki kayalarla süslenmişti. Batmak üzere olan güneşin, ilgiyi son bir kez üstüne çekmek üzere şeffaf bir pembelikle ortasında belirdiği gökyüzü de gri renkteydi. Enkaz haline gelmiş tekneler, suların çekildiği plajda yan yatmış halde duruyor, ahşap iskeletleri, yansıyan güneş ışıkları nedeniyle eskimiş kemik rengine dönüşüyordu.

Max, titredi. Denizden tüm gücüyle esmekte olan buz gibi rüzgâr, doğrudan takım elbisesinin içine sızıyordu.

"Donuyorum," diye şikâyet etti. "Şimdi ne olacak?"

"Ölüler veda ediyorlar," dedi Lola. Alt dudağı titriyordu. "Sevdiklerine hoşça kalın diyorlar. Onları bir daha görüp göremeyeceklerinden emin değiller. Verdikleri sözleri tutup tutamayacaklarını kendileri de bilmiyorlar."

"Keşke biraz acele etseler," dedi Max. Üşümemek için iyice büzüşmüştü.

Geriye iskeleti kalmış bir kalyonu döven dalgaları izledi. Tekne, her dalgada kumdan biraz daha yükseliyordu ve bir süre sonra doğrularak yüzmeye başlamıştı. Plaja yayılmış diğer enkazlar da yavaş yavaş doğrulmaya başlamışlardı.

"Lola, neler görüyorsun?"

"Ruhlar denize doğru yürüyorlar. Gemilere biniyorlar..."

"Ya biz ne yapacağız?"

"Peşlerinden gideceğiz," dedi Lola. Bir an tereddüt etti. "Masum turistler gibi kumsal boyunca yürüyeceğiz ve ölülerin teknelere binmesi tamamlanınca, en yakındaki tekneye koşacağız. Yanımdan ayrılma, Hoop ve beni takip et."

"Hayalet gemilerden birine mi çıkacağız?"

"Hayaletlerin buna itirazı olmayacağından eminim. Arkadaş canlısı bir gruba benziyorlardı."

"Sana güveniyorum."

Ölülerin akrabaları, uzaklaşmakta olan ruhlara el sallamak

üzere yan yana dizilirken, Lola da kabuk toplarmış gibi yaparak kayıtsızca denize doğru yürümeye başladı. Max ise ruhların ayağına falan basmadığından emin olmak için, onun birkaç adım gerisinden geliyordu.

"Tamam," dedi Lola. "Gidiyoruz. Beni takip et."

Fakat sığ suda henüz birkaç adım atmıştı ki "Buz gibiymiş!" diye bağırdı. O sırada lacivert balıkçı kazaklı ve denizci şapkalı, saçları ağarmış, yaşlı bir adam, oflaya puflaya onlara doğru koşmaya başladı.

Uğuldayan rüzgârı bastırmak için "*Turistas! Qué están haciendo?*" diye bağırdı adam. "*Este mar es peligroso! Voy a llamar a la policía!*"

"Ne diyor?" diye sordu Max.

"Bizi polisi aramakla tehdit ediyor," dedi Lola. "Denizin çok tehlikeli olduğunu söylüyor."

Yakınlardaki kayalara çarpan dalgaların gücü, Max'in nefesini kesmişti. "Haklı olduğu kesin," diye mırıldandı.

Böylece Max ile Lola'nın tüm umutları, batmakta olan güneşe doğru ilerleyen ölü ruhlarla dolu gemilerle yok olup gitti. Onlar da bu durum umurlarında değilmiş gibi kumsalda dolaşmaya devam etmek zorunda kaldılar.

"Şimdi ne yapacağız?" dedi Max. Teknelerin sonuncusu da ufukta kaybolmuştu.

"Yürümeye devam edelim, sanırım yaklaşıyoruz," dedi Lola. "Gerdanlık, ısınmaya başladı. Belki de buralarda bir mağara vardır..."

Kumsaldakiler, akrabalarına son bir kez el salladılar. Ardından, park yerinde korna çalarak onları bekleyen otobüse binmek üzere, köye doğru uzanan patikayı tırmanmaya başladılar.

Kumsal, kısa sürede boşalmıştı.

Dalgaların şiddeti giderek artıyor, martılar çığlıklar atıyordu. Tuzlu ve şiddetli rüzgâr, etrafa korku saçarak esiyordu.

Lola, durup kumsaldaki bir yere bakmaya başladı.

Max, kızın bakışlarını takip etse de bir şey göremiyordu.

"Neye bakıyorsun öyle?" diye sordu.

"Orada bir tekne var!" diye çığlık attı Lola. "Yürü hadi!"

"Nerede?"

Max, Lola'nın peşinden koşarken, kızın sözünü ettiği tekneyi görmeye çalışıyordu. Ama etrafta tekne falan yoktu.

"İşte burada!" Lola çürümekte olan bir grup ağaç dalını işaret etti.

"Yok artık," dedi Max.

Lola, yosun ve pislikten oluşan yığını temizleyerek gövdesine midyeler yapışmış, eski bir sandalın kalıntılarını açığa çıkardı. Sandalı temizlerken ara sıra başını sallıyor, bazen rüzgârın dediklerini dinliyormuş gibi çalışmaya ara veriyordu.

"Tuhaf davranmaya başladın," dedi Max.

"Meseleyi hallettin diyecektin herhalde. Sandalımızla Xibalba'ya doğru yola koyulalım mı artık?"

"Bu şey suyun üstünde durmaz ki. Enkaz haline gelmiş."

"Hadi ama!" dedi Lola. "Maceracı ruhun nerede kaldı, Hoop!"

"O salın üstünde yeraltı nehrine girerken de aynı şeyi söylemiştin ve neredeyse boğuluyordum..."

"Ama sonuçta, boğulmadın." Lola, ellerini Max'in omuzlarına koyarak çocuğun gözlerinin içine baktı. "Güven bana, Hoop."

"Ben tekneye güvenmiyorum..."

"Şunu döndürmeme yardım et."

Sandalı ters çevirip gövdesindeki yosunların büyük bir kısmını temizledikten sonra, altına yuva yapmış yengeç sürülerini kovdular.

"Kürekler, kürekler..." diye mırıldandı Lola kendi kendine. Kumsal boyunca bakındı ve hasar görmüş iki kalas parçasını gözüne kestirdi. "Bunlar işimizi görür."

"Lola, dursana; bu çılgınlık. Denizin halini gördün mü? Dalgalar bizi kayalara çarpıp parçalayacak."

"Deniz çekilmeye başladı. Şansımız yaver giderse, dalgalar bizi kayaların uzağına atacaktır."

"Ya gitmezse?"

"Gidecek," diyen Lola, El Dorado'yu gösteren bir istilacı gibi denizi işaret etti. "Yazgın seni bekliyor, Max Murphy!"

O sırada uzaklardan polis sirenleri duyuldu.

"Hoop! Gitmemiz gerekiyor!"

Max'in bakışları, dokunsalar dağılacak gibi görünen minik tekneyle kumsalı döven devasa dalgaların arasında gidip geliyordu. "Bu çok tehlikeli. Buraya boş yere Ölüm Kıyısı adını vermemişler..."

"Pekâlâ, öyleyse," dedi Max'in arkasında bir yere bakmakta olan Lola. "Ben yalnız başıma giderim. Ama umarım polis buraya cehennem tazılarından önce varmış olur."

Max, "Sen ne diyorsun?" diyecek oldu. Fakat daha sorusunu bitiremeden, kulağına yakından tanıdığı öfkeli hırıltılar geldi.

"Şu an arkamı dönersem," dedi Max, "karşıma, üstüme doğru koşmakta olan, gözlerini kan bürümüş, ağızları köpük ve asitli tükürükler saçan bir grup cehennem tazısı mı çıkacak?"

"Evet."

"Eee... bu şeyi suya nasıl indiriyoruz?"

Yirmi Üçüncü Bölüm

YILDIZ DENİZİ

Polis arabalarından yayılmakta olan çok sayıda mavi ışıkla aydınlanan San Andrés köyünü, bir süre daha görebildiler. Fakat artık tekne dalgalara bata çıka ilerliyordu ve yön duygusunu tamamen yitiren Max, öleceklerinden kesinlikle emindi. Ufukta tek bir kara parçası göremiyor, hatta gökyüzünü denizden ayırt bile edemiyordu. Etraflarında yalnızca o çağlayan, fışırdayan, sert grilik vardı.

Akıntıya kapılan minik sandalları, denizde Neptün'ün* yunuslar tarafından çekilmekte olan at arabası gibi yol alıyordu. Ya bir güç tarafından Xibalba'daki randevularına çekiliyorlardı ya da kesin bir ölüm onları bekliyordu.

Ya da her ikisi birden.

Rüzgâr feryat etmeye, dalgalar gürlemeye devam ediyordu. Konuşmak olanaksızdı.

Max ile Lola, karşılıklı oturdukları sandalın kenarlarına tutunmuşlardı. Deli gibi dönen bir atlıkarıncanın içinde gibiy-

* Roma mitolojisinde deniz tanrısı. Yunan mitolojisindeki adı olan Poseidon ile de tanınır. (Ed. N.)

diler. Lola bile dehşete düşmüş görünüyordu ki Max için bu, diğer her şeyden daha korkutucuydu.

Külüstür sandallarıyla, o gece hiçbir denizcinin inanamayacağı kadar çok yol aldılar. Daima batıya, dünyanın sonuna, batmakta olan güneşe doğru ilerliyorlardı.

Onlara saatler geçmiş kadar uzun gelen bir sürenin sonunda, dalgalar çekilmeye başladı. Ancak minik tekneleri yavaşladıkça, okyanus sakinleri de içeri girmeye başlamışlardı. Bir süre sonra, ayaklarının dibinde mütevazı bir akvaryum oluşturacak kadar deniz yaratığı –yengeçler, tırpanalar, denizyıldızları, ıstakozlar ve hatta küçük bir ahtapot– birikmişti.

Tekne, suya tehlikeli bir biçimde batmıştı.

Sandalın tüm ek yerlerinden okyanus suyu sızıyordu.

Serin akşamda, dalgaların arasında bir sis bulutu belirdi.

Hiçbir şey göremiyorlardı artık.

Yakında hava da kararacaktı.

"Finisterre'deki deniz fenerini gözle!" diye seslendi Lola. "Fenerin ışığı, hedefimize varmak üzere olduğumuzu gösteriyor."

Max, yolculuklarının sonuna gelmek üzere olduklarını düşünmemeye çalıştı.

Bir vızıltı sesiyle düşüncelerinden sıyrıldı ve başını yukarı kaldırdı.

"Bu, bir helikopter sesine benziyor," dedi. "Kurtulduk!"

Ancak tanıdık bir ses, "Gelinimi almaya geldim," diye hırladı megafondan.

"Landa bu!" diye bağırdı Lola. "Yani Tzelek!"

"*Teslim olun, yoksa ölürsünüz!*" diye emretti ses.

Max, sis perdesindeki bir boşluktan, Landa'nın bedenini ele geçirmiş olan Tzelek'in ip merdivenden aşağı inmekte olduğunu fark etti. Sisin içinde iki kırmızı göz parladı. Tzelek, neredeyse deniz seviyesine kadar inmişti.

"Hoop, yanımdan ayrılma!" diye bağırdı Lola. "Eğer seni yakalarsa, acımadan öldürür! Beni ve gerdanlığı ele geçirmek istiyor... Gerdanlığa bir şey olmaması için beni öldürmeyecektir!"

Ancak geç kalmıştı. Max, ensesinde buz gibi bir dokunuş hissetti.

Tzelek'in sivri tırnakları, etine bir kez daha batıyordu.

"Beni yakaladı!" diye uyardı Lola'yı.

Lola, "Al sana!" diye bir çığlık atarak, küreğiyle Tzelek'e bir tane geçirdi.

Tekne, devrilecekmiş gibi sallanmaya başladı. Kürek, çürük kıymıklara ayrılarak parçalanmıştı.

Tzelek, Max'i boğazından tutmaya devam ederek, diğer eliyle Lola'yı saçlarından yakaladı ve kızı yere çökmeye zorladı. "Güzel kıyafetler giyip tortilla pişirmeye ve çocuklarımı doğurmaya ne oldu, ha? Seninle birazdan ilgileneceğim, sevgili eşim," dedi. Ses tonu, Max'in kanını donduruyordu.

Lola'yı deri çizmelerinin acımasız burnuyla yere doğru bastıran Tzelek, boynundan yakaladığı Max'i denize atmaya hazırlandı.

Ayakları yerden kesilmekte olan Max de aynı anda dövüşü kaybettiğini ve tuzlu, soğuk suyun onu içine çekmekte olduğunu hissediyordu. Gözleri, parlak bir ışık tarafından kör edilmişti.

Fenerin ışığı, hedefimize varmak üzere olduğumuzu gösteriyor.

Ölümle burun buruna gelmiş insanların, bir ışığa doğru yürüdüklerinden söz ettiklerini okumuştu.

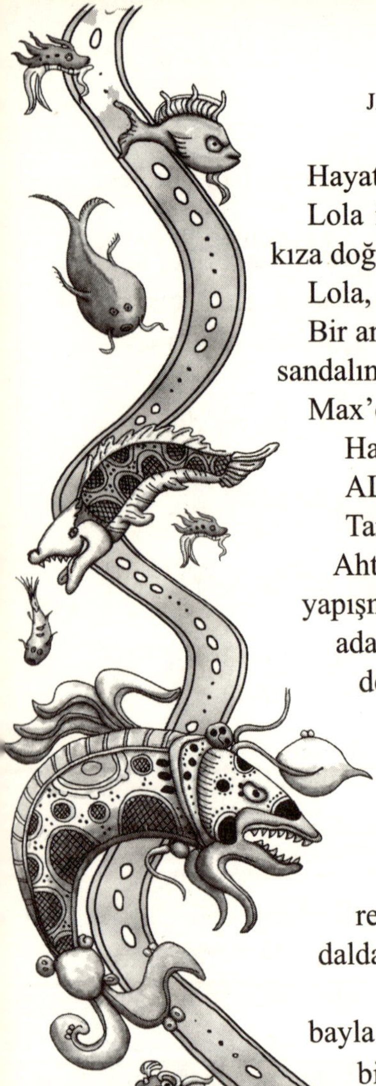

Hayatının sona ermekte olduğunu fark etti.

Lola ile son bir kez vedalaşmak için başını kıza doğru çevirdi.

Lola, Max'e göz kırptı.

Bir an sonra, ağır çekimde hareket eder gibi, sandalın içine uzanarak yakaladığı ahtapotu Max'e doğru fırlattı.

Hayır, Max'e değil –Tzelek'e doğru.

AL BAKALIM!

Tam isabetti.

Ahtapotun ağız kısmı, Tzelek'in burnuna yapışmıştı. Deniz canlısı, dokungaçlarıyla adamın bıyığına asılarak kemikli çenesinde tutunacak bir yer arıyordu.

"Çek şunu yüzümden!" diye bir çığlık attı dengesini kaybeden Tzelek. Ahtapot şişkin, lastik gibi vücuduyla nefes almasını engelliyordu.

Max ile Lola, aynı anda hareket ederek Tzelek'in yalpalayan vücudunu sandaldan aşağı attılar.

Tzelek, her ne kadar insanüstü bir çabayla karşı koysa da görünmez bir güç sırtına bir tekme atmış gibi sulara gömüldü.

Parlak ışık, hâlâ üzerlerine doğru geliyordu.

"*Guardacostas!*" diye gürledi bir ses.

Max, dağılmakta olan sisin içinde, sahil güvenlik gemisinin devasa ışıldağını çeviren kır saçlı, yaşlı denizciyi fark etti.

Lola, gemiye deli gibi el sallayarak "*Hombre al agua!*" diye seslendi. "Denize adam düştü!"

"Ne?" dedi Max kıza inanamayarak. "Neden Tzelek'i kurtarmaya çalışıyorsun?"

"İkimizi kurtarmak için," diye açıkladı Lola. "Onlar Tzelek'i sudan çıkarmakla uğraşırken, geçip gittiğimizi göremeyecekler."

Yaşlı denizci, ışıldağını suyun içindeki Tzelek'e doğru çevirdi. Diğer tayfalar da yüksek sesle emirler yağdırarak suya can yelekleri fırlatmakla meşgullerdi. Lola, sandalı elleriyle hareket ettirerek "Teknemiz batıyor," dedi. "Fazla vaktimiz yok. Küreğini ikiye böl de buradan gidelim."

Sis yeniden yoğunlaşıp deniz yavaş yavaş çekilirken, dalgalar da şiddetlenmişti. Ellerindeki yarım kürekleri kullanarak, sahil korumanın görüş alanından hızla uzaklaştılar.

"Yaklaştık, hem de çok yaklaştık, biliyorum," dedi Lola. "Xibalba'nın girişi yakınlarda. Şu sis bir dağılsaydı keşke."

Sis o anda, Lola'nın emrini beklemişçesine dağılmaya başladı.

Denizin üzerine, kapkara bir gece çökmüştü. En azından

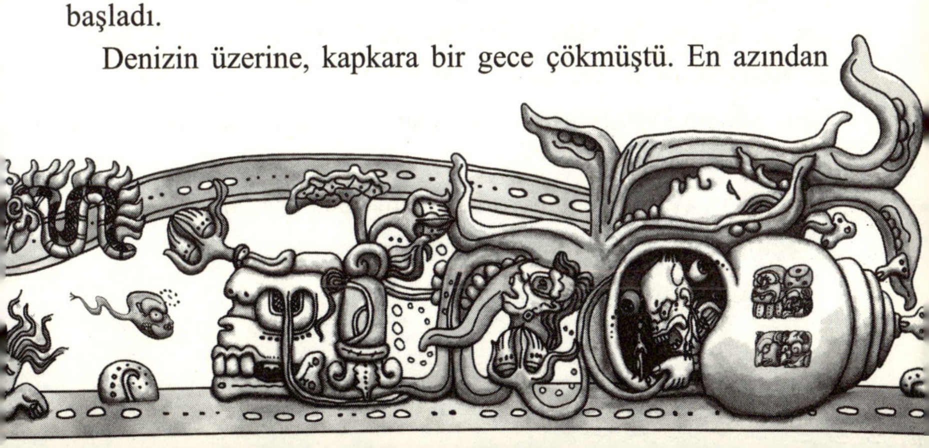

rüzgâr, az önceki kadar şiddetli esmiyordu. Deniz suyu sandalın kenarlarına çarparken, süt içmekte olan bir kedi yavrusunun çıkardığı şıpırtıları andırıyordu.

Sandal, artık hareket etmiyordu.

"Rüzgâr kesildi," dedi Max. "Ölülerin Denizi'nin ortasında böylece kalakaldık."

"Sus."

"Ölüm Kıyısı'nın açıklarında, Ölülerin Denizi'nde kalakaldık. Bu hiç de iyiye işaret değil."

"Sussana," diye tekrar etti Lola. "Başını yukarı kaldır."

Eski dostu Kozmik Timsah, Max'e göz kırpıyordu. Kim bilir kaç ışık yılı uzaklıkta bulunmasına rağmen, elini uzatsa dokunabilecekti sanki ona.

"Ağzının nerede olduğuna bir bak," diye işaret etti Lola, "pençeleri arasındaki karanlık alana?"

"Peki."

"Samanyolu'ndaki Karanlık Çatlak orası. Xibalba Yolu olarak da bilinir."

"Bana kalırsa... *batıyoruz.*"

"Suya bir baksana, Hoop."

Cam gibi dümdüz olan denizin yüzeyi, gökyüzünü bir ayna gibi yansıtıyordu. Max, gökyüzünün nerede bitip suyun nerede başladığını göremiyordu. Dört bir yanları, engin kâinatın içine sıkışıp kalmışçasına, yıldızlar ve onların yansımalarıyla kaplanmıştı.

Max'in ayakları ıslanıyordu. Hem de ne ıslanma.

İçini kemiren bir mesele daha vardı.

"Maymun Kız?"

"Efendim?"

"Ah Pukuh'un yola çıkmak ve suya girmekle ilgili sözlerini hatırlıyor musun?"

"Evet."

"Demek istiyorum ki, Finisterre'ye doğru yola çıktık ve sanırım, suya girmemiz an meselesi."

Ay ışığı, teknenin etrafında dolaşmakta olan bir yüzgeci aydınlattı.

"Köpekbalığı!" diye bağırdı Max.

Lola, soğukkanlılığını korumaya çalışıyordu. "*Köpekbalığı* kelimesinin Maya dilindeki *xook*'tan türediğini biliyor muydun?"*

"Hayır ve umurumda da değil! *Köpekbalığı! Köpekbalığı! KÖPEKBALIĞI!*"

Lola, timsahın suya yansımakta olan ağzına doğru kürek çekti.

"Başardık!" dedi. "İyi şanslar, Hoop!"

"Ne?..."

Minik sandal, dalgaların arasına karışıp batarak, Max ile Lola'yı suyun altına çekti.

Max, soğuk suda dolanmakta olan köpekbalığını görebiliyordu. Sandığından da büyüktü. Üstüne gelmekte olan balığın testere gibi keskin dişlerini gördü.

Kendini tarifsiz bir acıya hazırlamıştı.

Fakat köpekbalığı, Max'i ısırmak yerine, hemen aşağısından suya dalmıştı.

Nefes alıyor muyum?

---

* Yazar, burada İngilizce shark kelimesinden söz etmektedir. (Ç.N.)

Boğuluyor muyum?

Neler oluyor?

Köpekbalığının sırtında Maya ölüler diyarına doğru giderlerken, Max, Lola'nın kollarını beline doladığını hissetti.

Yirmi Dördüncü Bölüm

YOLUN SONU

Max'i kendine getiren, ıstakozun ısırığı nedeniyle hissettiği acı oldu.

Onu ısıran bir ıstakoz muydu gerçekten de? Yoksa kıskaçlı bir denizanası mıydı?

Max, parmağını çimdikleyen parlak turuncu yaratığı inceledi. Patlak gözleri, kalın dudakları ve şekilsiz vücuduyla çocuk resimlerinden fırlamış gibi duruyordu. Yaratık, onunla mücadele etmeden geriledi ve suları sıçratarak Max'in ayaklarına doğru daldı. Çocuğun ıslak pantolonunun üstünden bacağına yapışarak kemirmeye başladı.

Max, doğrularak kendisini yaratıktan kurtardı.

Yaratık bir kez daha suya daldı.

Max'in burnuna balık, iyot ve sülfür kokuları geliyordu.

Etrafına şöyle bir göz attı. Çevresi kayalarla kaplı bir havuzun kıyısında oturuyordu.

Havuzun içinde garip, fosforlu deniz yaratıkları bulunuyordu. Bazıları minik köpekbalıklarını çağrıştırıyor, diğerleri kaplumbağa ve yumuşakçaları andırıyordu. Bir de az önce onu ısırana benzeyen melezler vardı.

Kayalık havuz, bir tür mağaranın içinde yer alıyordu.

Hemen önündeki duvarlar, zayıf bir ışıkla aydınlanıyordu. Max, kaba Maya yüzlerinin kayalara son derece doğal bir şekilde oyulmuş olduğunu görebiliyordu. Sarkıtlardan burunlar fırlıyor, eğimli alınlar üstlerinden sular sızmakta olan duvarların doğal kıvrımlarını takip ediyordu.

"Buradayım!" diye seslendi Lola. "Gelsene!"

Max, loş ortamda sesin sahibini görebilmek için gözlerini kıstı.

Kayaların üzerinde tökezlemekte olan uzun, siyah elbiseli kızı seçebiliyordu. Kızın boynundaki Sarı Jaguar boncukları, mağaranın loş ışığında sayısız minik güneş gibi parıldıyordu.

Henüz tam olarak kendine gelemeyen Max, zorlukla ayağa kalkarak Lola'nın yanına gitti.

"Neler oldu? Neredeyiz? Tek hatırladığım şey bir köpekbalığından ibaret ve sonra suyun altına dalmıştık, yıldızlar ve tüm o karanlık..."

"Bana sorma; gözlerim yol boyunca kapalıydı."

"Xibalba'da mıyız?"

"Sanırım öyle."

Geri dönüş yolu bulunmadığı için ilerlemek zorundaydılar.

"Elini uzat," dedi Lola. "Burası biraz kaygan."

Ancak sağlam zemine vardıklarında da Max'in elini bırakmadı.

Mağaranın ucundaki dönemeci geçince, yolları devasa bir kafatası tarafından kesildi. Kafatasının üzeri, karanlıkta bir parti aksesuarı gibi parlamasına neden olan solgun ve fosforlu yosunlarla kaplanmıştı. Ancak hiç de iç açıcı göründüğü söylenemezdi. Zalim ve korkutucu bir tapınak duvarı gibi karşılarına çıkmıştı. Ağzı, giriş kısmını oluşturuyordu. Ağzın içindcki bir dizi keskin dikit ise sivri uçlu dişleri andırıyordu.

Duvarlarda yanmakta olan meşaleler, yolu aydınlatıyordu.

"Girişin burası olduğu kesin," dedi Lola.

"Sence kapıyı çalmamız gerekir mi?" diye sordu Max.

"Bence bizi bekliyorlardır, sen ne düşünüyorsun?"

Max, derin bir nefes aldı. "Hadi içeri dalalım öyleyse..."

"Dur!" diyen Lola, meşalelerden birini alıp Max'e uzatarak "Tut şunu," dedi. Ardından da yerden aldığı küçük bir taşı iki eliyle birden alt dişlerin üstünden kafatasının ağzına doğru fırlattı.

Taş parçası yere değer değmez, geniş bir toprak çömlek mağaranın tavanından yere düştü ve içindekiler etrafa saçıldı. Taş parçası, bir anda çürümüş bağırsaklar, kurtçuklar, kan, kusmuk ve sarı irinlerin altında kalmıştı.

Lola, elleriyle yüzünü kapadı.

Max'in midesi bulanmıştı.

Hoş geldin paketi, tepeye, ikisinin kafasına düşsün diye yerleştirilmişti.

Max, gömleğini yukarı çekerek ağzını kaparken Lola da Ölümün Efendileri'nin onlara bir başka tuzak hazırlayıp hazırlamadıklarını görmek için içeriye bir taş daha fırlattı. Gözlerini bu iğrenç öbekten kaçırıp, mideleri ağızlarına gelerek öbeğin üstünden atladılar ve kafatasının açık ağzından geçerek, bir stadyum büyüklüğündeki mağaraya adımlarını attılar.

Soğuk ve nemli mağara, solgun alevleri mağaranın zeminindeki sayısız havuz ve göletten yansıyan çok sayıda titrek meşaleyle aydınlatılıyordu. Duvarlar suya doğru uzanıyor, gölgelerin içinde isimsiz yaratıklar koşuşturuyordu. Girişteki leş gibi kokuları bastıran yoğun tütsü dumanı, Max ile Lola'yı rahatlatmıştı.

"İşte geldik," dedi Lola.

"Tamam, ama neredeyiz?" diye sordu Max.

"Bilmiyorum," diye itiraf etti Lola. "Belki de burası, bir tür giriş salonudur."

"Ölmüş falan olamayız, değil mi?"

"Kendini nasıl hissediyorsun?"

"Bir düşüneyim. Korkmuş, tedirgin, kaygılı, heyecanlı, ödü patlamışa ne dersin?"

"Ölmüş olsan bunları hissedemezdin."

"Çok rahatladım."

"Şşşt. Birisi geliyor."

Haklıydı da.

Ayak sesleri duyuldu.

Giderek yaklaşıyorlardı.

"*Biix a beel!*" diye neşeyle seslendi, mağaranın öteki ucunda beliren Hermanjilio. "Uzun zaman oldu!"

Hemen arkasından da Şanslı Jim geliyordu.

İkisi de basit beyaz gömlekler giymişlerdi ve kurtarıcılarına koşar adım yaklaşırlarken, el sallayıp gülüşüyorlardı.

Hermanjilio, Lola'ya dönerek kollarını açtı ve "Geleceğini biliyordum!" dedi. Yüzü sevinçle parlıyordu.

Gerileyen Lola, "Uzak dur benden, sürüngen!" diye bağırdı.

Şanslı Jim, Max'e göz kırparak "Alınmadın, değil mi?" dedi ve elini uzattı.

Lola'nın tepkisine hayret eden Max, kendisine uzatılan eli sıktı.

Şanslı'nın eli, bileğinden kopuverdi.

Max'in dehşetle yere düşürdüğü el, bir örümcek gibi hızla uzaklaşmaya başladı. Kesik kolunu acıyormuş gibi sallayan Şanslı, kahkahalar atarak yere düştü.

Max öfkeyle, "Bu hiç de komik değil!" dedi ama sözleri karşısındakilerin kahkahalarını artırmaktan başka bir işe yaramadı. "Gerçek Hermanjilio ve Şanslı Jim neredeler?"

"Bizim bildiğimiz ve sizin bilmediğiniz bir yerde," dedi sahte Hermanjilio. Çocuksu ve tekdüze bir sesle konuşuyordu.

Lola, sıkılmış görünüyordu. Tırnaklarını inceliyor gibi yaptı.

"Şakadan pek hoşlanmıyorsun, değil mi?" diyerek surat astı sahte Şanslı Jim ve Santino Garcia'nın kılığına büründü. "Şimdi nasılım?" diye sordu ve parmaklarını saçlarının içine soktu. "E–seksi İspanyol aksanımı nasıl buluyorsun?"

Hermanjilio, sevinçle el çırpıyordu. "Benim sıram! Benim sıram!" dedi ve küçük bir kız gibi kıkırdayarak Nasty Smith-Jones'a dönüştü. "Merhaba, Max," dedi işveli bir sesle ve kirpiklerini kırpıştırdı. "İri, mavi gözlerime bir baksana. Lola'dan çok daha güzelim. Boston'a dönünce beni aramayı sakın unutma."

Lola, esniyormuş gibi yaparak "Bitti mi?" diye sordu.

Sahte Nasty Smith-Jones, Max'e öpücük göndermeyi bitirdi ve sahte Santino'yu dürttü. İkili bir kez daha kahkahalara boğuldu ve vücutları yeniden şekil değiştirerek gerçek sahipleri olan Sarılık İblisi ile Yara Kabuğu Soyucu'ya dönüştü.

Yara Kabuğu Soyucu, Nasty'nin sesini taklit ederek "Öp beni, Maxie!" diye yalvardı. Sarkıttığı çürümüş dudakları, irinli yaralarla kaplıydı.

Max, kusmamak için arkasını döndü ama Lola, bu manzaradan hiç etkilenmemişti.

"Komiklikleriniz bittiyse," dedi, "artık işimize bakabiliriz."

"Bak sen," dedi Sarılık İblisi. "Sakın bana ne yapmam gerektiğini söylemeye kalkma, küçük hanım. Nerede olduğunu hatırla..."

Hafif bir rüzgâr esti ve Lord Kuy –Ölümün Efendileri'nin yarı baykuş yarı insan habercisi– sessizce yanlarına kondu. Kahverengi, iri kanatları, tüylü bir pelerin gibi iki yanına katlandı ve başını öfkeli bir tavırla bir o yana, bir bu yana sallamaya başladı.

"Neler oluyor burada? Siz ikiniz, karaya çıkma izniniz var mı bakalım? Ah Pukuh bunu yaptığınızı duyarsa, bir kez daha içinizi dışınıza çıkarır. İkinizin de."

Ölümün Efendileri, birden paniğe kapılmışlardı.

"Ben Ah Pukuh'Ölümün Efendileri, korkmuyorum," dedi Sarılık İblisi, ama gergin hali, tam aksini söylüyordu.

"Ben de öyle," dedi endişeyle etrafını gözlemekte olan Yara Kabuğu Soyucu.

Lord Kuy, yırtıcı bir kuş pençesi kadar keskin bakışlarıyla iblisleri süzmeye başladı.

"Hadi gidelim, Sarılık," dedi sesinin kayıtsız çıkması için çaba harcayan Yara Kabuğu Soyucu, "zaten sıkılmaya başlamıştık."

"Tamam," dedi Sarılık, "burası çok sıkıcı."

Max'e ve Lola'ya dil çıkarıp burun kıvırarak gerilediler ve koşarak mağaranın derinliklerinde kayboldular.

"Sizden özür diliyorum," dedi Lord Kuy. "Baştan başlayalım isterseniz."

Boğazını temizleyip cebinden bir parça kuşyemi çıkardı.

"İkinizi de selamlarım. Dünyaca ünlü Maya ölüler diyarı

Xibalba'ya hoş geldiniz. Lord Ah Pukuh, bugün sizleri burada bizzat karşılayamayacağı için özürlerini gönderdi. Yaklaşan saltanatına hazırlanmak amacıyla Orta Dünya'yı dolaşmakta olduğundan sanırım sizler de haberdarsınız. Size içecek bir şeyler ikram edebilir miyim? İş konuşmaya başlamadan önce, sizin için rehberli bir tur ayarlamamı ister miydiniz?"

"Hayır, teşekkürler," dedi Max. "Sizin için bir sakıncası yoksa anlaşmayı bitirip buradan ayrılmak istiyoruz."

Lord Kuy'un onlara hevesle bakan sarı gözleri, Lola ile gerdanlığa kilitlenmişti. "Görüyorum ki mücevheri yanınızda getirmişsiniz."

Max, derin bir nefes aldı.

Başından beri beklediği an, gelip çatmıştı.

İspanya'ya vardığından bu yana provasını yaptığı an...

Sarı Jaguar'ı; Ah Pukuh ile Ölümün Efendileri'nin Orta Dünya'ya hükmetmek için ihtiyaç duydukları son taşı da onlara vermek üzereydi. Kendisininkiyle birlikte dört kişinin daha hayatını kurtaracak ve sonrasında tüm insanlığı acı, ıstırap ve cefa dolu bir çağa mahkûm edecekti.

Lola'ya bir göz attı.

Kızın aklından neler geçtiğini anlamak imkânsızdı. Lola Max'e, Prenses Inez'in istilacılar gelmeden önceki genç halini hatırlatıyordu. Fakat Lola'nın, o masum görüntüsünün ardında, Ölümün Efendileri'ni dize getirmek için birtakım dalavereler planladığından emindi.

İçten içe, kızın işleri berbat etmemesini umuyordu.

Bir adım öne çıktı.

"Lord Kuy, asıl konuya geçmeden önce gerçek Hermanjilio ile Şanslı Jim'in hayatta olduklarını görmek isterim."

"Elbette," dedi Lord Kuy. "Şu taraftan lütfen..."

Çok kolay olmuştu.

Baykuş adam, onları mağaranın en uzak köşelerine götürdü. Bambu sopaların üzerinde fenerler parlıyor ve görünmeyen yerlerden boğuk çığlıklar, tam tam sesleri, tezahüratlar, küfürler ve iniltiler duyuluyordu. Arada bir de çömlek kırılmasına benzer sesler geliyordu kulaklarına. Disneyland'de, Karayip Korsanları gemisine binmeyi beklemek gibi bir şeydi bu. İskelede bir korsan bile vardı. Ama bu korsan, kafatasının etrafına jaguar desenli bir eşarp bağlamış bir iskeletten ibaretti. İskeletin kalça kemikleri de içlerine yuva yapmış yarasalardan oluşan bir örtünün altına gizlenmişti.

İskelet korsan, Max ile Lola yaklaşırlarken yerden aldığı bir deniz kabuğunun içine üfledi. Mağarayı dolduran tiz ve hüzünlü ses, yarasaların uyanmasına neden oldu. Uyuşuk çemberler çizerek bir süre uçtuktan sonra iskeletin belindeki yuvalarına geri döndüler.

"Tekneyi çağırıyor," dedi Lord Kuy. Ardından, korsanın kemerine uzanarak yakaladığı bir yarasanın kafasını ısırarak kopardı.

"Yüzeceği su olmadan tekne buraya nasıl gelecek?" diye sordu Lola.

Haklıydı da. Bakışlarını puslu çatlak boyunca gezdiren Max, kayaların arasında kurumuş bir nehir yatağından başka bir şey göremedi.

"Teknoloji sayesinde," dedi Lord Kuy. "Büyük gurur kaynağımız." Konuşurken, yarasanın kalan kısmını da midesine indirdi.

O sırada, hareket halindeki pembe bir balçığın üzerinde yüzen devasa bir kano, görüş alanlarına girdi. O ortaya çıktığı anda, mağaraya hastalıklı ve kokuşmuş bir esinti hâkim oldu. Max, kanonun üzerinde yüzdüğü balçığın, tekneyi sırtlarında taşıyan bir sürü devasa kan emici kırkayaktan oluştuğunu fark etti. Şeffaf kırkayakların sindirim organları, yolculuklarına çıkmadan önce içlerine kan pompalanmış gibi kıpkırmızı şişmişti. Teknenin pruva ve kıç tarafında duran iki iskelet, alttaki omurgasız nehrini uzun küreklerle yönetiyorlardı.

Kanonun ön kısmında bulunan Ölümün Efendileri, kendilerini bir tür zar oyununa kaptırmışlardı. Zarlar atılıyor, küfürler savruluyor ve kemikten yumruklar, havada uçuşuyordu.

Kanonun arkasında ise Hermanjilio ile Şanslı Jim seçiliyordu.

Üzerlerinde Yara Kabuğu Soyucu ile Sarılık'ın giymekte oldukları beyaz gömlekler vardı ama bu ikisinin sahte olmadıkları, gün gibi ortadaydı. Öylesine bitkin, güçsüz ve yorgun, öylesine kırılgan ve insani görünüyorlardı ki.

İskelet kayıkçılar, tekneyi iskeleye bağlayarak araya bir yürüme tahtası yerleştirdiler. Ardından, esirleri kürekleriyle dürterek tekneden aşağı inmeye zorladılar.

Şanslı Jim, itiraz ederek kendini savunmaya girişti, ancak Hermanjilio, darbelerden evcil bir köpek yavrusu gibi kaçıyordu. Elleri bağlıyken bile zarafetle yürüyen Şanslı, arkadaşını döven gemiciye bir yumruk atarak iskeleti kanodan aşağı düşürdü. Sessizce kırkayakların arasına düşen iskelet, omurgasızlar tarafından hızla içeri çekilerek yutuldu.

Arkadaşının akıbetini gören diğer kürekçi ise gerileyerek esirlerin yürüme tahtası boyunca istedikleri gibi yürümelerine izin verdi.

Şanslı Jim, Max ile Lola'ya dönerek başını salladı. Fakat Hermanjilio, onlara bakmıyordu. Dikkatini bir bebek gibi özenle kavramış olduğu sukabağına vermiş, anlamsızca bir şeyler mırıldanıyordu.

Lola, Şanslı Jim'e dönerek "Onun nesi var?" diye sordu.

Şanslı Jim, yanıt vermeden önce birkaç saniye bekledi. Keskin bir yüz ifadesiyle Lola'yı süzüyor, kederli mi mutlu mu olduğu anlaşılmıyordu. "Sen Ix Sak Lol olmalısın. Hermanjilio arada bir senden söz eder. Bunu söylediğim için üzgünüm ancak Hermanjilio'nun zihni, Tzelek bedenini ele geçirdiğinde kalıcı hasar gördü. Bir türlü toparlanamadı. Bütün gün oturup, bıçağıyla kendine sukabağı oyuyor. Bu elindeki de en sevdiği sukabağı."

"Hadi uyu artık," diye mırıldandı Hermanjilio.

"Onun çocuğu olduğunu sanıyor," diye açıkladı Şanslı Jim. "Adını Lola koydu."

Max, dehşet içinde Hermanjilio'yu izlemeye başladı.

İşler, hiç de yolunda gitmiyordu.

Eğer Hermanjilio aklını yitirdiyse, artık hiçbir şey eskisi gibi olmayacaktı. Max'in bundan sonra ne yaptığının da bir önemi kalmayacaktı. İşleri yoluna koyacak gücü yoktu. Öfkesinin, patlamak üzere olan bir yanardağ gibi kabardığını hissetti.

Öfkeyle Lord Kuy'a döndü. "Hermanjilio'nun hayatta ve iyi durumda olduğunu söylemiştin."

"Dediklerim yarı yarıya doğruydu. Yaşıyor, öyle değil mi?" Kanatlarından birini iskelet korsana doğru salladı. "Esirlerin ağzını tıka. Diğer tarafla iletişim kurmamaları gerek."

Korsan, ona söyleneni yaptı.

Max, Lola'ya bir göz attı. Kızın gözlerinde yaşlar birikmişti.

Aksi aksi, "Pekâlâ," diye söze girdi. "Şimdi ne olacak?"

İskelet korsan, Lord Kuy'un işaretiyle borusunu bir kez daha öttürdü. Kendilerini bağıra çağıra oynadıkları bir iskambil oyununa kaptırmış olan Ölümün Efendileri, neler oluyor, dercesine başlarını çevirdiler.

"Bir saniyenizi alabilir miyim, Majesteleri," diye seslendi Lord Kuy, "anlaşma zamanı geldi."

Ölümün on iki Efendisi, şakalaşıp kahkahalar atarak birer kadavrayı andıran kemikli, kadim vücutlarıyla ayağa kalktılar ve birbirlerine sarılarak tek sıra halinde dizildiler.

İğrenç görünüyorlardı. Tüm kanlı görüntüler bir yana, Max, iblislerin babasının en sevdiği grup olan Rolling Stones'a benzediklerini fark etti.

"Sizlere Ölümün on iki Efendisi'ni sunarım!" diye ilan etti Lord Kuy. "Saygıdeğer Tek Ölüm ve Yedi Ölüm..."

Biri diğerinden daha uzun boylu olan, etleri kararmış, küflenmiş ve kurtçuklarla kaplı iki ceset, itişip kakışmayı keserek öne çıktılar.

İkisinin de kafasında kara tüylerden oluşan uzun birer başlık, ellerinde ise kanla kaplı bir dolu silah bulunuyordu.

"Ölmeye hazır mısın, Massimo?" diye sordu uzun boylu olan.

"Daha gözlerin açıkken organlarını birer birer çıkarıp yiyeceğiz," diye ekledi diğeri.

"Hayır," diye karşı çıktı uzun iblis. "İç organlarını eritip pipetle beyninden içeceğiz."

"Göreceğiz!" diye bağırdı kısa iblis. Silahlarının arasından obsidyen bir savaş baltası çıkarıp arkadaşının kafasını uçurdu.

Diğeri de bu sırada mızrağını onun karnına saplamıştı. İkisinin yere devrilen vücutlarından kahverengi kan fışkırıyordu. Bir an sonra yaraları kapanmaya başladı ve seçtikleri diğer silahlarla yeniden dövüşmeye başladılar.

Lord Kuy'a, "Neden beni öldürmekten söz ediyorlar?" diye sordu Max kuşkuyla.

"Onlar Ölümün Efendileri. Alışkanlıktan. Size Lord Kan Toplayıcı'yı tanıtmama izin verin..."

Muayenehanelerdeki anatomik çizimleri andıran derisiz bir vücut ortaya çıktı.

"Ve Lord Kanat..."

Yarı insan yarı akbaba yaratığın gagasından, bölük pörçük yenmiş insan parçaları sarkıyordu.

"Yeter!" diye seslendi kemikleri dışarıda kalmış bir mumya. "Onlara isimlerimizi söyleme, Kuy. İkiz Kahramanlar bizi bu şekilde alt etmişlerdi, unuttun mu?"

"Güzel bir noktaya değindiniz, Lord Sırt Askısı," diye cevap verdi Lord Kuy.

Sırt Askısı, "Kuş beyinli budala," diye homurdandı.

Aslına bakılırsa Max, resmi tanıştırma faslı olmadan da kimin kim olduğunu kolayca anlayabiliyordu.

Sarılık İblisi ve Yara Kabuğu Soyucu ile birkaç dakika önce tanışmışlardı. İrin İblisi'nin üstü başı sarı irin kesecikleriyle kaplıydı. Pislik İblisi hastalıklı mor bağırsaklarını arkasındaki pislikler boyunca sürüklüyor, onu bir sinek bulutu takip ediyordu. Kemik Asa ile Kafatası Asa, kemikleri zorlukla bir arada durmakta olan, püskül saçlı iskeletlerdi. Keder İblisi ise gözlerinin altında derin siyah gölgeler bulunan, aşırı şişman bir iblisti.

"Neyi bekliyoruz, Kuy?" diye bağırdı Tek Ölüm.

"Söyle de Sarı Jaguar'ı teslim etsin!" diye emretti Yedi Ölüm.

"Ev-vine döndü, ev-vine döndü," diye şarkı söylemeye başladı Kafatası Asa. Hayali bir çömleği iki eliyle birden karıştırırken bir yandan da kalçasını döndürüyordu.

"Önce ben söyledim!" dedi Kanat.

"Neden onu öldürmüyoruz?" diye sordu Keder.

Max, "Şunlara baksana," diye fısıldadı Lola'ya. "Hepsi birer gerizekâlı. Dünyanın sonunu getirecekler ve bu umurlarında bile değil."

"Sanırım onları durdurabilirim," dedi Lola. "Aklıma bir fikir geldi."

"Neymiş?"

"Güven bana. Dediğimi yap yeter."

"Tamam ama işleri berbat etmeyeceksin, değil mi? Sarı Jaguar'ı onlara teslim etmemiz gerek, yoksa anlaşma bozulacak! Hermanjilio ile Şanslı Jim'i ve annemle babamı... ve beni öldürecekler." Max'in iç organları, erimiş dondurma gibi çalkalanıyordu. Bu işin bir an önce sona ermesini istiyordu.

"Bir sorun mu var?" diye sordu Lord Kuy.

"Hayır," dedi Max. "Biz hazırız."

"Öyleyse şu işi bitirelim," dedi Lord Kuy.

Max, beklentiyle Lola'ya baktı. "Sarı Jaguar'ı alabilir miyim?"

"Hayır," dedi Lola.

"Dalga geçmeyi bırak, Lola. Ver şunu bana."

"Hayır."

"Derdin ne senin?" diye sordu Max. "Buradan çıkmak istiyorsun, değil mi?"

"Bir düşünsene, Hoop. Gerdanlığı teslim edersem, Lord Kuy, senden onu anlaşmış olduğunuz üzere Ölümün Efendileri'ne götürmeni isteyecek. İblislerin karaya çıkmadıklarını herhalde fark etmişsindir. Tekneye adımını atar atmaz yürüyüş tahtasının kaldırılmayacağını nereden biliyorsun? Sonsuza dek Xibalba'nın en ücra, en karanlık köşelerine yolculuk etmek zorunda kalabilirsin."

Max, Lord Kuy'a döndü. "Haklı mı? Bu bir numara mı?"

Lord Kuy, bir baykuş ne kadar suçlu bir ifade takınabilirse o kadar takınarak "Beni suçlama," dedi. "Yola çıkan sensin. Suya giren de sensin. Ne bekliyordun ki?"

"Senin verdiğin sözü tutmanı bekliyordum."

Bu sözler üzerine, Ölümün Efendileri'nden neşe dolu çığlıklar yükseldi. Kemik Asa kahkahalara boğuldu ve Kafatası Asa da katılarak gülmeye başladı.

"Anlat ona, Kuy," diye emretti ölü gözlerindeki yaşları silen Tek Ölüm. "Bizler birer yalancıyız. Aldatırız. İşimiz bu. Varoluş sebebimiz bu."

"Hepsi birer düzenbazlık ustasıdır," diyen Lord Kuy'un başı, yavaşça Max'e doğru döndü. "Daha önce kimse sana Ölümün Efendileri'ne güvenmemen gerektiğini söylemedi mi?"

Hem de binlerce defa, diye zihninden geçirdi Max.

Kral 6-Köpek, bunu ona birlikte geçirdikleri her gün anlatmıştı.

Lola da aynı şeyi söylemeye çalışmıştı.

Annesi bile, onu Ölümün Efendileri'nin hilekârlıklarına karşı uyarmıştı.

Ama Max, kendi bildiğini okumayı tercih etmişti.

Midesi bulanıyordu.

Başından o kadar çok olay geçmişti ki. Yüzyıllardan beri kayıp olan Sarı Jaguar'ın izini sürmüş, daha da önemlisi, Mayaların kadim ölüler diyarına açılan bir yol bulmuştu. Artık mutlu sonla kucaklaşmasının vakti gelmişti. Fakat cehennem iblisleri, Max'e ödül vermek yerine onu, iç organlarını pipetle içmekle tehdit ediyorlardı.

"Bir sorum olacak," diyen Lola, Ölümün Efendileri'ne doğru döndü.

"Sorunu kendine sakla," diyerek dudak büktü Kanat.

"Yerinizde olsam biraz kibar davranırdım," dedi boynundaki sarı boncukları okşayan Lola. "Boynumda olduğu sürece, bu gerdanlığın elinize geçmesine izin verecek kişi benim; yalnızca ben."

Kafatası Asa, "Ne soracaksın?" diye araya girdi asık suratla.

"Bu delikanlıyı neden öldürmek istiyorsunuz? Görevini yerine getirdi ve Sarı Jaguar'ı huzurunuza getirdi. Bu kadarı size yetmiyor mu?"

"Bir insan kurban etmemiz gerek," diye açıkladı Yara Kabuğu Soyucu. "Uzun süredir şöyle usturuplu bir kurban kesmedik. Ölümlülerin bizden neden eskisi gibi korkmadıklarını merak ediyoruz. Yeni *bak'tun* öncesinde temel ilkelerimize dönerek yeni bir taktik oluşturuyoruz."

"Anlıyorum," dedi Lola. "Yani tek ihtiyacınız, kurban edilecek bir insan mı?"

Yara Kabuğu Soyucu, başıyla onayladı.

"O zaman beni alın," dedi Lola. "Gerdanlığı size ben getireceğim."

Max onu durduramadan, hızla yürüme tahtasına doğru koşarak teknenin içine sıçradı.

"Hayıııııırrrr!" diye bir çığlık attı Max.

"Hoşça kal!" diye seslendi Lola. "Seni sevdiğimi asla unutma!"

Fakat artık çok geçti.

Şanslı Jim, ağız tıkacının altından boğuk sesler çıkarıyordu. Hermanjilio bile kaygılanmıştı sanki.

Ama her şey o kadar hızlı olup bitmişti ki, hiçbiri hareket bile edememişti.

Ölümün Efendileri sevinç çığlıkları atmaya başladılar, yürüyüş tahtası kaldırıldı ve cesur bir Maya kızı, kan emici kırkayaklardan oluşan bir denizin içinde, sonsuza dek Xibalba'nın en ücra, en karanlık köşelerine doğru yolculuk etmeye başladı.

Max, mağaranın loş ışığında parıldayan Sarı Jaguar görüş alanından çıkıncaya dek Lola'nın arkasından bakakaldı. "Ah, Maymun Kız," diye fısıldadı. "Şimdiye kadar ortaya attığın en kötü fikirdi bu."

Lord Kuy, kanatlarını çırparak açtı. Max'e bakarak "Mesele halloldu," dedi. "Kız kendini senin için feda etti ve hayatın kurtuldu." Soğuk ve ukala bir tavırla, kontrol etmesi gereken maddelerin yanına birer işaret koyuyormuş gibi konuşuyordu. "Hoşça kal, Massimo Francis Sylvanus Murphy," dedi. Başını Hermanjilio ve Şanslı Jim'e doğru sallayarak "Bu yarım akıllıları hâlâ istiyorsan, al onları da yanında götür," diye ekledi. "Yok istemiyorsan, ikisini de nehre at ki kırkayaklar işlerini bitirsin. Sana tüm Xibalba adına uğurlar olsun demek isterim."

Sözlerini bitirerek uçup gitti.

Hepsi bu kadardı işte.

Max Murphy'nin dünyayı kurtarma görevi, felaketle sonuçlanmıştı. En yakın arkadaşını bile kurtaramamıştı ki. Jaguar Taşları'nın beşi de Ölümün Efendileri'nin eline geçmişti. Ama daha da kötüsü, Lola ellerindeydi.

Bir süre sonra, Hermanjilio ile Şanslı Jim'i çözüp ağızlarındaki tıkaçları çıkarmayı akıl etti. Ama hiçbirinin içinden konuşmak gelmiyordu.

Kayalara oturup karanlığı izlemeye başladılar.

Sessizliği bozan, Şanslı Jim oldu. "Lola geri dönmeyecek."

"Ne yapmam gerektiğini bilmiyorum," dedi Max. "Benden ne yapmamı isterdi?"

Şanslı bir süre düşündü.

"Hermanjilio'yu bir doktora gösterelim," dedi.

Korsana, Orta Dünya'ya nasıl döneceklerini sordular.

"Xibalba'dan çıkan güneşi takip edin," dedi iskelet. "Burada olması an meselesi."

Fıızzzz!

Nereden geldiği belirsiz bir alevtopu, cızırdayarak mağaranın ucundaki bir tüneli aydınlattı.

Max ve Şanslı Jim, Hermanjilio'nun kollarından tutarak doğmakta olan güneşin ardından tünele girdiler. Alevtopu kısa sürede yok oldu ancak geride bıraktığı kavruk izleri takip etmek hiç de zor değildi.

Orta Dünya'ya ne zaman ya da nereden çıkacaklarını kim bilebilirdi ki?

Ancak bu, Max'in umurunda bile değildi.

"Orman kokusu alıyorum," dedi Şanslı Jim. Onlara saatler geçmiş kadar uzun gelen bir süre boyunca sessizce yürümüşlerdi. "San Şavier'deyiz."

Birkaç dönemecin ardından, ormanın içindeki bir açıklığa adım attılar.

Max, sanki bu şekilde Lola'ya yeniden kavuşabilecekmiş gibi, geldikleri yolu aklına kazımak için arkasına döndü. Tünel girişinin insan yapımı bir bina olduğunu fark edince, şaşkına döndü. Ön cephesi bir canavar yüzüne benzeyecek şekilde oyulmuş, eski bir tapınaktı burası. Canavarın ağzı, gözlerinin önünde molozla dolmaya başladı ve bir süre sonra yol tamamen tıkandı. Tıpkı haftalar önce, geçidi ilk gördüğünde olduğu gibi.

"Burayı biliyorum ben," dedi. "Şu tapınağa On Üçüncü Yapı deniyor! Lola'yla burada tanışmıştık."

Etrafına bakınmaya başladı. Ormanda fark ettirmeden yanına yaklaşan, onu maymunlarıyla tanıştıran, son tortillasını onunla paylaşan, onu Antonio de Landa'nın pençesinden kurtaran o tatlı Maya kızını hatırladı.

Ama bu kez, bir şeyler farklıydı.

Yanlış giden bir şeyler vardı.

Sabahın erken saatleri olmasına rağmen, ormana esrarengiz bir sessizlik çökmüştü. Kuşlar ötmüyordu. Böcekler vızıldamıyordu. Maymunlar, ağaç dalları arasında dolanmıyordu.

Ortalıkta hiç ağaç yoktu ki.

Çorak ve yanmış topraktan duman yükseliyordu.

"Burada neler olmuş böyle?" diye fısıldadı Max.

"Tomrukçular," dedi Şanslı Jim.

"Ağaçlar yeniden büyürler mi?"

"Hayır, çok fazla ağaç kesmişler. Yüzeydeki toprak zarar gördüyse, orada bir daha hiçbir şey yetişmez."

Max, bir ağaç kütüğüne oturdu.

Hayatı da bu orman gibi mahvolmuş haldeydi. Kendisini nefes alan bir ölü gibi hissediyordu.

Geriye ne ağaç kalmıştı ne kuş ne hayvan ne de Lola.

Onun yanına oturarak başını ellerinin arasına alan Şanslı Jim, "Dünyanın sonuna hoş geldin," dedi.

Yirmi Beşinci Bölüm

SÜRPRİZ BİR GELİŞME

Max'in, Lola'nın başına gelenleri öğrenmesi için aradan 7 saat ya da 420 dakika ya da 25,200 saniye geçmesi gerekmişti. Daha önce; Max, Şanslı Jim ve Hermanjilio ormandan arta kalan yıkıntıların arasından geçerek Ted Amca'nın Puerto Muerto sahilindeki malikânesi Isabella Malikânesi'ne döndüler. Yaşananlar nedeniyle hüzünlüydüler; zombiler gibi başları önlerinde, zorlukla adım atarak ilerliyorlardı. Hermanjilio bile durumu anlamış gibi görünüyordu ve yüzü gözyaşlarıyla kaplanmıştı.

Hiçbiri konuşmuyordu, çünkü söylenecek hiçbir şey yoktu.

Lola yoktu artık.

Lola yoktu artık.

Lola yoktu artık.

Max, güneş ve yağmur altında altı saat sessizce yürüdükten sonra Şanslı Jim'e döndü. "Lola, 'Seni sevdiğimi asla unutma' derken sence bana mı yoksa Hermanjilio'ya mı hitap ediyordu?" diye sordu.

Şanslı Jim, "Belki de bunu ikinize birden söylemiştir?" diyerek politik davranmayı tercih etti.

Bir süre sonra sahilden Isabella Malikânesi'ne doğru yürürlerken, deniz havasını derin derin içine çekti adam. "Lola o korkunç yerde kalmışken bunu söylediğim için suçluluk duyuyorum ama eve dönmek çok güzel."

"Xibalba'da tutsak kalmış olmanız benim suçumdu," dedi Max. "Sana hayatımı kurtardığın için teşekkür etme şansı bulamadım."

"Önemli değil. Hem Xibalba'da geçirdiğim zaman, bana çok şey öğretti."

"Ne gibi?"

"Maya olmanın ne anlama geldiği gibi."

"Lola'yı oradan nasıl çıkaracağız peki?"

"Bilmiyorum," diyen Şanslı, derin bir iç geçirdi. "Sana karşı dürüst olacağım, Max. Hermanjilio ile ikimizi üst katlardaki bir evde tuttular. Çok dayak yedik, özellikle de Hermanjilio. Fakat başımıza gelenlerin daha alt katlarda gerçekleşen işkencelerin yanına bile yaklaşmadığını duydum. Lola, Ölümün Efendileri'nin teknesine bindi; bu da doğrudan Dokuzuncu Kat'a indikleri anlamına geliyor."

"Dokuzuncu Kat mı?"

"Xibalba'nın en alt katı. Xibalba'nın kraliyet sarayı da diyebiliriz. Ya da yüksek güvenlikli kanadı. Üzgünüm Max ama Dokuzuncu Kat'tan kimsenin kaçabileceğini sanmıyorum."

"Lola'nın yapamayacağı şey yoktur," diye ısrar etti Max.

"Keşke onu tanımış olsaydım," dedi villanın kapısını açan Şanslı Jim. "Oldukça becerikli bir kıza benziyor."

Başını evet anlamında sallayan Max, "Lola, şimdiye kadar tanıdığım en harika kızdı," dedi.

O sırada, "*Di'li geçmiş zamanı* bir yana bıraksak diyorum, Hoop," dedi Lola.

Kız, villanın girişindeki bir koltuğa oturmuş, kitabını okuyordu.

"Burada ne arıyorsun?"

"Sizi bekliyorum."

"Yoksa sen bir hayalet misin? Sadece soruyorum; hayaletsen de sorun değil."

Lola, ayağa kalkarak kollarını iki yana açtı. "Hayır, hayalet falan değilim. Sana yaşattıklarım için özür dilerim. Berbat saatler geçirmiş olmalısın. Ama başka bir yolu yoktu, Hoop. Ölümün Efendileri, oradan elimizi kolumuzu sallayarak çıkmamıza asla izin vermeyeceklerdi. Birimizin geride kalması gerekiyordu."

"Tamam ama Xibalba'dan nasıl kurtuldun sen?"

"Her şeyi anlatacağım ama önce hepinizi kucaklamak istiyorum."

Şanslı Jim'le çabucak, Hermanjilio ile ağır ve kederli bir şekilde sarıldılar.

Sabırsızca, "Ben de, ben de," diye dayattı Max.

Temas ettiği sıcacık beden, Lola'nın ölmediğinin kesin kanıtıydı.

"Anlat bakalım oradan nasıl…"

O sırada, "İşte buradasınız! Harika!" diye bir çığlık kopardı Ted Amca ve uzun adımlarla yanlarına gelmeye başladı. Bakışlarını tüm grubun üstünde gezdirdi. Ağzı kulaklarına varıyordu. "Lola'nın anlattıklarına bakılırsa, başınızdan epey bir macera geçmiş." Max'in saçlarını şöyle bir karıştırdı. "Görüyorum ki Murphy kızılından vazgeçmişsin, ha Max? Belki ben de saçımı boyarım! Ama her şeyin bir sırası var. Karnınız aç mı?"

Max, başını evet anlamında salladı.

"Raul, terasta bir zafer ziyafeti vermeyi planlıyor. Bu, hoşunuza gider miydi?"

Max, yine başını salladı. Güzel bir ziyafet, kulağa harika geliyordu.

Bir zafer ziyafeti. Max, kendisini savaştan eve dönen bir Viking gibi hissediyordu. Hem rahatlamış hem de yorgunluğunu hissetmeye başlamıştı. Varsın tüm Jaguar Taşları Ölümün Efendileri'nin ellerinde olsundu. Varsın Ah Pukuh birkaç ay içinde dünyayı ele geçirsindi. Dünyanın hâlâ bir şansı vardı. Önemli olan tek şey ise görevlerinin sona ermiş ve Lola'nın, Ölümün Efendileri'nin burunlarının dibinden kaçmış olmasıydı. Max'in o an için umurunda olan tek zafer buydu.

Ted Amca, sağkolu ve güvenilir dostu Şanslı Jim'i sıkıca kucakladı. Ardından da Hermanjilio'ya döndü. "Sizinle nihayet tanışabildiğime sevindim, Profesör Bol. Lola, sizden çok söz etti."

Hermanjilio, Ted Amca'yı boş bakışlarla süzüyordu. Yüzüne sabit bir tebessüm yerleşmişti.

"Sanırım hâlâ şokun etkisinde," dedi Lola.

"Hepimiz öyleyiz," dedi Max. "Bize neler olduğunu anlatmayacak mısın?"

Lola tam, "Pekâlâ..." diyerek söze başlamıştı ki Ted Amca araya girdi.

"Kusuruma bakmayın," dedi, "ama önce Max'ten evine telefon etmesini istemek zorundayım. Carla'ya, Max'in kapıdan girer girmez onu arayacağına söz verdim."

"Annemi sonra ararım," dedi Max. "Önce Lola'yla konuşmam gerek."

"Olmaz," dedi Ted Amca sert sert. "Annen senin için çok endişelendi. Bir sesini duysun, sonra hepimiz gevşeyebiliriz."

"Ama..."

"Ara onu dedim."

Carla'nın iyi haberleri vardı. "Gerçekten mi, anne? Saçın uzamaya mı başladı? Bu harika bir haber! Babamın boynundaki sinek de çıkıp gitmeye karar verdi demek? Mükemmel! Koridoru kaplayan yağmur ormanı da ortadan kayboldu, ha? Çok iyi! Bu iş gerçekten de bitti..."

O sırada Ted Amca, Max'in omzuna dokunarak yemeği hatırlattı.

"Kapatmam gerekiyor, anne. Yakında görüşürüz!"

Max, telefonu yerine koydu. Ahizeyi uzun süre tutmaktan kolu ağrımıştı. Ama yine de ailesine, başına gelenlerin yarısını bile anlatamamıştı. Üstlerindeki lanetin kalktığını ve Boston'da hayatın normale döndüğünü duyduğuna çok sevinmişti.

Yeğeniyle koridorda yürümekte olan Ted Amca, "Son gelişinden bu yana evde bir değişiklik fark ettin mi?" diye sordu.

Max, etrafına bakındı. Evden çok bir kaleyi andıran Isabella Malikânesi, daima kasvetli ve insanın gözünü korkutan bir yer olmuştu. Fakat artık etrafta sıcak bir ev ortamına dair ayrıntılar seçiliyordu. Zemindeki soğuk fayansların üstü örgü halılarla kaplanmış, sandalyelerin üzerine parlak renkli yastıklar yerleştirilmişti. Ayrıca dört bir yana vazolar dolusu çiçek konmuştu.

Evde pek çok değişiklik yapıldığı anlaşılıyordu.

Ted Amca, bundan yalnızca birkaç hafta öncesine kadar gündüzleri muz ticareti, geceleri ise kaçakçılık yapmakta olan çocuk düşmanı, kimsesiz, aksi, insan içine çıkmayan bir adamdı. Artık karakteri bütünüyle değişmiş, hayatı, aile yaşamını ve etrafındakileri seven bir insan olup çıkmıştı. Lola ve maymunlar, İspanya'ya hareket etmeden önce Ted Amca'nın yanında yaşıyorlardı. Hatta Lola, eski bir güzel sanatlar öğrencisi olan Ted Amca'yı, tarihi eser kaçakçılığını bırakıp yeniden resme başlamaya ikna etmişti.

"Hoş görünüyor," dedi Max.

"Hepsi Lola'nın sayesinde," dedi Ted Amca.

Max, koltuğuna otururken kendi kendine gülümsedi.

Lola güvendeydi.

Lola güvendeydi.

Lola güvendeydi.

Ama yanlarında değildi artık.

Max, panik içinde etrafına bakındı. "Nerede o? Lola nerede?"

"Sakin ol, Max," diyerek yeğenini rahatlattı Ted Amca. "Hermanjilio'yu görmesi için bir doktor çağırdık. Lola onların yanında. Fazla uzun sürmez. Şanslı da ailesini görmeye gitti. Yani şimdilik başbaşayız." Kendine bir sandalye çekti. "Otur da biraz konuşalım."

Lola'yı görebilmek için hâlâ endişeyle etrafına bakınan Max, koltuğa oturdu.

Masadaki sürahiden iki bardak taze limonata dolduran Ted Amca, "Boston'da hayat nasılmış?" diye sordu.

"Annem bu sabah kalktığında, yağmurun durmuş olduğunu

görmüş. İçine her şeyin yoluna girdiğine dair bir his doğduğunu söyledi. Sesimi duyduğuna çok sevindi."

"Eminim öyledir."

"Evet. Benden hemen önce de Zia telefon etmiş. Maymunlarla birlikte Portekiz'delermiş. İspanya'dan ayrılmalarının akıllıca olduğunu düşünmüş ama Kral 6-Köpek uçağa binebilecek kadar iyi durumda değilmiş. Zia da Portekiz'e geçip onun sağlığına kavuşması için bir süre beklemeye karar vermiş. Maymunları bir-iki gün içinde eve getirecekmiş."

Ted Amca, kulaklarını dikti. "Ne dedin sen? Boston'da yanınızda yaşayan şu çılgın kadın mı? Buraya mı geliyor?" Şaşırmış görünüyordu.

"Etrafında insanların bulunması artık hoşuna gidiyor sanıyordum, Ted Amca."

"Lola ile ikinizin o konudaki fikrimi değiştirdiğiniz doğru, ama –ne diyordunuz ona?– Zia söz konusu olunca, tahammülüm bir yere kadar."

"Eh, ben onu görmek için sabırsızlanıyorum," dedi Max. "Daha ona soracağım tonla soru var."

Bu sırada Lola, Hermanjilio'yu terasa çıkarıyordu.

Ayaklarını acıyla sürüyen Hermanjilio, berbat görünüyordu.

Lola, onu bir sandalyeye oturtup omuzlarına bir battaniye örttü. Hermanjilio'nun sukabağı hâlâ elindeydi. Lola'nın kederli bakışları altında, masadan aldığı peçeteyi minik bir battaniye gibi sevgili sukabağının üstüne örttü.

Başını çevirip ağlamamak için kendini zor tutan Lola, "Ona Lola diye hitap ediyor," dedi.

"Doktor ne dedi?" diye sordu Ted Amca.

"Gücünü geri kazanması için bir vitamin iğnesi yaptı ama

Hermanjilio'nun fiziksel ve ruhsal olarak büyük işkencelerden geçtiğini söyledi. Bu aşamada, hasarın kalıcı olup olmadığını bilmenin imkânı yokmuş. Zamanla belli olur dedi."

"Eh, bu süre boyunca ikiniz de burada kalmalısınız," dedi Ted Amca.

O sırada Ted Amca'nın uşağı Raul, elinde dolu bir tepsiyle teras kapısından içeri daldı. "Bu kadar uzun sürdüğü için üzgünüm, millet. Ama Leydi Koko'nun bana yardımcı olmasına çok alışmıştım. Minik sosçubaşımı çok özlüyorum."

Max, Raul'ün konuşan maymunlarla tanıştığı günü ve Leydi Koko'nun adamı minik cevizli-mangolu kekleriyle nasıl ikna ettiğini hatırladı.

"Leydi Koko, yakında eve dönmüş olacak, Raul," dedi Max. Uşak, ızgara balık, pilav, avokado, domates, mısır, kızarmış yabani muz, yağda yumurta, ev yapımı ekmek, ballı çörek ve kocaman bir kâse taze meyve salatasından oluşan yemeklerini tabaklara dağıtırken, açlıktan çocuğun karnı guruldayordu.

Herkes tabağını alınca, "Anlat bakalım," diyerek Lola'ya döndü. "Xibalba'dan nasıl kaçtın?"

"Ben Xibalba'ya hiç gitmedim ki, Hoop."

"Ama yanımdaydın ya. Köpekbalığına binip gittik."

"Ben değildim o. Bana benzeyen siyah elbiseli başka bir Maya kızıydı."

"Kim… kimdi o?"

"Düşünsene, Hoop. İyi düşün."

"Söylesene canım."

"Onu tanıyorsun."

Max'in gözleri, fal taşı gibi açıldı. "Yok, yok… Prenses Inez olamaz ya?"

Lola, başıyla onayladı.

"Ama nasıl? Neden?" diye sordu Max.

"Sana yardımcı olmak istiyordu. Ölümün Efendileri'nin bir insanı kurban etmek isteyeceklerini tahmin etti ve onları kandırmanın bir yolunu buldu."

"Siz ikiniz bunları ne zaman planladınız?"

"Kumsaldayken. Inez de oradaydı. Ölülerin ruhlarını görüp seslerini duyabildiğimi hatırlasana? O eski sandalı bizim için bulan da Prenses Inez'di. Denize açıldığımızda yanımızdaydı. Tzelek'i suya itmemize yardımcı oldu. Tekne batınca, gerdanlığı ona verdim ve yer değiştirdik. Ardından da hâlâ Tzelek'i aramakta olan sahil koruma teknesine doğru yüzmeye başladım."

"Onu bulabildiler mi bari?"

"Hayır."

"San Şavier'e nasıl döndün peki?"

"Zia, kumsalda beni bekliyordu. Beni arabayla havaalanına getirip biletimi aldı ve böylece eve döndüm."

Kendisini biraz aldatılmış hisseden Max, "Aşağısı korkunçtu," dedi.

"Özür dilerim, Hoop. Fakat Prenses Inez, ne yaptığını çok iyi biliyordu. Oradan canlı çıkabilmenin tek yolu buydu."

"Beni sevdiğini söyledi."

"Sanırım Rodrigo'yla konuşuyordu. Senin ona çok benzediğini söylemişti. Bir dakika –yoksa sen o sözleri benim sana söylediğimi mi düşündün?"

Max konuyu değiştirdi. "Benim Rodrigo'ya benziyor olmamı, senin de Inez'e benziyor olmanı biraz tuhaf bulmuyor musun?"

"Ölümün Efendileri bizi bu yüzden bir araya getirdiler. Sarı Jaguar'ı ellerine geçirmenin tek yolu buydu."

"Planları işe yaradı."

"Belki yaradı, belki de yaramadı. Prenses Inez, Sarı Jaguar'ı Landa ailesinden beş yüz yıl boyunca korudu. Belki de Ölümün Efendileri'ni nasıl geri püskürteceğini biliyordur. En azından, Ah Pukuh'un dünyayı yok etme planlarını ertelemesine neden olacak."

"Ama bu an meselesi," diye yanıt verdi Max kederle.

"Evet," dedi Lola.

"Neşelenin canım," dedi Ted Amca. "İkiniz de buradasınız, ikiniz de güvendesiniz, şu tuhaf görevden kurtuldunuz ki bence bu, iyi bir haber."

"Ama Ölümün Efendileri, Orta Dünya'yı er ya da geç kendi eğlenceleri için ele geçirecekler."

"Beş Jaguar Taşı da ellerinde. Onları durdurmak için yapabileceğimiz hiçbir şey yok."

Bu sırada Hermanjilio, hafifçe homurdandı.

"İyi misin?" diye sordu Lola endişeyle. "Biraz daha limonata ister misin?"

"Benim istediğim şey," dedi Hermanjilio, "siz ikinizin sızlanmayı kesmeniz."

Max ve Lola, şaşkınlıkla Hermanjilio'ya baktılar.

"Sanırım vitamin iğnesi etkisini gösteriyor," diye mırıldandı Ted Amca.

"Olayların biraz dışında kaldığımın farkındayım," diye devam etti Hermanjilio, "ama daha aklımı tamamen yitirmedim ve oturduğum yerden bakıldığında, ikiniz de pes etmiş gibi görünüyorsunuz. Yani şimdi siz bana, oturup meydanı Ölümün Efendileri'ne bırakacağınızı mı söylüyorsunuz?"

Lola, gergin bir sesle, “Yapabileceğimiz bir şey yok ki,” diye araya girdi.

“Jaguar Taşları’nın beşi de onların elinde, unuttun mu?” dedi Max.

“İşte bunda yanılıyorsunuz,” dedi Hermanjilio.

“Ne...?” diye başladı Lola.

“Ama...?” diye başladı Max.

“Neden...?” diye başladı Ted Amca.

Hermanjilio, diğerlerinin şaşkın bakışları arasında sukabağını nazikçe bir kenara bıraktı ve üzerindeki minik battaniyeyi çekip aldı. Sukabağının minik kapağını çıkardı ve saf beyaz mermerden oyulmuş Jaguar Taşı’nı açığa çıkardı.

“Ixchel’in Beyaz Jaguarı,” diye fısıldadı Ted Amca.

“Hermanjilio,” dedi Lola, “sen ne yaptın böyle?”

“Taşı çaldım,” dedi Hermanjilio.

Lola’nın yüzüne bir tebessüm yayıldı. “Ama nasıl?”

“Xibalba’ya vardığımda, zihnimin Tzelek tarafından kontrol edilmekte olduğunu hatırlarsınız. Tzelek bedenimden ayrılınca, darmadağın olmuştum. Ölümün Efendileri, beni diğer delilerin arasına attılar ve ben de kabak oymacılığı tedavisi gördüm. Bu işte oldukça hünerli olduğum ortaya çıktı. Annenle babanın Ixchel’e getirmiş oldukları Beyaz Jaguar’ı inceleme fırsatı bulmuştum. Ezberimden bir kopyasını oydum. Siz Xibalba’ya gelmeden hemen önce, oymayı gerçek taşla değiştirdim. Bildiğim kadarıyla, Ölümün Efendileri, değişikliği henüz fark etmediler.”

“Yaşasın!” diye bir çığlık attı Lola. “Senin bir dâhi olduğunu hep söylemiştim!”

"Bunu kutlamamız gerek!" diye bağırdı Ted Amca. "Herkese benden dondurma!"

Max, bir şey söylemiyordu.

Düşünmekle meşguldü.

"Hoop?" dedi Lola. "İyi misin?"

Max, deli gibi bakan gözlerini Lola'ya çevirdi. "Bu, her şeyin değiştiği anlamına geliyor."

"Ne düşünüyorsun?"

"Olanları bir bilgisayar oyununa benzetiyorum. Bir görevi yerine getirip diğer seviyeye geçiyorsun. Sarı Jaguar'ı bulma görevi bitmiş olabilir ama oyun daha sona ermedi. 6-Ölüm, yeni başlangıçların günüydü, hatırladın mı? Hâlâ uğrunda savaşılacak bir şeyler var."

"Ölümün Efendileri, Beyaz Jaguar'ın kaybolduğunu öğrenince, öfkeden deliye dönecekler," diye belirtti Ted Amca.

"Hem ellerinde de benim yerime Prenses Inez var," diye ekledi Lola.

"Peşimizden geleceklerdir," dedi Max, "ama bu kez onlara kendi kurallarımızı dayatabiliriz."

"İşte yeniden başlıyoruz," diye sızlandı Lola. "Ne kadar zamanımız var?"

"Çok değil," dedi Hermanjilio. "Xibalba'da kulak misafiri olduğum kadarıyla, Ah Pukuh'un kısa sürede harekete geçmesi bekleniyor."

"Dünyanın Sonu Geldi Kulübü buna çok sevinecek," diye akıl yürüttü Max.

"Sevinenler sadece onlar olacak," dedi Lola.

Somurtarak "Umut edelim ki haklı çıkmasınlar," diye ekledi Ted Amca.

"Mümkün değil!" diye bir ağızdan bağırdılar Max ve Lola.

Karşılıklı bakışarak kahkahalara boğuldular.

"Sen ve ben, uyumlu bir takımız Maymun Kız," dedi Max. O sırada Raul üstleri vişne, fındık ve çikolata parçacıklarıyla dolu kocaman dondurma kâselerinden oluşan bir tepsiyle içeri giriyordu.

"Evet," dedi Lola. "Öyleyiz."

Devam edecek...

Lord Kuy, Zia'ya nasıl bir ödül vaat etti?

Ölümün Efendileri, Beyaz Jaguar'ın çalındığını fark edince neler olacak?

Kral 6-Köpek ile Tzelek, kozlarını son bir kez paylaşacaklar mı?

Ah Pukuh'un dünyamızı yok etmesini engellemenin bir yolu var mı?

Bu sorular ve daha birçoğu, Jaguar Taşları: Üçüncü Kitap'ta yanıtlanacak.

SÖZLÜK

AH PUKUH: Şiddet ve zamansız ölümün tanrısı. Maya kabartmalarında, şişkin ve çürüyen bir ceset ya da puro içen bir iskelet olarak tasvir edilir. Yanından hiç ayrılmayan arkadaşları köpekler ve baykuşlardır, her ikisi de ölüm alâmetleridir. Ah Pukuh, yaklaşırken insanları uyarmak için üzerinde ziller taşır. (Muhtemelen gereksiz bir önlemdir bu, çünkü onun lâkabı Kisin'dir, yani "gaz çıkaran". Bu nedenle geldiği, nasıl olsa kokusundan anlaşılır!)

CHAHK (çak): Fırtına ve savaş tanrısı. Chahk, antik Maya tanrılarının en yaşlı ve en saygın olanlarından biridir. İçindeki nemi iletmek için ağzından çıkan ve filinkine benzeyen iki nefes hortumu, pörtlek gözleri ve uzun, karga bir burnu vardır. Yağmur yağmadan önce vırakladıkları için kurbağaların onun habercisi olduğu düşünülür. Nasıl ki İskandinav mitolojisinde Thor'un büyülü çekici varsa, Chahk da kızgın şimşek baltası olarak tanrı K'AWIIL'i kullanır.

ÇİKOLATA: İçecek kaplarının kimyasal analizi sonucunda, Mayaların sıcak çikolatayı M.Ö. 500 yıllarında bile içmekte oldukları ortaya çıkmıştır. Mayaların sıcak çikolatası, bal, darı ya da acı biberle tatlandırılmış yoğun ve köpüklü bir içecekti. Karışıma, "sıcak su" anlamına gelen *chokol ha* adını vermişlerdi. *Kakao* kelimesi de bir Maya kelimesi olan *kakaw*'dan türemiştir. Kakao çekirdekleri, Orta Amerika'nın dört bir yanında para birimi olarak kullanılmaktaydı.

KODEKS: Parşömenin aksine, sayfaları olan her kitap bir kodekstir ama bu terim, çoğunlukla antik Mayaların kitapları için kullanılır. Ağaç kabuğundan yapılmış sayfaların veya deriden, uzun şeritlerin üzerine yazılıp resmedilen bu kitaplarda Maya tarihi, dini, mitolojisi, astronomisi ve tarımsal dönemleri titizlikle kaydedilmiştir. Üçü dışında hepsi, İSPANYOL İSTİLASI sırasında yok edilmiştir. (bkz. DIEGO DE LANDA.)

KOZMİK TİMSAH: Çift başlı Kozmik Timsah, ya da diğer adıyla Semavi Canavar, SAMANYOLU'nu simgeleyen bir Maya sembolüdür. Çifte kafalar, güneş, hayat veren yağmur mevsiminde gökyüzünün kuzeyine, kuru mevsimde ise gökyüzünün güneyine ilerlerken hayat ve ölümü temsil eder.

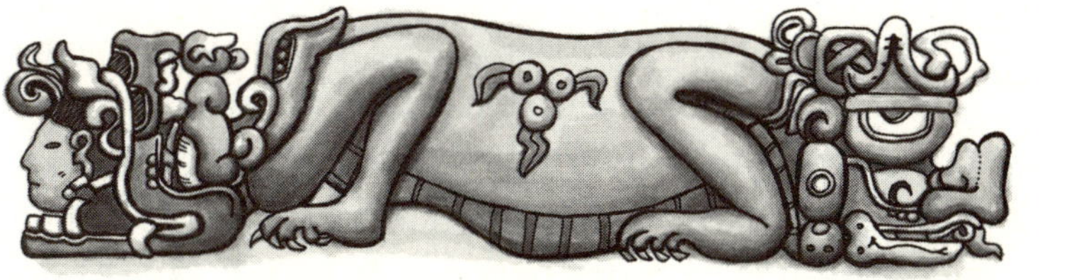

KABARTMALAR: Mayaların kitaplarını ve kitabelerini yaz-

mak için kullanmış olduğu sekiz yüzden fazla değişik işarete verilen addır. Maya yazı dizgesi, sesler ve kelimeler için işaretler içerir. Bunun, Orta ve Güney Amerika'da geliştirilmiş en karmaşık yazı dizgesi olduğu düşünülür. 1950'lere kadar çözülmeye başlanmamıştı. Bulmacanın son parçası, 1987 yılında bir arkeoloğun genç oğlu tarafından çözülmüştür. Şimdiye dek, en yaygın kabartmaların yaklaşık yüzde sekseni çözüldü.

KAHRAMAN İKİZLER: İkiz kardeşler Xbalanke (*şi-balan-ke*) ve Hunahpu, Maya yaradılış destanının başkişileridir. ÖLÜMÜN EFENDİLERİ, onlardan önce babaları ve amcalarına yaptıkları gibi, ikizlere de XIBALBA'da top oyununda meydan okudular. Ama babaları ve amcaları bu mücadelede ölürken, ikizler, Ölümün Efendileri'ni zekâlarıyla alt ettiler ve gökyüzünde Güneş ve Ay olarak yerlerini aldılar. Babaları, Mısır Tanrısı HUUN IXIM (*hu-ni-şim*) olarak yeniden dirildi. Mayaların yaradılış kitabı POPOL VUH'ta da anlatıldığı gibi Kahraman İkizler'in hikâyesi, Maya yaradılış destanının bir parçasıdır.

ORTA AMERİKA MAYMUNLARI: Orta Amerika maymunları, onları dünyanın en gürültücü hayvanı yapan aşırı büyük gırtlakları sayesinde seslerini beş kilometre mesafeye kadar duyurabilirler. Yalnızca, ıslığı suyun altında yüzlerce kilometre öteye ulaşan mavi balina onlardan daha fazla ses çıkarır.

ITZAMNA: Göklerin hâkimi; bilginin, gecenin ve gündüzün efendisiydi. Ayrıca her yönden iyi biriydi. İtzamna halkına kültür, yazı, sanat, kitap, kronoloji ve takvimi hediye etti. İyileşme ve bilimin koruyucusu olarak ölüleri diriltebilirdi. IXCHEL ile birlikte Bakablar'a babalık yaptı. İtzamna genellikle dişsiz ama hayat dolu bir ihtiyar olarak tasvir edilir.

IXCHEL (İç-Şel): Çoğu Maya tanrısı gibi Gökkuşağı Hanımefendisi'nin de birden fazla kişiliği vardı. Dolunayın tanrıçası kıvrılmış bir yılan şeklindeki başlığı, pençeye benzer tırnakları ve insan kemikleriyle süslenmiş eteğiyle öfkeli ve ihtiyar bir kadın olarak tasvir edilir. Bu kılıktayken, sel ve sağanak göndererek öfkesini fanilerden çıkarır. Fakat yeni ayın tanrıçası olduğunda hilal şeklindeki aya sırtını dayamış, kucağında tavşanını tutan genç ve güzel bir kadındır. Ixchel çocuk doğurmanın, şifacılığın ve dokumacılığın koruyucusudur.

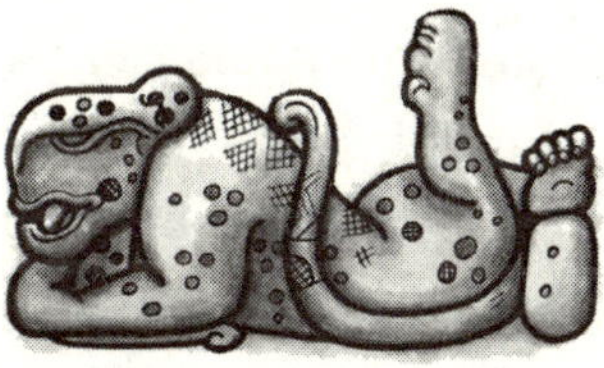

JAGUAR: Avcılık yeteneğinden ötürü saygı duyulan jaguar, antik Mayalar tarafından *bahlam* olarak adlandırılır. Jaguar, Kuzey ve Güney Amerika'nın en iri ve en vahşi büyük kedisidir. Jaguarlar, günümüzde kürk ticareti ve doğal alanların tahrip edilmesinden ötürü soylarının tükenmesi tehlikesiyle karşı karşıyalar.

JAGUAR TAŞLARI (*bahlamtuuno'ob*): Bu taşlar, Jaguar Taşları üçlemesi yazarlarının hayal güçlerinin ürünüdür. Beş (kurmaca) kutsal piramidin yanında, bu beş taşın antik Maya toplumunun beş önemli unsurunu temsil ettikleri söylenmektedir: Tarım, astronomi, yaratıcılık, kahramanlık ve krallık. Bildiğimiz kadarıyla ne böyle taşlar var oldu ne de Mayalar beş büyük şehrin ittifak yapması için savaşa ara verdiler.

BALTA GİRMEMİŞ ORMAN / TROPİKAL YAĞMUR ORMANI: Tüm tropikal yağmur ormanları birer balta girmemiş ormandır ama her balta girmemiş orman bir tropikal yağmur ormanı değildir. Bir tropikal yağmur ormanı, yılda en az iki bin milimetre yağış alır. Dünya üzerindeki canlı türlerinin en az yarısına ve en fazla sayıda ağaç türüne ev sahipliği yapar. Yağmur ormanının üzerini yapraklarıyla bir çadır gibi örten ağaçların tepeleri, yerden yaklaşık 30-40 metre yüksekliktedir. Daha ufak ağaçlar da bir ya da iki kat aşağıda ayrı bir örtü oluştururlar. Bu örtüler, güneş ışınlarının orman zeminine ulaşmasını engellerler. Sonuç olarak orman zemininde çok az ot biter. Böylece bir yağmur ormanında yürümek kolaylaşır. Bu örtü doğa ya da insan tarafından tahrip edilirse, güneş ışığıyla hızla büyüyen yoğun, sık bir yeşil alan ortaya çıkar. İşte bu orman türüne balta girmemiş orman denir. Balta girmemiş orman, yağmur ormanlarındaki bitkilerin yeniden tohumlanması ve ışığı bir kez daha engelleyecek kadar büyümesi için bir gölgelik sağlar. Bu döngünün tamamlanması, yüz yıl sürebilir.

K'AWIIL (*Ka-vil*): Şimşek tanrısı. Kökenin, krallığın ve aristokrasinin koruyucusudur. Alnından çıkan duman aynası ve alevlere boğulmuş uzun burnuyla sürüngenlere özgü bir yüze sahiptir. Bolon Tzakab olarak da bilinir.

DIEGO DE LANDA (1524-1579): Bağnaz Fransisken rahibi. 12 Temmuz 1549 tarihinde Mani'deki meydanda Mayaların kodekslerini ve yüzlerce dini sanat eserini yakıp Maya kültürünü yok etmeye çalıştı. İstilacılar bile onun fazla ileri gittiğini düşündüler ve Landa'yı yargılanması için İspanya'ya geri gönderdiler. Ne gariptir ki, yazmış olduğu *Relación de las Cosas de Yucatán* (1565) adlı savunma tezi, antik Mayalar hakkında günümüzdeki en yararlı bilgi kaynağını oluşturmaktadır. Landa, Hint Adaları Konseyi tarafından bağışlandı ve Yeni Dünya'ya Yucatán Piskoposu olarak döndü.

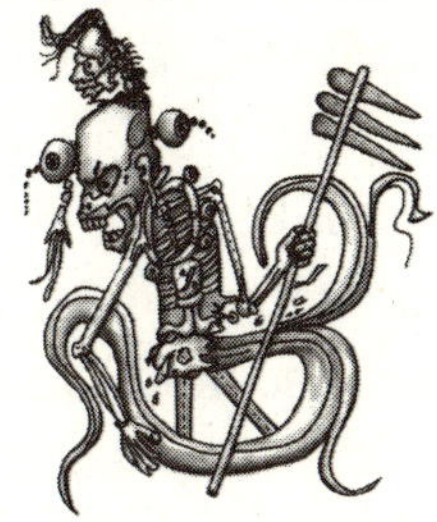

ÖLÜMÜN EFENDİLERİ: Maya mitolojisinde ölüler diyarı (XIBALBA) Ölümün on iki Efendisi tarafından yönetilir: Tek Ölüm, Yedi Ölüm, Yara Kabuğu Soyucu, Kan Toplayıcı, Kanat, İrin İblisi, Sarılık İblisi, Kemik Asa, Kafatası Asa, Pislik İblisi, Keder İblisi ve Sırt Askısı. Ölümün Efendileri, insanların acı çekmesinden zevk alırlar. ORTA DÜNYA vatandaşlarına hastalık, acı, açlık, korku ve ölüm saçmak onları işidir. Neyse ki genellikle bahis oynamak ve birbirlerine daha fazla iş yıkmak için çocukça eşek şakaları yapmakla daha çok meşguldürler.

MAYALAR: Çoğu tarihçi, Maya Uygarlığı'nın M.Ö. 1500'lerde Yucatán Yarımadası'nda başladığını kabul ediyor. Maya medeniyeti, Klasik Dönemi'ne M.S. 250 yıllarında girdi. Bu dönemde Mayalar hiyerarşik bir yönetim şekli benimsediler ve bugünkü Meksika, Guetamala, Belize, Honduras ve El Salvador topraklarında bir dizi krallık kurdular. Bu krallıkların her biri bağımsız birer şehir devletiydi, her birinin kendi tören merkezleri, kentsel alanları ve çiftçi halkı vardı. Kendilerinden önceki Olmek gibi uygarlıkların buluşlarını daha da ileriye götüren Mayalar, astronomiyi, takvim sistemini ve hiyeroglif yazısını geliştirdiler. Hiçbir alet, el arabası veya yük hayvanı kullanılmadan yapılmış yüksek piramitleri ve saraylarıyla ünlü olmalarına rağmen, Mayalar, aynı zamanda yetenekli birer çiftçi, dokumacı ve çömlekçiydiler de. Kapsamlı bir ticaret ağı kurmuşlardı. Mayalar gökyüzü ve yeryüzü, yaşam ve ölüm, uyku ve uyanıklık arasında hiç fark gözetmezlerdi. İnsan kanının, evrenin çarklarını çalıştıran bir tür yağ olduğuna inanırlardı. Ayinlerinin çoğu kan alma veya insan kurban etme şeklindeydi ama kesinlikle Azteklerinkilere benzemezdi. Nüfus artışı, kuraklık ve toprak erozyonu nedeniyle Mayaların gücü M.S. 800 yılı civarlarında azalmaya başladı. İspanyollar geldiğinde, geriye yalnızca birkaç krallık kalmıştı. Mayaların çoğu, aile arazilerini ekip biçmeye gitmişti. Günümüzde Meksika, Guatemala, Belize, Honduras ve El Salvador'da altı milyon Maya yaşıyor.

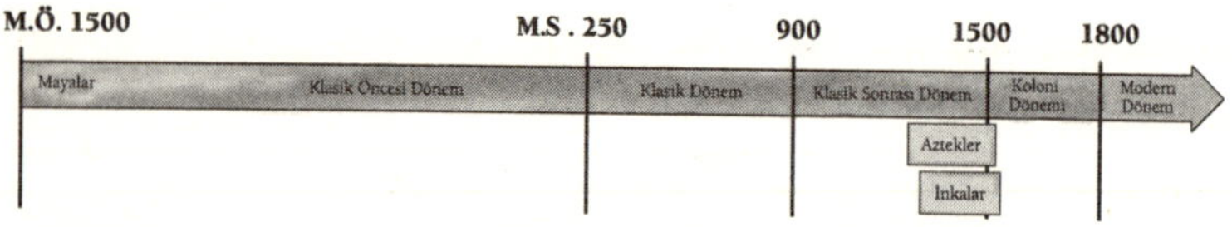

MAYA DİLİ: Orta Amerika'da Maya topluluklarının konuştuğu otuz bir farklı dilden oluşan aile.

MEZOAMERİKA: Kelime anlamı "Kuzey ve Güney Amerika'nın arası"dır. Mezoamerika, arkeolog ve antropologların Orta Meksika'dan Guetamala, Belize, Honduras ve Nikaragua'nın bazı bölgelerini de içine alacak şekilde güney ve doğuya uzanan bölgeyi tanımlamak için kullandıkları addır. Bu bölge, Kristof Kolomb öncesi uygarlıklara da ev sahipliği yapmıştır. Bu uygarlıklar Maya (M.Ö. 1500'den itibaren), Olmek (M.Ö. 1200-400) ve Aztekler'dir (1250-1521). (Güney Amerika'daki Peru İnkaları, 1200'den 1533'e kadar varlık göstermişlerdir.)

ORTA DÜNYA: Vikingler, Mısırlılar ve diğer antik toplumlar gibi Mayalar da insanoğlunun cennet ve cehennem arasında kalan bir orta dünyada yaşadığına inanırlardı. Maya Orta Dünyası (*yok'ol kab*) XIBALBA'nın dokuz karanlık ve sulu katmanıyla gökyüzünün on üç yapraklı katmanı (*ka'anal naah*) arasına sıkışmıştı.

SAMANYOLU: Dünyadan belli belirsiz sarmal bir yıldız topluluğu şeklinde görülmekte olan Samanyolu, güneş sistemimizi de kapsamakta olan galaksinin diğer adıdır. Tıpkı Mayaların Samanyolu'nu "Xibalba Yolu" olarak adlandırmaları gibi,

Kelt mitolojisinde de ölü ruhlar, ölüler diyarına ulaşabilmek için Samanyolu'ndan geçerler. İspanyolcada Samanyolu, zaman zaman *el camino de Santiago*, yani Aziz James'in yolu olarak da geçer.

OBSİDYEN: Bu siyah volkanik cam türü, antik Mayaların metale en yakın cevheriydi. Obsidyen bir bıçak, paslanmaz çelik bir bıçağa göre yüz kat daha keskin olabilir, ancak son derece kırılgandır.

PİTZ: Kayıtlara tarihteki ilk takım sporu olarak geçmiş Maya top oyunudur. İçinde futbol, basketbol ve voleybol unsurları taşımaktadır, ancak her üçünden de daha zor bir spordur. Oyunun amacı, yalnızca kalça, diz ya da dirsekleri kullanarak, ağır lastik bir topu sahanın yan duvarındaki yüksek bir taş halkadan geçirmektir. Oyunun, dinî açıdan önemi büyüktü ve yenilenler sıklıkla kurban edilirdi.

POPOL VUH: Mayaların yaradılış kitabı. Guetamala'nın dağlık bölgesinde yaşamış ve halen yaşamakta olan K'iché Maya topluluğunun kutsal kitabıdır. Popol Vuh'un kelime anlamı "Hasırın Kitabı"dır ama genelde "Konsey Kitabı" olarak çevrilir. Popol Vuh, Maya yaradılış destanını konu alır ve KAHRAMAN İKİZLER'in babalarını XIBALBA'dan nasıl kurtardıklarını anlatır.

KÜESAL: Mayalar kraliyet başlıklarını süslemek için görkemli küesal kuşunun kuyruğunda bulunan parlak mavi-yeşil tüyleri kullanırlardı. Kuşlar, tüyleri yolunduktan sonra yenileri çıksın diye serbest bırakılırlardı. Mayaların zamanında bir küesal öldürmenin cezası ölümdü. Günümüzde böyle bir kural yok ve küesalların soyu neredeyse tükenmiş durumda.

SAN ŞAVIER: Günümüzdeki Belize esas alınarak oluşturulmuş, hayali bir Orta Amerika ülkesi.

İSPANYA: Max, Sarı Jaguar'ı ararken, İspanya'nın batısında kalan Extremadura ile kuzeybatıdaki Galiçya bölgelerine uğramaktadır. Hayali Polvoredo şehri, Peru fatihi Francisco Pizarro'nun doğum yeri olan ve İspanyol Ulusal Peynir Festivali'ne ev sahipliği yapan Trujillo'ya dayandırılmıştır. Polvoredo Şatosu ise Cáceres yakınlarındaki *Palacio* Moctezuma'dan esinlenerek kurgulanmıştır. Palacio, Aztek hükümdarı Montezuma'nın en büyük kızı Tecuichpotzin ve Hernán Cortés'in ordusunda bir İspanyol Komutan olan üçüncü kocası adına inşa edilmiştir. Max, kuzeye, Galiçya'ya doğru yol alırken Osborne şarap şirketinin ünlü boğalı panolarının yanından geçmektedir. Antonio de Landa'nın aile sarayı, zaman zaman Galiçya Versay'ı olarak da anılan, Santiago dışındaki Pazo de Oca adlı taşra malikânesi ilham alınarak kurgulanmıştır. Ölümün Kıyısından Geçme Festivali, her yaz Pontevedra yakınlarındaki Santa Marta de Ribarteme adlı küçük kasabada düzenlenmektedir. Lola'nın düğünü için düşünülen ve Ortaçağ'da Roma ile Kudüs kadar önemli bir dini merkez sayılan kadim Santiago de Compostela şehri, bin yılı aşkın süredir hacıların uğrak yerlerinden biri olmuştur. Şehrin azametli katedrali, *botafumeiro*'yu (Galiçya dilinde "duman püskürtücü" anlamına gelmektedir), yani dünyanın en büyük tütsülüklerinden birini barındırmaktadır. Tütsülük, özel yortularda ancak maka-

ranın halatlarına aynı anda asılan sekiz kişi tarafından hareket ettirilebilmekte ama yine de yalpalayarak ileri geri sallanmaktadır. VIII. Henry ile evlenmek üzere İngiltere'ye gitmekte olan Aragonlu Catherine şehre uğradığında, *botafumeiro*'nun halatlarından kurtulduğu ve katedralin vitray penceresine çarptığı söylenir. Yolculukları Max ile Lola'yı daha sonra San Andrés'e –Günümüzdeki San Andrés de Teixido adlı köy esas alınmıştır– götürmektedir. Efsaneye göre, bu kasabaya hayatları boyunca bir kez bile uğramamış olan Galiçyalılar, ölümden sonra dünyaya kertenkele ya da kurbağaya dönüşmüş olarak geleceklerdir. *San Andrés Costa de la Muerte*, yani Ölüm Kıyısı'nda yer almaktadır. Bu ismin verilme nedeni, zamanında çok sayıda geminin kasabanın dışında yer alan sarp kayalıklara çarparak batmış olmasıdır. Bu tehlikeli kıyı, Keltler ve Romalılar tarafından dünyanın sonu olduğuna inanılan Finisterre Burnu'ndaki muazzam deniz feneri tarafından korunmaktadır. Galiçya, deniz mahsülleriyle ve özellikle de, *pulperias* adlı ahtapot restoranlarıyla ünlü olan yağmuru bol, ıssız bir bölgedir.

İSPANYOL FETİHLERİ: On beşinci ve on altıncı yüzyıllar boyunca binlerce İspanyol, servet edinmek için Yeni Dünya'ya doğru yelken açmıştır. Bunların bir kısmı basit köylülerden, bir kısmı ise aile servetinden pay alamayan ve hayatlarını çalışarak kazanmak zorunda olan soylu çocuklarından oluşur. İspanya, Berberilerle amansız bir savaştan çıkmış olduğundan ortalık işsiz eski askerlerle doluydu. Bu acımasız ve hevesli savaşçılar, yolculuklarının yalnızca iki şekilde sonuçlanabileceğinin farkındalardı: Fethet ya da öl. Komutanları (elde ettikleri ganimetin beşte birini İspanya tahtına bırakıyorlardı) seyahatleri düzenleyip para desteği sağlıyor, ancak adamların zırh ve yiyeceklerini kendi başlarına bulmaları gerekiyordu. En tanınmış üç istilacı komutanı; Aztekleri mağlup eden Hernán Cortés, İnkaları mağlup eden Francisco Pizarro ve Mayaların başına bela olan Pedro de Alvarado'dur. İstila, askeri strateji kadar bir batıl inanç ve şans meselesidir de. Toplar, tüfekler ve atlar rollerini oynamıştır, ancak istilacıların en etkili silahı, farkında olmadan Eski Dünya'dan getirmiş oldukları çiçek ve kızamık virüsleri olmuştur. Başıbozuk İspanyol orduları, karşılarına çıkan medeniyetler karşısında şaşkınlıklarını gizleyememiştir; onları yok ederken bile... Cortés, Aztek elçisine bir seferinde, "Yalnızca altınla iyileştirilebilen bir kalp hastalığından muzdaribiz," demişti. İstilacıların çoğu, büyük zorluklarla karşılaşarak balta girmemiş ormanlarda can verdiler. Yalnızca bir avuç istilacı İspanya'ya zengin birer adam olarak dönebilmiştir.

XIBALBA (*Şibalba*): K'iché, Maya dilinde ölüler diyarına verilen isimdir. Kelime anlamı "korku kuyusu"dur. Yalnızca kanlı bir biçimde ölmüş (savaş, kurban edilme veya intihar gibi yollarla) krallar ve doğum sırasında ölen kadınlar cennetin gölgeli vahalarına gitmeyi bekleyebilirlerdi. Diğer ruhlar, ister iyi ister kötü yürekli olsunlar, Xibalba'ya giden akrep, kan ve irin ırmaklarından geçerlerdi. Alev ve azapla dolu olan Hıristiyan cehenneminden farklı olarak, Maya cehennemi soğuk ve nemliydi. Sakinleri ise sonsuza dek ilikleri donduran keder ve açlığa mahkûm edilmişti.

MAYA EVRENİ

Klasik Dönem'in sonlarında resimlenmiş bir tabakta yer alan bu resim, Maya evreninin üç âlemini tasvir etmektedir: Gökyüzündeki Cennet, Orta Dünya (insanların âlemi) ve Xibalba'nın Suları, yani ölüler diyarı. Gökyüzünde çift başlı Kozmik Canavar (ya da Max'in deyişiyle Kozmik Timsah) güneş, Çobanyıldızı ve Samanyolu'nu kapsamaktadır. Orta kesimde kan dökme ayinleri boyunca kral tarafından hayat verilen Dünya Ağacı bulunuyordu. Gökyüzüne uzanan üst dalları ve Xibalba'ya varan kökleriyle Dünya Ağacı, tanrı ve ataların öte âlemlerine geçişi simgeliyordu. Bu ruhlarla iletişim kurmanın yolu, gizemli Öngörü Yılanı aracılığıyla gerçekleşiyordu. Dünya Ağacı'nın tepesinde cennet kuşu olarak Kral İtzamna otururdu.

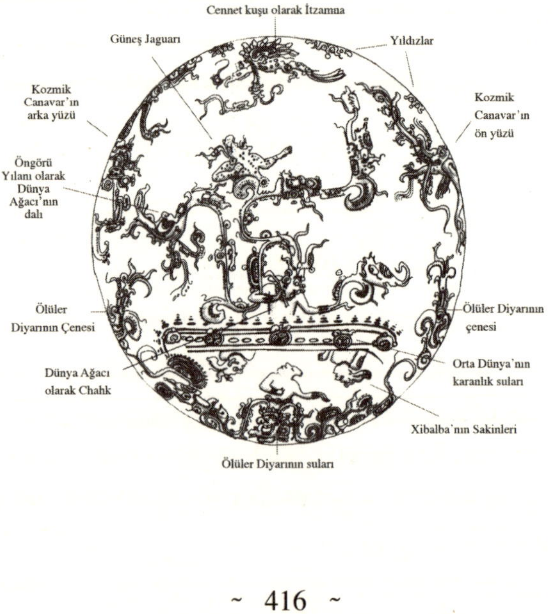

MAYA TAKVİMİ

Zamanın ilerleyişi karşısında büyülenen Mayalar, Güneş'in ve yıldızların hareketlerini izleyebilmek için neredeyse kusursuz denebilecek çeşitli takvimler geliştirdiler. Maya kralları ve rahipleri; ayinleri planlamak, savaş açmak ve tarımsal döngüleri idare etmek üzere astronomi bilgilerini kullandılar.

Uzun Sayım

Uzun Sayım, yaradılışın başlangıcından itibaren günleri (*k'in*) hesaplar. Mayalar üç yaradılışın bulunduğuna inanırlardı. (İlk ikisi sırasıyla insanın çamurdan ve ağaçtan yaratıldığıydı ama ikisi de başarısızlıkla sonuçlanmıştı. Üçüncü yaradılışta insan mısırdan yaratılmış ve başarıya ulaşılmıştı.)

Uzun Sayım'a göre bu üçüncü yaradılış, bizim takvimimize göre M.Ö. 11 Ağustos 3114'te başlamıştı. Uzun Sayım'da Maya yılı (*tun*) 360 gündü. Bizim yüzyılı belirleyen onlu sayı sistemimiz gibi (10x10=100 yıl), Mayaların yirmili sayı sistemi de *k'atun*'u (20 *tun*) ve *bak'tun*'u (20x20=400 *tun*) belirler.

2012 Yılının Önemi

Mayaların Aralık 2012'de dünyanın sonunun geleceğine inandıklarına dair arkeolojik bir kanıt bulunmamaktadır. Tam tersine Mayalar, Kral Pakal'ın Palenque'deki kabrinde, M.S. 4774 yılında taç giyme yıldönümünün kutlanacağına dair tahminlerde bulunmuşlardır! Bununla birlikte, 23/12/2012 (bu konu uzmanları ikiye böldüğünden bazılarına göre de 21/12/2012) tarihinin Maya takviminde önemli bir yeri bulunmaktadır. Bu tarih, on üçüncü *bak'tun*'un (efsanevi Maya yaradılış tarihine dayandırılan dört yüz yıllık bir dönem) sonunu ve on dördüncü *bak'tun*'un başlangıcını işaret etmektedir. Bizler nasıl yeni binyılın gelişini kutladıysak, Mayalar da bu önemli kilometre taşını çeşitli ayin ve törenlerle kutlamayı planlamışlardır. Bizler nasıl masamızdaki takvim bittiğinde dünyanın sonunun geleceği fikrine kapılmıyorsak (gidip kendimize yeni bir takvim alırız), Mayalar da *bak'tun*'ların bir kilometre sayacı gibi art arda ilerleyecekleri tahmininde bulunmuşlardır.

Haab

Haab, bizim takvimimize en yakın Maya takvimidir. Güneş yılını izler ve 18 aydan oluşur. Her ayda 20 gün vardır, buna ek olarak 365 günü tamamlamak için Wayeb denilen 5 günlük bir süre söz konusudur. Wayeb'in belirsizlik ve kötü şans getirdiğine inanılır. Bu dönemde fani dünya ve ölüler diyarı arasındaki kapılar açılır ve iblisler yeryüzünde gezinirdi.

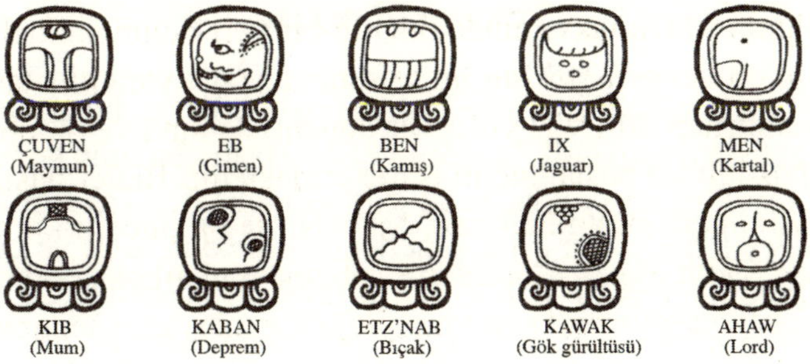

Tzolk'in

Tzolk'in, her günün kendine has özelliklerini bir tür günlük burç falı gibi tahmin etmek üzere kullanılmış kutsal bir takvimdir. 20 gün adından ve 13 sayıdan oluşur, ad ve sayı birleşiminin tam bir döngüsü 260 gün sürerdi. Gün isimlerinden her birinin birer özelliği bulunuyordu, bunların kimisi iyi kimisi ise kötüydü. Örneğin, Imix ("Timsah") karmaşa ve sıkıntılarla dolu olduğu için seyahat ve iş anlaşmaları açısından elverişsiz bir gün olarak değerlendirilirdi. Günün yanında bulunan ve 1 ile 13 arasında değişen bir sayı, bu etkinin derecesini belirlerdi. Örneğin 13-Imix'te evden çıkmamanız daha iyi olurdu.

Takvim Döngüsü

Takvim Döngüsü, Haab ve Tzolk'in takvimlerini bir araya getirmektedir. 260 Tzolk'in günü ve 365 Haab gününün geçmesi, tam 18,980 gün (yaklaşık 52 yıl) sürmektedir. Takvim Döngüsü, genellikle birbirine kenetlenmiş bir dizi dişli ve çarkla tasvir edilir. *Jaguar Taşları: Orta Dünya* romanında, İtzamna Tapınağı'ndaki "zaman makinesi"nin ilham kaynağı olmuştur.

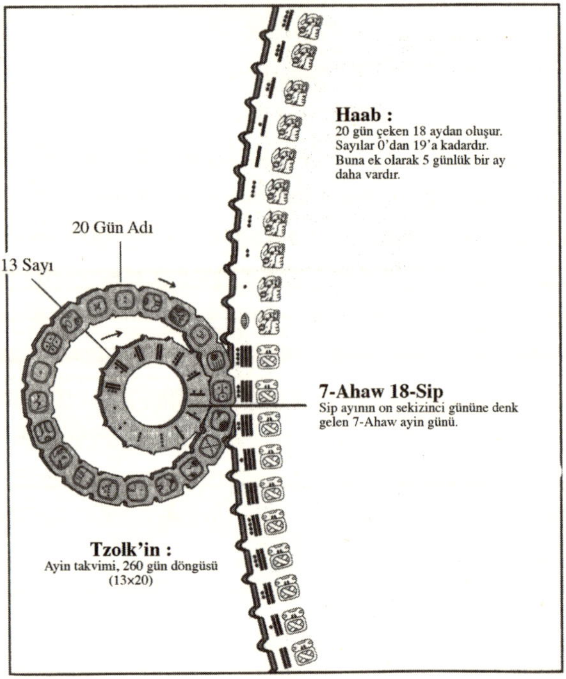

PADRÓN BİBERİ KIZARTMASI (PIMIENTOS DE PADRÓN) TARİFİ

Max, Lola ve maymunların İspanya'daki ilk gecelerinde yemiş oldukları minik yeşilbiberlere Pimientos de Padrón denmektedir. Biberler, on altıncı yüzyılda Fransisken keşişleri tarafından Meksika'dan getirilmiş ve Galiçya'daki Padrón yakınlarında bulunan manastırlarının bereketli topraklarında yetiştirilmiştir. Yiyecek, günümüzde tüm İspanya'da sevilen bir *tapa* (aperatif) haline gelmiştir. Birçoğu tatlı olmasına rağmen yirmi biberden biri, aşırı derecede acı çıkmaktadır. "*Os pementos de Padrón, uns pican e outros non.*" (Padrón biberleri; bazısı acıdır, bazısı değildir.") şeklindeki Galiçya özdeyişinde, bu konuya atıfta bulunulmaktadır.

Malzemeler

Yıkanmış ve güzelce kurutulmuş Pimientos de Padrón

Zeytinyağı

Tuz

Yapılışı

1. Yağı bir tavada kızdırın.

2. Biberleri kabarıncaya dek (yaklaşık bir dakika) soteleyin ve her taraflarının pişmesi için arada çevirin.

3. Biberleri tavadan alıp fazla yağı çekmesi için kâğıt havlu kullanın.

4. Üstlerine tuz ekip bekletmeden servis edin.

5. Biberi sapından tutup duanızı edin ve bir ısırık alın.

YAZARLAR HAKKINDA

Jon Voelkel, Peru, Kosta Rika ve Kolombiya'da büyüdü, her zaman kenar mahallelerdeki sıkıcı hayatı hayal etti. Nihayet, bir maymun yahnisinden, dev karıncaların saldırısından ve ormandaki uçak kazasından sonra sağ kalmayı başardı. Hamağını topladı ve Avrupa'ya kaçtı. Bu sırada Kuzey İngiltere'de sakin bir sahil kasabasında büyüyen PAMELA CRAIK VOELKEL seyahat ve macera dolu hayaller kuruyordu. Çift, reklamcılık yaparken Londra'da tanıştı. Kendi başarılı reklam ajanslarını kurdular. Jon, ajans sayesinde Financial Times tarafından Britanya'nın en yaratıcı elli beyninden biri seçildi. Voelkeller şimdi Vermont'ta üç çocuklarıyla birlikte yaşıyorlar. Onları www.jaguarstones.com adresinde ziyaret edebilirsiniz.